刑民带读系列

刑法讲义
主客一体

觉晓法考组　编著

中国政法大学出版社

2024 · 北京

图书在版编目（CIP）数据
觉晓法考刑法讲义 ： 主客一体 / 觉晓法考组编著. -- 北京 ： 中国政法大学出版社，2024. 9.
ISBN 978-7-5764-1814-9
Ⅰ. D924.04
中国国家版本馆 CIP 数据核字第 2024R118W1 号

出版者　中国政法大学出版社
地　址　北京市海淀区西土城路 25 号
邮寄地址　北京 100088 信箱 8034 分箱　邮编 100088
网　址　http://www.cuplpress.com (网络实名：中国政法大学出版社)
电　话　010-58908285(总编室) 58908433（编辑部） 58908334(邮购部)
承　印　重庆天旭印务有限责任公司
开　本　787mm×1092mm　1/16
印　张　19.75
字　数　500 千字
版　次　2024 年 9 月第 1 版
印　次　2024 年 9 月第 1 次印刷
定　价　69.00 元

KEEP AWAKE

CSER 高效学习模型

觉晓坚持每年组建“名师 + 高分学霸”教学团队，按照 Comprehend（讲考点→理解）→ System（搭体系→不散）→ Exercise（刷够题→会用）→ Review（多轮背→记住）学习模型设计教学产品，让你不断提高学习效果。

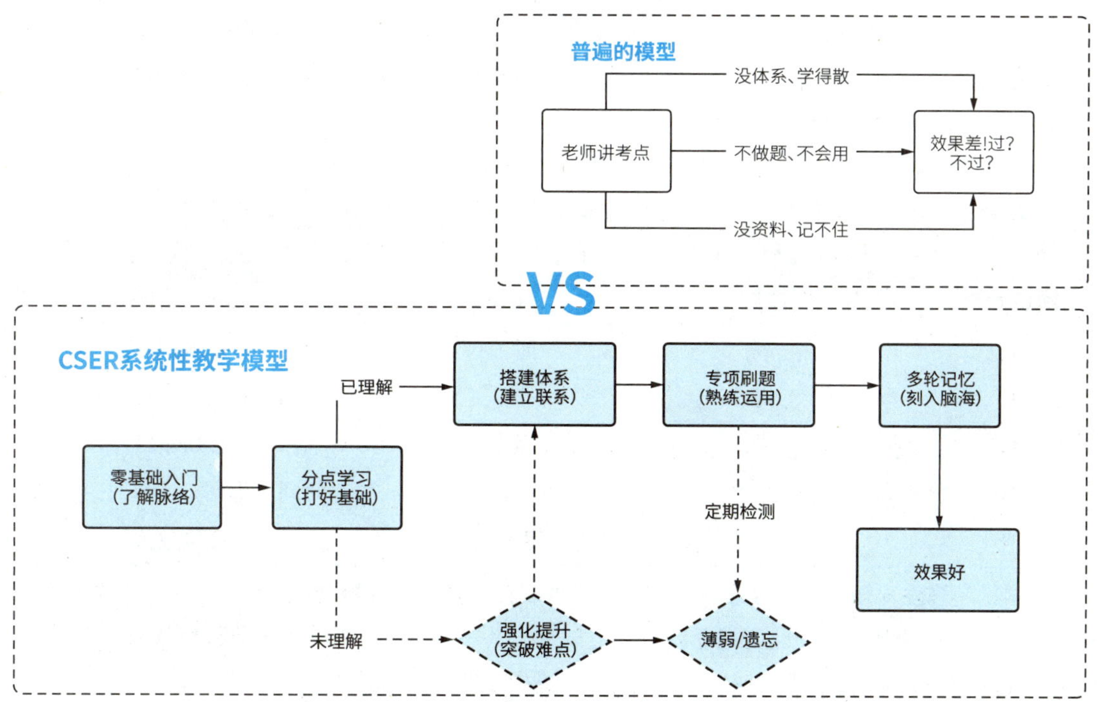

前面理解阶段跟名师，但后面记忆应试阶段，“高分学霸”更擅长，这样搭配既能保证理解，又能应试；时间少的在职考生可以直接跟“学霸”学习高效应试。

同时，知识要成体系性，后期才能记住，否则学完就忘！因此，觉晓有推理背诵图（推背图）、诉讼流程图等产品，辅助你建立知识框架体系，后期可以高效复习！

KEEP AWAKE

坚持数据化学习

“觉晓法考”APP已经实现“学→练→测→背→评”全程线上化学习。在学习期间，觉晓会进行数据记录，自2018年APP上线，觉晓已经积累了上百万条数据，并有几十万真实考生的精准学习数据。

觉晓有来自百度、腾讯、京东等大厂的AI算法团队，建模分析过线考生与没过线考生的数据差异，建立“过考模型”，指导学员到底要听多少课，做多少题，正确率达到多少才能飘过或者稳过。

过考模型的应用层包括：

1. 完整的过考方案和规划：内部班的过考规划和阶段目标，均按照过考模型稳过或过考标准制定；让学员花更少地时间，更稳得过线。

2. 精准的过考数据指标：让你知道过线每日需要消耗的“热量、卡路里”，有标准，过线才稳！

3. 客观题知识图谱：按往年180分、200分学员学习数据，细化到每个知识点的星级达标标准，并根据考频和考查难度，趋势等维度，将知识点划分为ABCDE类。还能筛选“未达标”针对提分。

知识类型	考频	难度	学习说明
A	高	简单	必须掌握
B	高	难	必须掌握（主+客）
C	中	简单	必须掌握
D	中	难	时间不够可放弃（主+客）
E	考频低或者很难、偏		直接放弃

4. 根据过考模型+知识图谱分级教学：BD类主客观都要考，主客融合一起学，E类对过考影响不大，可直接放弃，AC性价比高，简化背诵总结更能应试拿分，一些对过线影响不大的科目就减少知识点，重要的就加强；课时控制，留够做题时间，因为中后期做题比听课更重要！

5. AI智能推送查缺补漏包：根据你学习的达标情况，精准且有效地推送知识点课程和题目，查漏补缺，让你的时间花得更有价值！

6. 精准预测过考概率（预估分）：实时检测你的数据，对比往年相似考生数据模型，让你知道，你这样学下去，最后会考多少分！明确自己距离过线还差多少分，从而及时调整自己的学习状态。

注：觉晓每年都会分析当年考生数据，出具一份完整的过考模型数据分析报告，包括“客观题版”“主客一体版”“主观题二战版”，可以下载觉晓APP领取。

KEEP AWAKE

目录
Contents

刑法总则

刑法分则

刑法总则

KEEP AWAKE

第一章 刑法论

第一节 刑法的概述【刑法的渊源、性质与机能 C】①

【出轨自杀案】八筒婚内出轨多次、多人，妻子觉得生活无望，自杀了。

思考：八筒出轨，造成了妻子死亡的恶劣后果，他违法了吗？犯罪了吗？

——八筒出轨，确实违法了，因为《民法典》第 1043 条规定"夫妻应当互相忠实"，八筒违反了民法的夫妻忠实义务，应该承担民事责任。但八筒不构成犯罪，因为他没违反《刑法》，除非构成重婚（普通出轨没有达到重婚的程度）。

生活中有很多行为，如闯红灯、浏览不健康的网站，都是违法的，但违法≠犯罪，犯罪也是一种违法行为，但犯罪违反的不是普通法，而是违反《刑法》，违反刑法是要承担刑事责任，轻则进去蹲几个月，重则死刑；违反民法，最多就是赔偿；违反行政法，最多就是罚款，拘留最多也就 20 天。所以，刑法和其他法律很不一样，具体哪里不一样，这就是本章节要学的内容。

一、刑法的性质

刑法：规定犯罪与犯罪的法律后果（主要是刑罚）的法律。

刑法的性质：刑法区别于其他法律的特征。

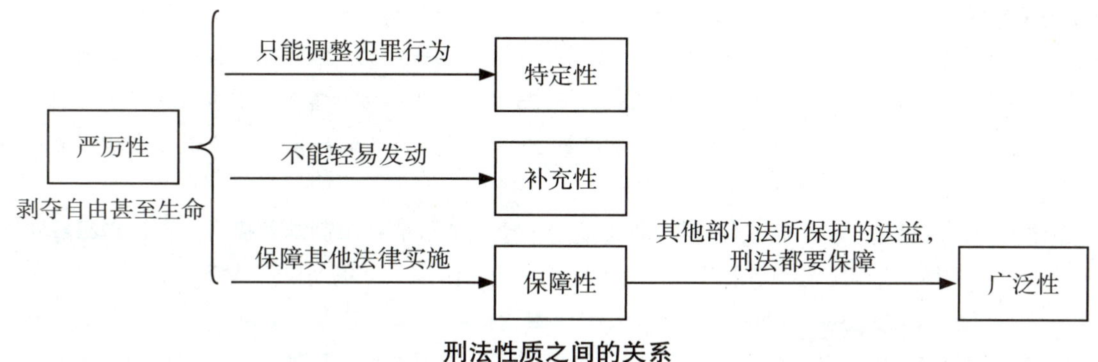

刑法性质之间的关系

① 本讲义在章、节等标题处标注了该部分知识内容在觉晓法考 App 知识图谱中的对应知识点名称、星级，方便考生听完课后就去做相对应的题目。

知识图谱是觉晓法考坚持科学备考、分级教学的具体应用，知识点的星级含义请参见讲义目录前的"坚持数据化学习"页。

【注意】法律责任竞合问题（刑事责任与民事责任和行政责任的关系）：承担刑事责任的同时，可能也需要同时承担行政责任与民事责任；不承担刑事责任时，仍可以让其承担行政责任或民事责任，不会纵容违法者。

例 1. 喝醉酒开车，撞死人，要承担刑事责任（交通肇事罪），行政责任（吊销驾照），民事责任（赔偿受害人损失），三个责任可以同时存在。

例 2. 二妞为了美去割双眼皮，对效果非常不满意，本来的盛世美颜，变成了鱼泡眯眯眼。二妞一纸诉状将整形医院告上法庭，要求医院退还医疗服务费、赔偿损失并且枪毙主治医生，可以吗？

刑法具有特定性、严厉性、保障性、补充性，本案这种纯属民事纠纷，归民法管，没有达到犯罪的程度，不符合特定性，刑法不管，因此不能要求主治医生承担刑事责任，枪毙主治医师。当然，假设案件中不仅仅是“不够美的双眼皮”，而是已经致人失明，存在医疗事故或故意伤害等行为，那可能涉嫌医疗事故罪、故意伤害罪，此时就达到了犯罪行为的标准，符合特定性，刑法要管。至于要不要枪毙主治医生，要看刑法规定的法定刑是啥。

二、刑法的机能（作用）

刑法规定了犯罪行为有哪些，对每个犯罪行为配套了严厉的处罚（刑罚），刑法对社会就会产生三个作用：

1. **保护法益机能**。刑法打击了犯罪，惩罚了犯罪分子，震慑了潜在的犯罪分子，从而保护了公民的合法权益不受侵害。

2. **自由保障机能**。刑法规定了哪些行为是犯罪，可以反面推导出：刑法没有规定为犯罪的，就不是犯罪（通过罪刑法定原则的“法无明文规定不为罪”），公民就有充分的自由，保障公民个人自由不受国家刑罚权的不当侵害【刑法是善良人的大宪章，把公权力关进刑法的笼子，善良的人就不会被公权力肆意侵犯】。

3. **人权保障机能**。打击犯罪的“法律人”也要严格遵照刑法的规定，不能滥用权力，随意打击犯罪。刑法明确了犯罪和刑罚的范围，司法者就必须在刑法规定的范围内，对犯罪分子定罪量刑，从这个角度，刑法是限制国家的公权力，保障了犯罪人的人权【刑法是犯罪人的大宪章，处罚一个犯罪分子，也必须严格遵守刑法的规定，不能随意滥用权力】。

【邓宝驹案】广东省深圳市宝安区沙井农村信用合作社主任邓宝驹在1996-1998年不到三年的时间内侵吞公款2.3亿，1998年的2.3亿是一笔天文数字。这案件在如今的互联网上，分分钟要被网友执行死刑，但最终法院只以职务侵占罪判处邓宝驹有期徒刑15年。因为邓宝驹不属于国家工作人员，判不了贪污罪（贪污罪有死刑），只能判职务侵占罪，而根据1997年《刑法》的规定，职务侵占罪的法定最高刑就是15年有期徒刑——刑法保护了邓宝驹。

上述的“自由保障”和“人权保障”，都体现了一个核心价值：限制国家权力。在打击犯罪和限制公权力之间，现代刑法首要选择是限制公权力，防止公权力滥用、侵犯人权，其次才是打击犯罪，保护法益。因此，**在可能放过坏人和可能冤枉好人的两难选择中，刑法选择“宁可放过坏人，不能冤枉好人”**，对于案件事实无法查明的案件，刑法采取的处理原则是疑罪从无、疑罪从轻。

思考：为什么首要的选择是“限制公权力”，而不是“打击犯罪”？

因为公权力是大范围的，一旦公权力被滥用，人人皆会遭殃，想限制公权力极难，而某一个犯罪只是小范围的，即使出问题，也没有公权力被滥用来的可怕。

例．甲是真的抢劫犯，但证明甲犯罪的证据，全是警察对甲刑讯逼供（吊起来打，不让甲吃饭睡觉，折磨甲）得来的。现在问这些证据能不能用？如果能用，就能给甲判刑，如果不能用，甲就要无罪释放。

如果你选择的是“不能放过甲这个坏人”，那后面警察查案，都会刑讯逼供（这样最快，最省事，而且拿到的证据可以用），那全国警察都这样，每一个有嫌疑的人都先打一顿再说，你想想，每天发生多少案件，有多少人被打？冤假错案，屈打成招的案件会发生多少？想要纠正这种情况有多难？

如果你选的是“放过甲这个坏人，不允许公权力滥用”，那后面警察查案，都不会再刑讯逼供，最坏的后果就是甲逃脱了这次的法律制裁，不会影响到其他人。

需要说明的是：大部分的情况是打击犯罪和限制公权力能兼顾，但当出现要二选一的时候，永远优先选限制公权力，历史上重大的悲剧、惨痛的教训很多都是公权力滥用导致的，公权力滥用造成的伤害，远远大于某个犯罪的个人造成的伤害。

【岳飞案】南宋著名抗金英雄岳飞，在风波亭被秦桧以“莫须有”罪名杀害。这就是古代不限制定罪权的后果，如果不限制国家公权力，任何行为都有可能成为刑法打击的对象——欲加之罪，何患无辞。

三、刑法的渊源

刑法的渊源是指，刑法这个抽象的东西，在现实生活中，具体表现形式有哪些？刑法主要表现为“写了什么是犯罪、犯罪要处以什么刑罚的官方文件”，这些都属于刑法的渊源。

我国刑法的渊源包括以下几种：

1. 刑法典

系统、全面地规定了犯罪与刑罚。即《中华人民共和国刑法》（以下简称《刑法》），包括刑法修正案，目前我国共有 12 个刑法修正案。

刑法修正案：对刑法典内容的修改、补充、完善，是刑法典的内容之一。因此，刑法修正案不是独立的刑法渊源，因为刑法修正案就是刑法典本身。

2. 单行刑法

单行刑法是指在刑法典外，独立规定了犯罪与刑罚的法律。例．为了严厉打击外汇犯罪，1998 年 12 月，全国人大常委会在刑法典外颁布了《关于惩治骗购外汇、逃汇和非法买卖外汇犯罪的决定》。

我国仅有这 1 个单行刑法（外汇）。

3. 附属刑法

附属刑法是指在其他非刑事法律中规定独立的犯罪和刑罚。例．假设未来环境犯罪愈发猖獗，就有可能在与环境保护相关的行政法规中设置独立的罪刑规定。

我国没有附属刑法，非刑事法律中规定的一些条款，如“构成犯罪的，依照刑法追究刑事责任”，只是对刑法典内容的重申。

4. 变通规定

在港澳台、民族自治地方，可以根据当地特殊情况，制定部分特殊规定，属于我国刑法的渊源。但这种规定只在特定地域适用，没有普遍效力。例．博彩业是澳门重要的经济支柱，在澳门开设赌场、赌博一般不构成犯罪。

【总结】刑法的渊源只包括上述内容：刑法典（包括12个修正案）+单行刑法（仅1个外汇）+附属刑法（我国没有）+变通规定。立法解释、司法解释、习惯法都不是刑法的渊源，因为刑法受严格的罪刑法定原则限制。

第二节　刑法的基本原则【刑法的基本原则C】

【肖永灵案】2001年，肖某被单位除名后怀恨在心，向原单位、市政府、电视台分别寄送石灰粉，谎称为炭疽粉（生化传染物）。肖某被捕后，2001年12月18日，市中院认为肖某通过向政府新闻单位投寄装有虚假炭疽杆菌信件的方式，以达到制造恐怖气氛的目的，造成公众心理恐慌，危害公共安全，其行为构成了以危险方法危害公共安全罪，判处有期徒刑4年。在判决作出的11天后，即2001年12月29日，《刑法修正案（三）》增设了投放虚假危险物质罪。

思考：以危险方法危害公共安全罪的"其他危险方法"要求和"放火、决水、爆炸"等方式具有同等危害性。本案的肖某投放的是石灰粉这种无害的虚假危险品，明显达不到和放火一样的危害性，这判决合理吗？能不能等11天后，用新罪名"投放虚假危险物质罪"来判决肖某？

一、罪刑法定原则

罪刑法定原则中的"法"指的是刑法的渊源。

（一）核心与本质

法无明文规定不为罪、法无明文规定不处罚。给公民更多的自由与权利，限制国家公权力。强调定罪量刑的依据只能是刑法的明文规定，不可超出刑法的明文规定肆意定罪量刑。

【注意】一个行为的危害性再大、道德再败坏，只要刑法没将此种行为规定为犯罪，就不能作为犯罪处理（限制公权力的重要性，远大于打击某一个犯罪的个人）。

（二）约束对象

既约束司法者，侦查、检察、审判人员等在司法中要遵循刑法规定；也约束立法者，立法者在立法时必须明确、具体、适当，不能留巨大的自由裁量权给司法者。

例．肖永灵案中，肖某的行为并不符合以危险方法危害公共安全罪的构成要件，法院将投放虚假的危险物质行为认定为以危险方法危害公共安全罪，超出了刑法的明文规定，有违背罪刑法定原则的嫌疑。

（三）基本内容

1. 成文的罪刑法定——白纸黑字写下来

定罪量刑只能依据立法机关制定的成文刑法（法律主义）——禁止习惯法。

【注意】习惯法虽不能成为刑法的渊源，但可以成为刑法解释、分析案件时的参考。

例．过失犯罪的本质是因违反规则（行业规则、生活规则等）导致了危害结果。是否违反规则的判断本就需要参考习惯。同理，不作为犯罪的作为义务来源的判断，有时也要参考习惯。

2. 严格的罪刑法定——不许随便类比

原则上禁止类推解释，不能违反人们的预测可能性。

类推解释，就是一种类比，刑法规定了 A 是犯罪，但没有规定 B 是犯罪，此时如果你说“B 和 A 很类似，可以套用一下，所以 B 也是犯罪”，就属于类推解释，类推解释是违反刑法的，因为 A 就是 A，B 就是 B，不能这样类比，如果允许这样，你可以随意地扩大 A 的范围，刑法规定 A 就没有意义了。

例．刑法规定了故意杀人罪，如果你说“我的狗陪我长大，是我的亲人了，四斤杀了我的狗，应该构成故意杀人罪”（把“狗”类比成“人”），如果允许这样，狗可以是人的话，那猫也可以，蟑螂也可以，那刑法规定“人”就没有意义了。

预测可能性：看到刑法的文字内容，一个正常的人可以预测、想象到的范围，类推解释就违反了预测可能性。

3. 确定的罪刑法定——写得清楚明白

刑法在立法的时候，应当把“什么是犯罪”描述清楚，不要模糊；同时，应当把犯罪配套的刑罚规定好，有明确具体的范围。

（1）什么是犯罪应当相对明确、具体，禁止处罚不当罚行为。

例 1. 什么是危险驾驶罪，《刑法》第 133 条之一明确列举了 4 种情形：追逐竞驶，情节恶劣的；醉酒驾驶机动车的……这就是明确具体的。不能笼统地规定“危险驾驶的，是危险驾驶罪”，这样大家都不知道是啥意思。

例 2. 将和他人小打小闹致轻微伤的行为规定为犯罪是不合理的。因为这种行为危害性很低，不值得刑法处罚（不当罚）。

【注意】刑法条文中的简单罪状、不成文的构成要素①并没有违反明确性的要求。因为有些内容太简单、没必要详细说明。

例．对于放火罪，《刑法》第 114 条就是简单规定了“放火……危害公共安全”，没有明确说明什么是放火，但这并不违反明确性的要求，因为小孩子都知道啥是放火，没必要详细说明。

（2）刑罚也应当明确、适当，禁止绝对不定刑和绝对不定期刑，禁止不均衡、残虐的刑罚。

例．以下这些都是禁止的：犯 A 罪，判刑（范围太广，绝对不定刑）；犯 A 罪，判有期徒刑（刑期范围太广，绝对不定期刑）；盗窃 5000 元要判死刑（不平衡）；强奸犯要六马分尸（残忍）。

4. 事前的罪刑法定——未来的法不能管现在的人

禁止溯及既往，禁止事后法，但不禁止有利于被告人的溯及既往（针对未决犯，参见刑法时间效力的章节）。若未来法能管现在人，人们都要提心吊胆未来被清算，什么都不敢做。

例 1. 肖永灵案中，不能用新罪名“投放虚假危险物质罪”来判决肖某，因为新罪名禁止溯及既往。

例 2. 在上世纪 50 年代末的“除四害运动”中，麻雀属于四害之一，当时可以随便捕杀。但现在麻雀属于国家二级保护动物，非法捕杀野生麻雀 20 只以上的，构成危害珍贵、濒危野生动物罪。不允许刑法溯及既往去追究当年老人们的责任。

例 3. 2011 年 5 月 1 日《刑法修正案（八）》正式实施，醉酒驾驶机动车（危险驾驶罪）入刑。但不允许刑法溯及既往把入刑前实施醉酒驾驶机动车的人抓起来。

---

① 简单罪状：仅写出犯罪名称，没有具体描述犯罪特征。例．《刑法》第二百三十二条规定的故意杀人罪：“故意杀人的，处……”

不成文的构成要件要素是指虽然刑法法条没有明文规定，但是根据犯罪的法益、刑法条文对相关要素的描述所确定的成立犯罪需要具备的要素。例．诈骗罪中虽没有明文规定非法占有目的，但非法占有目的是诈骗罪的构成要件要素。

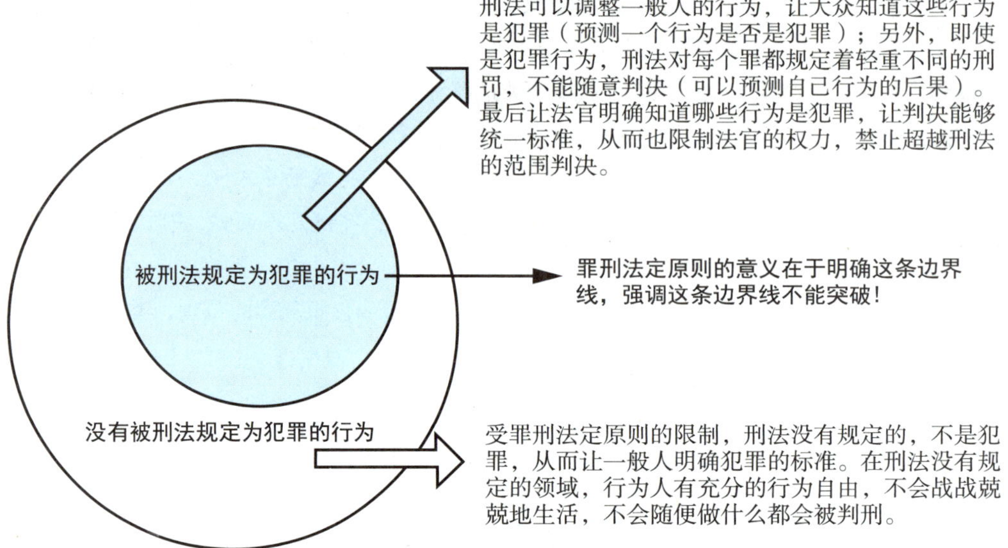

二、罪刑相适应原则（罪刑均衡原则）

1. 罪刑相适应原则的内容

罪刑均衡：刑罚轻重要与行为人的客观法益侵害性、主观罪过性、人身危险性相适应，**重罪重罚，轻罪轻罚**。

例．对累犯要加重处罚是因为其人身危险性较高；对“入户抢劫”要加重处罚是因为其比普通抢劫罪多了一项法益侵害（非法侵入住宅）。

2. 罪刑相适应原则的体现

罪刑相适应原则体现在**立法、量刑与行刑**的全过程。

立法上：故意杀人可以设定死刑，但盗窃没必要，不然刑罚体系不合理、不均衡。

量刑上：侧重考虑犯罪情节，如累犯应当从重处罚。

行刑上：侧重考虑人身危险性，合理运用减刑、假释。

例．王某因出卖6只鹦鹉（另有45只鹦鹉待售），一审被判处5年有期徒刑。因为《刑法》第341条规定，非法出售国家重点保护的珍贵、濒危野生动物及其制品的，处五年以下有期徒刑……情节特别严重的，处十年以上有期徒刑，并处罚金或者没收财产。而根据《刑法》第241条的规定，收买被拐卖的妇女，最高才判处3年有期徒刑，而且按照被买妇女的意愿，不阻碍其返回原居住地的，还可以从轻或者减轻处罚。

思考：妇女还没有野生动物值得保护，这合理吗？

3. 影响刑罚的量刑情节

常见的**使刑罚变轻**的情节主要有：中止、未遂、预备、自首、立功、坦白等。例．若行为人在犯罪过程中成立犯罪中止，和既遂犯相比，至少应当减轻处罚。

常见的使刑罚变重的情节有主要有以下几种：累犯、恶劣的犯罪动机、犯罪手段、犯罪时间与地点等。例．在其他条件相同的前提下，甲在地震灾区抢劫的社会危害性远比乙在普通地区抢劫的社会危害性大，对甲的量刑就要比乙重一些。

4. 罪刑相适应原则与罪刑法定原则的区分

罪刑相适应原则要体现罪与刑之间的平衡，体现罪与刑的轻重对比。如果只体现出了罪或刑的其中一个方面，就不是罪刑相适应原则的要求。

例．“禁止残暴的刑罚”就只体现了对刑罚这一个方面的要求，没有体现罪与刑的轻重对比，因此不是罪刑相适应原则的要求，而是罪刑法定原则的要求（残暴的刑罚是在滥用公权力，会侵犯人权）。

5. 罪刑相适应与刑罚个别化之间的关系

罪刑相适应主要是在宏观层面调整犯罪与刑罚之间的关系；而刑罚个别化是在微观层面对一个个实践案例具体问题具体分析，主要调整犯罪人与刑罚之间的关系，二者并不矛盾，是一般正义与个别正义的统一。

例．《刑法》对故意杀人罪设置了以下刑罚：故意杀人的，处死刑、无期徒刑或者十年以上有期徒刑；情节较轻的，处三年以上十年以下有期徒刑。在司法实践中，不同的犯罪人根据不同的量刑情节，有的可能被判 4 年，有的可能被判 12 年。

三、平等适用刑法原则（司法原则，非立法原则）

平等≠平均，平等是相同情况同等对待，不同情况合理区别对待。

1. 立法可以不平等

在立法时，需要对弱势群体予以保护，也可以对不同的主体给予不同的处罚。这属于合理的区别对待，是通过立法使不同主体之间在实质上更趋于平等。

例 1. 为了保护妇女和儿童的合法权益，《刑法》专门设立了拐卖妇女、儿童罪。

例 2. 对于未成年人、老年人犯罪，《刑法》设立了减免刑罚的规定。

2. 司法必须平等

适用刑法时要一律平等，没有任何人有特权，可以逃避刑法的适用。

判断分析

1. 罪刑相适应原则要求做到罪刑均衡与刑罚个别化，二者并不矛盾。【正确，罪刑相适应原则要求既要刑罚均衡，又要根据犯罪人的自身情况确定与之相适应的刑罚，即刑罚个别化。这也体现了普遍与特殊的关系，并不矛盾】（2014 年第 2 卷第 1 题 D 项）

2. 某孤儿院为谋取单位福利，高价将院内孤儿卖往国外。为惩治该孤儿院，报请全国人大常委会核准后，可将本案作为单位拐卖儿童犯罪处理。【错误，这种行为属于事后立法，立法者即使在危害行为发生后针对性立法，也不得溯及既往，否则便违背了罪刑法定原则】（2011 年第 2 卷第 2 题 C 项）

3. 网民对根据《刑法》规定作出的判决持异议时，应当根据民意判决。【错误，定罪量刑的依据只能是成文刑法】（2011 年第 2 卷第 1 题 D 项）

第三节 刑法的解释【刑法的解释 B】

【性服务案】八筒进城找了个大自己20岁的女朋友甲，生活好起来之后八筒组织同村男子进城为甲的姐妹们提供有偿性服务。某天甲的姐妹乙看中了八筒的发小四斤，不顾四斤反对强行与其发生了性关系。

思考：八筒组织男人帮提供性服务是否构成组织卖淫罪？乙强行和四斤发生性关系是否构成强奸罪？

——八筒构成组织卖淫罪。因为《刑法》第358条规定：“组织、强迫他人卖淫的，处五年以上十年以下有期徒刑……”，法条规定的词是“他人”，所以既可以组织女人，也可以组织男人。法条规定的词是“卖淫”，所以不仅包括传统的女向男，还可以扩大解释为包括男向女、男男、女女之间的有偿性服务。

但乙不构成强奸罪，因为《刑法》第236条规定：“以暴力、胁迫或者其他手段强奸妇女的，处三年以上十年以下有期徒刑。”法条规定的词是“妇女”，所以四斤就不属于强奸罪的对象。

什么是刑法的解释？为什么需要解释？

刑法的解释：对刑法条文（文字）的解释和说明。刑法以文字为载体，且用词大多是抽象、概括的，而现实生活中发生的案例又是一个个具体的；“抽象的”能和“具体的”对应上才能用这个刑法条文定罪量刑，否则就不能用，此时就需要对刑法条文的抽象词语进行解释和说明，进一步明确其含义，和具体案件对应上。

【注意】存疑有利于被告人是解决悬疑事实（证据存疑）的原则，不是法律解释的原则。

【学习提示】刑法的解释是解释刑法条文的词语，如果初学者不熟悉刑法条文，不熟悉刑法各个罪名用了哪些词语，此章节学起来就很吃力，甚至直接学不懂，反复听课学习也没用，所以建议学完后不用纠结，往后继续学，等全部刑法学完后，熟悉了刑法条文，再倒回来看本章节，就会好很多。

一、刑法解释的主体和效力

依据解释效力或者解释的主体，刑法的解释可分为：**立法解释、司法解释、学理解释。**

1. **立法解释：**全国人大常委会所做的解释。

立法解释≠立法，刑法修正案或刑法典内的解释性规定是刑法典本身，不是立法解释。立法解释虽然是立法机关所做的解释，但其性质还是“解释”，而不是立法，不能突破刑法条文的内容进行创造性的解释。

2. **司法解释：**最高法或者最高检所做的解释。

3. **学理解释：**学术机构或者学者个人的解释。没有主体限制，是一种非正式解释，没有法律效力，只有参考借鉴意义。

4. **刑法解释的效力等级：**立法解释 > 司法解释，学理解释没有效力。上述解释效力不用管时间先后，同一位阶的才有时间先后之分。

例. 当司法解释与立法解释相抵触时，应适用新解释优于旧解释的原则【错误，立法解释优先，不

管时间先后】

【注意】任何解释都不属于刑法的渊源，包括立法解释，任何解释都不得进行类推解释（不利于被告的）。

二、主观解释与客观解释

1. **主观解释**：探求立法原意或立法者当时的主观意思。主观解释的“主观”，是指当时那批立法者的主观。

2. **客观解释**：不拘泥于过去立法者的主观意图，而应该根据客观社会环境的发展，灵活的解释。

【结论】应该坚持客观优先的态度，不拘泥于立法者的主观意思，否则刑法就会很僵化。

例．随着经济发展，近年来出现了虚拟货币。立法者在立法当时显然无法预见到未来会出现虚拟货币，所以对“财物”一词的解释，用客观解释将虚拟货币适当纳入“财物”的范围，这样才合理，如果拘泥于立法者的主观，那么未来社会出现的新生事物，都无法被刑法覆盖，刑法就会变得僵化。

三、刑法解释方法概述

1. 解释的技巧

指对条文进行解释使用的方法，目的在于：得出结论。包括平义解释、扩大解释（扩张解释）、缩小解释（限制解释）、反对解释（反义解释）、补正解释、类推解释（禁止）。

2. 解释的理由

指支撑各种解释结论的背后理由，目的不在于得出结论，而在于：为已经得出的结论找依据（理由）。包括文理解释、论理解释（体系解释、当然解释、历史解释、比较解释、目的解释）。

3. 二者区别

对一个刑法用语的解释，只能用一种解释技巧，但可以用多种解释理由，支撑理由越多说明解释的更充分。

例．对《刑法》第二百三十七条（强制猥亵、侮辱罪）中的“侮辱”概念，不可能既做平义解释，又做扩大解释和缩小解释。解释者最终只能采用一种解释技巧，但可以同时以文理解释、体系解释、目的解释等多种解释理由来支撑。

【注意】立法解释、司法解释、学理解释只是解释的主体不同，不涉及具体的解释方法问题。以上三种解释对于同一刑法条文，可以选择任何解释技巧（1种）、解释理由（多种）进行解释。

四、刑法解释方法——解释技巧

（一）平义解释

平义解释是指按照该用语最平白的字面含义来解释，主要针对日常用语（类似查字典）。

（二）扩大解释

1. 扩大解释

扩大解释是指随着社会变迁，现实生活会发生一些新情况，若固守法条的字面含义，会导致新情况难以纳入刑法的调整范围，故将法条用语的含义适度扩大化。但这种扩大也不能超出可能的文义范围，要符合国民预测可能性，结论要让人觉得“有道理”。

例．把社会发展出现的虚拟财产（游戏装备、比特币）纳入盗窃罪的“财物”范围，把变性人纳入强奸罪的“妇女”范围，就属于扩大解释。

扩大解释是一种合理的推演。因此，无论是对被告人有利的，还是对被告人不利的扩大解释，均可以适用。原因在于词语的含义本身就是有一定弹性的，都有边缘含义，扩大解释就是把边缘含义囊括进来，但边缘含义本身也是词语本身的含义。

与之对比，类推解释则完全超出刑法词语的含义（是另外一个词的范围了），类推解释是禁止的，类推解释让刑法的处罚范围随意的扩大，违反了罪刑法定原则，超出了人们的预测可能性。例．把男人说成妇女，这就超出了强奸罪“妇女”这个词的范围。

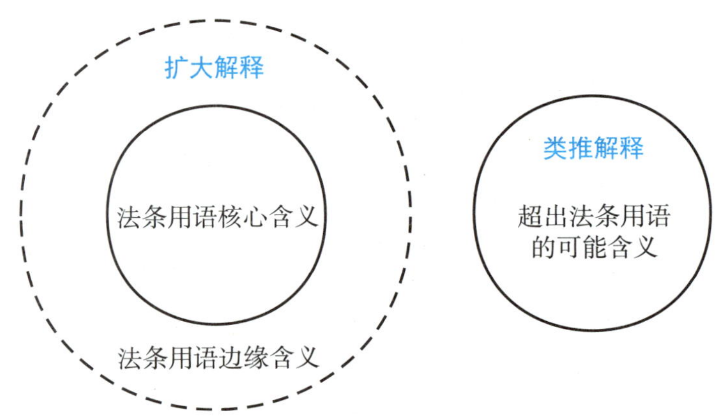

思考：为什么禁止类推解释?

类推解释就是一种类比，类似的事物那么多，类比是没有标准的，若允许无限类比套用，将无限扩大刑法词语的范围，刑法立法确定的范围将会毫无意义。

例 1. 二妞一直没有小孩，便养了一条狗 8 年，将其当成孩子，取名二黑。二妞溺爱二黑致其越发桀骜不驯。某次二黑扑向一个小孩时，被路过的八筒当场打死。二妞愤怒到近乎癫狂称八筒杀了自己的 8 岁孩子，必须定故意杀人罪偿命。人和狗是性质不同的东西，无论多么像养孩子一样养狗，也不允许将狗解释为人。

例 2. 二妞痛失爱狗后终于怀孕，某天二妞在小区闲逛时羊水破了即将生产，路过的八筒看到后认定此胎必是二黑转世来索命，便一脚踢向二妞肚子，导致胎死腹中。

思考：八筒对胎儿构不构成故意杀人罪？能否将胎儿解释为人?

八筒对胎儿不构成故意杀人罪，不能将胎儿解释为人（类推解释）。胎儿属于母体的一部分，可以认为八筒是在故意杀害或者故意伤害二妞。若认为没有出世的胎儿是人，那问题来了：要界定一个什么标准，到底胎儿什么时候才算人？1 个月的胎儿（意外怀孕堕胎难道也是故意杀人？）、预产期的胎儿、生出一半的胎儿……

【注意】有利于被告人的类推解释是允许的，但也是在固定范围（原因：有利的类推解释不会扩大刑法的处罚范围，反而会保护被告人）。

例．《刑法》第三百八十九条（行贿罪）第三款规定，因被勒索给予国家工作人员以财物，没有获得不正当利益的，不是行贿。但刑法在更轻的犯罪第一百六十四条（对非国家工作人员行贿罪）中没有类似规定。基于公平地保障人权，可以将“行贿罪”的规定类推适用于“对非国家工作人员行贿罪”，即因被勒索给予非国家工作人员以财物，没有获得不正当利益的，也不构成犯罪。这种类推解释有利于被告人，应被允许。

【**注意**】即便是立法解释，也不能进行不利于被告人的类推解释。

虽然不禁止有利于被告人的类推解释，但也不能违反解释的说明性，完全乱解释，用类推解释使犯罪嫌疑人摆脱罪名（**有利于被告的类推也要合理，不能违背刑法的规定**）。

例.《刑法》第 49 条规定：“犯罪的时候不满十八周岁的人和审判的时候怀孕的妇女，不适用死刑。审判的时候已满七十五周岁的人，不适用死刑，但以特别残忍手段致人死亡的除外。”《刑法》出于人道主义关怀对部分弱势群体限制死刑的适用，但不能认为严重残疾的退伍军人也是弱势群体、还曾为国家做过贡献也可以类推适用本条，限制死刑的适用，这就是在利用有利于被告的类推解释摆脱罪名。

2. **扩大解释与类推解释的区分**

（1）有没有超出法条用语本身的含义，属于法条用语的边缘范围还是完全超出法条用语范围。

例.被当成女儿养的二妞虽为男儿身，但长得柔弱秀气，一直以女生自居。青春期后，二妞看着日益壮大的喉结和已冒出的胡须，在父母的支持下决定去做变性手术，并公之于众。同村的八筒醉酒后强行和二妞发生了性关系。

思考：二妞变性前是不是妇女？变性后呢？八筒是否有可能构成强奸罪？

变性人属于“妇女”这个词的边缘范围，是扩大解释；但男性就完全超出“妇女”这个词的范围，是另外一个词，是类推解释。故二妞变性前是物理上的男性，肯定不能解释为妇女，但变性后其具有了女性生理构造，就可以扩大解释为妇女。二妞一直以妇女自居，变性后还公开了信息，所以八筒可以构成强奸罪。

（2）是否符合国民预测可能性，类推解释一般会让人觉得“没有道理，胡扯”，超出国民预测可能性；而扩大解释一般会让人觉得“有道理，合理”，符合国民预测可能性。

例.八筒傍上富婆发达后，想到了周围几个村有不少光棍兄弟们需要救赎，便买了 20 个高档充气娃娃在村里出租，为光棍们提供性服务。八筒是否构成组织卖淫罪？不构成，因为卖淫是人提供性服务，充气娃娃提供性服务超出了卖淫这个词的含义范围，属于类推解释。也许在未来机器人大发展，充气娃娃机器人提供性服务可以扩大解释为卖淫，但现在肯定不可以。

【**总结**】常考的扩大解释和类推解释

判断分析	结论
将抢劫金融机构中的“金融机构”解释为运钞车、自动取款机，属于类推解释	×，扩大解释
将虐待罪的对象“家庭成员”，解释为共同生活的保姆，属于扩大解释	√
将盗窃骨灰的行为认定为盗窃“尸体”，属于扩大解释	×，类推解释
将信用卡诈骗罪中“信用卡”解释为包含借记卡，属于类推解释	×，扩大解释
将走私弹药罪中“弹药”解释为包含弹头、弹壳，属于类推解释	×，扩大解释
将破坏通信自由罪中的“信件”解释为包括电子邮件，属于扩大解释	√
将重婚罪中“结婚”解释为包含事实婚姻，属于扩大解释	√
将破坏军婚罪中的“同居”解释为包含通奸，属于扩大解释	×，类推解释
将强奸罪中的“妇女”解释为男性，属于类推解释	√

判断分析	结论
将竞标人相互串通“拍卖”报价，损害拍卖人利益，情节严重的，解释为串通“投标”罪，属于类推解释	√
将“审判的时候已怀孕的妇女，不适用死刑”中的“审判的时候”，解释为“从侦查羁押时起至审判的全过程”，属于类推解释	×，扩大解释

【做题技巧】

1. 解释的对象是刑法法条的用语，所以要熟悉分则罪名，否则学不好，初学者没学懂不用担心，学完分则再倒回来看，就会容易很多。

2. 看待解释内容有没有和相关的立法解释和司法解释冲突、有没有和学的讲义知识冲突（学完分则就知道了），没冲突一般就是扩大解释，是对的、符合罪刑法定的，否则就可能是类推解释；另外，为了将某个随着社会发展、科技进步出现的新事物纳入法条含义的解释，一般是扩大解释而不是类推解释。

3. 没有官方解释、没有学过相关知识点的话就凭正义素养，判断是否符合一般国民的预测可能性（合不合理？会不会很扯？）。

4. 类推和扩大解释有时候会很难判断，甚至不同学者之间也有不同结论，学理上有争议、标准比较模糊的不会考，所以请大家不要纠结。例．将刑法第一百一十六条（破坏交通工具罪中）中的“汽车”解释为包括“大型拖拉机”在内，有学者认为是扩大解释（如张明楷），也有学者认为是类推解释（如徐光华），但其至少是一个扩大解释，甚至是类推解释。

（三）缩小解释

缩小解释是指刑法法条用语的字面含义过大，通过限制字面含义，使其符合刑法的真实含义。主要是为了符合刑法体例结构、限制刑法处罚范围。

例．《刑法》第一百一十一条规定的为境外窃取、刺探、收买、非法提供国家秘密、情报罪属于危害国家安全的犯罪，而且“情报”的含义范围很广（还有不关系国家安全和利益的情报），所以应该将其中的“情报”解释为“关系国家安全和利益，尚未公开或依照有关规定不应公开的事项”。

（四）反对解释

反对解释是指根据用语的正面表述，推导出其反面含义。

例．《刑法》第五十条规定，死缓犯在缓期执行期间没有故意犯罪的，“二年期满以后，减为无期徒刑”，其反对解释是“没有满二年，不得减为无期徒刑”。

（五）补正解释

补正解释是指刑法条文用语表述有明显错误，通过修正、补正来阐明其真实含义。

例．《刑法》第六十三条第一款规定：“犯罪分子具有本法规定的减轻处罚情节的，应当在法定刑以下判处刑罚。”这里的“以下”有用语错误。根据《刑法》第九十九条规定：“本法所称以上、以下、以内，包括本数”。但第六十三条第一款的目的是减轻处罚，如果判本数，就属于从轻处罚，不属于减轻处罚了，所以这里的“以下”应当进行补正解释：不包括本数。

五、刑法解释方法——解释理由

（一）文理解释

根据文法、语法等来解释，即在“语文上”是否说得通。文理解释是最基本的解释理由，因为法条是文字，解释文字当然要先从“语文”入手。

例．按照文理解释，自杀构成故意杀人罪，因为《刑法》第 232 条规定的是：“故意杀人的，处死刑……”，按照文理，人既包括自己，也包括他人。但自伤不构成故意伤害罪，因为《刑法》第 234 条规定的是：“故意故意伤害他人身体的，处三年以下有期徒刑……”，按照文理，他人肯定不能包括自己。

（二）论理解释

论理解释：不拘泥于文理含义，根据论理（体系、目的、历史、比较等）在逻辑上来解释。

Q：文理解释和论理解释谁优先？

A：文理解释优先于论理解释，因为文理解释，大家都是基于刑法条文的词语来解释，能有个标准和范围，能得出相对一致的结论（统一）；但论理解释，可以是各种道理，完全没有同一的标准和范围（混乱），所以如果文理解释的结论公平、合理，则没必要进行论理解释。当文理解释有问题时（不合理、歧义等）需要同时使用文理＋论理，使理由更充分，论理解释不能超出文字含义，否则就违反了罪刑法定原则。

1. 当然解释——轻重比较

刑法规定虽然没有明说某一事项，但依靠逻辑上轻重比较的当然道理，将该事项解释为该规定的适用范围之内，属于“理所应当、不言自明”。

（1）当然解释的两个方向

入罪举轻明重：既然轻行为都构成犯罪，重行为当然更应该构成犯罪。

例 1.（假设）践踏草坪（轻行为）是犯罪，那斩草除根（重行为）更应该构成犯罪。

例 2.《刑法》第三百二十九条规定了抢夺、窃取国有档案罪，但没有规定抢劫国有档案罪。既然抢夺国有档案（轻行为）是犯罪，那抢劫国有档案（重行为）更应该是犯罪。由于抢劫行为可以包容评价为抢夺行为，故抢劫国有档案的行为可以按照抢夺国有档案罪论处。（2024 年仿真题）

出罪举重明轻：既然重行为都不构成犯罪，轻行为当然更不应该构成犯罪。

例．不满 18 周岁的人不适用累犯（累犯要从重处罚，且不能缓刑，不得假释），那么根据当然解释的原理，对不满 18 周岁的人也不适用《刑法》第三百五十六条关于毒品再犯的规定（毒品再犯只从重处罚）。

（2）当然解释的同质性与递进性

①当然解释的对象应性质相同，性质不同不能进行当然解释的推理。

例．有观点认为“既然将为了自己饲养而抢劫他人宠物的行为认定为抢劫罪，那么，根据当然解释，对为了自己收养而抢劫他人婴儿的行为更应认定为抢劫罪”。该观点错误，因为宠物和婴儿的性质不同，不能进行当然解释。

②“当然解释”扩张的对象要有递进性，即有轻重之分。

例 1. 将“放走他人笼子中的珍贵鹦鹉”认定为故意毁坏财物罪，不属于当然解释。因为这种行为本来就是故意毁坏财物，对财物主人造成的影响和物理毁坏该鹦鹉具有同等危害性，没有递进关系。

例 2. 在现实生活中侮辱、诽谤他人都构成侮辱罪、诽谤罪，按照举轻以明重的当然解释，那在网络上侮辱、诽谤他人，也构成侮辱罪、诽谤罪，对吗？【错，因为现实生活中VS网络上，并没有轻重之分，有可能现实生活中侮辱诽谤别人更严重，也有可能网络上更严重，二者没办法比轻重】

（3）当然解释不一定都是对的，要符合分则罪名的立法目的

当然解释很有逻辑、很合理，因此当然解释的结论大部分都是对的。但也不绝对，有些当然解释的结论是错的，因为分则罪名有一些特殊的考量，当然解释如果违背这些特殊的考量，那当然解释也是错的。

例1.八筒在老林中发现了二战时的武器库，从中推了一门山炮出来，敲开四斤家门，炮筒怼脸："交出所有钱财，不然灰飞烟灭！"能否认为八筒属于持枪抢劫？不可以，虽然持炮抢劫比持枪抢劫更严重，按照举轻以明重更应该构成犯罪，但枪支还有"容易隐蔽、不容易被发现"这些属性（炮没有），所以立法者只立了"持枪抢劫"，没有立"持武器抢劫"（人们听说周围有持枪抢劫案件，晚上会不敢出门；但若听说周围有人抬一门炮去抢劫，可能只会觉得好笑）。

例2.《刑法》第二百二十七条第二款规定了倒卖车票、船票罪，但刑法没有规定倒卖飞机票罪，似乎后者更严重、当然应该构成犯罪。但飞机票是执行严格的实名制，各种安检程序也很严格，很难倒卖，立法者自然不会处罚倒卖飞机票的行为。

2. 体系解释——联系上下文

根据刑法条文在整个刑法中的地位，联系相关法条的含义，阐明其含义。

（1）原则上，同一个词，不管在刑法哪里，应该都是一个意思。

（2）例外1：同词可以不同义，即同一个词，在不同条文，可能有不同含义。

例.侮辱罪中的"侮辱"是指侵犯他人名誉，而强制侮辱罪中的"侮辱"是指侵犯他人的性羞耻心。

（3）例外2：不同的词也可能是一个含义。

例.刑法条文中的"出售""销售""贩卖"的含义相同，都是指有偿转让。

3. 目的解释

目的解释是指根据刑法法条的目的阐明其含义。

分则罪名的解释应以保护法益为指导。刑法分则的条文，都有其特定的法益保护目的，在解释具体犯罪的构成要件时，必须以保护法益为指导。

例.伪造货币罪的法益是货币的公共信用（以假乱真的货币太多了会导致大家都不认可货币，货币就会失去信用流通受阻），所以伪造250元面值的人民币不构成伪造货币罪，因为正常人都不会相信这是真的，侵犯不到货币的公共信用。

4. 历史解释

历史解释是指根据历史背景（静态的、过去的历史）及刑法发展的源流（动态的、变化的历史），阐明刑法条文真实含义的解释方法。【要体现历史的变迁】

例.1979年《刑法》将遗弃罪规定在"妨害婚姻家庭罪"一章中，该罪的行为主体"扶养义务人"应解释为仅限于婚姻家庭成员之间。而1997年《刑法》将遗弃罪规定在"侵犯公民人身权利罪"一章中，行为主体则不必限于家庭成员之间，实践中出现的精神病院负责人遗弃精神病人的，也被认定为遗弃罪。

5. 比较解释

比较解释是指借鉴国外立法与判例以阐明刑法规范的含义。【要体现国外】

六、刑法解释的其他知识点

1. 同类解释规则

同类解释规则是指在解释"等""其他"这类兜底含义词的时候，需要和前面列举的示例有共同的特征，同样的性质，不能随意扩大范围。例．抢劫罪的"暴力、胁迫或其他方法"，这里的"其他方法"指的是与暴力、胁迫性质相当（能够排除对方反抗）的方法，如将他人迷晕、灌醉、拘禁等，但不能是一切方法，如趁被害人不注意偷偷拿走财物。

2. 解释的过程对≠最终结论也对

通过任何解释方法得出的解释，结论都不必然正确，也即不必然符合罪刑法定原则（方法被允许，不意味着结论被允许）。扩大解释和当然解释大部分是正确的，符合罪刑法定原则，但也不绝对，有些扩大解释和当然解释的结论违反了刑法的目的，也是错的。

例．《刑法》第 236 条的强奸罪规定，以暴力、胁迫或者其他手段强奸妇女的，构成强奸罪。有观点认为，按照文理解释，可以将丈夫强行与妻子性交的行为解释为"强奸妇女"——该观点正确，因为只从文理的角度分析，妻子也是妇女，所以这个文理解释的过程是对的。但解释过程对，不代表最终结论（到底定不定强奸罪）也对，定不定强奸罪还需要综合其他解释理由，最终再得出一个合理结论。

【总结】如果做题时题目只问是不是某种解释、符不符合某种解释，则只需要看符不符合该解释的分析过程，不需要看最终结论是否对。如果既问解释、也问最终结论，才需要判断解释和结论是否都正确。

3. 刑法中各个词语的范围边界，解释的合理性，要运用分则各个罪名的知识才能很好地拿捏，并不是单纯用语文的知识或常识来理解。具体的范围要结合各个罪名的实质刑罚轻重来把控。

例．刑法规定"为索债而拘禁、扣押他人的，以非法拘禁罪论处"，这里的"索债"到底包不包括非法债务（如赌债），用语文和常识是无法得出结论的，要对分则罪名有足够的理解。由于我国刑法对绑架罪规定了较重的法定刑，考虑到绑架罪的法定刑太重，刑法理论与实践都主张对于"索债"尽量做扩大解释，赌债等法律不予保护的债务也属于这里的"索债"，扩大解释非法拘禁罪而限制绑架罪的范围，以期实现罪刑相适应。

所以，再次强调，解释没学好，一定是分则学得不到位，不要在此处纠结，多去学习和熟悉分则罪名，不要耗在这钻研！

判断分析

1. 基于处罚的必要，可以超出法律用语可能含义进行目的解释，这是符合罪刑法定原则的。【错误，超出法律用语可能含义的范围，属于类推解释，违反罪刑法定原则】（2020 年仿真题）

2. 将虐待罪的对象"家庭成员"解释为包括保姆在内，属于类推解释 。【错误，只要是共同生活的家庭成员，即便没有血缘关系，也可以解释为"家庭成员"，成为虐待罪的对象】（2019 年仿真题）

3. 根据体系解释，传播淫秽物品罪与传播性病罪中"传播"含义一致。【错误，都有"传播"二字，但含义并不相同，前者是指使不特定人知晓内容，后者是指传染】（2019 年仿真题）

4. 将副乡长冒充市长招摇撞骗解释为冒充国家机关工作人员招摇撞骗，违反文理解释。【错误，仍然是一种"冒充"，并不违背文理解释】（2019 年仿真题）

5. 有观点认为"将明知是捏造的损害他人名誉的事实，在信息网络上散布的行为，认定为'捏造事实诽谤他人'，属于当然解释"。【错误，因为在网络上捏造损害他人名誉的事实，本来就属于"捏造事实诽谤他人"，并不会比在现场诽谤他人的危害性更重，所以没有递进性，不属于当然解释】（2014年第2卷第3题C项）

第四节 刑法的效力

【火烧神社案】八筒去某岛国旅游时，看到岛国有人参拜神社，顿时热血上涌，趁人不注意时用红漆在神社墙上涂鸦，并放了一把大火焚烧神社。

思考：八筒的放火行为哪些国家刑法能管？

——岛国可以基于属地管辖原则管辖，我国刑法可以根据属人管辖原则管辖。

一、空间效力【刑法的空间效力C】

空间效力讨论的是对于一个刑事案件，一国刑法有没有管辖权的问题（前提问题），不需要考虑最终是否实际管辖的问题，也不需要考虑能不能实际抓捕到犯罪嫌疑人、能不能审判、其他国家有没有管辖权等。空间管辖的核心是：沾边就有管辖权。

例.对于某个案件，可能中国和俄罗斯都有管辖权，但不能因为俄罗斯有管辖权就说中国没有管辖权。

（一）在中国境内犯罪——属地管辖原则

只要在我国领域内犯罪，一律适用我国刑法（除非有特殊规定）——我的地盘我做主。

1. 属地的范围

属地的范围主要包括领陆、领水、领空。还包括旗国主义（移动的领土），即我国船舶或者航空器内（即使在其他国家领域内，也认为在中国领域内）。但不包括国际列车和国际长途汽车；我国驻外使领馆不宜认定为我国领域。

例1.八筒在上海买了一艘游轮并登记，开到公海上开设赌场、组织卖淫。船登记在我国，根据旗国主义属于我国领土，我国可以基于属地原则管辖。

例2.外国人乘坐外国民航飞机进入中国领空后实施犯罪行为，我国有管辖权。因为对于在中国领空实施的犯罪行为，我国可以基于属地管辖进行管辖（刑法和国际法有冲突）。

2. 在中国领域内犯罪的认定（沾边就管）

犯罪行为（包括预备行为）或者犯罪结果有一项发生在中国领域，就认为是在中国领域内犯罪。

例.在我国境内邮寄装有炸药的包裹，在境外发生爆炸的，由于邮寄炸药的犯罪行为发生在国内，故属于在我国领域内犯罪。

共同犯罪中，只要共同犯罪行为（包括共同实行、教唆和帮助）或结果有一部分发生在我国领域内，就认为是在我国领域内犯罪。

例.缅甸人甲在缅甸境内用抛石机向我国境内投掷毒品，犯罪结果发生在我国领域内，我国刑法可以管辖。缅甸人乙在中国境内用抛石机向越南境内投掷毒品，我国刑法也可以管，因为犯罪行为发生在我国领域内。

（1）实行犯（正犯）的行为发生在我国，教唆犯、帮助犯的行为从属于正犯（实行犯），均认为是在我国领域内犯罪，全部适用中国刑法。

例．A 国公民甲教唆 B 国公民乙进入中国境内发展黑社会组织。后乙果真进入中国境内实施犯罪行为。由于共同犯罪的实行行为发生在我国领域内，故是在我国领域内犯罪，可适用我国《刑法》追究甲的刑事责任。

（2）实行犯（正犯）的行为发生在我国领域外，教唆犯、帮助犯的行为发生在国内，只能对教唆犯、帮助犯适用中国刑法，正犯不能认为是在我国领域内犯罪，不适用中国刑法。

例．我国公民甲在我国打电话给在美国的美国人乙，让乙杀害其同学丙，乙照做。只能对甲适用我国《刑法》，对乙不能认定为在我国领域内犯罪。

3. 外交特权与豁免权

有些外国人有外交特权与豁免权，他们在我国领域内犯罪不适用属地管辖，依据外交途径解决。

【注意】不是所有的外国人都有外交特权与豁免权，一般为外交官员。

例．云南人罗某从云南坐飞机到杭州，持铁锤抢劫商场金店，被捕后称自己“不是中国人”“我有外交豁免权”等。首先行为人是中国人，其次，就算他是外国人也不行，只能是少数和外交有关的人员才可能会有外交豁免权。

（二）在中国境外的犯罪

1. 属人管辖原则

适用条件：犯罪时或裁判时是我国公民；在境外犯罪；最高刑 3 年以下（轻罪）可以不追究，但国家工作人员与军人除外。

例 1. 八筒在国内结婚后觉得一个老婆满足不了自己，便飞去伊朗皈依伊斯兰教，在当地娶了 4 个老婆，八筒属于我国公民，已经在国内结婚还在国外与 4 人结婚，构成重婚罪，我国刑法可以依据属人管辖原则管辖。重婚罪刑罚轻“处二年以下有期徒刑或者拘役”，可以不追究。

例 2. 八筒有恋童癖，但我国刑法规定的性同意年龄是 14 岁，八筒不敢犯法（奸淫幼女型强奸罪）。后来八筒听说尼日利亚的性同意年龄为 11 岁，为寻求刺激便去尼日利亚和多名 11 岁多的女童发生性关系，虽然在尼日利亚不违法，但八筒是中国人，我国刑法可以依据属人管辖原则管辖。

2. 保护管辖原则

适用条件：外国人在境外针对中国国家及公民犯罪；按我国刑法法定最低刑为三年以上有期徒刑的（重罪）；所犯之罪按照犯罪地的法律也应受处罚的（双重犯罪原则）——可以适用我国《刑法》。

例．A 国公民丙在中国留学期间利用暑期外出旅游，途中为勒索财物，将 B 国在中国的留学生丁某从东北某市绑架到 C 国。本案没有针对我国国家或公民犯罪，故不能依据保护管辖原则追究其刑事责任。

3. 普遍管辖原则

适用条件：针对国际条约规定的犯罪；我国缔结或参加该国际条约；我国《刑法》也将其该行为规定为犯罪；我国起诉时，适用的是我国《刑法》而不是国际条约。

处理方式：或起诉（适用中国法律）、或引渡。

常见的国际犯罪：海盗罪、恐怖主义犯罪、劫持民用航空器罪、战争罪、灭绝种族罪、毒品犯罪。

例．中国法院适用普遍管辖原则对劫持航空器的丙行使管辖权时，定罪量刑的依据不是中国缔结或者参加的国际条约，而是我国《刑法》。

管辖原则有顺序：一个犯罪只有一种管辖原则，属地 > 属人 > 保护 > 普遍。

例．美国人甲在美国给中国人乙投放毒药，乙在我国机场落地时毒发身亡。本案虽然也符合保护管辖原则的条件，但由于犯罪结果发生在我国境内，应优先适用属地管辖原则。

（三）对外国刑事判决的消极承认

在中华人民共和国领域外犯罪，依照我国刑法应当负刑事责任的，虽然经过外国审判，仍然可以依照我国刑法追究，但是在外国已经受过刑罚处罚的，可以免除或者减轻处罚。

二、时间效力【刑法的时间效力 C】

时间效力是要解决在承认一国刑法对某刑事案件具有管辖权的前提下，对该案件具体适用新旧哪部刑法（或司法解释）的问题。

（一）刑法的时间效力

从旧兼从轻原则：原则上适用行为时的旧法，例外：新法更有利，即新法不认为是犯罪或处刑较轻的，适用新法。①

例．《刑法修正案（八）》于 2011 年 5 月 1 日起施行，新增了组织出卖人体器官罪。甲于 2011 年 4 月 30 日前组织出卖人体器官，对甲应当适用修正前的刑法条文：此前组织出卖人体器官的，实践中一般按照非法经营罪处理（轻罪），非法经营罪可能判处拘役这种较轻的刑罚；而组织出卖人体器官罪至少是 5 年以下有期徒刑（重罪）。所以对于《刑法修正案（八）》生效之前的组织出卖人体器官行为，应该按照旧法（轻罪）的规定来认定。

【注意】从旧兼从轻原则适用的对象只能是未决犯，已决犯不受影响，不需要改判。

（二）司法解释的时间效力

1. 之前无司法解释，新出司法解释：司法解释对于颁布之前和之后的行为均可以适用。

因为法律解释是对现行刑法的解释，是一种说明，不是一种创设，因此无论是否对犯罪嫌疑人有利，其效力可以适用于刑法生效的全部期间，包括法律解释出台之前的行为。

例．2000 年最高人民法院出台了针对某一问题的司法解释，该解释可以适用于其生效之前的犯罪行为。因为司法解释是对既有刑法规定的再次阐述，并没有改变刑法规定的内容，当然可以适用于刑法生效后、司法解释生效之前的犯罪行为。

2. 之前有司法解释，又新出司法解释，两个司法解释有冲突：原则上适用行为时的司法解释（从旧），例外：新的司法解释有利于被告，适用新的司法解释（从轻）。同理，此处只适用于未决犯，已决犯不受影响。

例．依行为时司法解释已审结的案件，若适用新司法解释有利于被告人的，应依新司法解释改判。【错误，只适用于未决犯，已决犯不受影响】

① “处刑较轻”是指具体犯罪行为应当适用的法定刑幅度的最高刑或者最低刑。

判断分析

1. 1997年《刑法》规定的生产、销售有毒、有害食品罪为具体危险犯。2011年《刑法修正案（八）》将该罪规定为抽象危险犯。丙于2010年实施生产有毒食品的行为，但并没有造成具体危险状态，于2015年被抓获。丙的行为可以适用《刑法修正案（八）》，应以犯罪论处。【错误，原则上应适用旧法，且新法更重，更不能适用新法，故丙的行为不构成犯罪】（2018年仿真题）

2. A国商人汤姆劫持B国民用航空器，欲前往C国，但C国拒绝其降落，后无奈迫降中国，我国可以基于属地管辖追究其刑事责任。【正确，由于劫持航空器行为的犯罪结果发生在国内，故属于在我国领域内犯罪】（2008年四川第2卷第23题）

KEEP AWAKE

第二章 犯罪构成理论

第一节 犯罪构成基础理论【犯罪的分类与构成要件要素 E】

一、犯罪及犯罪的几个重要分类

犯罪：具有严重的社会危害性，依照刑法应受刑罚处罚的行为就是犯罪。犯罪主要有以下几个重要分类：

1. 自然犯与法定犯

自然犯具有天然的犯罪性，明显违背人类基本伦理道德。法定犯不具有天然的犯罪性，没有明显违背人类基本伦理道德，因为国家的规定才成为犯罪。

例. 故意杀人罪，古今中外一直都是犯罪，就属于自然犯，其他的还有抢劫罪、故意伤害罪、盗窃罪等；走私罪就属于法定犯，是为了维护经济秩序，其他的还有非法吸收公众存款罪、非法经营罪等。

分类意义：

通常而言，自然犯不能由单位构成。而且自然犯由于明显违背伦理道德，一般国民都知晓，故罪状简单，因此自然犯中常有不成文的构成要件要素。

历年真题中，单位拐卖儿童、窃电的案件，由于单位不能成为拐卖儿童罪、盗窃罪的主体，只能追究自然人相应犯罪的刑事责任。

2. 即成犯、状态犯、继续犯

（1）即成犯，一旦发生法益侵害结果，犯罪便同时终了。

例. 故意杀人罪，被害人死时故意杀人罪就结束了，行为人不会一直在杀，被害人也不会一直在死。

（2）状态犯，犯罪行为终了后，不法状态继续存在。

例. 盗窃罪，行为人不会一直在偷，偷完行为就终了，但被害人财产受损失的状态会一直继续存在。

（3）继续犯，犯罪行为和不法状态同时持续地存在。

例. 非法拘禁罪，控制他人自由的犯罪行为和他人丧失自由的不法状态都在同时持续存在。

分类意义：

状态犯既遂后加入者成立别的犯罪（掩饰、隐瞒犯罪所得、犯罪所得收益罪、洗钱罪、伪证类犯罪，并且犯罪人本人通常不构成这些犯罪，洗钱罪例外）。

继续犯既遂后，只要犯罪行为没有结束，一直在继续，中途加入进来的人可以成立共同犯罪（犯罪形态终局性的例外）。

二、犯罪构成要件要素的概念和分类

犯罪构成要件：刑法规定的，成立犯罪所必须具备的所有条件，主要包括客观构成要件和主观构成要件。犯罪构成要件里面又有不同的要素（犯罪构成要件要素），例如，客观构成要件中的要素有：主体、行为、结果、对象等。主观构成要件中的要素有故意、过失、目的等。

例．刑法第三百八十二条（贪污罪）第一款规定，国家工作人员利用职务上的便利，侵吞、窃取、骗取或者以其他手段非法占有公共财物的，是贪污罪。在贪污罪中，客观构成要件中的要素是：国家工作人员，利用职务上的便利，侵吞、窃取、骗取或者以其他手段非法占有公共财物，使国家遭受财产损失；主观构成要件中的要素是：故意，且有非法占有目的。

具体而言，犯罪构成要件要素可作如下分类：

（一）成文与不成文

成文的构成要件要素是指刑法法条明文规定的构成要件要素。不成文的构成要件要素是指虽然刑法法条没有明文规定，但是根据犯罪的法益、刑法条文对相关要素的描述所确定的成立犯罪需要具备的要素。

区别在于刑法法条是否有明文规定。

【注意】不成文的构成要件要素不违反罪刑法定，虽然没有写在刑法中，但也是构成犯罪所必须具备的。例．诈骗罪中虽没有明文规定非法占有目的，但非法占有目的是诈骗罪的构成要件要素。

（二）积极与消极

积极的构成要件要素是指积极地、正面地表明成立犯罪必须具备的要素。消极的构成要件要素是从反面否定犯罪成立的要素。

例 1. 签订、履行合同失职被骗罪中的“签订、履行”是表明成立本罪必须具备的要素，是积极的构成要件要素。

例 2. 根据《刑法》第三百八十九条第三款的规定，因被勒索给予国家工作人员以财物，没有获得不正当利益的，不是行贿，这是消极的构成要件要素。

【注意 1】刑法仅此一处消极的构成要件要素，其他都是积极的构成要件要素。

【注意 2】区分：阻却犯罪的要素。例．《刑法》第二百零一条（逃税罪）规定：……经税务机关依法下达追缴通知后，补缴应纳税款，缴纳滞纳金，已受行政处罚的，不予追究刑事责任。该规定属于犯罪阻却事由，即前行为已经构成了逃税罪，但因为行为人后续实施了一些“补救”行为，可以阻却行为的犯罪性。

（三）客观与主观

客观的构成要件要素是指说明行为外部的、客观面的要素。主要指行为主体、身份、行为、结果。主观的构成要件要素是指表明行为人内心的、主观面的要素。主要指故意、过失、目的、动机。

例 1. 受贿罪中的“国家工作人员”是对主体身份的要求，是主体要素，是客观的构成要件要素。

例 2. 行贿罪中的“为谋取不正当利益”是主观的构成要件要素。

【区分】主观的构成要件要素是内心的，不可见。淫秽物品等客观存在的东西是可见的，虽然需要价值判断（规范的构成要件要素），但也属于客观的构成要件要素。

（四）记述与规范

记叙的构成要件要素和规范的构成要件要素的区分对于司法实务有重要意义。在法庭辩论中，对于规范的构成要件要素存在比较充分的辩论余地，但对于记叙的构成要件要素，一般不存在辩论余地。

事实判断：八筒是个人；

价值判断：八筒是个好人。

1. 记述（明确）的构成要件要素是指只需要进行事实判断，根据一个正常人的认知水平就可以感知、确定的要素，日常生活对该用语有明确的界限。例．包括“人”“妇女”“毒品”等生活术语，还包括一些动作行为的描述，如“提供”“伪造”“变造”等大家都能够认知且结论基本一致的用语。

【注意】有些要素，可能我们不同的人会得出不同的结论，如毒品、假药，但我们国家有明确的药品名单和毒品目录，只需要按照相关文件，即可得出一致结论，这也属于记述的构成要件要素。

2. 规范（不明确）的构成要件要素是指我们通过感知并不能够获得正确的判断，需要法官的价值评价。即这些用语的含义是需要解释才能适用的，在日常生活用语中没有明确的界限。

例．八筒读完《金瓶梅》原著后惊为天书，随即便想到不能忘记兄弟们，便扫描了电子版发在网上供大家一起欣赏。

思考：《金瓶梅》是否属于淫秽物品？八筒是否构成传播淫秽物品罪？

对于《金瓶梅》是否属于淫秽物品，不同的人会有不同的评价，同样的人在人生的不同阶段也会有不同的评价，具体怎样认定需要法官的价值评价，由于官方对该书的价值评价是虽然带有性描写，但不属于淫秽物品，而是文学作品，还出版过，所以结论就是《金瓶梅》不属于淫秽物品，八筒不构成传播淫秽物品罪。但是，如果八筒戏精附体根据该书自编自导拍出“小电影”，那就属于淫秽物品。

规范的构成要件要素主要有如下三类：

（1）价值的评价要素。例．猥亵、淫秽物品、侮辱、诽谤等。

（2）经验法则的评价要素。例．入户抢劫中的“户”（司法解释认定的和生活用语认定不一致）。

（3）法律的评价要素。例．国家工作人员、司法工作人员、公私财物、他人占有的财物。

判断分析

关于构成要件要素，以下说法正确的是？（2022 年仿真题）

A. 贩卖毒品罪的“毒品”是规范的构成要件要素【错误，对于“毒品”相对应的客观事实，只需要进行事实判断，知觉的、认识的活动即可确定】

B. 抢劫罪的“暴力”是记述的构成要件要素【错误，通过感知并不能够获得正确的判断，需要法官的价值评价的要素】

C. 诈骗罪的“非法占有目的”是不成文的构成要件要素【正确】

D. 受贿罪的“为他人谋取利益”是不成文的构成要件要素【错误，法条明文规定】

第二节　犯罪的成立【犯罪的成立 D】

【“强奸”女装大佬案】八筒深夜潜入一户人家行窃，发现床上有一留长发穿花睡衣的“女子”正在睡觉，八筒色心大起意图奸淫，便扑在其身上强脱其衣。“女子”惊醒后大声喝问，八筒发现其是条汉子，落荒而逃。

思考：八筒是否构成强奸罪，你怎么看？

一、分析犯罪的思维阶段

在犯罪的认定中，刑法理论上存在四要件和三阶层甚至二阶层（三阶层简化版）的观点分歧，实际上，三种理论主要是犯罪构成要件的排列组合方式不同，四要件是相加模式，三阶层和二阶层是层层递进模式。

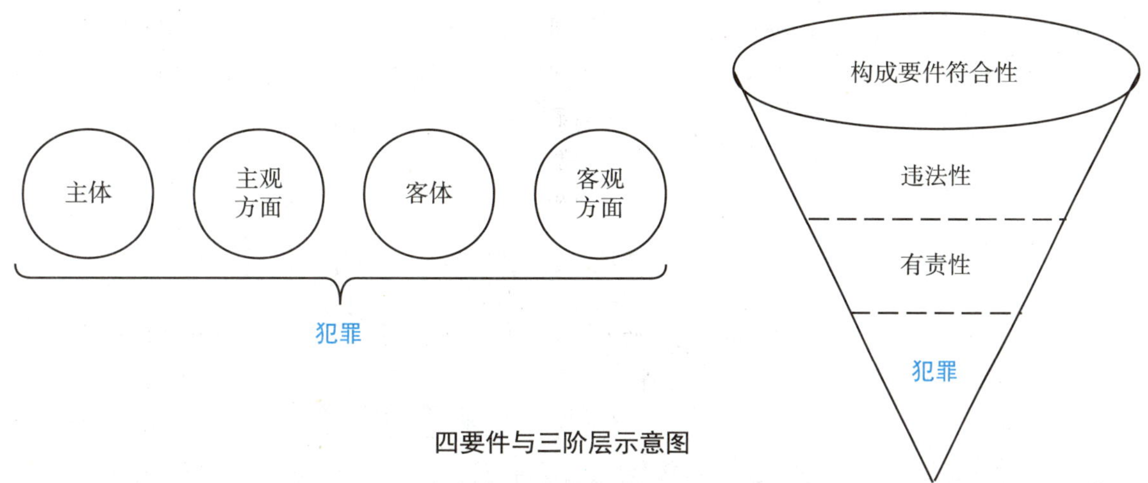

四要件与三阶层示意图

【学习提示】虽然模式不同，但对于刑法中的大多数问题，三种理论得出的结论都是一致的，尤其在法考范围内，这些理论得出的结论都是一致的，这些观点分歧主要是学术上的对立，对于法考而言意义不大，法考不会专门考查这种纯理论问题——法考不需要站队，没有谁对谁错之分，更没有旧理论不好，新理论就好的标签，考生不必纠结于此，本书也不讨论这些纯理论问题。无论采取哪种理论，都可以适用下面的思维分析过程。

【思维误区】与其纠结三阶层还是四要件这种对考试毫无意义的问题，还不如好好辨析下：犯罪成立与犯罪形态，这两个概念很多人会搅在一起，导致思维混乱，初学者一定要辨析清楚，这两个概念在分析犯罪的过程中分属两个阶段，以“强奸”女装大佬案为例：

错误分析——有观点认为本案根本没有妇女存在，不可能实现强奸罪（不可能犯罪既遂），所以八筒不构成犯罪。但这种观点是错误的，该观点混淆了犯罪成立与犯罪形态两个概念。

正确分析——行为人构成强奸罪未遂。因为八筒客观上已经着手实施强奸行为，主观上具有强奸的故意，且有妇女存在的可能（谁家里都有可能有女人，这又不是男子监狱），所以具有法益侵害的可能性，此时八筒就已经成立强奸罪。接下来再判断犯罪形态，八筒是由于偶然原因（对象是男的）没有得逞，所以八筒的犯罪形态为未遂，最终成立强奸罪的未遂。

由此例可知，认定犯罪要严格区分犯罪成立与犯罪形态两个阶段。分析犯罪的思维阶段见下图：

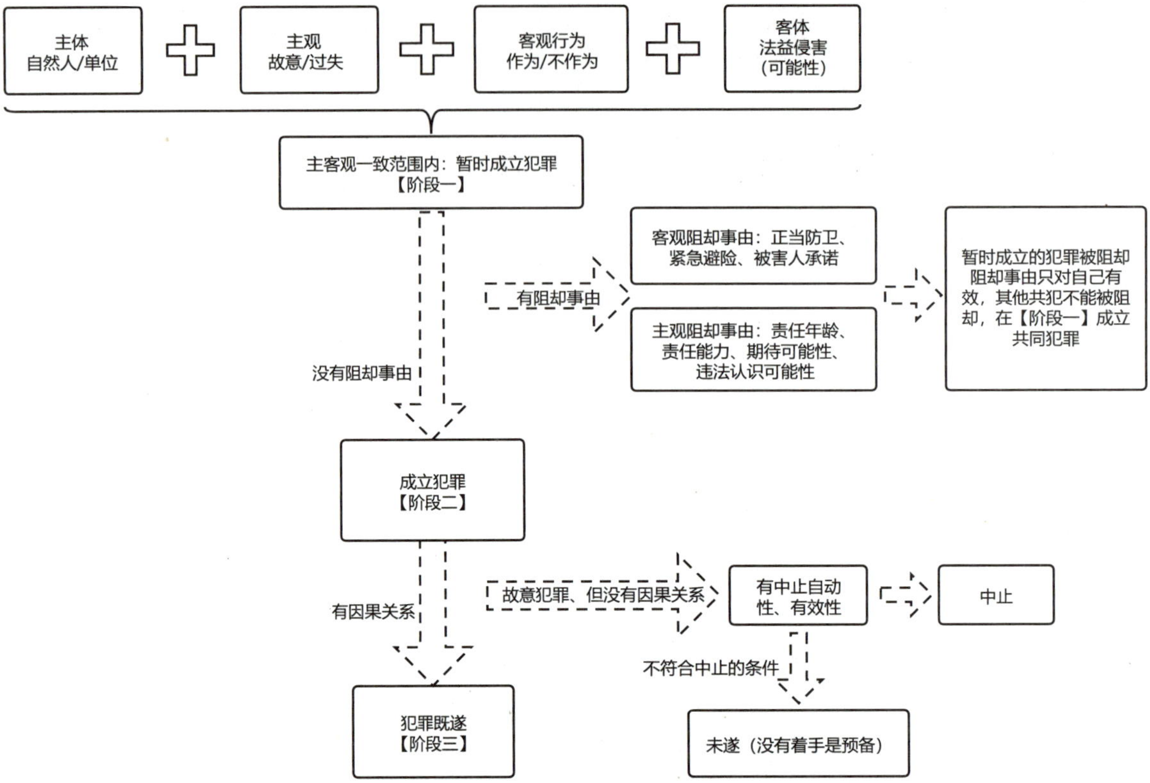

主体
自然人/单位
＋
主观
故意/过失
＋
客观行为
作为/不作为
＋
客体
法益侵害
（可能性）

主客观一致范围内：暂时成立犯罪
【阶段一】

有阻却事由

客观阻却事由：正当防卫、紧急避险、被害人承诺

主观阻却事由：责任年龄、责任能力、期待可能性、违法认识可能性

暂时成立的犯罪被阻却
阻却事由只对自己有效，其他共犯不能被阻却，在【阶段一】成立共同犯罪

没有阻却事由

成立犯罪
【阶段二】

故意犯罪、但没有因果关系

有中止自动性、有效性

中止

不符合中止的条件

未遂（没有着手是预备）

有因果关系

犯罪既遂
【阶段三】

例．乙（15岁）没有零花钱，找到了同样手头紧的甲（20岁），二人商量一起去八筒家盗窃，甲在外面望风，身材小的乙钻窗户进屋盗窃了5000元的财物，二人平分。

【错误分析】本案中，乙只有15周岁，未达刑事责任年龄，对盗窃罪不承担刑事责任，乙不构成犯罪，由于乙不构成犯罪，所以甲和乙不能成立共同犯罪，二人不成立共同犯罪就不是一个整体，就不能让甲对乙的行为负责，那甲只有一个望风行为，刑法又没有望风罪，最终二人都无罪。

上述分析错在，刑事责任年龄是上述思维阶段的第二阶段，该分析却将之“提前”到了第一阶段。

【正确分析】甲和乙客观上实施了盗窃行为，主观上具有盗窃故意，造成了被害人财产损失的结果，二人成立盗窃罪的共同犯罪（第一阶段）。

由于乙未达刑事责任年龄，对盗窃罪不承担刑事责任，所以乙不构成犯罪。但是甲没有阻却事由，所以甲依然成立盗窃罪（第二阶段）。

由于二人最终窃得5000元财物，所以甲成立盗窃罪的既遂（第三阶段）。

KEEP AWAKE

第三章 行为主体

第一节　自然人【自然人犯罪 E】

一、概述

犯罪是一种行为，行为是人或者人的组织体实施的，所以实施犯罪行为的主体分为两大类：自然人、单位。

自然人：就是生物意义上的人。自然人肯定可以成为犯罪的主体，因此本节主要讨论的问题是身份犯。

二、身份犯

身份犯：刑法里有些犯罪不仅要求行为主体是人，还进一步要求人是"有特殊身份的人"。

【注意】特殊身份要求行为人在实施犯罪行为之前就已经具有，如果是因为犯罪而后产生的身份，不属于这里所说的特殊身份。

例．犯罪集团的组织、指挥者在刑法中叫首要分子，这个首要分子的身份犯罪前没有，是在犯罪过程中形成的，所以不是特殊身份。

身份犯的种类有两种：

1. 真正身份犯（定罪身份）

（1）特殊身份是这类犯罪的客观构成要件要素，不具有特殊身份就不成立特定的犯罪。

例．八筒不想奋斗了，想去吃牢饭养老，但又不想吃苦，听说有个叫秦城监狱的地方生活条件很好。八筒便伪造证件冒充中央巡视组干部，在当地收受他人钱财承诺办事。被警察抓获时八筒高呼："我要进秦城监狱蹲号子！"警察心想：你小子还不够格。

受贿罪、贪污罪等职务犯罪要求行为主体必须具有国家工作人员这一特殊身份，所以像八筒这种草民、冒牌货没有这一特殊身份，就不可能构成受贿罪（构成招摇撞骗罪、诈骗罪），连秦城监狱的门槛都摸不到，所以警察认为八筒还不够格。

（2）定罪身份只是针对犯罪的实行犯（正犯），即实施核心犯罪行为的人而言的，没有身份的普通人可以成立教唆犯与帮助犯。

例．八筒一介草民没有公权力，实施不了受贿罪的核心犯罪行为（利用权力收钱＋办事），不能成为受贿罪的实行犯，但他可以去教唆国家工作人员受贿，成立受贿罪的教唆犯，也可以协助国家工作人员收钱，成立受贿罪的帮助犯。

2. 不真正身份犯（量刑身份）

特定身份不影响定罪，但影响量刑。

例. 刑法第二百三十八条第四款（非法拘禁罪）规定："国家机关工作人员利用职权犯前三款罪的，依照前三款的规定从重处罚。"

罪名	相关规定
非法拘禁罪	国家机关工作人员利用职权犯本罪的，从重处罚
诬告陷害罪	国家机关工作人员犯本罪的，从重处罚
非法搜查罪	司法工作人员滥用职权犯本罪的，从重处罚
非法侵入住宅罪	
妨害作证罪	司法工作人员犯本罪的，从重处罚
帮助毁灭、伪造证据罪	
包庇毒品犯罪分子罪	缉毒人员或其他国家机关工作人员掩护、包庇走私、贩卖、运输、制造毒品的犯罪分子的，从重处罚

第二节　单位犯罪【单位犯罪 D】

一、单位犯罪概述

（一）单位犯罪、单位的定义

单位犯罪：单位实施的严重危害社会的行为。

1. 单位是依法设立、具有一定的财产和经费，能够以自己名义承担责任的公司、企业、事业单位、机关、团体。

【注意】司法机关、行政机关都可以成为单位犯罪的主体。

2. 单位是否必须具有法人资格？

（1）私营、独资企业要成为单位犯罪的主体，需要具有法人资格。

（2）非私营单位则不需要具有法人资格。

（3）特别注意：单位（包括私营、非私营）的分支机构或者内部机构（如私营单位的分公司、公立大学内的某学院），司法解释认为其也可以成为单位犯罪的主体。但要求：以自己名义犯罪，违法所得归该内部机构或分支机构。①

（二）单位犯罪的分类

1. 纯正的单位犯罪指只有单位才可以构成的犯罪，自然人不能构成。例. 单位行贿罪、单位受贿罪，只能由单位来犯。

2. 不纯正的单位犯罪指自然人和单位都可以构成的犯罪。例. 生产、销售伪劣产品罪，个人可以犯，单位也可以犯。

【注意】纯正的自然人犯罪指只有自然人才可以构成的犯罪，单位不能构成。常考的纯正的自然人

① 2000年9月20日《全国法院审理金融犯罪案件工作座谈会纪要》规定，以单位的分支机构或者内设机构、部门的名义实施犯罪，违法所得亦归分支机构或者内设机构、部门所有的，应认定为单位犯罪。

犯罪：自然犯（自然犯通常不能由单位构成）；金融诈骗罪中的贷款诈骗罪、信用卡诈骗罪、有价证券诈骗罪（该节除这三个罪名，其他罪名的主体既可以是自然人，也可以是单位）。

二、单位犯罪的处罚与法理

（一）单位犯罪的处罚

1. 双罚制为原则，对单位判处罚金 + 对单位的自然人（主管人员和直接责任人员）判刑。

2. 单罚制为例外，只对单位的自然人判刑。

【注意】对单位本身只能判处罚金，不能判处没收财产。刑法也没有责令单位关闭、撤销、吊销之类的措施（行政法有）。

（二）相关法理

单位犯罪中，对单位中的自然人的处罚相对较轻（单位分担了一部分刑事责任）。因此，单位犯罪的内容最重要的是严格限定单位犯罪的范围，防止将一些本不是单位犯罪的行为认定为单位犯罪，从而放纵特定的自然人，让他们钻法律漏洞。

例．八筒听了蒋某人的法考课后顺利通过法考成为律师。某日，八筒接了一个某公司甲老板向环保局行贿的案子，该案影响很恶劣，情节特别严重，但八筒利用蒋某人传授的法律知识在法庭上舌灿莲花，成功将公诉的行贿罪辩护成单位行贿罪。甲老板感激涕零，加倍支付了律师费，八筒从此走上人生巅峰。

八筒的辩护之所以取得重大成功，是因为在情节特别严重的情况下，行贿罪的法定最高刑为无期徒刑，而单位行贿罪中，对单位中的自然人（单位的主管人员、直接责任人员）的处罚最高为 10 年有期徒刑。

三、单位犯罪与个人犯罪

（一）单位犯罪的法定性

单位犯罪需要刑法明文规定，法条需要明确写明："单位犯……罪的，对单位判处……"

单位实施了非单位犯罪（即犯罪主体不包括单位的犯罪），由于受法定性的限制不能追究单位的刑事责任，但是可以直接追究直接责任人员的刑事责任，按照个人犯罪定罪处罚。

例 1.《刑法》第 232 条"故意杀人的，处死刑、无期徒刑或者十年以上有期徒刑；情节较轻的，处三年以上十年以下有期徒刑"。如果单位买凶杀竞争对手负责人，单位是没有办法按照故意杀人罪定罪处罚的（单位怎么判无期、有期、死刑？），因此按照罪刑法定原则，单位无罪，但参与故意杀人的自然人，可以给他们定故意杀人罪。

例 2. 某公司董事会组织职工对前来征税的税务工作人员使用暴力，拒不缴纳税款。该公司不构成单位犯罪，因为《刑法》第 202 条未将单位规定为抗税罪的主体。应以抗税罪追究单位内相关自然人个人的刑事责任。

（二）不以单位犯罪论处的情形

以下四种情形属于个人犯罪，不以单位犯罪论处：

1. 个人为了犯罪设立单位。

2. 成立后主要活动为犯罪。例．甲、乙、丙出资设立的公司成立后以生产、销售伪劣产品为主要经营活动，该公司不构成单位犯罪。

3. 单位名义犯罪实际个人利益。例 . 某公司董事长及总经理以公司名义印刷非法出版物，所获收入由他们二人平分，该公司不构成单位犯罪。

4. 法律没有规定可以由单位构成的犯罪（即单位犯罪的法定性）。

（三）单位犯罪与单位内部个人犯罪的区分

单位犯罪主要有两类，第一类是单位去进行外部行为来“单位获利”，此时到底是个人犯罪，还是单位犯罪，关键看行为人主观上是不是为了单位利益（当然可以兼顾自己利益，但主要还是为了单位）。第二类是单位全体成员获利（私分单位财产类犯罪），此时主要是看小部分人获利，还是大家都利益均沾。【当然，前提是要符合单位犯罪的法定性】

1. 单位去进行外部行为来“单位获利”——判断：是为了单位，还是为了个人利益。

例 1. 某国有公司高管集体研究决定，由四斤去向副市长行贿 500 万以获取某项目实现公司的长远发展。四斤行贿主要是为了单位利益，本案属于单位犯罪，定单位行贿罪。但如果四斤去行贿，是为了自己个人在单位的升迁有人支持，那就属于个人犯罪，不是单位犯罪。

例 2. 某公司董事长及总经理以公司名义印刷非法出版物，所获收入由他们二人平分。二人是为了个人利益，不是为了单位，属于个人犯罪。

【注意】主要为了单位利益，但同时也考虑了自己利益，也属于单位犯罪（因为主要是为了单位，利益也是归单位）。

例 . 四斤为了单位可以拿下 5 千万的地产项目以单位名义去行贿，同时也考虑到，自己干成这个事，可以得到领导重用，拿到 50 万的奖金，此时依然属于单位犯罪，因为 5 千万的项目利益是归单位，不是归四斤，四斤在为单位利益的时候，可以考虑自己利益。

2. 单位全体成员获利（私分单位财产类犯罪）——判断是小部分人获利，还是大家都利益均沾。

例 . 某国有公司高管集体研究决定（单位意志），将该单位的 50 万元在 5 个高管中平均分配（内部个人获利）。该行为不能认定为单位犯罪，属于个人犯罪，即贪污罪。如果是分给单位全体或大多数人，则可以定私分国有资产罪（单位犯罪）。

四、单位犯罪的其他问题

（一）单位变更问题

单位变更需要区分以下两种情形：

1. 单位被吊销、撤销、注销

只追究自然人，对原单位不再追诉。例 . 公司被吊销营业执照后，发现其曾销售伪劣产品 20 万元。对此，应追究相关自然人销售伪劣产品罪的刑事责任，对原单位不再追诉。

2. 单位被合并

既追究原单位责任，也追究自然人的责任。被告只列原单位的名字，财产只以原单位财产为限（不能影响无辜单位）。

【注意】此处与民诉不同（告新单位），因为刑法的评价涉及名誉等问题。

（二）单位犯罪与共同犯罪

1. 成立单位犯罪时，不能认为单位和内部成员成立共同犯罪，也不是单位各个成员之间的共同犯罪：单位犯罪依赖单位的整体意志，利益所得归单位，不是单位各成员共同犯罪的集合。

2. 两个单位可以成立共同犯罪，单位和外面的自然人也可以成立共同犯罪。

判断分析

1. 单位犯罪本质上是单位主管人员、直接责任人员构成的特殊的共同犯罪。【错误，不能认为单位和内部成员成立共同犯罪】（2020 年仿真题）

2. 甲公司与其乙子公司共同非法吸收公众存款 5 亿元。若甲公司构成单位犯罪，且乙公司也获得了违法所得，则乙公司也构成单位犯罪。【正确，子公司都具有独立法人资格，可以成为单位犯罪主体。甲公司与乙公司是共同犯罪，既然甲公司已经构成犯罪，乙公司也实施违法行为、获得违法利益，自然也构成犯罪】（2019 年仿真题）

3. 关于单位犯罪的说法，下列哪一选项是错误的？（2018 年仿真题）

A. 甲、乙为了实施走私而成立了单位，后该公司实施走私犯罪。公司的走私行为不能认定为是单位犯罪【正确】

B. 某国有公司高管集体研究决定，将该单位的 50 万元在 5 个高管中平均分配。该行为不能认定为单位犯罪（私分国有资产罪）【正确，为了少数人利益】

C. 甲公司实施单位犯罪后，甲公司被乙公司兼并了。既要追究甲公司原直接责任人的刑事责任，亦应追究甲公司的刑事责任【正确】

D. 甲实施拐卖儿童行为，借用其所在单位的车及司机帮忙运送被拐卖儿童，该单位参与拐卖儿童的行为亦构成单位犯罪【错误，拐卖儿童罪的主体只能是自然人，未规定单位可以成为犯罪主体，故不能认定为单位犯罪】

KEEP AWAKE

第四章 犯罪行为【客+主】

第一节 犯罪行为概述【客+主】

【谋杀亲子案】八筒离婚后找了个年轻女朋友甲，甲嫌弃八筒和前妻生的 2 个小孩，便多次要求八筒将小孩解决掉，八筒耳根子软，只能找机会照做：

例 1. 将小孩 A 从高楼阳台处推下去，A 摔死。

例 2. 在家中看 4 天电视故意不给小孩 B 做饭吃，B 被饿死。

思考：例 2 中八筒的行为和例 1 一样都导致了小孩死亡的结果，具有同等的危害性，但看电视显然是一种常见的生活行为，刑法没有将其规定为一种犯罪行为，那八筒的犯罪行为是什么？

——不作为也是一种犯罪行为：刑法虽然不禁止看电视的行为，但刑法要求父母必须对自己的子女履行抚养救助的义务，八筒没有履行对子女的抚养义务，是不作为的行为，这个不作为导致了危害结果，产生了严重的社会危害性。所以在刑法中，不仅作为会构成犯罪，不作为也可以构成犯罪。

一、犯罪行为【危害行为 C】

犯罪行为[①]（危害行为）：行为人在意识支配之下实施的严重危害社会的身体行为（包括积极行为、消极不作为）。

1. 无意识、没有身体行为不是犯罪行为

例 1. 梦游属于无意识行为，故梦游、没有意识的条件反射不是犯罪行为。

例 2. 一个人内心无论有多少龌龊的犯罪想法（犯意），但只要没有付诸于身体行为，就不属于犯罪行为——现代刑法是文明刑法，不处罚思想、不“诛心”。

2. 生活行为不属于犯罪行为

生活行为不会危害社会，侵害不到法益，与危害行为有本质区别。有些生活行为虽然蕴含一定危险性，但是被社会所允许，也不是犯罪行为。

例 1. 甲女得知男友乙移情，怨恨中送其一双滚轴旱冰鞋，企盼其运动时摔伤。乙穿此鞋运动时，果真摔成重伤。送溜冰鞋是生活行为，不是犯罪行为。

例 2. 甲希望乙死，便在下雨天劝乙出去散步，结果乙被雷劈死。劝人散步也属于生活行为，不是犯罪行为。

① 本部分的犯罪行为与刑法学上的危害行为同义，属于本书第二章所说的“暂时成立犯罪阶段”的客观行为，不是满足所有犯罪条件且不具有阻却事由的最终成立犯罪阶段的犯罪行为。

例 3. 甲听说最近某航空公司常出事故，便给妻子购买该航空公司机票，想让妻子出事再娶。结果妻子所乘飞机果真坠机。坐飞机虽然具有一定危险性，但这种危险已被社会接受，所以送机票不属于犯罪行为。类似的道理，开车也有一定危险，但也不是犯罪行为。

【注意】一些危险的领域或被害人有特殊体质的情形下，一些平时无危险 / 轻微危险的生活行为在这些特殊的情况下也会变成犯罪行为。

例 . 插满钢筋的工地上，轻推他人一把导致他人被扎死，轻推就属于犯罪行为；被害人有白血病，小刀轻划致其血流不止死亡，小刀轻划就属于犯罪行为。

3. 降低危险、稍微增加危险的行为不属于犯罪行为

例 1. 甲看到 20 楼掉下的一个花盆就要砸到乙头上，冲过去踢了乙一脚，花盆只砸到了乙的胳膊致其轻伤。甲的行为降低了乙面临的更大危险，不属于犯罪行为。

例 2. 洪水来临之际，大坝马上要决堤，甲向湖里倒了一矿泉水瓶水之后，大坝决堤。甲的行为只是稍微增加危险，可以忽略不计，不属于犯罪行为。

4. 犯罪行为与主客观一致归罪

判断一个行为是不是犯罪行为、是什么犯罪行为，需要有主客观一致归罪的思想，不能纯客观主义，也不能纯主观主义。

例 1. 刘华强买了把西瓜刀。单看客观，买刀不一定是犯罪行为，要结合主观才能更清楚地判断：买刀为了劈西瓜就不是犯罪行为（无罪），买刀为了找茬劈死人就是犯罪行为（故意杀人罪），买刀为了抢西瓜也是犯罪行为（抢劫罪）。

例 2. 八筒绑了一名妇女塞进了车后备箱。单看客观，不能清楚地判断八筒到底想实施什么犯罪行为，需要结合主观：为了强奸是强奸行为，为了绑架是绑架行为……

二、作为犯与不作为犯【不作为 B】

危害行为通常是作为，少数情形下也可以是不作为。

1. 作为犯与不作为犯的概念与区分

作为犯：违反了刑法的禁止性规定，即刑法要求你不要做一个事，但你偏要做。

例 1. 谋杀亲子案的例 1 中，刑法禁止故意杀人，但八筒偏要故意杀死小孩 A，八筒就成立作为的故意杀人罪。

不作为犯：违反了刑法的命令性规定，即刑法要求你要做一个事，但你偏不做。

例 2. 谋杀亲子案的例 2 中，刑法要求父亲要履行抚养救助义务，但八筒偏不喂养小孩 B，导致 B 被饿死，八筒就成立不作为的故意杀人罪（同时也构成遗弃罪）。

【注意】“持有型犯罪”属于作为犯。[①] 刑法是让你不要持有（不要去做一个事），故丢弃掉就无罪，不需要上交。

2. 不作为犯的本质与行为方式

不作为犯可以通过积极的方式（实施某种行为）或者消极的方式（不实施任何行为）来实现。但本质是没有履行刑法要求履行的积极义务。

① 也有少数观点认为属于不作为犯。

例．逃税罪是一个不作为犯罪，[①]但可以呈现为积极的方式（做假账），也可以呈现为消极的方式（不报税），但无论哪一种方式，都是没有履行刑法要求你履行的缴税义务（命令性规定），所以属于不作为犯罪。

3. 不作为犯也有主观构成要件与犯罪形态

（1）不作为犯也要区分故意 / 过失，即不作为犯罪可以是过失犯。

例．甲的未成年儿子乙掉入河中，甲虽觉得像儿子声音，但觉得儿子此时不会出现在这，便没仔细看，没有救助，导致乙死亡。甲主观上具有过失，成立不作为的过失致人死亡罪。

（2）故意的不作为犯罪也有犯罪形态。

例．甲故意不喂养婴儿想让其饿死，但婴儿的持续哭声引起邻居注意并报警，甲未得逞。甲构成不作为的故意杀人罪（未遂）。

三、不作为犯的种类

1. 纯正不作为犯

纯正不作为犯是指刑法明文规定只能由不履行义务构成的犯罪。常见的有：

（1）丢失枪支不报罪；（2）不报安全事故罪；（3）逃税罪；（4）遗弃罪；（5）拒不支付劳动报酬罪；（6）拒绝提供间谍犯罪、恐怖主义犯罪、极端主义犯罪证据罪；（7）拒不执行判决、裁定罪；（8）不解救被拐卖、绑架妇女、儿童罪。

【注意】侵占罪是积极的作为犯罪，拒不返还只是一种表现形式。[②]

2. 不纯正不作为犯

指既可以通过作为的方式实施，也可以通过不作为的方式实施的犯罪（实施的方式“不纯正”），且不纯正不作为犯通常以作为的方式实施。例．故意杀人罪通常是作为方式构成，但也可以由不作为方式构成（谋杀亲子案中的例 2）。

第二节　不作为犯的成立条件【客＋主】【不作为 B】

【冷漠春游案】清明节前后，小筒的班级组织家长与孩子去小河边春游。小筒玩耍时不小心跌入小河中，父亲八筒、班主任、聘请的随行游泳教练安全员、同学甲、路人乙等人都会游泳，但都不去救助，半小时后，小筒溺水身亡。

思考：哪些人涉嫌不作为犯罪？

——八筒（基于父亲身份）、班主任（基于班主任的职务或组织者的身份）、游泳教练安全员（基于合同）都有救助小筒的义务，涉嫌构成不作为犯罪。同学甲、路人乙只是遇到了他人发生危险，没有救助的义务，不涉嫌犯罪。

---

① 有部分老师认为逃税罪是作为和不作为的结合，但目前法考不采纳。

② 一种观点认为，《刑法》第二百七十条侵占罪中规定的“非法占为己有”与“拒不返还”是同一个意思，换言之，只要“非法占为己有”，就表明行为人“拒不返还”。从这个意义上来看，侵占罪的本质是“非法占为己有”，属于作为犯。另一种观点认为，刑法中的侵占罪所要求的“非法占为己有”“拒不返还”是两个独立的行为，要成立侵占罪，除了要“非法占为己有”，还要求行为人事后“拒不返还”，即便行为人“非法占为己有”，但如果事后“返还”的，也不成立侵占罪。从这一意义上看，惩罚的实质在于行为人后续的“拒不返还”，即行为人不履行返还义务，因此，属于不作为犯。法考以前一种观点为准。2007 年第 2 卷第 59 题：关于不作为犯，下列哪些选项是正确的？ D. 刑法规定，将代为保管的他人财物非法占为己有，数额较大，拒不退还的，构成犯罪。该罪以拒不退还为成立条件，属于不作为犯罪【官方认为该选项错误】。

有作为义务＋有履行义务能力＋不履行义务＋有因果关系＋具有等价性（针对不纯正不作为犯）。

一、不作为犯的作为义务来源

（一）制止危险型的义务来源

1. 对危险源的监督管理义务

（1）对危险物的管理义务。

例．八筒养了两只烈性犬，取名黑白双煞，八筒“人仗狗势”，每晚遛着双煞满小区耀武扬威，从不牵绳。某晚，双煞突然扑倒了一名小女孩撕咬，八筒吓得慌忙弃狗而逃。八筒作为危险物（烈性犬）的管理者，具有管理好危险物的义务。

（2）对他人危险行为的监督义务（监护、监管）。

例．八筒和精神病儿子甲饭后散步时，甲捡到一个树杈，便扑倒了一名女子，撕掉她的上衣，扒掉她的裤子，然后抽出裤子里的猴皮筋做了个弹弓打碎了20户居民家的玻璃，八筒只是劝说并没有制止。八筒作为监护人，对精神病子女的危险行为具有监督、制止义务。

【注意】精神正常的成年近亲属（父母、子女、夫妻等）之间没有制止犯罪的义务。因为正常的成年人应责任自负。

例．甲看到父亲乙（正常人）在公交车上盗窃财物，甲没有制止。父亲是正常的成年人，责任自负。甲没有制止父亲犯罪的义务，不构成不作为犯罪。但乙若是精神病人，则甲有制止其犯罪的义务。（2024年仿真题）

2. 对特定领域发生危险的制止义务

行为人对特定领域有控制或者管理的职责（你的地盘＋唯一可以制止的人），具有制止领域内危险发生的义务。

例1. 为了躲避扫黄，八筒到卖淫女甲家里泄泄火，八筒兴奋过头心脏病发作倒在甲身上。家里属于甲的地盘＋唯一可制止危险发生的人，甲具有制止危险继续发展的义务。

例2. 为了躲避扫黄，八筒邀请卖淫女甲到自己家里泄泄火，八筒兴奋过头心脏病发作倒在甲身上，甲落荒而逃。这是八筒家里，甲没有制止危险的义务。

例3. 出租车司机甲在酒吧门口载了乙男和醉酒的丙女，乙在车上意欲强奸丙，甲不断偷瞄后视镜吃瓜并不制止。出租车司机对车内发生的犯罪有制止、救助的义务。

例4. 甲是公交车司机，发现有人在车上偷东西，司机没有提醒乘客，导致乘客钱包被盗。司机甲不成立不作为的盗窃罪。公交车属于流动性大、公共的场所，司机不是唯一可以制止犯罪的人，因此公交车司机不负有制止车内犯罪的义务。（2023年仿真题）

（二）救助型的义务来源

1. 基于特定关系、身份产生的救助义务

（1）基于法律规范产生的救助义务（父母和子女、夫妻等）。父母对于未成年子女具有抚养义务，成年子女对父母负有赡养、扶助和保护的义务。

例1. 母亲和女友同时掉水里，只能救一个——必须救母亲。有了女友忘了娘刑法要管，成年子女对母亲具有法定救助义务，对女友没有。

例 2. 母亲和妻子同时掉水里，只能救一个——救谁都行。有了媳妇忘了娘刑法不管，两边都有法定救助义务，既要孝顺老家庭成员，也要对新家庭成员承担责任，刑法不苛责。

（2）基于职务、业务规定产生的救助义务。要求正在履行职务或业务中，非履职过程中没有救助义务。例外：警察在非工作时间，遇有其职责范围内的紧急情况，应当履行职责。

例 1. 儿童在公共游泳池溺水时，正在一旁工作的救生员乙故意不救助，最终儿童溺水身亡。乙基于自己的救生员业务具有救助的义务。

例 2. 民警下班后在自己辖区酒吧喝酒，遇到乙使用暴力强迫他人卖淫，没有制止。本案中民警遇到他人使用暴力强迫卖淫，属于职责范围内的紧急情况，应负有救助义务，民警构成不作为犯。（2023 年仿真题）

（3）基于合同契约产生的救助义务。即使该合同是无效的或是超过期限的，也不影响。例．甲和保姆乙签订合同，约定乙每天下午 16 点到 19 点要到甲家照顾甲的 2 岁婴儿。某天乙在甲家等到 19 点半甲仍未回家，乙便自行离开。后婴儿爬出婴儿床摔成重伤。在甲没按时回家期间，婴儿的安全依赖保姆乙，乙对婴儿具有救助义务。

2. 对先行行为所制造危险的救助义务

先行行为如果制造或提升了刑法所不能容忍的的风险，行为人就具有救助或避免危险扩大的义务。

（1）没有先行行为，单纯“遇见”风险或“知道”风险，不负救助义务。

例．乙欲前往某山区探险，被村民甲告知危险，劝乙不要去。乙执意前往。次日，甲在山区偶然发现奄奄一息的乙，没有救助，最终乙死亡。甲仅仅是知道风险，但并没有创设或提高风险，也并不对山区负有监控义务，不构成不作为犯。（2023 年仿真题）

（2）先行行为未引起危险的变化或制造了被法律允许的危险（正常生活行为），行为人没有作为义务。

例 1. 几个成年朋友一起去吃饭喝酒，有人喝醉了而处于危险状态，其他一同喝酒的人并没有救助的作为义务，因为成年人之间一起喝酒，有醉酒的风险是成年人本身所应考虑到的社会正常风险（刑法没有，民法有）。

例 2. 甲男与乙女恋爱，后甲男提出分手，乙女声称如果分手就自杀，尽管如此，甲男仍然要与乙女分手。即便甲男看着乙女自杀而不制止，也不能认定他有作为义务，因为吵架并没有产生社会所不容许的危险。

例 3. 成年人甲与乙相约一起去踢足球，期间乙突发心脏病，甲没有理会，乙死亡。正常踢球不会产生社会所不允许的危险，甲没有救助义务，不构成不作为犯罪。（2024 年仿真题）

（3）降低危险的行为，同样不会产生作为义务（这是“好”的行为）。

例．荒野猎人甲在野外打猎时，发现树林里有一个被人遗弃的婴儿，遂将婴儿带回集镇，放置在医院门口。甲降低了婴儿的死亡风险，提高了其得到救助的可能性，不产生作为义务。

（4）先行行为制造、提升了不被刑法允许的风险，行为人就具有救助的义务，行为既可以是合法行为，也可以是犯罪行为。

例 1. 八筒吸毒被抓去强制戒毒，到公安局后八筒对抓捕的警察甲说，家里有 3 岁孩子没人管，能不能帮着照顾一下，甲说这不是我的职务范围，不关我事。最终孩子被饿死。甲的合法抓捕行为创造了小孩死亡的危险，有救助义务，可能构成不作为的故意杀人罪。

例 2. 八筒开车时发现刹车失灵，前方正好停着一辆油罐车，八筒只能左打方向盘，撞向路边“无人”的小摊，致蹲在摊位下边的路人甲重伤，由于甲骂骂咧咧，八筒不救致其死亡。八筒的先行行为虽属于合法的紧急避险行为，但避险行为制造了甲可能死亡的危险，避险结束后八筒当然具有救助甲的义务。

例 3. 八筒和四斤共同绑架富商的女儿丙，八筒将丙捆绑后，四斤动起了色心实施了强奸行为。八筒站在一旁观看没有制止。八筒先前捆绑的行为对丙的性法益造成了危险，在四斤强奸丙时具有救助的义务。

例 4. 八筒冬日深夜骑自行车不小心撞了一个老太太致其重伤，八筒去扶老太太时，老太太扬言这辈子要赖上八筒了。八筒听完不管了，老太太最后被冻死。先前的过失犯罪行为制造了风险，八筒具有救助义务。

3. 基于自愿救助产生的义务

如果自愿救助者实施的自愿救助行为，使得被害人无法获得其他人的救助（提升了被害人的风险），则自愿救助者将产生作为义务，必须一救到底。

【注意】如果自愿救助还没有起作用，或者没有排除被害人获得其他救助（没有提升被害人的风险），则没有救助义务。

例 1. 甲在郊外的路边发现一名婴儿，拿起来看了一下又放回去，没有改变婴儿的危险状态，不成立不作为犯罪。

例 2. 甲在郊外的路边发现一名婴儿，害怕负责便趁天黑将其放在医院门口，第二天婴儿被发现时已被冻死。甲将郊外路边的婴儿转移至医院门口，降低了风险，不成立不作为犯罪。

例 3. 甲看到乙落水，便将一个带绳子的游泳圈扔下水，在乙快要抓到游泳圈时，甲发现乙是自己最讨厌的同事，便将游泳圈拉了回来，乙最终溺水而亡。甲的自愿救助行为还没有起到作用，并没有改变乙的危险状态，不构成不作为犯罪。（2024 年仿真题）

4. 紧密的共同体关系所产生的救助义务

密切的共同体成员对于其他处于危险境地的成员有保护义务，这是基于一定事实（不论这种事实是合法还是非法）形成了社会上通常认为的对危险应当予以共同承担、相互照顾的关系，因而在对方发生危险时，应具有排除危险的义务。

例 1. 甲乙一见如故约定一起探险登山，途中遇到山体滑坡，甲能带乙逃离而没有，导致乙被砸死。甲成立不作为的故意杀人罪。（2023 年仿真题）

例 2. 甲、乙经常在乙家吸毒。某次吸毒过后，乙口吐白沫，甲没有进行救助。甲乙经常一起吸毒，已经形成特殊的危险共同体，甲乙对相互之间因吸毒产生的风险有救助义务。甲构成不作为犯。（2023 年仿真题）

【注意】这种“紧密”的共同体关系所产生的义务，一般都是指基于风险较大的行为，如危险性的登山。而相对较为“松散”的共同体之间，如两个成年人一起去风景区游玩、市区爬山，即便其中一人遇到风险，其他人也没有救助义务。

例 . 八筒又想泄泄火，但最近扫黄风声太紧。经会玩的四斤介绍，八筒约了个户外爬山陪玩的小姐姐乙，实则提供特殊服务。由于野外服务太刺激，八筒心脏病又复发。这种爬山属于松散的共同体，乙没有救助义务。

二、有履行义务能力

成立不作为犯罪要求行为人自身有履行能力，没有履行能力不构成不作为犯罪（刑法不强人所难）。

例．甲发现未成年的儿子乙落水，但甲天生惧水不会游泳，便没有下水救乙，乙最终溺亡。甲没有履行能力，不构成不作为犯罪。

三、不履行义务

不履行义务，即不做法律法规要求必须做的事情。不履行义务≠没有积极行为。

1. 危害结果和不履行义务之间有因果关系（结果是由于不作为行为导致的）。若结果必然会发生（没有结果回避可能性），没有救助可能性，那结果的发生就与履不履行作为义务没有因果关系，不成立不作为犯罪。

2. 只要履行了义务就不构成犯罪，无论结果是否成功避免了危险。

例．丁某系精神病人，丁某之妻郭某系丁某监护人。一日，二人到丁某父母家吃饭时，丁某和其父母争吵，丁某精神病发作，拿起菜刀将其父母砍死（实际未死），郭某未制止，未呼救也未报警，而是关了门走了，丁某父母流血休克而亡。

（1）假设即使郭某及时送医，丁某父母仍会死亡，则丁某父母的死亡与郭某不具有因果关系。【错误，即便认为及时送医仍会死亡，也只能说是郭某不救助的行为与死亡结果无因果关系，但郭某在丁某精神病发作实施犯罪行为时，还有一个对危险源的监督管理义务，郭某没有履行该义务，故死亡与郭某的不制止是具有因果关系的】

（2）假设郭某上前制止丁某的砍杀行为，但因力气太小没能制止，最终丁某父母流血休克而亡。则郭某已经履行了义务，不构成不作为犯罪。

四、不纯正不作为犯需要具有等价性

不纯正不作为犯与其对应的作为犯罪最终定的是同一个罪名，适用的是同一个法条，适用同样的量刑区间，刑法上的评价是相同的，所以不纯正的不作为犯要与以作为方式实施的犯罪，在社会危害性上具有等价性，即同一个罪的作为方式和不作为方式对于法益的侵犯程度是等价的。

例．八筒带孩子逛集市时，孩子又哭又闹非要买玩具。八筒吓唬小孩说："那你自己留在这吧。"便躲在一旁半个小时观察孩子反应，此时尚不构成犯罪；若八筒真回家了不管孩子，此时有可能达到遗弃罪的程度；若八筒一气之下将孩子丢进深山老林，此时就达到故意杀人罪的程度。

第三节　不作为的其他问题【不作为 B】

一、不作为的认识错误

1. 事实认识错误

是指对作为义务来源的相关事实产生了认识错误。不成立故意犯罪，但可能成立过失犯罪。

例．甲的未成年儿子乙掉入河中，甲虽发现，但误以为掉入河中的不是乙，而是与自己无关的丙，因而没有救助，导致乙死亡。甲本来对未成年儿子乙具有救助义务，但甲对产生作为义务来源的事实产生了认识错误，不具有犯罪故意，不成立不作为的故意杀人罪。有可能成立过失致人死亡罪。

2. 违法性认识错误

行为人对事实的认识没有错误，只是对于自己在当时的情况下有无法律上的救助义务有认识错误。

不阻却故意犯罪的成立。

例.在离婚诉讼期间，丈夫误认为自己无义务救助落水的妻子，致妻子溺水身亡。在离婚诉讼期间，婚姻关系仍然存续，一般人都会认为此时的夫妻之间具有相互救助的义务，丈夫属于违法性认识错误，应当认为丈夫具有故意，成立不作为的故意杀人罪。

二、不作为犯只是一种形式，不是罪名

不作为是一种行为方式，不是罪名，不作为的定罪还是要依据分则规定的构成要件。

1. 不纯正不作为犯最终定的罪名是对应的作为犯罪罪名。

例.以不作为的方式故意杀人的，属于不作为犯，但最终定的罪名还是故意杀人罪。

2. 刑法分则有特殊规定的，分则优先。

例.甲交通肇事后，造成乙重伤，甲驾车逃跑，乙最终因得不到及时救助而死亡。甲先前的交通肇事行为使甲有作为义务，不履行义务成立不作为犯罪，但根据刑法分则对交通肇事逃逸有专门规定，所以甲仅成立交通肇事罪，适用交通肇事“因逃逸致人死亡”这一加重的法定刑即可。

3. 不作为与结果加重犯

行为人的犯罪行为如果可能造成结果加重犯，行为人对于更严重的加重结果有救助义务。

结果加重犯需要整体评价，不救助导致加重结果发生时，不需要单独评价后面的不作为行为，只需要认为结果是前面作为行为导致的，成立作为犯罪，定作为犯罪的结果加重犯即可。

例.为了抢劫故意伤害他人（此时没有杀人的故意，只有伤害的故意），致他人重伤后，故意不救助导致他人死亡。只认定行为人成立抢劫罪（致人死亡）即可，不需要认为前行为成立抢劫罪（致人重伤），后面的不作为成立故意杀人罪。

判断分析

1. 甲持剪刀攻击乙，乙为了躲避，将手中的火把丢向甲。甲躲开后，火把掉在了草垛上，乙逃跑。半小时后，甲见状也走了，导致几间民房被烧毁。甲成立不作为的放火罪。【正确，乙的介入行为不异常，应当承认甲的行为与最终的火灾之间存在因果关系；甲的先行行为产生作为义务，且甲负有灭火义务而不作为，成立不作为的放火罪】（2023年仿真题）

2. 关于不作为犯罪，下列选项正确的是？（2021年仿真题）

A. 猎人甲在野外捡到一个小孩带回家养了两天，其妻子嫌养小孩麻烦，于是甲又将小孩放置于菜市场。甲的行为构成遗弃罪【正确，自愿救助要一救到底】

B. 乙带其小狗出去散步，后该狗将路人毛毛咬了。乙觉得是狗的事情，便放任不管，任凭小狗撕咬路人毛毛，后来毛毛被咬死了。乙不构成犯罪【错误，对危险物具有监管义务】

C. 丙在办公室用电炉煮面，期间，其手中的文件不慎掉入电炉而着火。丙本来应该及时扑灭该火，但是考虑到万一被他人发现可能会被单位辞退，于是及时逃离现场。后大火烧毁了办公室及隔壁办公室。丙的行为构成不作为的失火罪【错误，不作为的放火罪】

D. 丁售卖药品后，经购买者反馈，才发现药品质量有问题，对人体有害。但是丁还是继续售卖，没有告诉消费者，没有召回已经出售的有质量问题的药品。丁不召回已经出售的存在质量问题的药品的行为，成立不作为犯罪【正确，知晓质量问题后有召回商品义务】

主观题延伸拓展

案例1：甲想杀妻骗保，故意在妻子的饮料中投毒。妻子喝了几口后将饮料给儿子喝，甲怕罪行败露，没有阻止儿子喝饮料，导致妻子、儿子均中毒身亡。

问题：根据以上事实，分析甲的行为？

案例2：甲因为从小被父亲乙虐待，于是在乙年老且生活不能自理时，将乙独自一人留在家中数日，最终乙被饿死在家中。

问题：甲是否构成故意杀人罪？

案例3：甲的儿子小甲不小心掉入公园湖中，甲误以为是无关的陌生人，没有施救，小甲最终溺亡。

问题：甲是否构成不作为的故意犯罪？

案例1—问题：根据以上事实，分析甲的行为？

答案：甲构成**故意杀人罪既遂**。

（1）甲以**杀人故意**，对妻子进行**投毒**，成立**作为的故意杀人罪**。

（2）甲**先前的投毒行为对儿子产生了法益侵害危险**，在妻子将饮料递给儿子时甲**有阻止儿子喝有毒饮料的义务**，且甲**有能力履行**该义务，但甲**不履行义务导致儿子死亡**，具有**放任的间接故意**，且不履行义务与儿子死亡二者之间**具有因果关系**，甲构成不作为的故意杀人罪。

案例2—问题：甲是否构成故意杀人罪？

答案：甲构成**不作为的故意杀人罪**。

法律明文规定了直系亲属间的抚养和赡养义务，甲作为儿子，**有义务**赡养生活不能自理的父亲乙，但甲**没有履行该义务**，而是故意将乙单独留在家中数日**导致乙被饿死**，不履行义务与乙死亡之间**具有因果关系**，因此甲成立不作为的故意杀人罪。

案例3—问题：甲是否构成不作为的故意犯罪？

答案：甲**不构成不作为的故意犯罪**。

甲**没有认识到**是自己小孩落水，属于**对产生作为义务来源的事实产生了认识错误**，即**没有认识到自己具有作为义务**，**没有犯罪故意**，因而不成立不作为的故意杀人罪。

KEEP AWAKE

第五章 犯罪客体

第一节 犯罪客体和行为对象【犯罪客体和行为对象 E】

一、犯罪客体和行为对象

犯罪客体是一种抽象的法益，而犯罪对象是犯罪行为侵害的具体对象。例．甲将仇人乙杀死。甲侵犯了生命权这一抽象的法益，侵害的具体的犯罪对象是乙。

犯罪客体和行为对象的区分：所有犯罪都有客体。犯罪客体是法益（抽象的），所有犯罪都会侵害到法益。但不是所有犯罪都有对象。例．脱逃罪，没有明确的犯罪对象，但是侵害到了法益。

二、分类

刑法分则各章就是按照犯罪侵犯客体的不同编排的：

1. 危害国家安全罪。例．间谍罪。
2. 危害公共安全罪。例．放火罪。
3. 破坏社会主义市场经济秩序罪。例．非法吸收公共存款罪。
4. 侵犯公民人身权利、民主权利罪。例．故意杀人罪。
5. 侵犯财产罪。例．盗窃罪。
6. 妨害社会管理秩序罪。例．妨害公务罪。
7. 危害国防利益罪。例．盗窃、抢夺武装部队公文、证件、印章罪。
8. 贪污贿赂罪。例．贪污罪。
9. 渎职罪。例．玩忽职守罪。
10. 军人违反职责罪。例．战时自伤罪。

三、作用

犯罪客体有助于区分罪名之间的界限和确定犯罪形态。

例 1. 绑架罪属于侵犯人身权利犯罪这个章节，所以绑架罪侵犯到人身权利（实力控制人质自由）就犯罪既遂。

例 2. 非法行医罪属于妨害社会管理秩序这个章节，所以即便是医术很高的人没造成事故，把人医治好了，只要没有执照行医，仍属于非法行医，因为侵犯了医师执照的管理秩序。

第二节 实害犯与危险犯【实害犯与危险犯 E】

【罐车运输案】八筒买了一辆罐车，实施了以下犯罪行为：

例 1. 某次八筒运完汽油后为了省钱没洗罐，立刻又装了一车食用油去外地售卖，但没卖出去（生产、销售有毒、有害食品罪）。

例 2. 某次八筒买了一车果汁，但因中途修车耽误，运到后已经超过保质期，八筒仍以低价卖给不法商贩做饮料（销售不符合安全标准的食品罪）。

例 3. 八筒用罐车运输一批过保质期的药品去外地售卖，导致一人吃后严重残疾（销售劣药罪）。

思考：八筒的上述犯罪行为有何区别？何时成立犯罪既遂？

——例 1 所犯之罪属于抽象危险犯，在食品中掺入有毒、有害非食品原料，实施了生产、销售行为就既遂，即便没有卖出去八筒也构成犯罪既遂；例 2 所犯之罪属于具体危险犯，销售过保质期的食品，足以造成严重食物中毒或者其他食源性疾病就既遂，过期果汁已经卖出去做饮料，有具体危险，八筒构成犯罪既遂；例 3 所犯之罪属于实害犯，对人体健康造成严重危害结果时就既遂，有人吃劣药造成严重残疾，八筒构成犯罪既遂。

【注意】

1. 实害犯和危险犯讨论的是犯罪既遂的时间点，不是犯罪是否成立，即实害犯要产生实害结果才既遂，具体危险犯只要造成了具体的危险，就既遂。

2. 实害犯是原则，危险犯是例外。分则多数犯罪都是实害犯，危险犯多数集中在生产、销售伪劣商品罪和危害公共安全罪那边，记一下就好了，没有特别说明的，都是实害犯。

3. 是否是危险犯需要看分则立法者的规定，立法者认为某种行为太危险了，不需要有后果就应严惩，就把该行为规定为抽象危险犯，如生产、销售、提供假药罪；生产、销售有毒、有害食品罪；危险驾驶罪；盗窃、抢夺枪支、弹药、爆炸物罪；帮助恐怖活动罪等。【因此是不是危险犯，没有统一判断标准，就纯看刑法分则的规定】

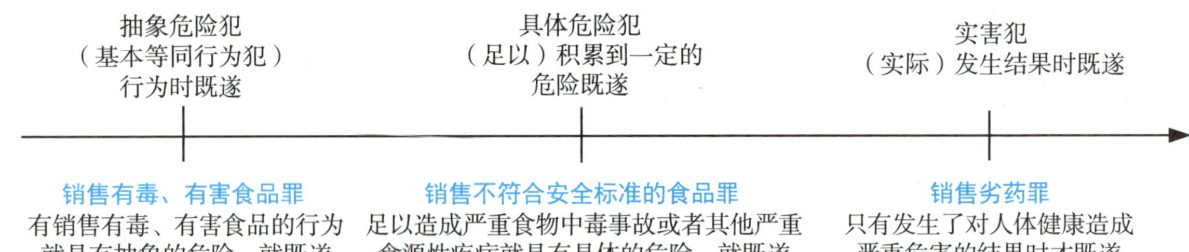

一、实害犯

（一）定义

实害犯是指将发生实际法益侵害作为处罚的依据。一般法条表述为："造成损害的……"。例．《刑法》第一百四十二条规定的生产、销售、提供劣药罪："生产、销售劣药，对人体健康造成严重危害的……"

1. 刑法说的危害结果，一般指的是实害犯的结果，不是危险犯的结果。

2. 过失犯罪的成立都要求有实害结果，过失犯罪没有犯罪形态。例．过失致人死亡罪的成立要求发生死亡结果。

（二）常考实害结果

1. 丢失枪支不报罪：造成严重后果。

2. 生产、销售劣药罪：对人体健康造成严重危害。

3. 滥用职权罪与玩忽职守罪：致使公共财产、国家和人民利益遭受重大损失。

二、危险犯

危险犯是指将具有法益侵害的危险作为处罚的依据。可分为具体危险犯和抽象危险犯。

例．不洗油罐案中，即便没有发生实际的危害结果，但具有发生危害结果的危险，所以八筒仍然构成犯罪。

（一）具体危险犯

具体危险犯指行为需要对法益达到一种具体的危险，才成立既遂。一般法条表述为：“足以……”例．《刑法》第一百一十六条规定的破坏交通工具罪：“破坏火车、汽车、电车、船只、航空器，足以使火车、汽车、电车、船只、航空器发生倾覆、毁坏危险……”

（二）抽象危险犯

抽象危险犯基本等同于行为犯，是指行为本身就蕴含着抽象的危险，实施行为就成立犯罪，并且既遂。例．《刑法》第一百三十三条之一规定的危险驾驶罪：“在道路上驾驶机动车，有下列情形之一的，处拘役，并处罚金：（一）追逐竞驶，情节恶劣的；（二）醉酒驾驶机动车的；（三）从事校车业务或者旅客运输，严重超过额定乘员载客，或者严重超过规定时速行驶的；（四）违反危险化学品安全管理规定运输危险化学品，危及公共安全的……”

【备考提示】

是不是危险犯，就是看刑法分则规定，没什么判断标准和逻辑，主要是记忆背诵的，主要是结合分则生产、销售伪劣商品罪和危害公众安全类犯罪两个章节的具体罪名考，所以在学习分则时熟悉这两个章节内的常考罪名是属于具体危险犯还是抽象危险犯即可。

KEEP AWAKE

第六章 主观构成要件【客＋主】

第一节　概述

【教训大妈案】八筒备考法考的时候，楼下大妈们每天放着嗨曲跳广场舞，八筒烦到极点，决定给大妈们一点颜色瞧瞧：

1. 八筒想着擒贼先擒王，便拿一块砖头朝领舞的脑袋砸去，将领舞砸死，应定故意杀人罪（直接故意）。

2. 八筒为了警告一下大妈们，便拿一块砖头随便朝人群砸去，正好砸死一人，应定故意杀人罪（间接故意）。

3. 八筒为了吓一吓大妈们，便拿一块砖头朝旁边的空地砸去，结果正好一个大妈冲到空地上，被砸死，应定过失致人死亡罪。

4. 八筒为了提醒大妈不要扰民，便端起一盆洗脚水向人群泼去，无罪。

思考：以上四种情形中，前三种的客观行为相同，都是“扔砖头”，结果都是“致人死亡”，但八筒在做出上述行为时，主观心态不同，因此，构成了不同的犯罪。可见，必须要分析行为人的主观心态，才能判断其构成什么犯罪。

主观构成要件主要分为故意和过失，二者的区分如下：

	法条对比	概念对比
犯罪过失	《刑法》第十五条：“应当预见自己的行为可能发生危害社会的结果，因为疏忽大意而没有预见，或者已经预见而轻信能够避免，以致发生这种结果的，是过失犯罪。 过失犯罪，法律有规定的才负刑事责任。”	疏忽大意的过失：应当预见自己的行为可能发生危害结果，因为疏忽大意而没有预见，以致发生危害结果。【对结果的发生投反对票】
		过于自信的过失：已经预见自己的行为可能发生危害结果，但轻信能够避免，以致发生危害结果。【对结果的发生投反对票】
犯罪故意	《刑法》第十四条：“明知自己的行为会发生危害社会的结果，并且希望或者放任这种结果发生，因而构成犯罪的，是故意犯罪。 故意犯罪，应当负刑事责任。”	直接故意：明知自己的行为（必然会或者可能会）发生危害社会的结果，并且希望这种结果发生。【对结果的发生投赞成票】
		间接故意：明知自己的行为（可能会）发生危害社会的结果，并且放任这种结果发生。【对结果的发生投弃权票】

第二节 犯罪故意【客＋主】【故意B】

一、直接故意

直接故意：明知自己的行为会（必然会、可能会）发生危害社会的结果，仍然希望结果发生。

（一）直接故意的认识因素

明知自己的行为会（必然会、可能会）发生危害社会的结果。

1. 认识对象

“明知”是指对犯罪构成要件的客观事实都应该认识到，如行为的内容、危害结果等。法条有哪些词，就要认识到哪些词，没有的词不需要认识到（看分则罪名规定），如特定的行为对象、特定的主体身份、特定的犯罪数额等。

【注意】不需要行为人认识到自己的行为是违法的，不能以没认识到违法性而否定故意。

例1. 成立掩饰、隐瞒犯罪所得罪，要求行为人明知自己掩饰、隐瞒的是犯罪所得。

例2. 八筒找了个浓妆艳抹、长相成熟的卖淫女甲实施嫖娼行为，结果甲还有1个月才满14周岁，八筒根本想不到。八筒不构成强奸罪（奸淫幼女），因为成立强奸罪（奸淫幼女），要求行为人认识到对方是幼女这一行为对象。

例3. 八筒因嫖娼多次染上了性病，但并不自知。依然继续四处实施嫖娼行为。八筒不构成传播性病罪，因为成立传播性病罪，要求行为人明知自己患有性病，即要求认识到自己是性病患者这一特定的主体身份。

例4.《刑法》第264条规定：“盗窃公私财物，数额较大的，或者多次盗窃、入户盗窃、携带凶器盗窃、扒窃的，处三年以下有期徒刑……数额特别巨大或者有其他特别严重情节的，处十年以上有期徒刑或者无期徒刑……”

成立普通的盗窃罪（非入户盗窃、扒窃等），要求行为人认识到自己偷的是数额较大的财物。

【天价葡萄案】2003年，4位来北京务工的工人进入农科院的葡萄研究园内偷摘47斤葡萄，后经价格评估，葡萄的价格为11220元，属于盗窃罪的“数额特别巨大”。但由于4位工人并不能认识到葡萄也可以如此值钱，甚至不可能认识到这些葡萄能达到“数额较大”，故无罪。

2. 认识程度

法定符合说（法考观点）[①]认为行为人只要认识到法条规定的词语即可，不需要具体到对象。对法条规定的词语有认识，但对具体的对象认识错误，不影响犯罪故意的认定。例.《刑法》第二百三十二条规定的故意杀人罪：“故意杀人的，处……”法条规定的词是“人”，故行为人只需要认识到杀的是人即可，不需要认识到是男人还是女人，是成年人还是未成年人，也不需要认识到是张三还是李四，只要行为人对“人”有认识，都只定一个故意杀人罪。

【总结】常考的分则罪名

罪名	常考的认识因素（主要是犯罪对象）
非法持有枪支罪	需要认识到持有的是枪支，弩箭不属于枪支

① 刑法上还有另一种观点是具体符合说：不仅要认识到法条规定的词语，还要认识到具体对象。详细内容参见本书的事实认识错误一章。

罪名	常考的认识因素（主要是犯罪对象）
走私国家禁止进出口的货物、物品罪	需要认识到走私的是国家禁止进出口的货物、物品，否则只能成立走私普通货物、物品罪
盗窃罪	需要认识到盗窃的财物处于他人占有之下，如果认为该财物无人占有，可能构成侵占罪
拐卖妇女、儿童罪	需要认识到拐卖对象是妇女、儿童，拐卖成年男性不构成该罪
强奸罪（奸淫幼女）	需要认识到对象是不满 14 周岁的幼女
掩饰、隐瞒犯罪所得罪	需要认识到对象是犯罪所得
贩卖毒品罪	需要认识到贩卖的是毒品，而非面粉、药品

（二）直接故意的意志因素

心态是希望结果发生，对结果的发生投赞成票，追求结果的发生。

1. 刑法中的故意与生活中的故意

生活中的故意是有意为之，是下意识的行为，反义是不小心，是对行为的态度，即实施行为都是意志支配的。

例．八筒不给小筒买玩具，儿子生气甩手把水杯碰到了，是不小心。若直接摔杯子，那就是故意的；小筒坐公交车，下车忘记拿一旁的寒假作业，此时是不小心，如果走到车门口时想到落下了但不去拿，此时就是故意。

而刑法中的故意是犯罪故意，是对结果的态度。

例 1. 八筒深夜躲雨跑到仓库，然后点燃打火机照明，但不小心引发火灾。点燃打火机是“故意”的、在意识支配下的行为，但是不小心引起火灾，还是定失火罪（过失犯罪），而不是放火罪，因为点燃打火机的故意是生活中的故意，八筒对火灾的结果是反对的，没有刑法中的故意。如果就是想点燃仓库（如为了获取保险金），那就是故意。

例 2. 闯红灯是“故意”的，但是撞死人却是过失犯罪，因为闯红灯的故意是生活中的故意，行为人对人死亡的结果是反对的，没有刑法中的故意。

2. 结果必然发生为直接故意

如果行为必然导致结果的发生，不管行为人怎么想（此处易有陷阱），都是直接故意。

例 1. 四斤抢了八筒的女朋友，八筒对四斤怀恨在心。一日，四斤、二妞同坐高空缆车，八筒不想杀二妞，犹豫了一会还是剪断了缆车的绳索，四斤、二妞摔死。剪断高空缆车的绳索，必然会导致车内人员死亡结果的发生，故不管八筒如何想（题干中的不想杀二妞是陷阱），其对四斤、二妞的死亡都是直接故意。

例 2. 八筒在当汽车修理工时搞恶作剧，将高压气泵塞入同事的肛门充气，致其肠道、内脏严重破损。八筒的行为具有高度危险性，必然会发生严重后果，故不管八筒如何想（题干中的恶作剧是陷阱），其对同事的重伤都是直接故意。

【注意】时间点：判断故意 / 过失要以实施行为时的心态为准，之前和之后的心态都是干扰信息。记住：行为时！

例 1. 八筒开车时盘算杀死四斤的计划，一个不留神闯红灯撞死了一个人，下车发现正是四斤，八筒直呼老天有眼。虽然八筒一直想杀四斤，有杀人故意，但撞人时八筒只是过失，故依然是过失犯罪。

例 2. 八筒买了一把破枪想杀掉四斤，临了又良心发现不想干了，不料收枪时破枪走火导致四斤死亡。由于收枪时已打消杀人故意，心态是过失，故成立故意杀人中止和过失致人死亡。

二、间接故意

间接故意是指明知自己的行为会（可能会）发生危害社会的结果，仍然放任结果发生。

（一）间接故意的认识因素

明知自己的行为会（可能会）发生危害社会的结果。

【注意】没有“必然会”，其他与直接故意的认识因素相同。

（二）间接故意的意志因素

放任结果的发生（发不发生都无所谓）。放任一般表现在：有一个直接目的，在实现直接目的的过程中，却放任了另一个结果发生。

1. 为了实现某种非犯罪意图而放任危害结果的发生

例 1. 甲发现乙在猎物旁，但为了猎杀猎物仍开枪，导致乙中枪死亡。甲对乙的死亡属于间接故意。直接目的是猎杀猎物，放任了乙死亡的结果。

例 2. 甲为了逃交高速过路费（50 元），不顾收费站工作人员乙阻拦，闯卡逃跑，导致乙重伤。甲对乙的重伤属于间接故意。直接目的是逃费，放任了乙重伤的结果。

2. 为了实现某种犯罪意图而放任另一危害结果的发生

例 1. 甲欲毒死其妻子，投毒进饭菜，想到孩子可能与妻子一起吃饭，但由于杀妻心切，仍然投放了毒药，致妻子和孩子死亡。甲对孩子的死亡属于间接故意。直接目的是杀害妻子，放任了孩子死亡的结果。

例 2. 甲在博物馆欲枪杀仇人乙，看到乙身旁有一名贵古董花瓶，仍然开枪，导致乙死亡，古董花瓶破碎。甲对花瓶的毁坏属于间接故意。直接目的是杀害乙，放任了花瓶的毁坏。

判断分析

1. 乙认为偷越国（边）境不是刑法上的故意犯罪，于是从内地偷越到香港，乙具有偷越国（边）境的故意。【正确，乙已认识到从内地偷越到香港的事实，对违法性不需要有认识】（2022 年仿真题）

2. 丙贩卖电子烟，明知电子烟中合成的大麻有让人上瘾的作用仍然继续贩卖。丙有贩卖毒品的故意。【正确，丙已认识到电子烟中合成的大麻会让人上瘾的事实，只需要认识到法条的词“毒品”即可，不需要细化到具体种类】（2022 年仿真题）

3. 乙误以为运输假美元，其实运输的是假欧元，仍成立运输假币罪。【正确，运输假币罪规定的词是“假币”，只要乙认识到“假币”的大概范围即可，不需要具体到何种假币】（2021 年仿真题）

4. 甲、乙预谋修车后以假币骗付。某日，甲、乙在某汽修厂修车后应付款 4，850 元，按照预谋甲将 4，900 元假币递给乙清点后交给修理厂职工丙，乙说：“修得不错，零钱不用找了”，甲、乙随即上车。丙发现货币有假大叫“别走”，甲迅即启动驶向厂门，丙扑向甲车前风档，抓住雨刮器。乙对甲说：“太危险，快停车”，甲仍然加速，致丙摔成重伤。对于丙的重伤，甲的罪过形式是故意。【正确，间接故意。直接目的是逃费，放任了重伤结果】（2010年第2卷第92题）

第三节 犯罪过失【客+主】【过失B】

【笨贼案】八筒上网学了一下开锁技能后便拿了一个卡片钻入一老旧小区，选了一户看似无人的人家盗窃。结果开了半天也打不开锁，八筒灵机一动打电话给一开锁师傅甲，声称自己是房主，证件都在屋里，甲信以为真便开了锁，想着开门后再确认一下。不料门开后屋内坐着一大爷，八筒慌忙逃跑。

思考：甲差点帮助八筒成功盗窃，甲主观上是什么心态？

——甲没有认真遵守开锁行业规则核对身份，以为八筒是主人，但也想着开门后再确认一下，有一定的避免措施，主观上属于过于自信的过失，过失盗窃不构成犯罪。假设甲根本不核对身份，有求必应开完锁就走，就属于放任他人财产损失的间接故意。

刑法以处罚故意犯罪为原则，处罚过失犯罪为例外。过失犯罪是结果犯，过失犯罪不存在未完成形态；过失犯罪的法定刑轻于相对应的故意犯罪的法定刑；分则罪名没有明确说明的都是故意犯罪。

一、疏忽大意的过失

疏忽大意的过失是指行为人有预见到行为会发生危害结果的义务和能力，但因为粗心大意、不小心没有预见到，进而违反了规则。例．甲看到自己的3岁小孩乙在客厅玩耍，忘记了自己做饭时将菜刀放在了乙能触碰到的地方，导致乙被划成重伤。甲因为粗心大意没有预见到乙会被划伤，属于疏忽大意的过失。

预见义务判断标准：是否违反了规则，如果没有违反规则，属于意外事件，无罪。

【注意】特定职业者要遵守的规则标准比一般人要高。

例．对于抢救病人，普通人按照自己的常识尽力抢救即可，即便违反了一些基本的医疗规则，也不构成犯罪。但医生在抢救病人时，就不能违反基本的医疗规则。

二、过于自信的过失

过于自信的过失，也称为有认识的过失。是指行为人已经预见到会发生危害结果，但因为轻信能够避免（很相信自己的判断），实际违反了规则并没有避免。

【做题技巧】题目对于已经预见到会发生危害后果，一般都会有提示（下三例中的下划线部分）。

（一）过于自信的过失的主要情形

1. 过高估计自己的能力。例．甲发现自己的汽车刹车不是很灵敏，但觉得自己车技高超，可以通过其他手段辅助刹车，依然驾车上路，最终刹车失灵导致2人死亡。甲属于过于自信的过失。

2. 过于相信其他客观条件可以避免结果发生。例．甲在深山中露营，早上离去时打算浇灭篝火余烬防止发生火灾。甲正要去溪边打水时，突然乌云密布，甲认为一会下雨自然会浇灭余烬，便直接离开。结果天气放晴并起风，最终发生深林火灾。甲过于相信天气，属于过于自信的过失。

3. 过于相信结果发生的可能性较小。例．猎人甲在山上建造了房屋，其认为山上基本不会有外人进来，便在自己院子内设置了陷阱捕猎，导致一过路讨水的驴友落入陷阱重伤。甲过于相信山中有外人出现的概率很小，属于过于自信的过失。

（二）过于自信的过失与间接故意的区分

1. 联系

间接故意与过于自信的过失都已经预见到结果可能发生。

2. 区分标准

过于自信的过失对结果是反对票（排斥结果的发生），间接故意是弃权票（放任结果的发生）。

（1）核心区分：可以从行为人的客观行为倒推其主观态度，如果其采取了高度危险的行为，则大概率对结果是放任的态度，如果其实施的行为导致危害结果发生的可能性较小，那其主观上大概率对结果投反对票。

例 1. 甲在路边有一片瓜田，经常有人偷瓜，甲便在瓜内注射微毒农药，通常不会导致人身体损伤，并在瓜田旁竖立警示牌“勿摘瓜，瓜有毒”，乙偷瓜，因对该药过敏而死。甲的行为致死可能性很小，可以认定其对死亡态度投反对票，属于过失或意外事件。

例 2. 甲在路边有一片瓜田，经常有人偷瓜，甲便在瓜内注射剧毒农药，并在瓜田旁竖立警示牌“勿摘瓜，瓜有毒”，乙偷瓜后被毒死。甲的行为致人死亡的可能性很高，可以认定其对死亡结果持放任态度，具有间接故意。

（2）辅助判断：行为人没有采取避免措施，或采取的措施与加害措施相比微不足道，则属于间接故意，过于自信的过失时行为人一般会采取避免措施。

例 1. 甲加油后想逃费，但工作人员乙抓住了门把手，甲将油门踩到底高速驶离，乙被甩飞摔成重伤。甲的加害措施危险程度高，且没有采取避免措施，对结果投的是弃权票，属于间接故意。

例 2. 甲加油后想逃费，但工作人员乙抓住了门把手，甲想吓唬一下乙，便提醒乙“快放手，我要加速了哦”，后稍作提速，但乙还是被带倒摔成重伤。甲的加害措施危险程度低，且对被害人进行提示，采取了一定的避免措施，可见其对结果持反对票，属于过于自信的过失。

第四节　无罪过事件【无罪过事件 C】

【劝阻吸烟案】八筒在电梯里劝阻一个老头不要吸烟，老头认为八筒没有资格管自己，八筒继续冷静劝阻，没有激烈言辞更没有动手，但老头越来越激动，最终心脏病复发死亡。

思考：八筒对老头的死亡有故意、过失吗？

——既没有故意，也没有过失，属于意外事件。

无罪过事件是指行为人主观不具备可谴责性，没有故意、过失，不成立犯罪。常考的有意外事件和不可抗力。

一、意外事件与疏忽大意的过失的区分

意外事件：由于无法预见的原因引起了危害结果，行为人对结果的发生没有预见。

意外事件是无法预见，疏忽大意的过失是应当预见但因疏忽大意而没有预见。

【注意】行为人没有预见可能性要综合行为人的认识和预见能力与客观上的认识条件和环境来判断。

意外事件与疏忽大意的过失的区分标准：是否违反规则，违反了生活规则、行业规则、业务规则等就是过失，如果没有违反规则，通常是意外事件。

例 1. 甲开车闯红灯，将过马路的行人撞死，甲违反了规则，构成过失犯罪。

例 2. 甲在高速路上正常行驶，结果路边突然冲出一名行人，甲避让不及将其撞死，甲没有违反规则，行人的出现是无法预料的，其死亡属于意外事件，甲不构成犯罪。

例 3. 甲、乙是马戏团演员，甲表演飞刀精准，从未出错。某日甲表演时，乙突然移动身体位置，飞刀掷进乙胸部致其死亡。甲并没有违反规则（还是按照表演规则在飞刀，是乙突然移动），故甲的行为属于意外事件。当然，如果乙没有动，是甲自己由于注意力不集中飞偏了，则甲违反了规则，成立过失犯罪。

【做题技巧】做题时，题干如果使用了犯罪分子过失、玩忽职守、不注意、不慎、不料、不认真负责、违反操作规则等之类的，一般认为是过失犯罪。题干中使用了"突然"、"意外"等，一般认为是意外事件。题干如果强调该人有特殊职业，没有尽到应该的注意义务就是过失。

二、不可抗力与过于自信的过失的区分

不可抗力：由于不可抗拒的原因引起了危害结果，行为人已经预见但无法避免结果的发生。

不可抗力与过于自信的过失的区分标准：是否具有结果回避可能性。

例．甲在盘山公路上开货车行至一急转弯处，道路突然坍塌，甲无力控制汽车而撞伤一人。危险路段行车时司机一般已经预见到可能会发生危害结果，但本案是由于不可抗拒的道路坍塌导致的，没有结果回避可能性，属于不可抗力。

【注意】判断能否回避结果的时间点，应以行为时为准，而不是危险到来之时。

例．甲在盘山公路上开货车，甲已属于疲劳驾驶，但为了按时送货依然强撑着开车，行至一急转弯处，甲无力控制汽车而发生交通事故。甲无力控制汽车时确实不能避免结果的发生，但这不是判断的关键点，甲疲劳驾驶时才是行为时，此时有避免结果发生的可能，所以甲属于过于自信的过失。

判断分析

1. 刘某长期在房屋内私拉电线，后因刘某私拉的电线存在安全隐患，导致火灾。刘某构成失火罪。【正确】（2021 年仿真题）

2. 法官知识储备不足，将无罪的人判处了 3 年有期徒刑，属于过失犯罪。【错误，其能力有限，但并没有说其违反审判规则（事实、证据的认定规则等），不构成过失犯罪】（2019 年仿真题）

3. 甲见楼下没人，将家中一块木板扔下，不料砸死躲在楼下玩耍的小孩乙。甲的行为属于意外事件。【错误，甲向楼下扔木板前已确认过楼下没人，说明甲已经预见到其行为可能产生危害后果，却仍然轻信他扔木板的行为不会砸死人，因此该行为不属于意外事件，属于过于自信的过失】（2013 年第 2 卷第 53 题 C 项）

4. 路人见义勇为追赶小偷，小偷跳河游往对岸，路人见状离去，小偷突然抽筋溺毙。路人构成过失犯罪。【错误，路人不能预见会游泳的小偷会突然抽筋，属于意外事件】（2012 年第 2 卷第 52 题 C 项）

【总结】犯罪主观的判断逻辑

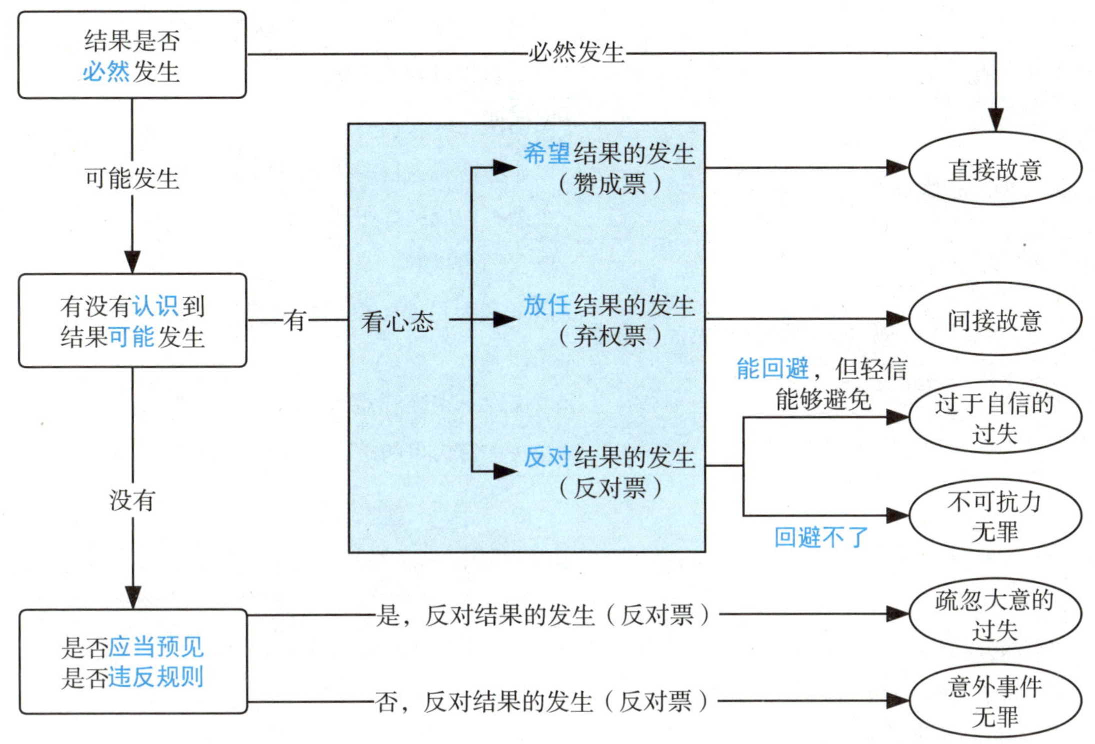

第五节　犯罪目的【目的与动机、犯意改变 E】

一、区分目的与动机

犯罪动机（为什么会犯罪？）是指刺激、促使犯罪人实施犯罪行为的内心起因或思想活动。

犯罪目的（犯罪是为了什么？）是指通过实施犯罪要实现的结果。

例．甲好几天没吃饱饭，便盗窃乙的钱包（内有 2000 元现金），去吃了一顿大餐。甲的犯罪目的是非法占有乙的财物（非法占有目的），犯罪动机是饥饿或想吃饱饭。

【备考提示】犯罪动机在实务中影响量刑轻重，但在法考中不太重要，初学者不要带着情感判断、想太多。

二、常考的犯罪目的汇总

刑法分则有部分罪名的成立，必须要有特定的目的（目的犯），但目的的实现与否在所不问。例．拐卖妇女、儿童罪的成立要求以出卖为目的，但是否成功出卖在所不问。

罪名	犯罪目的
走私淫秽物品罪	以牟利或者传播为目的
高利转贷罪	以转贷牟利为目的（时间点：贷款时）
侵犯著作权罪	以营利为目的

罪名	犯罪目的
绑架罪	以勒索财物或其他不法要求为目的
拐卖妇女、儿童罪	以出卖为目的（否则是拐骗）
诬告陷害罪	意图使他人受刑事追究
诈骗类犯罪（集资、合同、贷款等）	以非法占有为目的（取得型财产犯罪都要具有）否则不构成这些犯罪
赌博罪	以营利为目的
制造、复制、出版、贩卖、传播淫秽物品牟利罪	以牟利为目的（仅以传播为目的则构成传播淫秽物品罪）
行贿类犯罪	以谋取不正当利益为目的
贪污罪和侵占罪（职务侵占罪）	非法占有为目的（否则为挪用）

第六节　犯意改变【客 + 主】【目的与动机、犯意改变 E】

犯意改变是指行为人在犯 A 罪的过程中，犯意发生了变化，去犯了 B 罪。

犯意转化：A 罪与 B 罪属于行为对象同一，法益同性质。

另起犯意：A 罪已经未遂、既遂、中止后（终局性），又另起犯意实施 B 罪，B 罪与 A 罪法益一般性质不同或行为对象不同一。

一、犯意转化

1. 预备和实行阶段的转化

行为人在预备阶段是此犯意，在实行阶段是彼犯意。

处理：吸收原则，实行阶段犯意吸收预备阶段犯意。【无论轻重，均以实行阶段犯意处理】。

例 1. 甲准备撬锁工具深夜盗窃乙家，但撬开门后发现乙在看电视，便将其打倒在地，取走乙家中财物。对甲最终定抢劫罪。【**注意**】不是事后转化抢劫。

例 2. 甲准备了砍刀去乙家抢劫，但撬开门后发现乙不在家，直接取走了乙家财物。对甲最终定盗窃罪。

2. 实行阶段的转化

行为人在实行犯罪过程中犯意改变，导致此罪与彼罪改变，此种犯意转化仅限于两个行为所侵犯的法益之间具有包容关系的情形（没有要并罚）。通常包括犯意升高或犯罪降低两种情形，其处理方式为择一重罪处罚。

例 1. 甲深夜进入乙家盗窃，在翻找财物过程中乙起床上厕所，甲将乙打倒在地，之后成功翻找到财物离去。甲属于犯意升高，构成抢劫罪。

例 2. 甲深夜进入乙家抢劫，欲将刀架在躺在沙发上的乙脖子上，让其说出财物在哪。但乙一动不动（深度醉酒）。甲发现乙醉酒后，便自行翻找到财物离去。甲属于犯意降低，构成抢劫罪未遂与盗窃罪既遂，择一重罪处罚。

二、另起犯意

1. 侵害不同性质法益

指在前一罪已经未遂、既遂、中止后（终局性），又另起犯意实施另一个犯罪行为，且前后两罪侵犯的法益一般不同。

2. 侵害不同对象——行为对象转换

指在犯罪过程中，行为人有意识地将原先设定的行为对象转移到另一行为对象上。

以上两种情形的处理：原则上按照所犯的罪，数罪并罚。但同种数罪不并罚。

例 1. 甲入室抢劫，看到女主人很漂亮便觉得抢劫没前途，不如强奸，便放弃抢劫并实施了强奸，致女主人失去知觉，忽看到女主人的项链，便趁机拿走。甲抢劫成立中止后，又另起犯意实施强奸行为（抢劫与强奸法益不同，前罪抢劫罪已终局）；强奸成立既遂后，又另起犯意实施盗窃行为（强奸与盗窃法益不同，前罪强奸罪已终局）。所以甲构成抢劫罪（中止）、强奸罪（既遂）、盗窃罪（既遂），三个罪数罪并罚。

例 2. 甲想强奸乙女，便在乙宿舍的饮水中下迷药。甲来到乙宿舍后，发现乙的室友丙更漂亮，就只强奸了丙。甲对乙成立强奸罪（中止），对丙成立强奸罪（既遂），但同种数罪不并罚，仅定强奸罪一罪。

判断分析

1. 甲潜入乙家原打算盗窃巨额现金，入室后发现大量珠宝，便放弃盗窃现金的意思，仅窃取了珠宝。对于盗窃现金，甲成立犯罪中止，对于盗窃珠宝，甲成立犯罪既遂。【错误，只需要认定为一个犯罪既遂即可】

2. 甲花 4 万元收买被拐卖妇女周某做智障儿子的妻子，周某不从，伺机逃走。甲为避免人财两空，以 3 万元将周某出卖。甲虽然实施了收买与拐卖二个行为，但由于二个行为具有牵连关系，对甲仅以拐卖妇女罪论处。【错误，甲一开始是单纯收买被拐卖妇女，之后为防人财两空，实施了拐卖妇女行为。甲是针对同一对象，同性质法益，属于犯意提升，仅定拐卖妇女罪一罪，但二个行为是独立的，没有牵连关系】（2011 年第 2 卷第 88 题 B 项）

主观题延伸拓展

案例 1：甲明知乙胆小并且有心脏病，为戏弄乙，故意在凌晨扮鬼吓乙，乙因为受到惊吓突发心脏病，造成身体重伤的结果。

问题：甲对这种结果的主观心理态度是什么？

案例 2：甲意图进入乙家盗窃，进入住宅后，发现乙在家，于是将乙打倒在地，劫取财物后离开。

问题：如何评价甲在犯罪过程中的变化？如何定罪？

案例 3：甲入室强奸，实施暴力控制住女主人之后，发现女主人长得像初恋女友下不去手而放弃奸淫，但一把拽走了女主人脖子上的项链。

问题：如何评价甲在犯罪过程中的变化？如何定罪？

案例 1—问题：甲对这种结果的主观心理态度是什么？

答案：甲的主观方面属于过于自信的过失。

在本案中，甲明知乙胆小且有心脏病，说明已经预见到可能会发生危害结果，但为戏弄乙，轻信自己能把握好分寸，对于乙重伤的结果是持反对态度的，属于过于自信的过失，构成过失致人重伤罪。

案例 2—问题：如何评价甲在犯罪过程中的变化？如何定罪？

答案：甲属于预备阶段和实行阶段的犯意转化，只定抢劫罪（入户抢劫）一罪。

（1）在本案中，行为人甲在预备阶段想实施盗窃，但在实行阶段转化为抢劫，对此一般采取吸收原则，只认定为实行阶段的抢劫罪。

（2）甲以非法占有目的入户，适用入户抢劫的加重情节。

案例 3—问题：如何评价甲在犯罪过程中的变化？如何定罪？

答案：甲属于另起犯意，构成强奸罪（中止）和抢劫罪，应当数罪并罚。

（1）在本案中，行为人甲已经着手实施了强奸行为，但因为女主人像初恋女友，这只是一个小障碍，甲在能继续犯罪的情况下自动放弃，成立强奸罪（中止）。

（2）甲又另起犯意，实施了抢劫项链的行为，构成抢劫罪。对甲应当以成强奸罪（中止）和抢劫罪数罪并罚。

KEEP AWAKE

第七章 事实认识错误【客+主】

第一节　概述【客+主】【具体事实认识错误 B；抽象事实认识错误 B】

一、事实认识错误

上一章说过，成立故意犯罪，需要具备“认识因素（明知自己的行为会导致结果）”，“认识”会有出错的时候，即行为人脑海中预想的事实和实际发生的事实不一致、有错误，此时，就发生了事实认识错误。例如，甲想杀 A，但认错了把无冤无仇的 B 打死了；又如，乙想杀 A，对着 A 来一枪，但打偏了打死个小女孩。

出现了事实认识错误，是否具备“认识因素”就要进行判断，进而就影响到“犯罪故意”的判断，本节主要解决的问题就是：把事实认识错误的情况细化成不同情况，抽象事实认识错误，具体事实认识错误（对象错误、打击错误、因果关系错误），然后记住每种错误的情况，影不影响犯罪故意的认定。

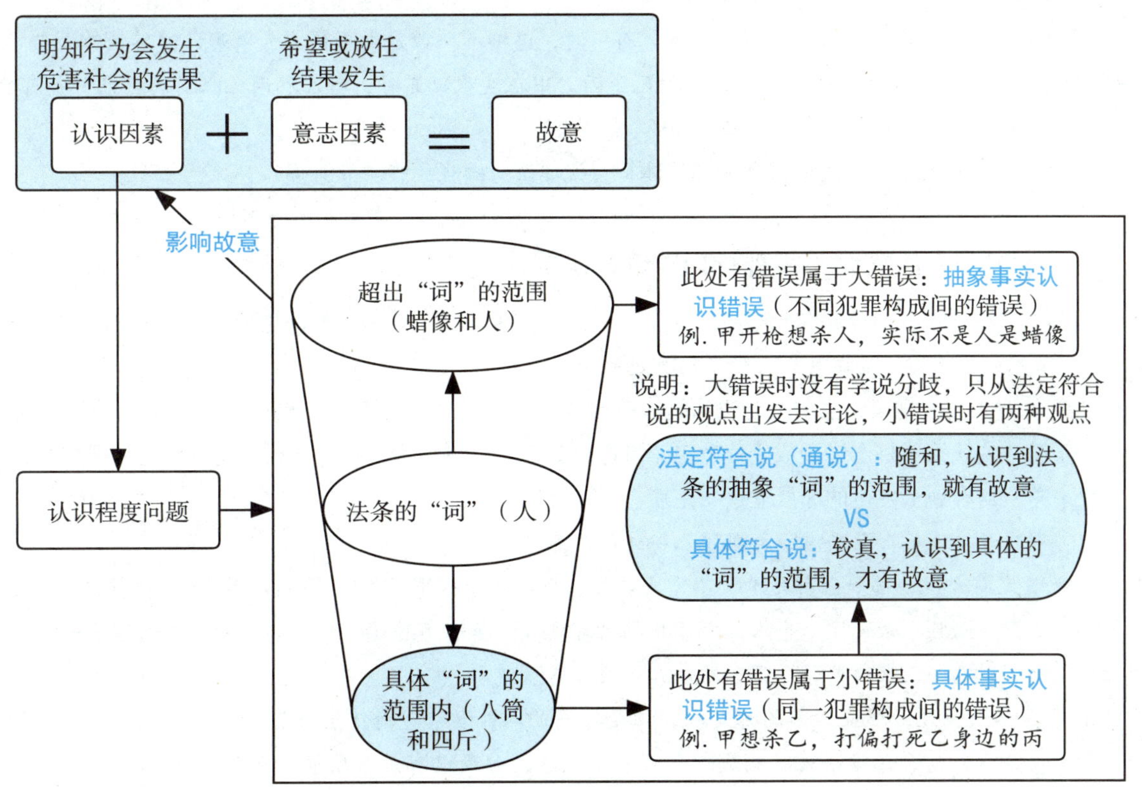

二、法定符合说与具体符合说

1. 法定符合说（随和）

只要认识到的事实和实际发生的事实还在法条规定的抽象“词”的范围内就可以成立故意犯罪，发生了细微的偏差不重要，不必要求具体层面完全一致（符合）。

【注意】法定符合说重点在于知晓法条规定的“词”，所以要熟悉刑法分则的罪名。

例．对于故意杀人罪，《刑法》第232条规定：“故意杀人的，处死刑……”，法条规定的“词”是人，那么法定符合说认为，只要杀的是人就行（不是猫、狗），不需要具体到是哪个人（八筒还是四斤）。

2. 具体符合说（较真）

不仅要求认识到的事实和实际发生的事实在法条规定的“词”的范围内，还要求在具体层面完全一致（符合）才成立故意犯罪。

例．对于故意杀人罪，具体符合说认为，只认识到杀的是人还不行，还必须具体到杀的是哪个人（到底是八筒还是四金）。

【备考提示】法定符合说是通说，客观题没有特殊要求都按照法定符合说分析。因为在司法实务中，具体符合说太细，会增加办案难度，不利于定罪量刑。而法定符合说更方便一些，实务中有些犯罪人就是具有笼统的故意。

第二节　具体事实认识错误【客＋主】【具体事实认识错误B】

一、对象错误（主观认错导致错误）

行为人意欲侵害的对象和实际受害的对象不一致，这种不一致是由于行为人主观认错导致的。例．甲想开枪杀乙，实际把丙误认为乙，开枪打死了丙。甲在实施犯罪时，对乙和丙（眼前的对象）都有故意，因此两个学说都认为甲构成故意犯罪既遂。

处理：对于对象错误，法定符合说和具体符合说都认为构成故意犯罪既遂。

二、打击/方法错误（客观行为导致错误）

行为人意欲侵害的对象和实际受害的对象不一致，这种不一致是由于客观犯罪行为的偏差所导致的。例．甲想开枪杀乙，没瞄准，打死了乙身边的丙。

处理：对于打击错误，法定符合说和具体符合说观点不一致，考试时考观点展示，都要掌握分析过程。法定符合说认为，打击错误成立故意犯罪既遂；具体符合说认为，打击错误对主观想犯的罪成立故意犯罪未遂，对客观上发生的罪成立过失犯罪。

例．甲想开枪杀乙，没瞄准，打死了乙身边的丙。

按照法定符合说，乙和丙都是人，不需要具体、详细地分析甲对谁有杀害故意，只需要笼统分析：甲有杀人故意，而且也杀死了一个人，那么甲的主客观在法条规定的词“人”的范围之内达到了一致，因此应认为甲对乙和丙都有犯罪故意，构成故意杀人罪既遂。

按照具体符合说，甲虽然杀的都是人，但是不同的人，没有在具体层面完全一致，需要具体分析：甲对乙具有杀人故意，但没杀死，构成故意杀人罪未遂，对丙没有杀人故意，只有过失，所以成立过失致人死亡罪。

【注意】具体符合说只会在打击错误里涉及，若题目没有明确说明考具体符合说，就都以法定符合说作为解题思路和答案依据。

三、对象错误和打击错误的区分

1. 主观的错误还是客观的错误。

2. 犯罪行为对预想对象的危险性：想害的人在案件里面出现了吗？想害的对象没出现是对象错误，想害的对象出现了是打击错误。【核心做题标准】

3. 故意犯罪中，先有主观，然后才有客观行为，主观错误（对象错误）是一开始就错了，全程就不能是对的；如果一开始没错，是中间才错的，就是打击错误。

例．甲邮寄毒药杀乙，如果一开始地址就搞错了，属于对象错误；如果地址对的，后面快递员送错了，属于打击错误。

【注意】预备行为错误不是打击错误，打击错误指的是实行行为的偏差。

例．打电话诈骗，拨错了号码（预备行为），不是打击错误。

四、因果关系错误

【坠楼吓死案】八筒想让四斤摔成肉泥，便在40层高楼楼顶将四斤推下去，结果坠楼实在太刺激，四斤在半空中直接被吓死了（心脏病）。

思考：四斤不是摔死的，是吓死的，有人认为四斤的死亡与八筒无关，你觉得合理吗？

——当然不合理，本案只不过是实际的犯罪进程和八筒预想的不一致，错误太小，谁从高楼坠下来不害怕，死亡结果仍然和八筒的推有因果关系，构成故意杀人罪既遂。

【前提】认识到的事实和实际发生的事实仍在法条规定的词的范围内，欲侵害的对象和实际侵害的对象一样，但是因果关系的发展过程和行为人所预想的发展过程不一致。这种不一致会影响因果关系的认定，进而影响犯罪既遂的认定。

1. 狭义的因果关系错误

行为人预想的犯罪进程和实际的犯罪进程不一致。例．甲想淹死乙，遂将其推入井中，实际井中没水，乙是被摔死的。甲认识到的事实和实际发生的事实仍在故意杀人罪法条规定的词“人”的范围内，欲侵害的对象和实际侵害的对象也一样，只不过是预想的犯罪进程和实际进程不一致：本想淹死，实际摔死。

【结论】对故意犯罪既遂没有影响，相当于没错。

2. 事前故意（结果推迟）

事前故意：实际结果比预想的发生的晚。行为人以为自己行为已经造成危害结果，出于另一个目的实施第二个行为，实际上危害结果由第二个行为导致。

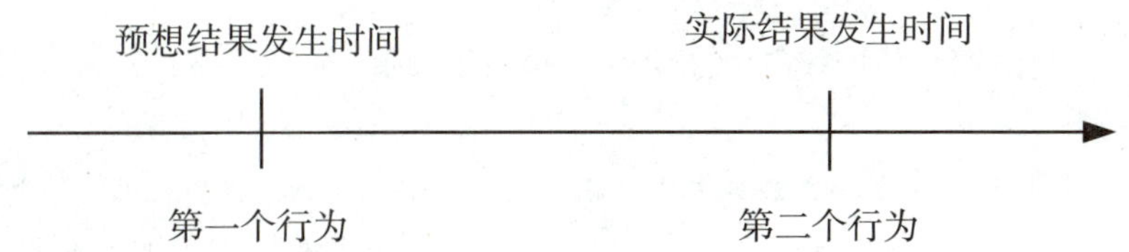

例.甲用木棒打乙的头部欲杀乙，甲看到乙满头是血，以为乙已经死了，于是想毁尸灭迹，把乙的“尸体”扔下悬崖，谁料乙之前只是晕厥，是后面甲毁尸灭迹的行为（扔下悬崖的行为）造成乙的死亡。

【主观题观点展示】本案中，是毁尸灭迹的行为导致乙死亡，甲却以为是在抛尸体，没有认识到是活着的人，所以存在认识错误。

基本分析思路:（1）行为人的行为有两个，导致死亡原因不是第一行为，是第二行为。但第一行为是主要的，第二行为是从属的；

（2）实施第一行为时行为人具有故意，“实施”第二行为时行为人是没有认识因素的，没有故意，主观是过失；

（3）因此，如果做精细的判断，分开评价两个行为的话，行为人就是故意犯罪未遂和过失犯罪数罪并罚。如果做整体综合的判断，合并评价两个行为的话，行为人就是一个故意犯罪既遂。

【客观题考唯一结论】直接按照整体综合的判断来作答，行为人构成故意犯罪既遂。

参考答案：乙的死亡结果实际比预想发生的晚，属于因果关系错误中的事前故意，理论上对此有四种处理意见：

（1）甲的第一个行为成立故意杀人罪（未遂），第二个行为成立过失致人死亡罪，数罪并罚。

（2）甲的第二个行为如果是间接故意，则将两个行为整体认定为故意杀人罪（既遂）；如果是过失，则将两个行为按故意杀人罪（未遂）和过失致人死亡罪分别处理。本案中，甲实施第二个行为时没有故意，是过失，所以甲成立故意杀人罪（未遂）和过失致人死亡罪，数罪并罚。

（3）将两个行为视为一个行为，将两个行为的主观视为概括的故意，认定为一个故意杀人罪（既遂）。

（4）按照因果关系的介入因素处理，毁尸灭迹不是一个异常的介入因素，所以不能中断前行为和结果的因果关系，因此甲构成故意杀人罪既遂。

【总结】观点一是分开评价，观点三和观点四是合并评价，观点二是分情况采用分开评价还是合并评价。

3. 结果的提前实现

实际结果的发生比行为人所预想的早；行为如果已经着手（已注入因果力），则构成既遂，如还处于预备阶段，则可能竞合。所以，结果的提前实现，关键在于判断是否着手。

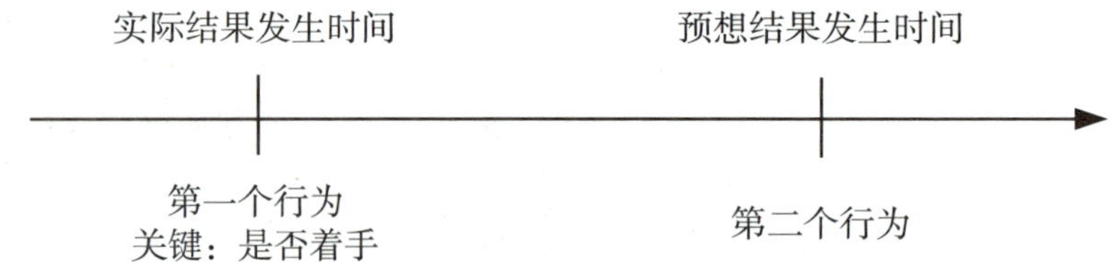

着手的定义:“着手”，是指行为人已经开始实施刑法分则里具体的犯罪行为，并且对法益造成现实、紧迫、直接的危险。

着手 = 实行行为（分则规定的不同罪名的犯罪行为）+ 对法益造成现实、紧迫、直接的危险 = 刑法中因果关系的因 = 进入实行阶段（区分预备和未遂）

【例外】部分很危险的犯罪，不需要实行行为，也属于着手，如入户抢劫，入户就很危险了，就已经着手进入实行阶段。

例 1. 妻子欲杀害丈夫，将毒酒喂给丈夫喝，以为丈夫会在 10 小时以后死亡，实际丈夫 3 小时就死了。妻子已经着手（有杀人的行为，对法益造成现实紧迫直接的危险），结果发生的时间早晚可以忽略，构成故意杀人罪既遂。

例 2. 妻子欲杀害丈夫，将毒酒置于酒柜中，准备第二天丈夫出差回来毒死他，谁料丈夫提前回家，饮酒身亡。妻子没有着手，且行为对死亡结果有过失，成立故意杀人罪预备 + 过失致人死亡罪，想象竞合择一重。

第三节　具体事实认识错误的判断逻辑【具体事实认识错误 B】

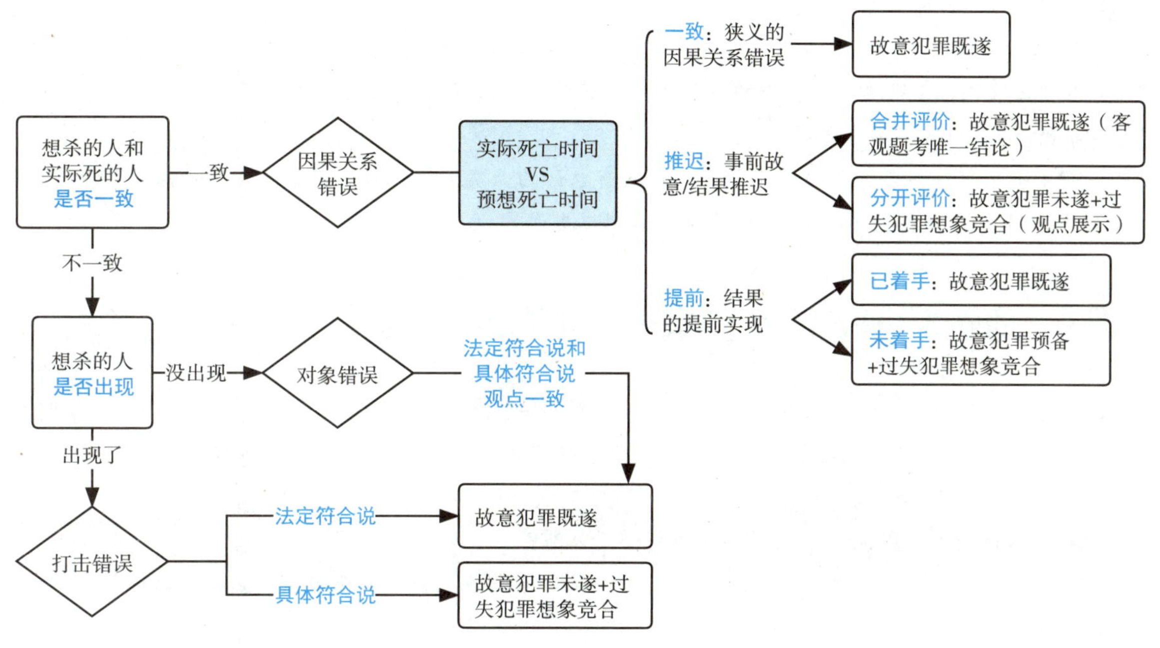

【其他问题强调】

1. 注意行为数量

如果行为人基于数个犯意，实施多个行为，触犯多个罪名，则应该数罪并罚，上述的认识错误情况一般都是一个行为同时触犯多个罪名，想象竞合择一重罪处罚。

2. 一行为导致多个结果的问题

想杀 A，开一枪打死 A，又死 B	具体符合说	对 A 成立故意杀人罪（既遂），对 B 成立过失致人死亡罪，想象竞合
	法定符合说	对 A/B 都成立故意杀人罪（既遂），想象竞合
想杀 A，开一枪打伤 A，又死 B	具体符合说	对 A 成立故意杀人罪（未遂），对 B 成立过失致人死亡罪，想象竞合
	法定符合说	对 A 成立故意杀人罪（未遂），对 B 成立故意杀人罪（既遂），想象竞合

判断分析

1. 甲、乙持刀抢劫路人丙，丙强烈反抗，甲遂持刀刺向丙，由于丙向一侧躲闪，甲的刀刺中同伴乙的胸部致其重伤，丙趁机逃跑。甲的行为属于打击错误，根据法定符合说，甲对乙的重伤承担刑事责任。【正确】（2022 年仿真题）

2. 甲欲开枪杀乙，误将丙当乙杀死，根据观点一，甲成立故意杀人罪既遂；甲欲开枪杀乙，瞄准

乙开枪由于枪法不准，杀死乙身旁的丙，根据观点二，甲成立故意杀人罪既遂。下列说法正确的是？（2020 年仿真题）

A. 都是具体符合说【错误，第一个案例是对象错误，对于对象错误，法定符合说和具体符合说都认为成立故意杀人罪既遂，所以观点一既可以是法定符合说，也可以是具体符合说；第二个案例是打击错误，对于打击错误，只有法定符合说才会认为成立故意杀人罪既遂，所有观点二只能是法定符合说】

B. 观点一是具体符合说，观点二是法定符合说【正确】

C. 观点一是法定符合说，观点二是具体符合说【错误】

D. 都是法定符合说【正确】

3. 甲在乙骑摩托车必经的偏僻路段精心设置路障，欲让乙摔死。丙得知甲的杀人计划后，诱骗仇人丁骑车经过该路段，丁果真摔死，甲的行为属对象错误，构成故意杀人罪既遂。【正确，乙没出现，所以甲是对象错误】（2015 年第 2 卷第 56 题）

4. 甲本欲电话诈骗乙，但拨错了号码，对接听电话的丙实施了诈骗，骗取丙大量财物。甲的行为属于对象错误。【正确，乙没出现】（2014 年第 2 卷第 7 题）

第四节　抽象事实认识错误（刑法包容评价思维）【客 + 主】【抽象事实认识错误 B】

【强奸“尸体”案】八筒找了个看守医院太平间的活，某晚一名貌美的“女尸”乙被推入太平间，八筒没忍住去和“女尸”乙发生了性关系。不料中途“女尸”乙竟然醒了过来，原来是医生误诊，乙没死。

思考：八筒构不构成强奸罪？构不构成侮辱尸体罪？

——八筒主观上只有侮辱尸体的故意（侮辱尸体罪），客观实际是在强奸活人妇女（强奸罪），跨越了不同的犯罪构成，属于抽象事实认识错误（大错误）。八筒没有强奸的故意，不构成强奸罪，尸体和活人之间其实“就差了一口气”，在刑法的逻辑里，活人完全可以降级评价为尸体，所以虽然是活人，但可以在逻辑上认为八筒客观上是在强奸尸体（侮辱尸体），主观又具有侮辱尸体的故意，在主客观一致的范围内成立侮辱尸体罪的既遂。

抽象的事实认识错误，是指在法条规定的词以外发生了不一致（不同犯罪构成间的认识错误）。就其处理来说，只需要依据法定符合说，对行为人的主观想犯之罪与客观实际犯的罪分别定罪处罚。但刑法分则的罪名之间不是孤立的，还需要分析主客观两罪之间是否存在包容关系，根据罪与罪之间是否存在包容关系，在主客观一致的范围内最终确定应处罚的罪。最后依据行为数量确定数罪并罚还是择一重罪。

一、刑法的包容关系

刑法分则的法条规定的词不是割裂的，是可能存在包容交叉关系的（所以抽象的认识错误需要熟悉分则罪名）。具体而言有三种情况：

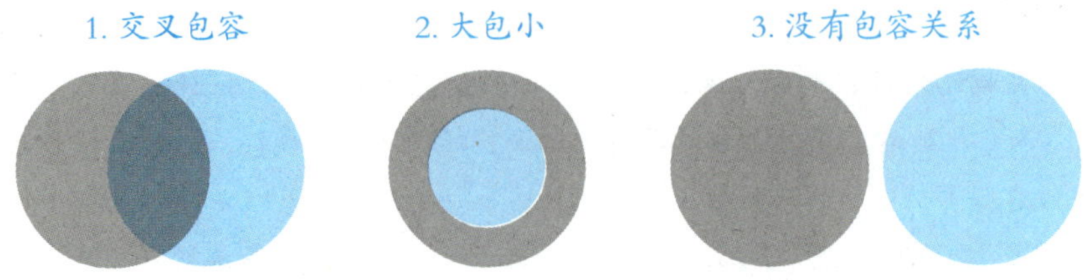

注意思维误区：

包容评价不是逻辑上的大范围包含小范围，而是刑法上罪名之间的包容关系（法益之间的包容关系）。

【判断】枪支和财物谁在逻辑上范围大，谁在刑法上法益大？

刑法上的包容评价思维，是背后法益的大小、多少，而不是逻辑上的范围大小。所以枪是大范围（有两个法益，普通财物和危险物品），财物是小范围（只有普通财物这个法益）。

【结论】重罪是大范围，轻罪是小范围。

【练习】判断下面左右两边的法益大小：

活人与尸体

盗窃与侵占

贪污与职务侵占

强奸与猥亵

故意杀人与故意伤害

绑架与非法拘禁

二、抽象事实认识错误的情形和判断

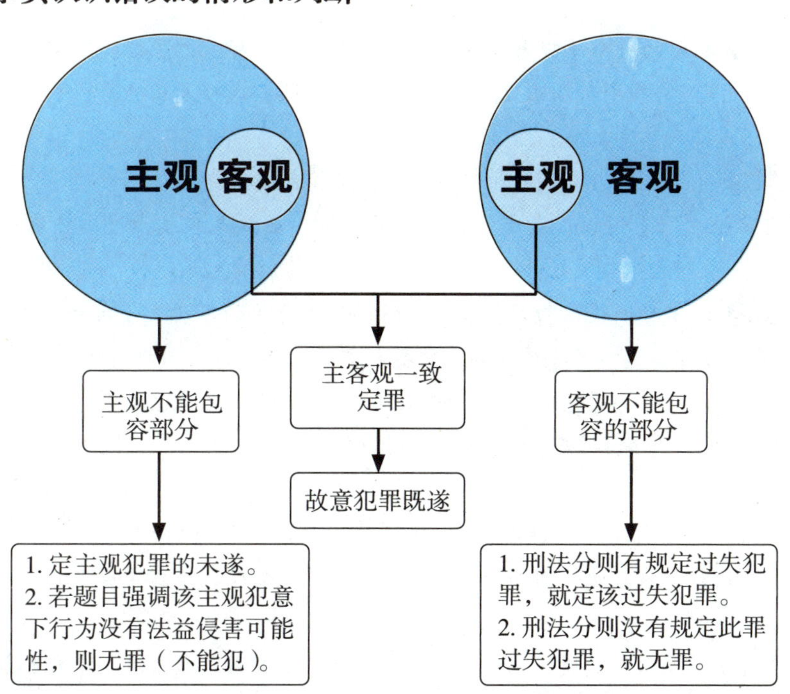

情形一：无法包容

主观 A 罪 + 客观 B 罪 = 主观 A 罪未遂（或无罪）+ 客观 B 罪过失（或无罪）

例．八筒在蜡像馆内开枪想杀四斤，但只打碎了四斤身后的蜡像。八筒主观上想故意杀人，客观上过失毁坏了财物，人和财物没有刑法上的包容关系，故八筒只构成故意杀人罪（未遂），因为过失毁坏财物不构成犯罪。

情形二：客观超出（超出部分：过失）

主观轻罪 + 客观重罪 = 主观轻罪故意既遂 + 客观重罪过失（或无罪）

例.八筒出国旅游归来，主观上想走私一批外文小说（普通货物），但由于外语不好，八筒不知道该批书实际上是黄色小说（淫秽物品）。走私淫秽物品罪的法益范围大于走私普通货物、物品罪。八筒主观上想走私普通货物，客观上走私了淫秽物品。走私淫秽物品可以包容评价为走私普通货物，因此，八筒首先构成走私普通货物、物品罪既遂。

【最终结论】要看清楚行为数量，若只有一个行为，则想象竞合择一重。

其次，因为八筒对走私淫秽物品主观是过失，而我国《刑法》未规定过失走私淫秽物品构成犯罪，因此八筒不构成走私淫秽物品罪（无罪），最终仅构成走私普通货物、物品罪既遂。

情形三：主观超出（超出部分：未遂）

主观重罪 + 客观轻罪 = 主观重罪未遂（或无罪）+ 客观轻罪既遂

例.悍匪四斤身上有把枪，八筒想偷来耍耍，便偷走四斤的背包，不料四斤将枪藏在了内裤中，偷到的包里只有普通财物。盗窃枪支罪的法益范围大于盗窃罪，盗窃枪支罪是重罪，盗窃罪是轻罪。八筒主观上想犯盗窃枪支罪的重罪，客观上触犯了盗窃罪这一轻罪，盗窃枪支罪这一重罪的故意可以包容评价为轻罪即盗窃罪的故意，所以八筒在盗窃罪的范围内达到了主客观一致，主观超出部分成立犯罪未遂，因此对八筒应认定为盗窃枪支罪未遂与盗窃罪既遂的想象竞合犯。

判断分析

1. 丁某盗窃了农民程某的一个手提包，发现包里有大量现金和一把手枪。丁某将真情告诉崔某，并将手枪交给崔某保管，崔某将手枪藏在家里。关于本案，下列哪些选项是正确的？（2007 年第 2 卷第 61 题节选）

A. 丁某构成盗窃罪【正确，没有盗窃枪支的故意，不成立盗窃枪支罪。】

B. 丁某构成盗窃枪支罪【错误，没有盗窃枪支的故意，最多也只属于过失盗窃枪支，但没有这个罪】

2. 甲乘坐长途公共汽车时，误以为司机座位后的提包为身边的乙所有（实为司机所有）；乙中途下车后，甲误以为乙忘了拿走提包。为了非法占有该提包内的财物（内有司机为他人代购的 13 部手机，价值 2.6 万元），甲提前下车，并将提包拿走。司机到站后发现自己的手提包丢失，便报案。公安人员发现甲有重大嫌疑，便询问甲，但甲拒不承认，也不交出提包。关于本案，下列说法正确的是？（2004 年第 2 卷第 88 题）

A. 由于甲误认为提包为遗忘物，所以，甲的认识错误属于事实认识错误【正确】

B. 由于甲误认为提包为遗忘物，因而没有盗窃他人财物的故意，根据主客观相统一的原则，甲的行为成立侵占罪【正确，包容评价后，轻罪范围内既遂】

C. 由于提包实际上属于司机的财物，所以，甲的行为成立盗窃罪【错误，没有盗窃的故意】

D. 由于提包实际上属于司机的财物，而甲又没有盗窃的故意，所以，甲的行为不成立盗窃罪；又由于甲具有侵占遗忘物的故意，但提包事实上不属于遗忘物，所以，甲的行为也不成立侵占罪【错误，盗窃和侵占两罪有重合，包容评价后重合部分可以成立犯罪既遂】

主观题延伸拓展

案例 1：甲一心想要剔除情敌乙，于某夜在偏僻处冲出携凶器暴打“乙”的头部、腹部等要害部位，导致“乙”当场倒地身亡。甲看“乙”已经倒地，凑近一看，发现死者并不是乙，而是素不相识的丙。

问题：如何评价甲的行为？

案例 2：甲以杀人故意致乙重伤休克，甲以为乙已经死亡了，为隐匿罪证，将乙扔入河里，实际乙是溺水而亡。

问题：如何评价甲的行为？理论上有什么观点分歧？

案例 3：甲想销售假药，实际上却是劣药，且对人体健康造成了严重危害。

问题：如何评价甲的行为？

案例 1—问题：如何评价甲的行为？

答案：甲构成故意杀人罪既遂。

甲本欲杀乙，但由于主观上的错误，导致丙死亡，属于具体事实认识错误中的对象错误。对此，具体符合说和法定符合说观点一致，甲成立故意杀人罪既遂。

案例 2—问题：如何评价甲的行为？理论上有什么观点分歧？

答案：乙死亡的结果比甲预想的要晚发生，属于因果关系错误中的事前故意，理论上对此问题存在不同的观点：

第一种观点认为，甲以杀人的故意致乙重伤休克的行为，成立故意杀人罪未遂，将乙扔进河里的行为成立过失致人死亡罪，两行为相互独立，数罪并罚。

第二种观点认为，如果甲在将乙扔进河里时，对于乙的死亡结果持间接的故意，则整体上成立一个故意杀人罪既遂；如果甲在将乙扔进河里时，认为乙已经死亡，则成立故意杀人罪未遂与过失致人死亡罪，本案属于后一种情形。

第三种观点认为，将甲的两个行为视为一个行为，将支配行为的故意视为概括的故意，只成立一个故意杀人既遂。

第四种观点认为，按照因果关系的介入因素分析，甲将乙扔进河里的行为属于介入因素，但该介入因素（毁尸灭迹）不异常，不能中断因果关系，所以甲的行为与死亡结果存在因果关系，甲构成故意杀人罪既遂。

案例 3—问题：如何评价甲的行为？

答案：

（1）甲主观上想犯销售假药罪（重罪），客观上犯了销售劣药罪（轻罪），跨越了不同的犯罪构成，属于抽象事实认识错误。

（2）销售假药罪可以包容销售劣药罪，甲在主客观相一致的范围内成立销售劣药罪既遂，主观超出部分构成销售假药罪未遂，想象竞合择一重罪论处。

KEEP AWAKE

第八章 主观（责任）阻却事由【客+主】

阻却事由是指部分貌似犯罪，但实际并没有社会危害性的行为。包括：

违法阻却事由是指在违法层面阻却犯罪成立的事由：正当防卫、紧急避险、被害人承诺等。

主观（责任）阻却事由是指在责任层面阻却犯罪成立的事由：刑事责任年龄、刑事责任能力、违法认识可能性、期待可能性等。

第一节 刑事责任年龄【客+主】【刑事责任年龄 A】

法条群

《刑法》第一编 总则 第二章 犯罪

第十七条【刑事责任年龄】已满十六周岁的人犯罪，应当负刑事责任。

已满十四周岁不满十六周岁的人，犯故意杀人、故意伤害致人重伤或者死亡、强奸、抢劫、贩卖毒品、放火、爆炸、投放危险物质罪的，应当负刑事责任。

已满十二周岁不满十四周岁的人，犯故意杀人、故意伤害罪，致人死亡或者以特别残忍手段致人重伤造成严重残疾，情节恶劣，经最高人民检察院核准追诉的，应当负刑事责任。

对依照前三款规定追究刑事责任的不满十八周岁的人，应当从轻或者减轻处罚。

因不满十六周岁不予刑事处罚的，责令其父母或者其他监护人加以管教；在必要的时候，依法进行专门矫治教育。

第十七条之一【刑事责任年龄】已满七十五周岁的人故意犯罪的，可以从轻或者减轻处罚；过失犯罪的，应当从轻或者减轻处罚。

《刑法》第一编 总则 第三章 刑罚

第四十九条【死刑适用对象的限制】犯罪的时候不满十八周岁的人和审判的时候怀孕的妇女，不适用死刑。

审判的时候已满七十五周岁的人，不适用死刑，但以特别残忍手段致人死亡的除外。

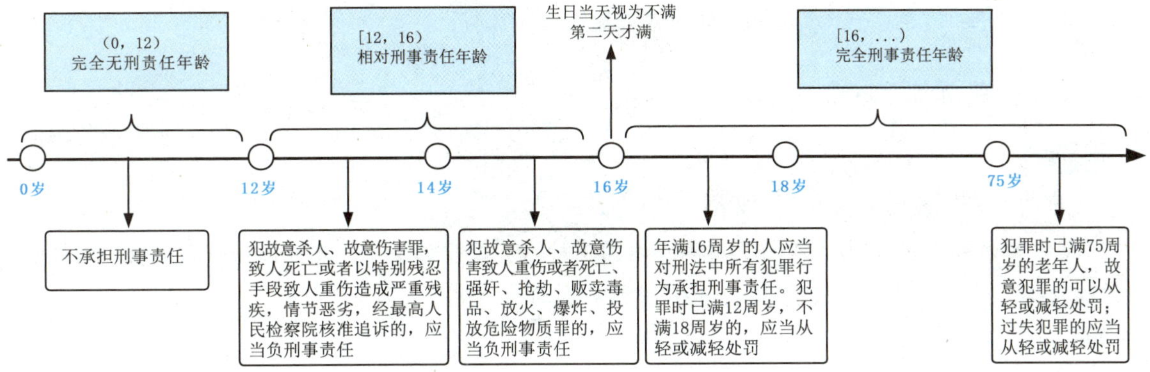

一、年龄的判断

1. 生日次日为满 X 周岁

周岁按照公历的年月日计算，X 周岁生日当天视为不满 X 周岁，生日的第二天才满 X 周岁。

2. 年龄的判断要以行为时为准

（1）行为分为作为与不作为。例．甲在 14 周岁生日的当天将 10 克冰毒卖给吸毒者乙，甲不构成贩卖毒品罪。因为甲在实施作为的贩卖毒品时未满 14 周岁。

不作为时年龄的判断：在实施作为行为时虽然没有达到刑事责任年龄，但是在有防止结果发生的义务时，即不作为时达到了责任年龄的，可以成立犯罪。

例.14 周岁的甲在生日当天点燃了一支蜡烛，第二天凌晨发现蜡烛没有放稳，放任火灾发生的，成立不作为犯的放火罪，因为甲的犯罪行为是不作为（不把蜡烛放稳防止火灾发生），在实施不作为时已是生日第二天，已满 14 周岁。

（2）如果是继续犯，那么只要行为时间轴上有部分到达年龄，就可定罪（行为一直持续）。例．甲 13 岁的时候非法拘禁他人，一直持续到 17 岁，甲成立非法拘禁罪。

3. 跨年龄段犯罪问题：只追究达到刑事责任年龄阶段的犯罪行为。

二、相对刑事责任年龄

（一）已满 12 岁不满 14 岁【刑法修正案（十一）】

法条群

《刑法》第一编 总则 第二章　犯罪

第十七条第三款 已满十二周岁不满十四周岁的人，犯故意杀人、故意伤害罪，致人死亡或者以特别残忍手段致人重伤造成严重残疾，情节恶劣，经最高人民检察院核准追诉的，应当负刑事责任。

1. 两种罪是指犯罪行为，而不是罪名。

例．为了劫取财物而直接将被害人残忍杀害的，绑架过程中因得不到财物而残忍杀害被害人的，均满足本款规定的“犯故意杀人”。

2. 情节要求：情节恶劣。

3. 程序要求：经最高检（不是最高院）核准追诉。

（二）已满 14 周岁不满 16 周岁

法条群

《刑法》第一编 总则 第二章 犯罪

第十七条第二款 已满十四周岁不满十六周岁的人，犯故意杀人、故意伤害致人重伤或者死亡、强奸、抢劫、贩卖毒品、放火、爆炸、投放危险物质罪的，应当负刑事责任。

1. 八种罪也是指犯罪行为，而不是罪名。只要实施了 8 种行为就可以定罪（作为与不作为均可），不仅仅是实行行为，也包括预备行为、教唆行为、帮助行为。

2. 所定的罪名也仅限于 8 种罪名。绑架人质后将人质杀害的，定故意杀人罪（16 岁以上的人定绑架罪）；拐卖妇女过程中实施奸淫行为的，成立强奸罪（16 岁以上的人定拐卖妇女罪）。

3. 包括法律拟制（转化犯），例如 14 至 16 岁的人携带凶器抢夺，定抢劫。例外：不包括《刑法》第二百六十九条【事后转化的抢劫】。

4. 没有过失犯罪，都是故意犯罪。没有绑架罪。只包括贩卖毒品，不包括走私、制造、运输毒品的行为。

三、完全刑事责任年龄

法条群

《刑法》第一编 总则 第二章 犯罪

第十七条第一款 已满十六周岁的人犯罪，应当负刑事责任。

第四款 对依照前三款规定追究刑事责任的不满十八周岁的人，应当从轻或者减轻处罚。

第十七条之一 已满七十五周岁的人故意犯罪的，可以从轻或者减轻处罚；过失犯罪的，应当从轻或者减轻处罚。

1. 年满 16 周岁的人应当对所有犯罪行为承担刑事责任。

2. 犯罪时不满 18 周岁的人犯罪，应当从轻或者减轻处罚，不适用死刑。

3. 犯罪时已满 75 周岁的人，故意犯罪的，可以从轻或者减轻处罚；过失犯罪的，应当从轻或减轻处罚。审判时已满七十五周岁的人，不适用死刑，但以特别残忍手段致人死亡的除外。

四、无法查清年龄时的处理

1. 定罪年龄是否达到，无法查明，按照有利于被告的处理，不认为是犯罪。例．甲因琐事故意杀害其玩伴乙，但甲既没有出生证明也没有户籍证明，无法查明甲是否满 12 周岁，应当认为甲没有满 12 岁，无罪。

2. 已经到达定罪年龄，但具体几岁无法查明，不影响定罪。

判断分析

1. 甲（15岁）因琐事与乙产生纠纷，甲打电话给自己的父亲丙，让其组织群架，甲在一旁观看。甲不成立聚众斗殴罪。【正确，14至16周岁只对8种犯罪负责，聚众斗殴不在其范围。即使聚众斗殴中存在致人重伤、死亡的情况，也是应转化为故意伤害罪或故意杀人罪，不会成立聚众斗殴罪】（2022年仿真题）

2. 14至16周岁的丙运输、贩卖毒品的，成立运输、贩卖毒品罪。【错误，14至16周岁的人，仅对"贩卖毒品"承担刑事责任】（2021年仿真题）

3. 76周岁的老人甲因生活琐事不满老伴许久，遂在老伴熟睡过程中拧开煤气罐致使老伴中毒身亡。甲虽然有责任能力，但不适用死刑。【正确，没有采用特别残忍手段】（2020年仿真题）

4. 甲（十五周岁）的下列哪一行为成立犯罪？（2011年第2卷第4题）

A. 春节期间放鞭炮，导致邻居失火，造成十多万元财产损失【不成立，只对放火罪负责，失火罪不在法定8种犯罪之列】

B. 骗取他人数额巨大财物，为抗拒抓捕，当场使用暴力将他人打成重伤【成立，但不成立事后转化的抢劫罪，应成立故意伤害罪（致人重伤）】

C. 受意图骗取保险金的张某指使，将张某的汽车推到悬崖下毁坏【不成立，故意毁坏财物的行为，不在法定的8种犯罪之列】

D. 因偷拿苹果遭摊主喝骂，遂掏出水果刀将其刺成轻伤【不成立，故意伤害罪（轻伤）不在法定的8种犯罪之列】

第二节 刑事责任能力【客+主】【刑事责任能力A】

【见血杀人案】八筒患上了间歇性精神病，平时正常，一见血就发狂变身精神病。八筒听说精神病杀人不犯法，便在精神正常时捅了四斤一刀，血溅到脸上后，八筒陷入疯狂，又砍了50刀致四斤死亡。

思考：四斤的死亡是八筒在精神病发作期间导致的，八筒可不可以不负责？

——要负责，间歇性精神病人发作后实施的犯罪行为和预想犯罪相同的，仍然要负责。八筒成立故意杀人罪既遂。

刑事责任能力是指行为人对自己行为的辨认能力和控制能力（同时具备）。没有刑事责任能力的人即便实施了不法行为，也不构成犯罪。

一、精神病人的刑事责任

精神病人在不能辨认或者不能控制自己行为的时候造成危害结果，不负刑事责任。

1. 间歇性的精神病人在精神正常的时候犯罪，应当负刑事责任。

2. 间歇性精神病人在精神正常的情况下决定并着手实行犯罪，但是在实行过程中精神病发作，丧失责任能力的，应根据不同情况分别处理：

（1）如果实际继续实施预想的犯罪并成功的，成立犯罪既遂。

（2）如果实际实施的犯罪与预想实施的犯罪不同的，成立原计划实施的犯罪的犯罪未遂，对精神病发作后新实施的犯罪不承担责任。

例 1. 间歇性精神病人甲想杀乙女，在精神正常时持刀砍中乙的胳膊，随之精神病发作，继续砍乙的脖子，乙被砍死。甲成立故意杀人罪既遂。

例 2. 间歇性精神病人甲想杀乙女，在精神正常时砍中乙的胳膊，随之精神病发作，但对乙实施了强奸行为。甲不对精神病发作后新实施的强奸行为承担刑事责任，成立原计划的故意杀人罪（未遂），不对强奸罪负责。

二、原因自由行为

原因自由行为是指具有刑事责任能力的人，在预见到自己可能犯罪的情况下，仍然故意或过失地使自己陷入无责任能力状态，进而实施了犯罪行为，应当承担刑事责任（不能从轻、减轻处罚）。

不能减免处罚的理由：虽然实施犯罪时是无责任能力状态，但是使自己陷入无责任能力状态的行为（原因行为）是可以自由选择、控制的，应该自己管好，否则任何人犯罪前多喝几杯就可以减免处罚，那岂不是刑法变相鼓励饮酒？

醉酒的人应当负刑事责任，因为醉不醉酒是可以自由选择的。

【注意】如果不知道自己会陷入无意识状态，实施原因自由行为时无罪过的不成立犯罪。如病理性醉酒（喝一点酒就会失控）的人不知道自己病情时，第一次喝酒时一般无罪过。

例 1. 八筒一直不知道自己对酒精过敏，过敏会陷入无责任能力状态。八筒在 20 岁时第一次喝酒，喝了一杯便陷入无责任能力状态将酒店的电视砸坏。八筒不知道自己酒精过敏，且是第一次喝酒，没有故意也没有过失，不成立犯罪。

例 2. 八筒在逛商场时路过一家巧克力店，门口的店员邀请其试吃新款酒心巧克力，八筒觉得这一点酒应该不会出事便吃了一块。八筒随即又陷入无责任能力状态，将店员打成重伤。八筒已经知道自己对酒精过敏，过于高估自己对酒精的承受度，属于过于自信的过失，成立过失致人重伤罪。

例 3. 八筒经过前 2 次经历之后，迷恋上了陷入无责任能力状态时的自由，便来到啤酒节活动现场试喝新款啤酒，想再次享受自由。八筒随即便又陷入了无责任能力状态，将现场的 2 名群众打成重伤。八筒明知自己对酒精过敏，仍去主动饮酒，放任危害结果的发生，成立故意伤害罪（致人重伤）。

三、生理缺陷的人的刑事责任能力

又聋又哑的人或者盲人犯罪，可以从轻、减轻或者免除处罚。

判断分析

1. 甲在严重精神病发病期间砍乙几刀，在其精神恢复正常时，发现乙是其仇人又砍几刀，乙死亡。现不能确定乙是在甲发病期间还是精神正常时被砍死的，甲构成故意杀人罪（既遂）。【错误，情形一：若是发病期间砍死，甲精神正常时实施的行为仅构成故意杀人罪（未遂）和侮辱尸体罪的想象竞合；情形二：若是精神正常时砍死，甲构成故意杀人罪（既遂）。无法查明时只能按照存疑有利于被告原则，按照情形一处理】（2021 年仿真题）

2. 甲吸毒后会产生被人追杀的幻觉，某日，甲吸毒后误以为陈某在追杀自己，遂将陈某砍死。甲构成故意杀人罪既遂。【正确，甲明知吸毒会陷入幻觉仍然吸毒，具有犯罪故意】（2021 年仿真题）

3. 关于刑事责任认定，下列选项正确的是？（2020 年仿真题节选）

A. 甲被乙欺骗而吸食面粉（实为毒品），甲吸毒后出现幻觉认为乙是“恶魔”，甲为了“保命”打死了乙。甲对乙的死亡结果不负刑事责任【正确，甲被陷入无责任能力状态是乙的欺骗行为导致，并非甲的自由意志选择的行为。甲本人既没故意，也无过失】

B. 间歇性精神病人甲能够辨认但不能控制自己的行为，导致被害人死亡的，不负刑事责任【正确，刑法上的责任能力要求行为人同时具备辨认能力和控制能力】

第三节 违法性认识错误【违法性（法律）认识错误 C】

一、处理原则

违法性认识错误（法律认识错误）是指行为人对自己的行为在法律上的评价产生了认识错误（刑法没学好，对刑法的规定有错误的认识）。

违法性认识错误，原则上不影响犯罪故意的认定，即成立犯罪不要求认识到行为的违法性，仍需正常定罪承担刑事责任，但法官在量刑的时候可能会作为酌定量刑情节考量。

【例外】如果这种违法性认识错误是不可避免的（官方承诺合法），可以考虑不作为犯罪处理，因为行为人不具有违法性认识的可能性。例 . 甲不太确定某种行为是不是构成犯罪，于是咨询了警察、行政机关，官方说是合法的，不构成犯罪，可以做，甲进而实施了该行为，但实际官方的回答有误，其实这个行为属于犯罪。此时对甲不应以犯罪处理，因为这种违法性认识错误不可避免。

【注意】一定要官方的答复（法院、检察院、公安局、行政机关等），其他渠道的答复（如律师、法学院同学），一般都不影响定罪。

二、常见类型

1. 行为人不知法律的存在，误以为自己实施的违法行为是合法的，仍然构成犯罪。

例 1. 甲以为经常偷吃粮食的麻雀是“害虫”，可以大肆捕杀。实际上麻雀是国家二级保护动物，不允许随意捕杀，甲的错误属于违法性认识错误，不影响犯罪故意的认定，仍然构成危害珍贵、濒危野生动物罪。

例 2. 甲误以为谎报灾情，造成危害结果，不属于犯罪行为，于是实施了该行为。甲的错误属于违法性认识错误，不影响犯罪故意的认定，仍然构成编造、故意传播虚假信息罪。（2022 年仿真题）

2. 行为人知道法律的存在，但以为自己具有阻却事由的，仍然构成犯罪。

例 . 游泳馆教练甲发现乙在更衣室盗窃，便追赶乙，不会游泳的乙慌不择路摔进深水区，乙向甲求救。甲认为乙是“罪犯”，自己是正当防卫，即便乙淹死也没事，便没有救助导致乙死亡。甲误以为自己存在违法阻却事由，属于违法性认识错误，不影响杀人故意的认定，仍然构成不作为的故意杀人罪。

3. 知道法律规定，但对法律的规定理解有误的，仍然构成犯罪。

例 1. 甲知道故意毁坏财物罪，甲看着他人笼子里的名贵小鸟很可怜，便将小鸟放走。甲认为自己只是将小鸟放走，并没有毁坏，不属于“毁坏财物”。甲属于违法性认识错误，不影响毁坏财物故意的认定，仍然构成故意毁坏财物罪。

例 2. 甲误以为“财物”的范围不包含动物，甲打死了毛毛所有的价值 5 万元的宠物狗，认为自己的行为不构成犯罪。甲属于违法性认识错误，不影响毁坏财物故意的认定，仍然构成故意毁坏财物罪。

（2022 年仿真题）

判断分析

1. 甲看到一种极为罕见的鸟类，于是带回家进行饲养，事后查明该鸟系濒危物种。甲具有危害濒危野生动物罪的犯罪故意。【正确，甲已经认识到带走的是罕见的鸟类，该鸟类是否属于濒危物种，是违法性认识错误的问题，不影响故意犯罪的成立】（2023 年仿真题）

2. 农民甲醉酒在道路上驾驶拖拉机，其认为拖拉机不属于《刑法》第一百三十三条之一规定的机动车。农民无罪。【错误，属于对法律的规定理解有误，法律认识错误不影响定罪】（2016 年第 2 卷第 4 题 B 项）

第四节　期待可能性【期待可能性 E】

期待可能性是指如果从行为时的具体情况看不能期待行为人做出合法行为，行为人即使实施了犯罪行为，也无罪。期待可能性的常见情形如下：

1. 近亲属间的窝藏、包庇行为（处理有争议，有学者认为无罪，有学者认为有罪但应当从宽处理，客观题唯一结论时选无罪）。例．甲的独子乙犯故意杀人罪，甲不忍看到自家绝后，便将家中积蓄都拿给乙，让乙有多远跑多远。

2. 已婚妇女因为灾害流落外地，又结婚的。

3. 犯罪人犯罪后毁灭证据、伪造证据的行为。例．甲故意杀人后，将凶器毁掉。

4. 犯罪人犯罪后掩饰、隐藏犯罪所得的行为。例．甲盗窃了一块金表后，将金表在黑市上出卖掉。

【注意】如果盗窃后处分赃物的行为另侵犯了新的法益，则另行构成犯罪。例．甲盗窃了一块金表后，将金表在黑市上出卖时，谎称该表是某国元首佩戴过的，崇拜该元首的乙花高价购买。甲另行成立诈骗罪。

判断分析

1. 甲犯罪后不想逃跑，甲的妻子在甲的食物中投放安眠药，趁甲睡着，带甲去外地暂时躲避。甲的妻子不构成窝藏罪。【正确，犯罪人的配偶、近亲属对犯罪人实施的窝藏、包庇行为，由于缺乏期待可能性，不宜认定为窝藏罪】（2023 年仿真题）

2. 关于期待可能性，下列哪一选项是错误的？（2008 年四川第 2 卷第 5 题）

A. 行为人是否具有故意、过失，与是否具有期待可能性，是两个不同的问题。换言之，具有故意、过失的人，也可能没有期待可能【正确，期待可能性是在阻却事由这个阶段讨论的】

B. 行为人犯罪后毁灭自己犯罪的证据的行为之所以不构成犯罪，是因为缺乏期待可能性【正确】

C. 在司法实践中，对于因遭受自然灾害外流谋生而重婚的，之所以不以重婚罪论处，是因为缺乏期待可能性【正确】

D. 身无分文的乞丐盗窃他人财物得以维持生存的，因为缺乏期待可能性，不应认定为盗窃罪【错误，可以期待乞丐不去盗窃】

主观题延伸拓展

案例 1：甲常年吸毒，明知自己吸毒后会产生幻觉实施严重暴力造成他人伤亡结果，仍于某次吸毒后约仇人乙见面，随即对乙实施暴力行为造成了乙的死亡结果。

问题：如何评价甲的行为？

案例 2：15 周岁的乙看到路人孙某拿着最新款手机，便飞奔过去一把夺过手机就跑，孙某紧追不舍，为逃避孙某的抓捕，乙捡起一块石头将孙某砸成重伤。

问题：如何评价乙的行为？

案例 1—问题：如何评价甲的行为？

答案：甲构成故意杀人罪既遂。

甲故意吸毒使自己陷入责任能力丧失的状态，属于原因自由行为，原因自由行为不影响刑事责任的承担。甲故意杀害他人，成立故意杀人罪既遂。

案例 2—问题：如何评价乙的行为？

答案：乙构成故意伤害罪（致人重伤），不构成抢劫罪（事后转化的抢劫）。

（1）乙只有 15 周岁，属于 14—16 周岁的人，根据司法解释的规定不需要对《刑法》第 269 条规定的事后转化的抢劫承担刑事责任。

（2）但是根据《刑法》第 17 条第 2 款的规定，14—16 周岁的人要对故意杀人、故意伤害致人重伤或死亡负责，乙使用暴力造成孙某重伤，需要承担故意伤害罪（致人重伤）的刑事责任。

KEEP AWAKE

第九章 客观阻却事由【客+主】

第一节 正当防卫【客+主】【正当防卫 B；行为无价值和结果无价值 E】

法条群

《刑法》第一编 总则 第二章 犯罪

第二十条【正当防卫】为了使国家、公共利益、本人或者他人的人身、财产和其他权利免受正在进行的不法侵害，而采取的制止不法侵害的行为，对不法侵害人造成损害的，属于正当防卫，不负刑事责任。

正当防卫明显超过必要限度造成重大损害的，应当负刑事责任，但是应当减轻或者免除处罚。

对正在进行行凶、杀人、抢劫、强奸、绑架以及其他严重危及人身安全的暴力犯罪，采取防卫行为，造成不法侵害人伤亡的，不属于防卫过当，不负刑事责任。

一、概述

（一）正当防卫的定义

正当防卫是指为了使国家、公共利益、本人或者他人的人身、财产和其他权利免受正在进行的不法侵害，而对不法侵害人本人采取造成损害或可能造成损害的措施以制止不法侵害的行为。

例．甲用木棍连续打乙的头，乙为了避免受伤激烈反抗，导致甲重伤，乙的行为是正当防卫行为。

可见，正当防卫行为具有一定的社会危害性，其本质上是一种表面上的“犯罪行为”，是一种可能造成严重损害的私力救济方式，但基于法益衡量的考量，认为其可以阻却犯罪的成立。

（二）正当防卫的性质

正当防卫属于阻却事由，适用的前提是：已经成立犯罪，如果一个行为连犯罪都不构成，就是一个普通的防卫行为，就没有必要讨论是不是正当防卫（第二节的紧急避险也是一样的道理）。

例 1. 八筒嗓门大，号称张飞再世。某晚甲深夜进入八筒家盗窃，八筒惊醒后大吼一声“谁？”，甲直接被吓得晕了过去，摔伤了。八筒喊话根本不是犯罪行为，没必要认定属于正当防卫。

例 2. 甲追小偷，小偷被车撞死，甲不构成正当防卫，因为甲的行为是“追小偷”，这个行为肯定不是犯罪，也不属于正当防卫。

二、正当防卫的成立条件

（一）起因条件

被保护的法益面临现实的不法侵害。

1. 不法侵害来自于人的行为

包括人唆使动物实施的侵害行为，但不能是纯粹的动物侵害，否则为紧急避险或普通防卫行为。

例 1. 八筒让饲养的烈性犬二黑去咬四斤，属于八筒的不法侵害，打狗涉嫌故意毁坏财物罪，属于正当防卫。

例 2. 普通野狗咬八筒，八筒打野狗，属于普通防卫行为，不成立犯罪（无需讨论正当防卫和紧急避险这类阻却事由）。

例 3. 野生大熊猫咬八筒，八筒打死大熊猫，涉嫌危害珍贵、濒危野生动物罪，属于紧急避险（没有人的不法侵害）。

2. 限于具有进攻性、破坏性、紧迫性、有具体受害人的不法侵害。对于一些没有紧迫性的、对纯粹的国家、公共利益的侵害，如贪污受贿、偷越国边境、卖淫嫖娼，不宜实施正当防卫。

例 1. 八筒发现二妞正在家中卖淫，八筒心里不平衡便将二妞家价值 6000 元的防盗门砸坏，阻止其卖淫。卖淫嫖娼不具有紧迫性，八筒不成立正当防卫。

例 2. 八筒看见二妞夜里和 3 名男性在公园聚众淫乱，大怒，朝 4 人投掷石头，致两人重伤。八筒的行为不成立正当防卫。因为国家以及公共利益的保护是专属于国家机关的任务，如果将保护国家和公共利益的任务委托给私人的话，会造成人人都以警察自居的局面，反而不利于保护国家和公共利益。

3. 只要是客观上的不法侵害即可，无论主观上是故意、过失还是无罪过，也不论侵害人是否有责任能力，都可以对之实施正当防卫（法考观点）。也有少部分学者认为，需要侵害人具有责任能力，否则不成立正当防卫（作为一种观点展示了解）。

例 .13 岁的体育生甲拿着刀威胁八筒交出所有钱财，不然就砍死他。八筒急中生智踢了地上的土迷了甲的眼睛，趁机拿起一块石头将甲打成重伤。甲虽然只有 13 岁，但客观上实施了持刀抢劫行为，属于不法侵害，八筒成立正当防卫。当然，按照少数说的观点不成立正当防卫。

【相关法理】正当防卫是“正对不正”，被侵害者莫名被侵害，其利益优先于侵害者，应该得到保障。所以即便侵害者没有责任能力，也应当允许对其实施防卫，不然就是对被侵害者的不公。

4. 须有现实存在的不法侵害，否则构成假想防卫。对于假想防卫，有过失的按过失犯罪处理，如果没有过失的，按意外事件处理（有争议，记住即可）。

例 1. 八筒和四斤深夜喝了酒，回家就入睡。突然听到有人在撬门，八筒立刻警觉有贼，便拿了一把武士刀待门开后便朝撬锁的甲砍去，砍断了甲的几根手指。实际上甲是开锁师傅，是四斤打八筒电话不接，怕八筒出事叫来的开锁师傅。八筒以为存在不法侵害，实际没有，属于假想防卫。

例 2. 张某遭遇歹徒的殴打，后来又来了一便衣警察，没有亮明身份。张某以为是歹徒一伙的人，朝该警察打了一拳，造成伤害结果。此种情形下，张某以为是不法侵害，但实际上是警察来了。关键问题是，张某是否能够预见来的是警察。如果不能的话，则是意外事件。如果有可能预见而没有预见，则可以认为张某存在过失。

【注意】在假想防卫的情形下，虽然行为人对误以为的“不法侵害人”实施故意攻击，但这种故意并非刑法上的“犯罪故意”，假想防卫人并没有犯罪的故意，因此，不成立故意犯罪。

（二）时间条件

不法侵害正在进行，尚未停止。

1. 正在进行是指已经“着手”。没有着手则没有紧迫性，可以通过其他方式避免损害。

例．甲发现乙想杀丙，便在乙买刀的时候将乙打成重伤。乙还处于犯罪预备阶段，没有着手，不满足正当防卫的时间条件，甲这个时候完全可以采取报警等其他方式避免丙被侵害。

2. 提前准备防卫措施，只要该措施是在不法侵害发生时发生作用的，就满足时间条件。

例 1. 四斤点的豪华套餐外卖（每顿 500 起）放在别墅家门口被偷了 10 几次，四斤忍无可忍偷偷在自己外卖里加了泻药，八筒又来偷外卖后，拉肚子至虚脱，轻伤。四斤构不构成正当防卫？构成，多次偷外卖已经构成盗窃罪，可以认为属于预先设置的防卫措施在不法侵害时发生作用，满足时间条件，结果也只造成轻伤，不过当。

例 2. 甲得罪了镇上的流氓乙，流氓乙扬言最近要弄死甲。甲为了安全在卧室门口设置了隐蔽的电网。某晚乙潜入卧室欲杀害甲时被电网击成重伤。甲满足正当防卫的时间条件。

3. 停止是指法益不再处于紧迫、现实的侵害、威胁之中，或者说不法侵害已经不可能继续侵害或者威胁法益（已经被制服、已经结束犯罪等）。

【注意】是否停止要综合案情看待，不能用上帝视角，要在被害人视角看待。

例．八筒撕扯掉二妞的衣服欲强奸，八筒在追赶时不小心掉进粪坑。二妞怕八筒爬上来后继续强奸，就在八筒快爬上来时用棍子两次打落八筒的手。八筒扬言上来就要把二妞先奸后杀，二妞很害怕就在粪坑边一直打八筒的手不让其爬上来（八筒其实后来已经力竭没有能力继续侵害），最终八筒溺亡。综合全案案情，在当时的紧急情况下，不能要求二妞能精准判断八筒是否力竭，二妞成立正当防卫。

4. 不法侵害已经结束再实施的反击行为属于事后防卫，不是正当防卫。

例．若八筒成功从粪坑爬上来强奸了二妞，但放了二妞一命。晚上，二妞趁八筒醉酒将其踢入粪坑，八筒力气不济溺成重伤。由于不法侵害已经结束，二妞属于事后防卫，构成故意伤害罪（致人重伤）。

5. 财产类犯罪行为虽然已经既遂，但当场可以挽回损失的，可以实施正当防卫，即对于财产型犯罪可以适度延长防卫时间。

例．甲成功去乙家盗窃了某古董花瓶。在离乙家的一条巷子处，甲正好遇到了下班的乙，乙看到甲手里的花瓶便去追甲，将甲打成重伤抢回古董花瓶。虽然甲已经犯罪既遂，但在乙家附近、可以挽回损失的情况下，可以延长防卫时间。

对于绑架罪、非法拘禁罪等继续犯，由于不法侵害一直在持续，在不法侵害持续期间都可以正当防卫。

（三）意思条件

防卫者具有正对不正的防卫意识（防卫认识 + 防卫意志）。

1. 防卫认识：认识到存在不法侵害。

2. 防卫意志：以保护合法权益为目的。**【注意】**“黑吃黑”的情况下仍然可以实施正当防卫，否则人人都去黑吃黑，社会秩序会混乱，也会导致违禁品、赃物流动更快。

例．毒品的持有人对于抢劫毒品的人可以实施正当防卫。

3. 通说认为正当防卫需要具有防卫意识，所以偶然防卫、防卫挑拨和相互斗殴缺乏防卫意识，不构成正当防卫。

例．甲乙二人有仇。某晚，两拨人在歌厅发生斗殴，甲、乙恰巧在场并各属一方。打斗中乙持刀砍伤甲小臂，甲用木棒击中乙头部，致乙死亡。甲不属于正当防卫，属于故意杀人，因为没有防卫意识，属于相互斗殴。

【注意】如果相互斗殴中一方明显升级暴力，对此可以正当防卫。例．甲和乙本来只是相互赤手空拳打架，但突然甲拿出砍刀来要杀乙，对此明显升级的暴力，乙可以正当防卫。

4. 对于偶然防卫，存在观点展示：

偶然防卫：行为人没有防卫意识，但实施的侵害法益的行为偶然起到了制止不法侵害行为的效果。

例．甲开枪杀死了仇人乙，事后查明当时乙正在杀丙，甲的枪杀行为正好制止了乙杀丙的行为，但甲对此并不知情。

问题：对于甲的行为应如何评价？理论上有什么观点分歧？

对于偶然防卫，可以从两个角度进行分析（考试中选一个角度作答即可），以上述案情为例：

（1）防卫意识角度分析

答：甲主观上没有防卫意识，但实施的故意杀人行为偶然地起到了制止不法侵害行为的效果，属于偶然防卫，对于偶然防卫行为的评价，理论上有两种对立观点：

①防卫意识必要说认为甲应成立故意杀人罪。成立正当防卫必须要有防卫意识，这是主观正当化要素，甲缺乏防卫意识，在主观上不具有正当性，不成立正当防卫。但最终造成了正当的结果，没有实际侵害值得保护的法益，因此甲成立故意杀人罪未遂。[①]

②防卫意识不要说认为甲无罪。正当防卫不要求具备防卫意识，甲的行为阻止了故意杀人行为，是一个好的结果，没有危害值得保护的法益，因此属于正当防卫，无罪。

（2）行为无价值与结果无价值角度分析

答题前先了解：什么是行为无价值与结果无价值？

行为无价值	即“行为不好就构成犯罪”，以行为人的客观犯罪行为为核心，以此来决定行为人是否构成犯罪
结果无价值	即“结果不好才构成犯罪”，以行为造成的结果（即社会危害性）为核心，以此来决定行为人是否构成犯罪
区分	行为无价值和结果无价值只是看待问题的角度不同。行为无价值是以行为为切入点，结果无价值是以结果为切入点

答：甲主观上没有防卫意识，但实施的故意杀人行为偶然地起到了制止不法侵害行为的效果，属于偶然防卫，对于偶然防卫行为的评价，理论上有两种对立观点：

①行为无价值论认为甲应成立故意杀人罪。甲客观上实施了故意杀人行为，主观上有故意杀人的故意，从规范行为的角度看，构成故意杀人罪。但毕竟造成了正当的结果，没有实际侵害值得保护的法益，因此成立故意杀人罪未遂。[②]

②结果无价值论认为甲成立正当防卫，无罪。甲客观上制止了正在进行的故意杀人行为，没有实际侵害值得刑法所保护的法益，在客观上被法律所允许，所以属于正当防卫，不构成犯罪。

① 理论上也有观点认为成立故意犯罪既遂。

② 理论上也有观点认为成立故意犯罪既遂。

（四）对象条件

1. 防卫对象只能是针对不法侵害人本人的人身 / 财产。

【注意】对不法侵害人的财产实施防卫的，要求能够起到制止正在进行的不法侵害的效果，一般场景是不法侵害人使用财产作为犯罪工具和手段。

例 1. 八筒让饲养的烈性犬二黑去咬四斤，四斤被咬后暴怒，肾上腺素飙升，找机会按住狗头，一口咬住狗脖子把狗咬死。八筒使用二黑作为犯罪工具，四斤通过毁坏不法侵害人的犯罪工具以制止正在进行的不法侵害，成立正当防卫。

例 2. 若四斤咬不过狗便跳上去咬住八筒的脖子致其轻伤，迫使八筒制止二黑。四斤也成立正当防卫，因为八筒才是真正的不法侵害人。

例 3. 八筒遛狗时遇到仇人四斤，便将二黑栓在树旁去故意伤害四斤，四斤打不过八筒，便想围魏救赵，冲到树旁将二黑踢死。本案中二黑只是个无辜的财物，不是犯罪工具，不能对其实施防卫，四斤构成故意毁坏财物罪（不考虑数额）。

2. 对于共同实施不法侵害的多个人，既可以针对直接实施不法侵害的人进行防卫，也可以针对在现场共同实施不法侵害的人进行防卫。

例 . 四斤故意伤害八筒，二妞在一旁为四斤呐喊助威，有美女的赞美四斤越战越勇。二妞属于故意伤害罪的帮助犯，八筒可以对二妞实施防卫。

【注意】防卫主体（实施防卫行为的人）不限于被害人，第三人（包括同伙）也可以正当防卫（见义勇为 / 共犯良心发现 / 偶然防卫）。

例 . 甲、乙共同对丙实施严重伤害行为时，甲误打中乙致乙重伤，丙乘机逃走。甲属于偶然防卫，根据结果无价值论的观点，可以成立正当防卫。

（五）限度条件

防卫手段具有必要的相当性，没有“明显”超过必要限度造成重大损害，否则成立防卫过当。即只要是明显超过必要限度造成重大损害，就不再是正当防卫，属于防卫过当。

正当防卫针对的对象是“不法侵害人”，立法上对其限度没有进行特别严格的限制，正当防卫所造成的侵害可以小于、等于、适当大于不法侵害行为所造成的损害，只要不明显超过必要限度即可，但下一节的紧急避险，因为损害的是无辜第三人，所以有限制，注意区分。

【做题技巧】考试中，只要没有造成严重的后果（重伤、死亡），一般都没有“过当”。

【注意 1】防卫过当，可作为量刑条件（应当减轻，甚至免除处罚），因此防卫过当要符合正当防卫的其他条件，只是不符合限度条件，不能只是“过当”，啥都不具备。

正当防卫 = 起因条件 + 时间条件 + 对象条件 + 意思条件 + 限度条件

防卫过当 = 正当防卫 — 限度条件（即除了限度条件外，其他条件都要满足）。

【注意 2】防卫是否过当应该坚持整体的判断，即以行为人造成的最后的结果来判断，不是以中途的状态判断。例 . 甲对正在实施一般伤害的乙进行正当防卫，致乙重伤（仍在防卫限度之内）。乙已无侵害能力，求甲将其送往医院，但甲不理会而离去。乙因流血过多死亡。正确选项：甲的行为属于防卫过当。（2013 年第 2 卷第 7 题）

三、不作为犯罪与正当防卫

1. 正当防卫不产生作为义务，防卫过当将产生作为义务。正当防卫（最终无罪）具有正当性，一个行为不可能既是正当行为又同时产生作为义务进而可能构成不作为犯罪。如果正当防卫有可能演化为防卫过当（是犯罪行为），则会产生作为义务，行为人应避免过当结果的发生。

2. 防卫过当产生救助义务后，能够履行而没有履行的，根据案情具体情况定罪。

例．甲对正在实施一般伤害的乙进行正当防卫，致乙重伤（仍在防卫限度之内）。乙已无侵害能力，求甲将其送往医院，但甲不理会而离去。乙因流血过多死亡。

①本案中，甲的反击导致乙重伤，尚在防卫限度之内，属于正当防卫，不产生作为义务。

②但是乙存在流血过多死亡的危险，即正当防卫可能演化为防卫过当，那么甲就有避免发生防卫过当的救助义务。

③如果甲能够救助而放任不管，导致乙失血过多而死的，那么甲就构成犯罪，有观点认为甲构成不作为的故意伤害罪（致人死亡），也有观点认为甲构成不作为的故意杀人罪，甚至有观点认为甲构成不作为的过失致人死亡罪（对甲的行为程度、主观心态理解不同）。

四、特殊正当防卫（无限防卫）

对正在进行的行凶、杀人、抢劫、强奸、绑架以及其他严重危及人身安全的暴力犯罪，采取防卫行为，造成不法侵害人伤亡的（符合正当防卫的其他要件），不属于防卫过当，不负刑事责任。

特殊正当防卫＝起因条件【严重危及人身安全的暴力犯罪】＋时间条件＋对象条件＋意思条件。

1. 法理：当你被对方严重威胁生命的时候，你也可以侵犯对方生命，你死我活的时刻，就不用考虑限度了，保命要紧。

2. 核心：严重危及人身安全的暴力犯罪行为。不受罪名的限制，指的是犯罪行为，有可能威胁受害人生命的严重暴力行为。例．针对暴力劫持航空器也可以无限防卫，因为也属于可能侵害别人生命的暴力（可能坠机）。

3. 非暴力不可以构成特殊防卫，如非暴力手段的杀人（不作为），携带凶器抢夺转化的抢劫（对人没暴力），非暴力的强奸（昏醉强奸）。核心是严重暴力！因为生命法益是不可恢复的，所以刑法需要对此绝对的保护，哪怕是犯罪人的生命也需要保护。所以无限防卫不宜解释过宽。

判断分析

1. 甲约乙一起吃烧烤，甲骂乙是200斤的肥猪，身材高大的乙大怒，把甲推倒在地掐他脖子，甲身材瘦小呼吸困难，拿酒瓶打乙，乙仍不撒手。甲将酒瓶打破，用玻璃碴扎乙，致乙重伤。关于甲的行为，下列说法正确的是？（2023年仿真题）

A. 甲虽造成乙重伤，但其是出于正当防卫，不具有犯罪故意，仅构成过失致人重伤【错误】

B. 甲虽由自己过错引起纠纷，但仍可进行正当防卫，并未超过明显必要限度，为正当防卫【正确，虽然甲实施了挑拨行为，但乙的暴力程度已经超过甲能够预料到的程度，属于严重的暴力侵害，甲可以对其进行防卫】

C. 甲对自己挑拨引起的不法侵害不能进行正当防卫，构成故意伤害致人重伤【错误】

D. 甲虽由自己过错引起纠纷，但仍可正当防卫，但造成重大损害，为防卫过当【错误】

2. 关于正当防卫，下列说法正确的是？（2022 年仿真题）

A. 甲骑摩托车追赶上乙后，用棍棒打乙，乙逃跑。乙逃跑离开现场五分钟后，发现甲的摩托车停在河边，乙害怕甲骑着车再追自己，于是一脚将摩托车踹下河。乙的行为成立正当防卫【正确，踢走摩托车可以阻止甲追赶乙继续进行侵害的可能，可以制止甲即将进行的不法侵害，另外对于防卫时间，不应作过于严格的限制，即便过去了 5 分钟，但不法侵害仍可能随时继续，不属于防卫不适时】

B. 不法侵害者甲追打乙，追打过程中，甲突然犯病抽搐，身体无法动弹。乙观察十分钟之后，发现甲仍然无法动弹。此时乙趁机用凳子砸甲的头，致甲轻伤。乙的行为成立正当防卫【错误，防卫不适时，不法侵害者已没能力继续实施侵害】

C. 警察蒋某回家路上被徐某拿刀抢劫，假装害怕，然后偷袭徐某致其重伤。警察蒋某的行为成立正当防卫【正确】

D. 甲和乙共谋杀死丙，甲朝丙开枪之时，丙一把抓过乙，甲的子弹打在乙身上，乙死亡。如果认为偶然防卫也成立正当防卫，甲的行为成立正当防卫【正确】

3. 身材高大的郑某深夜在家中听到厨房有动静，走去一看，发现一身材瘦小的小偷吴某正试图从窗口爬进他家盗窃，下半身还卡在窗外，于是拿起菜刀把吴某砍到重伤。郑某成立正当防卫。【错误，属于防卫过当】（2019 年仿真题）

第二节 紧急避险【紧急避险 A】

【山珍野味案】八筒在四川深山探险徒步时迷路，被困山中 10 天后食物吃光，饿得快要死了，突然八筒发现了一只野生熊猫幼崽，一番挣扎后八筒还是将之抓来烤了吃掉。八筒吃饱之后，又发现一只金丝猴，八筒听说烤猴脑味道鲜美，便又抓住猴烤猴脑。

思考：八筒是否构成犯罪？

——吃熊猫幼崽不构成犯罪，八筒为了避免自己的人身权利免受正在发生的危险（饿死），不得已对另一较小的合法权益造成损害的（人的法益优于动物的法益），属于紧急避险。

杀害金丝猴时，已经没有饿死的危险，不能构成紧急避险，构成危害珍贵、濒危野生动物罪。

一、紧急避险的成立条件（区分正当防卫）

紧急避险：为了使国家、公共利益，本人或者他人的人身、财产和其他权利免受正在发生的危险，不得已对另一较小合法权益造成损害的行为。

（一）正当防卫与紧急避险的成立条件对比

	正当防卫	紧急避险
主体条件	无特殊限制、不限于被害人本人	避免本人危险的主体不包括职务、业务上负有特定责任的人
起因条件	人为的不法侵害	1. 危险源多样：自然力破坏、动物侵袭、疾病、饥饿等特殊情况形成的危险、人的危害行为造成的危险等 2. 对自己招致的针对本人的危险，能否实行紧急避险？

	正当防卫	紧急避险
		（1）行为人有意识地制造自己与他人的法益之间的冲突，引起危险状态的，不成立紧急避险 （2）行为人虽然故意、过失或者意外实施了某种违法犯罪行为，但不是故意制造法益之间的冲突，却发生了没有预想的重大危险时，存在紧急避险的余地 例 1. 四斤当众显摆自己新买的古董花瓶，八筒出于嫉妒便想使坏。八筒故意激怒一群狼狗使其追咬自己，八筒借躲避之机冲向人群导致花瓶摔碎。八筒遭受的危险是自己招致的，且是故意制造自己生命健康与他人财产的法益冲突，不成立紧急避险 例 2. 八筒闲着没事便逗一群狼狗，狼狗被逗急了便"群咬"八筒。八筒躲避追咬时刚好冲进了围观四斤古董花瓶的人群中，导致花瓶摔碎。八筒遭受的危险虽然是自己招致的，但八筒不是故意制造自己生命健康与他人财产的法益冲突，可以成立紧急避险 3. 对自己招致的针对他人的危险，一般允许紧急避险。例．甲交通肇事导致乙重伤有生命危险，甲的车坏了，向路过车主丙借车，丙拒绝。甲情急之下将丙打成轻伤，开丙的车送乙去医院。乙的死亡危险虽然是甲自己交通肇事造成的，但甲为挽救乙的生命，打伤丙并开走其车的行为仍成立紧急避险 4. 危险应是现实存在的，假想避险同假想防卫，有过失的按过失犯罪，无过失的按意外事件处理
时间条件	不法侵害正在进行（已经着手尚未结束）	危险正在发生（危险状态存在）
主观条件	防卫意识（防卫认识＋意志）	避险意识（避险认识＋意志），和正当防卫的防卫意识理解逻辑一致。偶然避险与偶然防卫一样存在观点展示，原理一样
限制条件	无需不得已	不得已而为之
对象条件	不法侵害者本人（不正）	无辜的第三人的合法权益（正） 例．甲被狼狗追咬，准备进入乙家躲避，乙拒绝并推搡甲，甲将乙推到在地躲进乙家，乙受轻伤。甲导致乙轻伤不构成正当防卫，因为乙并没有实施不法侵害（狼狗追咬不是乙导致的、乙推搡甲也属于正常行为），乙属于无辜第三者，甲为了避免自己遭受的现实危险，不得已损害无辜第三人的合法权益，成立紧急避险。（2024 年仿真题）
限度条件	可以等于或者适当大于不法侵害可能造成的损害，不能明显超过必要限度	保护的权益≥牺牲的权益（要尊重无辜第三人），而且只有财产法益可以等于，即允许牺牲同等价值财物来保护某财物；生命法益不可以等于，即不允许牺牲一个人的生命来保护另一个人（甚至多个人）的生命

（二）正当防卫与紧急避险的结合考查

为制止正在进行的不法侵害，行为人使用无辜第三者的财物反击不法侵害人，导致该财物被毁坏的，对不法侵害人成立正当防卫，对无辜第三者成立紧急避险，属于正当防卫与紧急避险的竞合。

例．甲在酒吧与酒吧工作人员乙发生冲突，乙拿酒瓶砸向甲，甲被迫拿起酒吧的高价红酒对乙实施反击，将乙打伤，但也同时导致红酒破碎。甲对乙成立正当防卫，对酒吧成立紧急避险（高价红酒不是乙的财物，是酒吧的财物）。

但是，如果行为人使用无辜第三者的财物不是对不法侵害人进行反击，仅是利用该财物进行防御、阻挡伤害的，则行为人仅成立紧急避险，不成立正当防卫，因为不满足正当防卫的对象条件（没有对不法侵害人本人的人身或财产反击）。

例．甲在酒吧与酒吧工作人员乙发生冲突，乙拿酒瓶砸向甲，甲被迫拿起酒吧的高价红酒抵挡导致红酒破碎。甲成立紧急避险，不成立正当防卫，因为甲没有没有对不法侵害人进行反击，仅是在遭受危险时迫不得已使用无辜第三者的财物来化解危险（高价红酒不是乙的财物，是酒吧的财物）。（2024年仿真题）

【注意】如果是不法侵害人使用无辜第三者的财物攻击，行为人因防御、阻挡行为导致财物毁坏的，行为人直接无罪，既不成立紧急避险，也不成立正当防卫。因为行为人面临不法侵害实施的防御、阻挡行为是纯粹的合法行为，不是犯罪行为，根本不需要讨论客观阻却事由（正当防卫、紧急避险等）的问题。财物毁损归因于不法侵害人的行为即可，与行为人无关。

例．甲在酒吧与酒吧工作人员乙发生冲突，乙拿酒吧的高价红酒砸向甲，甲被迫拿起抵挡导致红酒破碎。甲成立紧急避险，不成立正当防卫，因为甲没有没有对不法侵害人进行反击，仅是在遭受危险时迫不得已使用无辜第三者的财物来化解危险（高价红酒不是乙的财物，是酒吧的财物）。

二、紧急避险的其他问题

1. 受他人强制实施紧急避险的情形，通说认为成立紧急避险。例．绑架犯甲绑架了乙的儿子，要求乙抢劫银行巨额现金，否则杀害其儿子，乙没办法只能照做，可以成立紧急避险。

2. 来自动物侵害的处理

（1）遭受野生动物侵害时，予以反击的，不成立正当防卫——可能成立紧急避险（打死这个动物犯罪的情况下），如果不是刑法保护的动物，那么该行为直接就是无罪的，谈不上阻却事由。例．八筒在四川深山探险徒步时，遭遇熊猫袭击，生命危在旦夕，八筒拿出随身携带的刀捅中熊猫要害致熊猫死亡。八筒构成紧急避险。

（2）饲主唆使其饲养的动物侵害他人的情况下，动物是饲主进行不法侵害的工具，打死打伤该动物的，属于正当防卫。饲主的过失行为导致动物侵害他人，打死打伤该动物的行为，也成立正当防卫。

（3）在有饲主的动物自发侵害他人，饲主不制止时，仍然应认为饲主存在客观的侵害行为（不作为），打死打伤该动物的行为，属于对饲主的正当防卫（也有观点认为属于紧急避险）。

判断分析

1. 甲与妻子饮酒，妻子突然口吐白沫。甲只能醉酒驾车送妻子去医院。甲构成紧急避险。【正确，为了避免妻子生命危险，损害公共利益，成立紧急避险】（2023年仿真题）

2. 李某驾驶机动车把周某撞伤，情况危殆，车也坏了不能动。为了尽快将重伤的周某送去医院，李某拦住了王某的车，要求王某帮忙送医院，王某拒绝。情急之下，李某将王某打致重伤并抢去车辆将周某送去医院，李某成立正当防卫。【错误，针对的是无辜第三者，属于紧急避险】（2019 年仿真题）

3. 关于正当防卫与紧急避险的比较，下列哪一选项是正确的？（2017 年第 2 卷第 4 题）

A. 正当防卫中的不法“侵害”的范围，与紧急避险中的“危险”相同【错误，危险范围更大】

B. 对正当防卫中不法侵害是否“正在进行”的认定，与紧急避险中危险是否“正在发生”的认定相同【错误，正当防卫的“正在进行”是指已经着手尚未结束；而紧急避险的“正在发生”是指危险状态存在】

C. 对正当防卫中防卫行为“必要限度”的认定，与紧急避险中避险行为“必要限度”的认定相同【错误，正当防卫可以等于或者适当大于不法侵害可能造成的损害。紧急避险所造成的损害必须小于或等于所避免的损害】

D. 若正当防卫需具有防卫意图，则紧急避险也须具有避险意图【正确，对于正当防卫和紧急避险是否需要具有防卫（避险）意识，存在行为无价值与结果无价值之争。认为正当防卫需要具有防卫意图的，也会同时认为紧急避险也应该具有避险意图】

第三节　被害人承诺【被害人承诺与自陷风险 C】

【邀请性侵案】八筒看到四斤将二妞拖入小树林，扒光了二妞的衣服正要强奸，八筒走过去问四斤：“我可以加入吗？”四斤回道：“可以啊老弟！”八筒听完当即扒掉四斤的裤子，强行性侵了四斤。

思考：四斤的同意有效吗？

——双方的对话没有在一个频道上，显然四斤同意的是“加入一起性侵二妞”，并没有同意让八筒性侵自己，不存在有效的承诺（一个正常人都应当知道这中间有误会，八筒主观至少是放任的故意），因此八筒侵犯四斤的行为属于强制猥亵。

被害人承诺：由被害人做出的允许他人侵害自己的可支配法益的承诺，则行为人侵害该法益的行为可以阻却犯罪。

一、被害人承诺的成立条件

1. 承诺能力

承诺者必须对所承诺的事项的意义、范围具有理解能力。幼儿、精神病人的承诺无效（父母也不能代替同意），未成年人对重大事项如“摘取器官”没有承诺能力。[①]

例 . 3 岁孩童甲在满月的时候就一直将一金手链戴在脖子上。乙用一串糖葫芦和甲交换，甲同意。甲没有承诺能力，承诺无效。

2. 承诺的意思表示真实

（1）基于欺骗产生事实认识错误（大错误）、胁迫所做承诺无效。

例 1. 八筒趁二妞醉酒时打扮成二妞丈夫的模样，二妞以为是丈夫便和八筒发生了关系。二妞对发生

① 父母卖自己的孩子也构成拐卖儿童罪（除非构成合法的收养）。未经本人同意摘取其器官，或者摘取不满十八周岁的人的器官，或者强迫、欺骗他人捐献器官的，依照故意伤害罪、故意杀人罪的规定定罪处罚。

关系的人都没有分清，在欺骗下有重大错误，承诺无效，八筒构成强奸罪。

例 2. 八筒的狗二黑病了，去宠物医院治病，兽医是八筒初中时谈的小前女友甲，八筒没认出来。甲一直嫉恨八筒始乱终弃，虽然检查没大病，但对八筒说："二黑得了狂犬病，不让我处理掉哪天就会咬死你。"八筒无奈，将狗交给甲杀死。八筒对事实产生了大错误，承诺无效，甲构成故意毁坏财物罪（不考虑数额）。

（2）动机错误仍然有效（小错误）。例．八筒冒充富二代勾引二妞出轨，发生性关系后二妞发现八筒是个穷鬼。八筒不构成强奸罪，因为其获得了妇女有效的承诺，妇女动机错误只是小错误，不影响被害人承诺的成立。

（3）承诺需要对结果、行为主体、行为方式都同意。承诺并非仅仅是指对行为的承诺。

例．乙明知甲醉酒开车仍然坐该车，出现交通事故导致乙死亡，甲的行为仍然成立交通肇事罪。乙虽然同意坐甲的车，但并没有同意牺牲自己的生命。

3. 承诺的权限与范围

（1）被害人对承诺的法益具有处分权。财产、自由、性权利可以承诺放弃，身体权超出轻伤部分不得放弃，生命权不可以放弃（除了重伤、死亡其他都可以）。仅能处分个人利益（人身、财产犯罪），不能处分社会利益。

例 1. 八筒去夜店兼职"抗揍专业户"，500 元可以打 5 分钟，练拳击的甲坦言自己的拳头有点重，八筒说："放马过来，不打死我就行。"结果甲一拳将八筒打成重伤。虽然八筒承诺不打死就行，但超出轻伤不可承诺放弃，甲依然构成故意伤害罪（致人重伤）。

例 2. 二妞约了 5 个男性朋友去 KTV，允许 5 个人一起来发生性关系，5 人照做。二妞可以承诺放弃自己的性权利，5 人不构成强奸罪，但社会伦理秩序的法益超出二妞的承诺范围，6 人都构成聚众淫乱罪。

【相关法理】为什么不允许承诺放弃轻伤以上的身体权和生命权——为了保护弱者，否则强者便可以用金钱诱惑弱者承诺放弃法益，长此以往会损害社会伦理秩序。

（2）经承诺实施的行为不得超出承诺预设的范围。例．李某同意丁砍掉自己的一个小手指，而丁却砍掉了李某的半只手掌。丁的行为成立故意伤害罪，因其实施的行为超出了李某承诺预设的范围。

4. 承诺必须事前作出

（1）多次承诺以最后一次为准。例．甲打电话让乙明天来砍掉自己的 2 根小手指，第二天乙来了，甲却怕疼给乙说只砍 1 根小手指。但乙仍然砍了 2 根小手指。应以后一次承诺（1 根）为准。

（2）事后承诺不免责。例．甲因琐事将邻居乙打成轻伤，被群众扭送到派出所。乙觉得多年邻居没必要闹僵，便对警察说是自己让甲打的。乙属于事后承诺。

二、推定的承诺

推定的承诺是指行为时虽然没有被害人的承诺，但为救助被害人的紧急事项，可以推定如果被害人知道行为时的紧急情况就会当然作出承诺。

例．在钱某家发生火灾之际，乙独自闯入钱某的住宅搬出贵重物品。乙不构成非法侵入住宅罪，因为乙是为了钱某的利益，可以推定得到了钱某的承诺。

三、被害人承诺和教唆他人自杀、自伤

被害人承诺的行为主体是行为人，教唆他人自杀、自伤的行为主体是被害人自己（参见分则故意杀人罪部分）。

第四节　被害人自陷风险【被害人承诺与自陷风险 C】

【渡河案】暴风雨中，八筒要求渡河，船家甲说太危险了不能渡河，八筒坚决要渡河，甲无奈只能同意载其渡河，后风浪将船打翻，八筒被淹死，甲水性好侥幸逃生。

思考：八筒的死亡由其自行负责还是由甲负责？

——船是船家甲掌控的，甲是行为的控制者、危险的实行者与支配者，甲对暴雨天行船有认识能力和控制能力，所以八筒的死亡应由甲负责。

被害人自陷风险（危险接受）：被害人明知自己实施或参与他人某种行为存在风险，但仍然自愿实施或参与的行为。被害人自陷风险的关键在于，应由谁对危险产生的结果承担责任。

一、被害人是行为的控制者、危险的实行者与支配者

行为人是教唆、帮助者。此时判断被害人：

判断标准：若满足两个条件（被害人对风险有认识能力＋被害人对风险有控制能力），被害人对结果负责，反之，由行为人负责。

例 1. 甲为了逗乙，把 1000 元丢入湖中，让乙去捡，乙贪财去捡被淹死。满足被害人有认识和控制能力，后果由被害人自己负责，甲不成立犯罪，如果乙是精神病人或者小孩，则不满足被害人有认识和控制能力，甲成立犯罪。

例 2. 甲放火烧乙家，乙冲入救孩子被烧死。乙认识到风险，但不能控制风险，所以应该由甲负责。

例 3. 在校大学生甲、乙、丙相约来到一河边渡口游泳，丙提出到水最深的地方看河水到底有多深，甲、乙表示同意。因害怕危险，三人决定手牵手试水，由于三人手未拉稳，乙、丙二人被水冲至沙滩边后获救，甲沉入水中死亡。满足被害人有认识和控制能力，所以后果由被害人自己负责，乙、丙也不构成犯罪。

二、行为人是行为的控制者、危险的实行者与支配者

被害人是同意、配合者。此时判断行为人：

判断标准：若满足两个条件（行为人对风险有认识能力＋行为人对风险有控制能力），行为人对结果负责，反之，由被害人负责。

【注意】虽然被害人同意了行为，但并不表示同意结果，所以不属于被害人承诺。

例 1. 甲与乙冬天驾驶轿车到某水库南侧游玩。为了近距离观赏野鸭子，甲查看冰层约有 30 厘米，又在冰面上向前走了大约七八十米，便提议驾车穿过冰面到对岸，乙表示同意。甲即驾驶该车载乙向水库北岸行驶，当车行至河岔中心偏北侧时，汽车落入冰下水中，乙溺水死亡。行为控制者是甲，甲有认识，有控制，对结果负责，成立过失致人死亡罪。

例 2. 乙被强行结扎，甲为了救乙从医院阳台用被单裹成绳子，经过乙同意，绑在乙身上把乙放下

去，但中途断裂，乙死亡。行为控制者是甲，甲有认识，有控制，对结果负责，成立过失致人死亡罪。

第五节 其他阻却事由【其他阻却事由 E】

1. 自救行为。法律程序难以获得救济权利情形下自行救济。例．甲发现犯罪分子要把自己的摩托车装上大货车运往外地倒卖，在来不及报警的情况下，甲趁犯罪分子不注意盗回自己被盗的车辆。

2. 法令行为。看似犯罪的行为因有法律法规的规定而合法的行为。例．政策性行为，赌博虽被禁止，但彩票被国家允许；职权职务行为，执行死刑、拘禁犯人等。

3. 正当业务行为：例．职业体育比赛、正常医疗行为等。

4. 自损行为。原则上不成立犯罪，但军人战时自伤的、放火烧毁自己的财物但危害公共安全的，成立犯罪。未成年人实施自损行为时，负有保护义务的保证人不履行保证义务的，保证人也可能成立不作为犯罪。

5. 义务冲突。存在两个以上不兼容的义务，为了履行其中的某种义务，而不得已不履行其他义务的情况。但是，行为人必须履行其中的一个义务，否则便成立犯罪。

例 1. 甲自己的两个小孩均溺水，甲在当时的情况下只有能力救其中一个，甲在犹豫应该先救哪个小孩，但最后决定均不救，则甲成立不作为的故意杀人罪。如果甲救了其中的一个而不能救另外一个，则属于义务冲突，不构成犯罪。

例 2. 甲在火灾之际，能救出母亲，但为救出女友而未救出母亲。如无排除犯罪的事由，甲构成不作为犯罪。

判断分析

1. 下列哪一行为不应以故意伤害罪论处？（2012 年第 2 卷第 16 题节选）

C. 经本人同意，甲摘取 17 周岁少年的肾脏 1 只，支付少年 5 万元补偿费。甲不构成犯罪【错误，承诺无效，构成故意伤害罪】

D. 黑社会成员因违反帮规，在其同意之下，被截断 1 截小指头。该行为不构成犯罪【正确，承诺有效，不构成故意伤害罪】

2. 关于被害人承诺，下列哪一选项是正确的？（2008 年第 2 卷第 5 题）

A. 儿童赵某生活在贫困家庭，甲征得赵某父母的同意，将赵某卖至富贵人家。甲的行为得到了赵某父母的有效承诺，并有利于儿童的成长，故不构成拐卖儿童罪【错误，父母对儿童赵某的人身自由没有处分权，承诺无效】

B. 在钱某家发生火灾之际，乙独自闯入钱某的住宅搬出贵重物品。由于乙的行为事后并未得到钱某的认可，故应当成立非法侵入住宅罪【错误，基于推定的承诺的行为】

C. 孙某为戒掉网瘾，让其妻子丙将其反锁在没有电脑的房间一星期。孙某对放弃自己人身自由的承诺是无效的，丙的行为依然成立非法拘禁罪【错误，成年人承诺放弃自己短暂的人身自由，承诺有效】

D. 李某同意丁砍掉自己的一个小手指，而丁却砍掉了李某的大拇指。丁的行为成立故意伤害罪【正确，超出承诺范围】

主观题延伸拓展

案例1：陆某和妻子吵架，妻子离开时不小心落入水中，陆某有能力救助却不救助。路人蒋某见状，使用暴力迫使陆某救妻，致使陆某轻伤。

问题：蒋某对陆某的行为是否成立正当防卫，请说明理由。

案例2：乙在街头遇到仇人甲，便捡起一块砖头想教训甲，甲转身逃跑，乙紧追不舍。便衣警察丙见状，表明自己是警察，跑上前想阻止乙。乙误认为丙是甲的同伙，扔砖头打丙，致丙轻伤。

问题：乙的行为如何定性，请说明理由。

案例3：甲欠乙3万块，超期不还。乙无奈之下将甲关到自己家的次卧中，要求甲尽快还钱，甲耍无赖，乙便将甲关了1天。第2天甲趁乙送饭时，为了逃跑用烟灰缸向乙头部砸了数下，致乙重伤后逃跑。

问题：甲的行为是否构成正当防卫？

案例1—问题：蒋某对陆某的行为是否成立正当防卫，请说明理由。

答案：蒋某对陆某的行为成立正当防卫。不法侵害行为既包括作为也包括不作为。陆某的行为属于不作为的不法侵害（不救助自己的妻子），且该现实的不法侵害正在进行，蒋某使用暴力迫使不法侵害人陆某救助妻子，主观上具有防卫意识，且未超过必要限度，蒋某成立正当防卫。

案例2—问题：乙的行为如何定性，请说明理由。

答案：乙的行为系假想防卫，主观上具有过失但只造成轻伤结果，无罪。

首先，乙主观上有针对不法侵害实施防卫的想法，但并不存在现实的不法侵害行为，导致丙轻伤，系假想防卫，假想防卫不构成故意犯罪，乙在丙表明身份的情况下还打丙，主观上有过失，但是过失造成他人轻伤的不构成犯罪。

案例3—问题：甲的行为是否构成正当防卫？

答案：不构成正当防卫，属于防卫过当。

乙只是将甲关在家中，并没有实施严重危及甲的人身安全的行为，甲用烟灰缸将乙打成重伤，该行为明显超过防卫的必要限度，造成乙重伤的危害后果属于造成重大损害，因此甲的行为不属于正当防卫，应认定为防卫过当。

KEEP AWAKE

第十章 因果关系【客 + 主】

【剪头杀人案】八筒和舅舅有仇，专门正月里剪头，每天只剪一点，剪了将近 30 天都快秃了，结果舅舅正月最后一天恰好突发疾病死了，八筒走街串巷放鞭炮庆祝。舅妈得知八筒的行为后状告八筒故意杀人，对舅舅的死亡负责。

思考：舅舅的死亡与八筒的行为有关系吗？八筒需要负责吗？

——剪头属于日常生活行为，不是犯罪行为、刑法上的因，与舅舅的死亡没有刑法上的因果关系，八筒不需要负责。

第一节　刑法上的因果关系【客 + 主】【因果关系 B】

一、刑法上的因果关系与生活上的因果关系

刑法上的因果关系是指犯罪行为（因）与危害结果（果）之间合乎规律地引起与被引起的关系。

刑法上的因果关系与生活中的因果关系不同，是两个概念。生活上的因果关系是一个事实判断，生活世界中各种现象普遍联系，形成了无数因果链条，因有很多很多。

而刑法上的因果关系是一个价值判断，是要在生活上的因果关系基础之上，经过筛选后合理地把发生的危害结果归责到某个因（犯罪行为）上，让该因（犯罪行为）的做出者，对危害结果承担犯罪既遂的刑事责任。【刑法上因果关系的因，是犯罪行为】

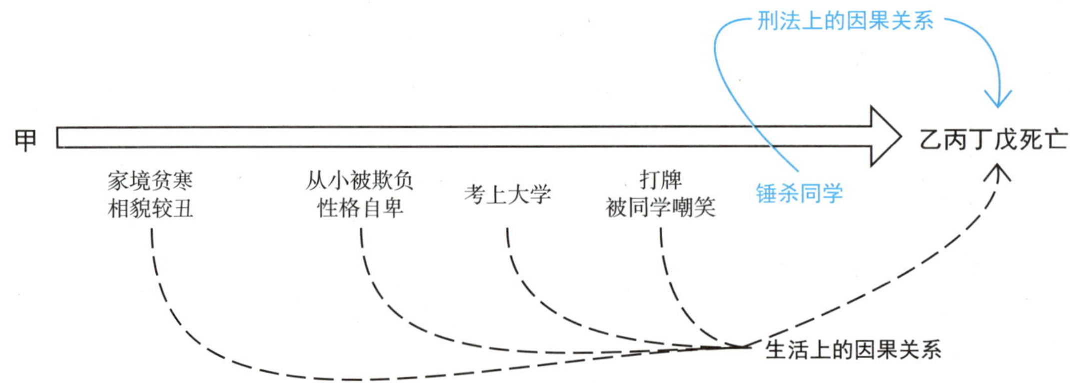

二、刑法上因果关系所解决的问题

1. 在故意犯罪中，因果关系解决的是犯罪是否既遂的问题，没有因果关系，只是不对结果承担刑事

责任（不既遂），但仍然可能承担刑事责任（未遂/中止/预备）。

2. 有因果关系不一定成立犯罪，要看犯罪人主观要件。例如被害人特殊体质的案件中，有因果但没有故意、过失，属于意外事件，无罪（无罪的理由是没有主观构成要件，不是没有因果关系）。

要注意区分：成立犯罪和犯罪既遂

犯罪成立＝主体（自然人/单位）＋客观（犯罪行为）＋主观（故意/过失）＋客体（法益）

犯罪既遂＝犯罪成立＋有因果关系

例1. 乙有血友病，甲知道，甲想杀乙（有故意），于是推了乙一把，导致乙摔伤流血不止，分析因果关系和甲的犯罪？——甲的行为和死亡结果有因果关系，且有故意，成立故意杀人罪既遂。

例2. 乙有血友病，甲不知道，甲在钢筋遍布的工地推了乙一把（工地危险，有过失），导致乙被钢筋扎伤流血不止，分析因果关系和甲的犯罪？——甲的行为和死亡结果有因果关系，且有过失，成立过失致人死亡罪。

例3. 乙有血友病，甲不知道，甲在儿童玩耍的草地推了乙一把（没有过失），导致乙摔伤流血不止，分析因果关系和甲的犯罪？——甲的行为和死亡结果有因果关系，甲没有过失，也没有故意，属于意外事件，无罪。

三、刑法上的因

（一）必须是犯罪行为，不是日常生活行为

例1. 八筒欲杀四斤，偶然得知四斤嗜酒并有肝病，遂隔三差五送四斤白酒。四斤因不注意控制饮酒，饮酒过量导致肝硬化死亡。送白酒是日常生活行为，不是犯罪行为，不是刑法上的因，故八筒的行为与四斤的死亡之间不具有刑法上的因果关系。

例2. 八筒欲杀四斤，偶然得知四斤嗜酒并有肝病，遂隔三差五送四斤加了诱发肝病毒药的白酒。四斤某次喝了一杯后肝病即刻复发死亡。送投了毒的白酒并不是日常生活行为，是犯罪行为，是刑法上的因，故八筒的行为与四斤的死亡之间具有刑法上的因果关系。

例3. 小偷晚上进入四斤家盗窃，四斤听到响声喊了一声："谁？"，小偷慌忙逃跑踩到香蕉皮摔成轻伤。小偷轻伤与四斤没有因果关系，因为四斤只是喊了一句话，是日常生活行为，不是犯罪行为。注意：也不需要认定四斤是正当防卫。

【注意】犯罪行为要结合具体情境判断，同样的行为在不同的场景可能有不同的评价。

例. 踢他人一脚通常不会侵害法益、导致危害结果，属于日常生活行为，但在悬崖边踢他人一脚致其坠崖死亡的，则属于犯罪行为，是刑法上的因。

（二）必须是着手（实行行为），不是预备行为

着手标准：分则具体罪名的犯罪行为＋对法益造成现实紧迫直接的危害。

【注意】二者缺一不可。只要满足二者就着手了，跟行为人主观怎么预想的没关系，小心出题人陷阱。

例1. 甲预想先用安眠药毒晕，然后勒死仇人，但投放过量安眠药，仇人提前死了。甲已着手，投放安眠药的行为属于犯罪行为，且对被害人的生命产生了现实紧迫直接的危害。

例2. 甲准备了毒药给自己的妻子乙喝，放在柜子深处。在乙未回家之前，小孩丙因口渴把毒药喝了死亡。甲未着手，准备毒药的行为并不会对法益造成现实紧迫直接的危害。

【注意】超出行为人管辖范围的"因"，不能将其引起的结果归责于行为人，而应归责于"因"的实

际控制人。

例．甲酒后驾车被交警发现，交警命令并指挥甲把车停到500米外的应急车道处。在此过程中甲将行人撞伤。甲虽酒后驾车制造了危险，但被交警发现后，风险的防范已经属于交警的管辖范围，故行人受伤的结果不能归责于甲的行为，与甲不存在因果关系。

四、刑法上的果：犯罪构成的结果

1. 假设的果不是刑法上的果，要看实际。

例．甲给乙喂毒药，1小时后100%毒发身亡。半小时后丙朝乙心脏连开数枪，乙当场死亡。虽然喂毒药是刑法上的因，但事实上毒发身亡的结果并未发生，属于假设的果，乙实际是死于丙的枪杀，所以甲的投毒行为与乙死亡没有因果关系。

不能认为“没有丙的枪杀，乙最终也会被毒死，所以甲的行为与乙死亡有因果关系、丙的行为与乙死亡没有因果关系”。这是假设的，不是实际的。

2. 不要管概率高低，实际有就有，没有就没有。

例．甲给乙喂毒药，这个毒药剧毒，正常人肯定会死，但乙有很特殊的基因，对这个毒药免疫，乙没死。由于正常人都会死，所以有因果关系？——错误，乙实际就是没死，结果没发生，就是没发生，所以没有因果关系。

3. 在一个犯罪构成里，犯罪行为和结果都是有固定范围的，超出这个固定范围的结果（和这个犯罪行为涉及的罪名无关的结果），不能归因于这个犯罪行为（应该归因于其他犯罪行为）。

例．甲故意伤害，重伤乙致其昏迷，乞丐丙目睹一切，在甲走后趁机拿走乙的财物。故意伤害罪的结果范围是人的身体健康受到侵害，财产损失超出了这个通常范围，故乙的财产损失与甲的伤害行为没有因果关系（乙的财产损失和乞丐丙的盗窃行为有因果关系）。

五、刑法上因和果之间是否有关系的判断标准

（一）条件说

1. 有A就有B，无A则无B，那么A和B有因果关系。

例1. 甲欲杀害其女友，某日故意破坏其汽车的刹车装置。女友驾车外出，15分钟后遇一陡坡，女友因刹车失灵开出马路坠崖身亡。没有甲的破坏，女友就不会死亡，所以甲的破坏与女友死亡具有因果关系。

例2. 甲欲杀害其女友，某日故意破坏其汽车的刹车装置。女友驾车外出，15分钟后遇一陡坡，必定会坠下山崖死亡。但是，女友将汽车开出5分钟后，即遇山洪暴发，泥石流将其冲下山摔死。没有甲的破坏，女友也会死亡，所以甲的破坏与女友死亡没有因果关系。

2. 有A有B，无A也有B，即无论是否有A，都有B，那么A和B就没有因果关系。

例．护士甲在给病人乙注射抗生素时没做皮试，乙因注射抗生素死亡。但事后查明，即使做皮试也查不出乙的特殊反应。由于“有没有A都会有B”，即做不做皮试乙都会死亡，故甲的行为与乙的死亡没有因果关系。

3. 条件说具有缺陷：会无限延长因果关系流程。

按照条件说的逻辑，上述例1的破坏刹车案中，也可以说“女友如果不会开车，就不会死亡，所以会开车与死亡结果具有因果关系”。但这显然不合理，所以需要对条件说加以限制，进而发展出了相当因

果关系说。

（二）相当因果关系说

通常有A则有B，那么A和B有因果关系。

根据一般生活经验，行为制造了危险，危险向前发展会通常、大概率地引发结果，就具有相当性，具有刑法上的因果关系。如果是日常生活行为、中途出现的异常、偶然导致的结果，就没有刑法上的因果关系（不具有相当性）。

例1. 上述破坏刹车案中，根据一般社会经验，破坏刹车会通常、大概率导致下坡时汽车失灵，甲的破坏行为具有相当性，所以女友的死亡与甲的破坏行为具有因果关系。相反，会开车通常不会导致人死亡，不具有相当性（当然，也可以从“会开车”是生活行为，不是刑法上的因的角度来分析）。

例2. 甲追赶小偷乙，乙慌忙中撞上疾驶汽车身亡。甲的行为与乙的死亡之间具有因果关系。错误，追赶小偷并非“危害行为”，是合法行为，追小偷也不会大概率引起小偷的死亡。

六、基础因果关系图

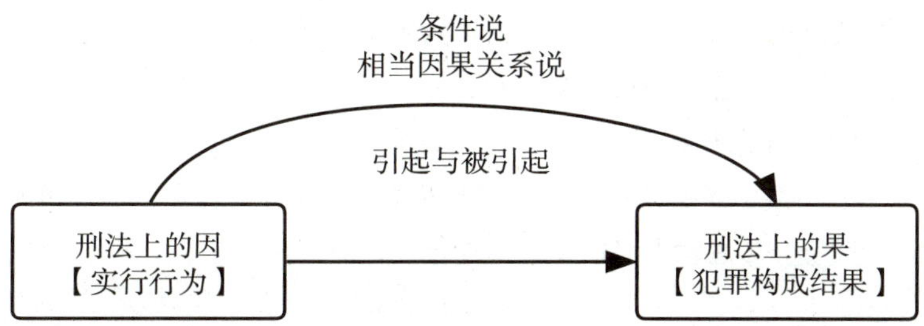

判断分析

1. 甲误以为苹果有毒（实际无毒），欲毒死小女孩，给小女孩吃苹果。结果小女孩被苹果噎住致死。甲的行为与小女孩的死亡具有因果关系。【错误，给人吃苹果属于日常生活行为，不是刑法上的因】（2023年仿真题）

2. 丁在繁华路段飙车，2名老妇受到惊吓致心脏病发作死亡。丁的行为与老妇的死亡具有因果关系。【错误，通常情况飙车不会吓死人，不具有相当因果关系】（2012年真题）

第二节　特殊类型的因果关系（多因一果）【客+主】【因果关系B】

一、重叠的因果关系

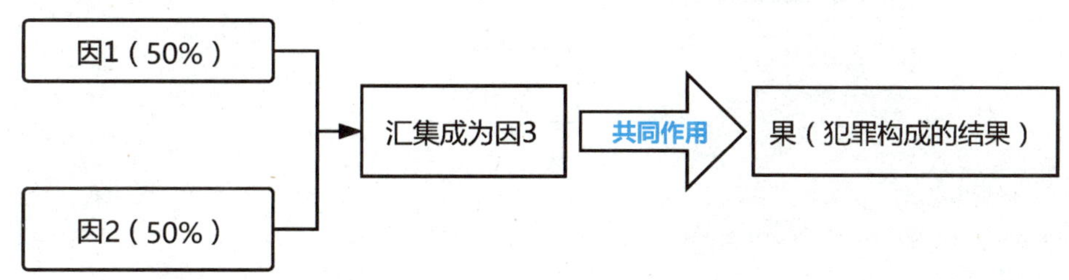

重叠的因果关系是指两个因汇集才导致结果的发生，单独一个因不足以导致结果发生。

例 1. 甲向丙的杯子里投入致死量 50% 的毒药，事前无通谋的乙也恰好向丙的杯子里投入了致死量 50% 的毒药。丙喝了杯中水后毒发身亡。

例 2. 甲开枪打中丙的左大腿，事前无通谋的乙开枪打中了丙的右大腿。丙因流血过多死亡。事后查明，单独一条大腿中枪都不足以导致丙流血过多。

【结论】有因果、都既遂。【注意】民法此处：按份责任。

二、二重的因果关系

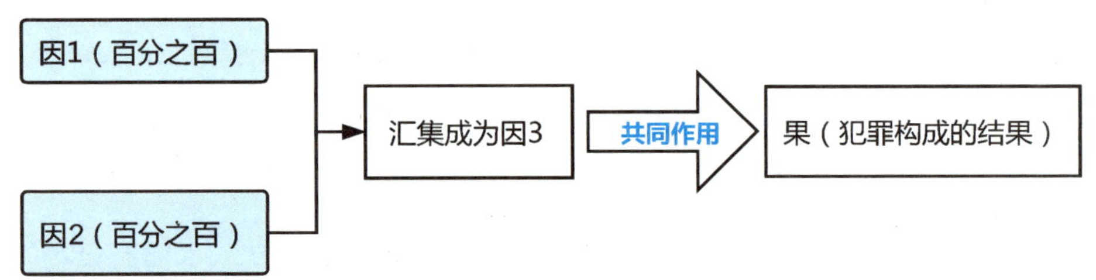

二重的因果关系是指单独一个因就足以导致结果的发生。

例 1. 甲向丙的杯子里投入致死量 100% 的毒药，事前无通谋的乙也恰好向丙的杯子里投入了致死量 100% 的毒药。丙喝了杯中水后毒发身亡。

例 2. 甲开枪打中丙的心脏，事前无通谋的乙同时开枪打中了丙的头部，丙当场死亡。

【结论】有因果、都既遂。【注意】民法此处：连带责任。

三、存在介入因素的因果关系

介入因素是指前行为已经作用在对象上，在结果尚未发生前，又作用了一个因（介入因素）。

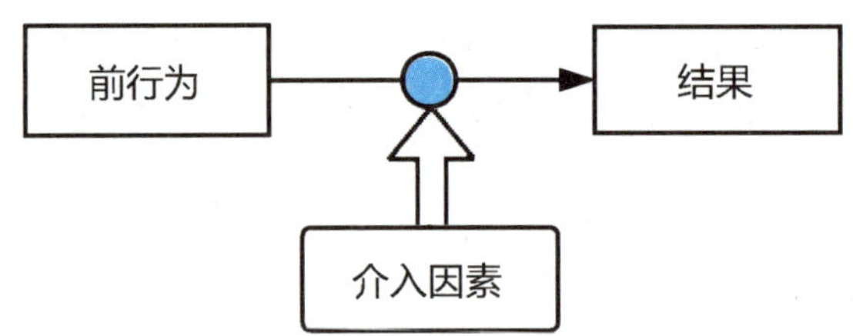

（一）情况一：介入因素中断因果链条

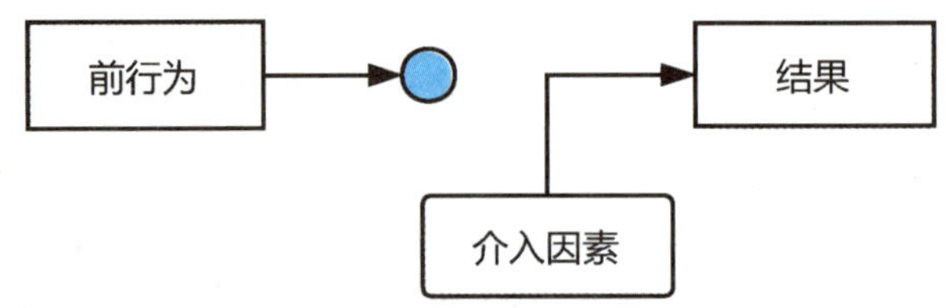

【结论】

1. 结果的发生归责于介入因素。【结果的发生只有一个因：介入因素】

2. 结果与前行为没有因果关系，前行为不需要对结果负责，前行为不属于犯罪既遂。具体而言有两种情况：

（1）前面有中止行为、真诚努力，则前行为成立犯罪中止（中止有效性的例外）。

（2）前面没有中止行为，则成立犯罪未遂。

（二）情况二：介入因素不中断因果链条

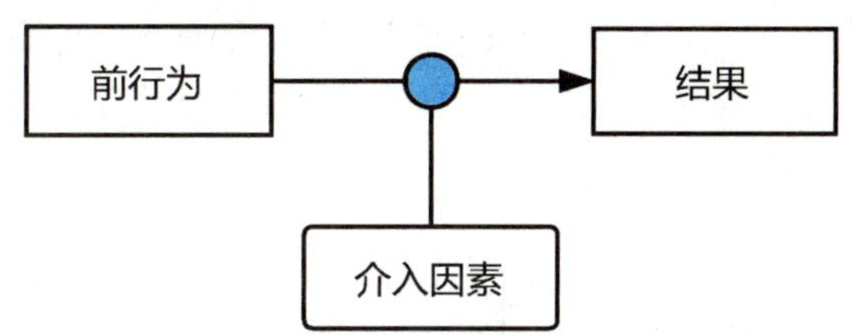

【结论】

1. 结果的发生既要归责于介入因素，也要归责于前行为。【结果的发生有两个因：介入因素 + 前行为，类似于二重 / 重叠因果关系，只是两个因作用在被害人的时间不同】

2. 结果与前行为有因果关系，前行为人成立犯罪既遂。

（三）介入因素是否中断因果链条的判断标准

中断因果链条：介入因素异常（独立发生）且作用大。

不中断因果链条：介入因素不异常（不独立发生）或作用不大。

1. 介入因素需要独立发生才异常。如果是前行为通常会引起的附随行为或者其他后果，则不异常（介入因素是前行为引起的）。

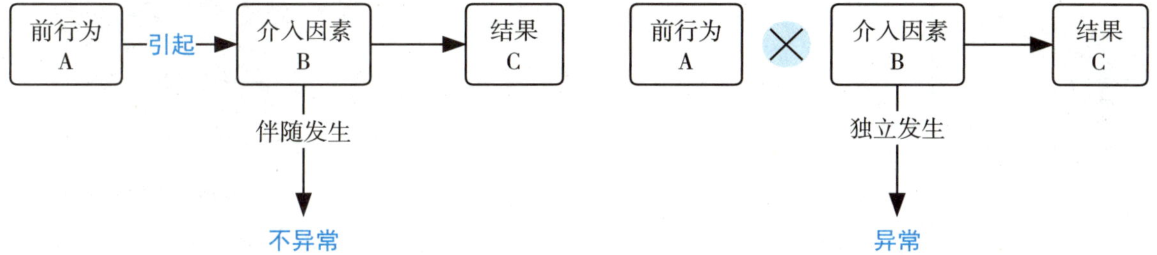

2. 作用大小的判断。介入因素对死亡结果的贡献率接近 100%（即介入因素单独就足以导致结果的发生），作用大就大，否则便作用小（小干扰）。

例 1. 甲深夜醉酒驾车在无照明路段将乙撞成重伤后逃逸，半小时后，路边的一棵树被风吹断，砸中乙的头部致其当场死亡。

树被风吹断属于异常的介入因素。因为是独立发生的，甲的前行为通常不会引发树被风吹断。同时该介入因素所起的作用大，故能中断因果链条，甲的行为与乙的死亡结果不具有因果关系。

例 2. 甲深夜醉酒驾车在无照明路段冲出马路护栏，撞在路边的树上，同时将乙撞成重伤，甲逃逸。半小时后，树因为撞击而折断，砸中乙的头部致其当场死亡。

树的折断属于介入因素，但不异常。因为并不是独立发生，是甲的前行为将树撞断，从而引发的结果。所以不能中断因果链条，甲的行为与乙的死亡结果具有因果关系。

【注意】被害人特殊体质严格来说不是介入因素，因为在行为人实施前行为之前，被害人已经具有特殊体质，属于行为时就存在的客观条件。被害人特殊体质一般不影响因果关系的判断，不中断因果链条，只要特殊体质的疾病发作是行为人引发的，行为人的行为与结果之间就具有因果关系。

例．甲轻伤害乙致其流血，但乙有血友病，流血不止，最终失血过多死亡。没有甲的轻伤害，乙就不会血友病复发死亡，也可以说让一个血友病患者流血通常会合乎规律地引发死亡结果，故甲的行为与乙的死亡结果具有因果关系。

【背诵总结】由于刑法有些内容比较难，所以大家学完之后，一定要梳理笔记串一下体系，不然学完太散。例如本章节梳理完笔记之后，就是下图的内容，自己拿着这一页笔记想起来时就可以看一看背一背。不会梳理笔记的，可以参考觉晓法考 APP 上的“蒋四金笔记讲座”，也可以直接用觉晓的推背图、推背速记。

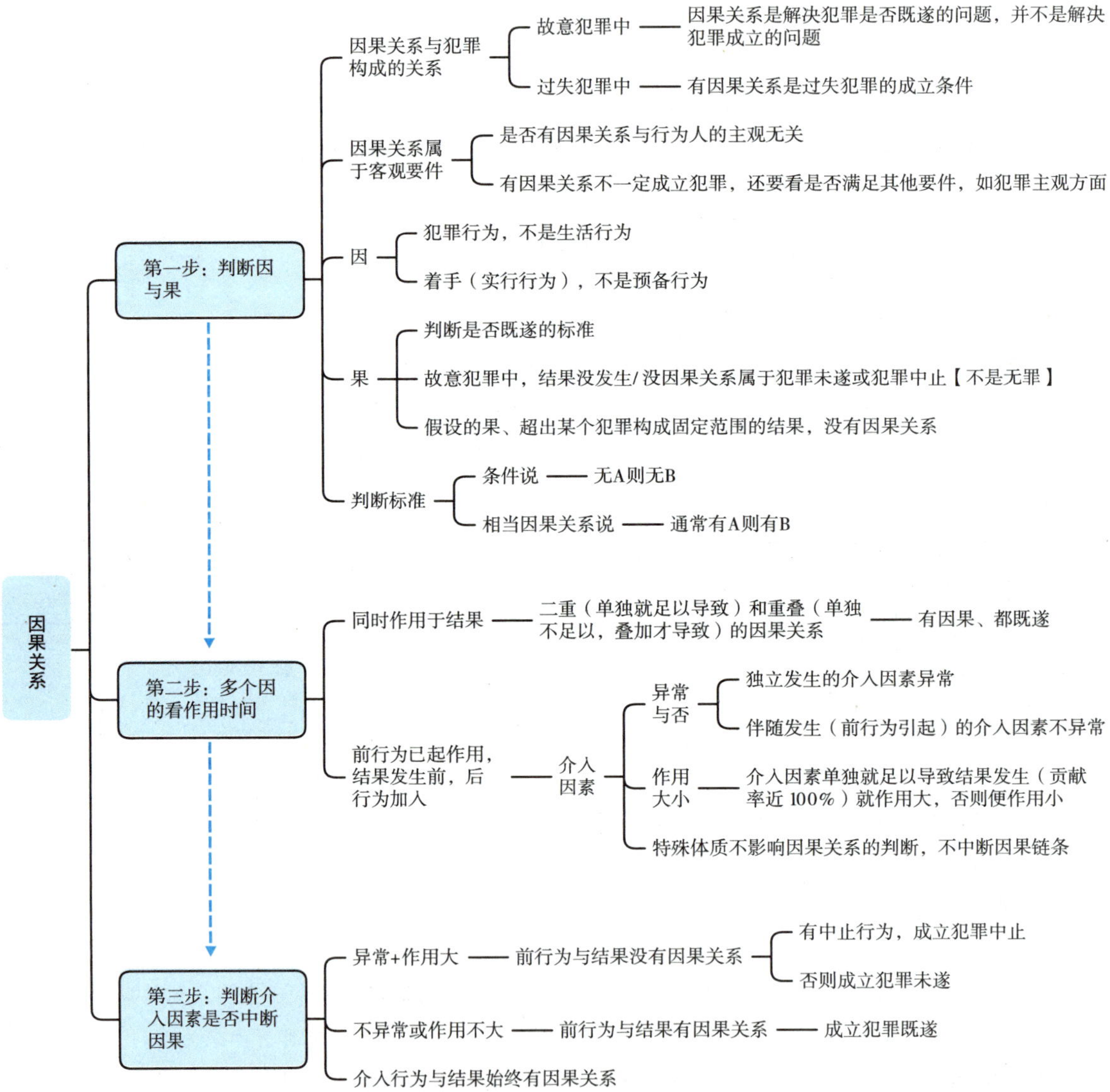

- 因果关系
  - 第一步：判断因与果
    - 因果关系与犯罪构成的关系
      - 故意犯罪中——因果关系是解决犯罪是否既遂的问题，并不是解决犯罪成立的问题
      - 过失犯罪中——有因果关系是过失犯罪的成立条件
    - 因果关系属于客观要件
      - 是否有因果关系与行为人的主观无关
      - 有因果关系不一定成立犯罪，还要看是否满足其他要件，如犯罪主观方面
    - 因
      - 犯罪行为，不是生活行为
      - 着手（实行行为），不是预备行为
    - 果
      - 判断是否既遂的标准
      - 故意犯罪中，结果没发生/没因果关系属于犯罪未遂或犯罪中止【不是无罪】
      - 假设的果、超出某个犯罪构成固定范围的结果，没有因果关系
    - 判断标准
      - 条件说——无A则无B
      - 相当因果关系说——通常有A则有B
  - 第二步：多个因的看作用时间
    - 同时作用于结果——二重（单独就足以导致）和重叠（单独不足以，叠加才导致）的因果关系——有因果、都既遂
    - 前行为已起作用，结果发生前，后行为加入——介入因素
      - 异常与否
        - 独立发生的介入因素异常
        - 伴随发生（前行为引起）的介入因素不异常
      - 作用大小——介入因素单独就足以导致结果发生（贡献率近 100%）就作用大，否则便作用小
      - 特殊体质不影响因果关系的判断，不中断因果链条
  - 第三步：判断介入因素是否中断因果
    - 异常+作用大——前行为与结果没有因果关系
      - 有中止行为，成立犯罪中止
      - 否则成立犯罪未遂
    - 不异常或作用不大——前行为与结果有因果关系——成立犯罪既遂
    - 介入行为与结果始终有因果关系

判断分析

1. 关于因果关系的判断，下列选项正确的是？（2021 年仿真题）

A. 某日深夜，出租车司机甲开车时，未与乘客商量便抄近路临时改变路线，行至荒芜人烟的郊区。同车女性乘客张某担心安全问题，多次要求回到原来的路线，甲未理睬继续开车，还多次恐吓乘客张某。

张某惧怕遭受伤害而离开座位并探身出车窗，从车上跳下欲逃跑。张某跳车后，当场身亡。甲的行为与张某死亡结果有因果关系【正确，司机在夜晚改变路线导致女性乘客心生恐惧，乘客的举动并不异常，甲的过失行为与张某的死亡结果具有刑法上的因果关系】

B. 乙偷了李某的救命钱，李某悲痛万分，遂自杀。乙的行为与李某的自杀结果之间有因果关系【错误，自杀属于异常的介入因素】

C. 丙放火烧建筑，赵某见火势较小，便返回火场抢救自己放在该建筑物内的贵重物品。赵某进入后，火势突然加大，赵某被烧死。丙的行为与赵某的死亡结果之间无因果关系【错误，火势较小且为了贵重物品，介入因素不异常，有因果关系】

D. 丁深夜查看四周无人后从高空抛物，造成许某重伤。虽然深夜从高空抛物砸中人的概率很小，但是丁的行为仍然与许某的重伤结果之间有因果关系【正确】

2. 医生甲以杀人的故意向病人乙注射超量的药剂，病人死亡。事后查明，因病人的特殊体质，即使当时注射的是正常药剂也会导致其死亡，甲的行为与乙的死亡结果之间没有因果关系。【正确，注射超量死亡，注射正常量也会死亡，即无论是否超量，乙都会死亡，那就没有因果关系】（2019年仿真题）

3. 甲和乙合租一套房，各自向房东交房租。甲收到徐某发来的诈骗短信，短信声称以后的房租汇到某个银行卡里。甲信以为真，把3000元打到诈骗犯徐某的卡上。然后甲和合租的乙说："我们房东的卡换了，钱要打到另外一个卡上。"乙说："是嘛，你把短信转发给我吧。"甲把短信转发给乙，乙就把3000元打到诈骗犯徐某的账号里面了。徐某的诈骗行为与乙的被骗（财产损失）仍然具有因果关系。【正确，共同居住的租客相互转告房租信息并不异常】（2019年仿真题）

主观题延伸拓展

案例1：甲意欲杀死乙，往乙每天必喝的酒的酒瓶中下毒。当天晚上乙倒好酒正准备喝酒时，丙突然破门而入，一把将酒杯打碎在地，并朝乙的胸部猛刺两刀后逃跑。乙失血过多死亡。

问题：如何评价甲的行为？

案例2：甲和同事乙发生分歧，一气之下用手边的重物砸乙，乙流血后甲于心不忍，遂把乙送到医院，但由于医生的过失，最终乙仍然死亡。

问题：分析甲的定罪和犯罪形态，讨论可能的情况？

案例3：甲误以为苹果有毒（实际无毒），欲毒死小女孩，给小女孩吃苹果。结果小女孩被苹果噎住致死。

问题：甲是否要对小女孩的死亡结果负责？

案例1—问题：如何评价甲的行为？

答案：甲构成故意杀人罪（未遂）。

本案中，甲已经实施了投毒行为，在危害结果发生之前，有丙突然闯入用刀刺乙这一介入因素，该介入因素异常且对结果发生所起的作用大，中断前行为即甲的投毒行为与乙死亡结果之间的因果关系，所以甲的行为与乙死亡的结果之间不具有因果关系，甲构成故意杀人罪（未遂）。

案例 2—问题： 分析甲的定罪和犯罪形态，讨论可能的情况？

答案： 本案中，行为人甲虽然已经实施了故意杀人行为，产生了因果力，但在危害结果发生之前，主观上自动放弃犯罪，客观上实施了送医的中止行为。中途出现了医生救治过失这一介入因素，需要分情况讨论是大过失还是小过失：

（1）如果认为医生出现了异常的大过失，那么本案中该介入因素异常并且对结果发生所起的作用大，中断行为人甲的杀人行为与乙死亡结果之间的因果关系，甲成立故意杀人罪（中止）。

（2）如果认为医生出现了不异常的小过失，那么本案中该介入因素没有满足异常的要求，不中断行为人甲的行为与乙死亡结果之间的因果关系，甲成立故意杀人罪（既遂）。

案例 3—问题： 甲是否要对小女孩的死亡结果负责？

答案： 甲无需对小女孩的死亡结果负责。甲虽然有犯罪的故意，但是给小女孩递过无毒的苹果，是一个日常生活行为，并不是刑法要禁止的犯罪行为，不是刑法上的因，所以甲的行为与小女孩的死亡不具有因果关系。

KEEP AWAKE

第十一章 犯罪形态【客+主】

第一节　犯罪形态概述【客+主】【犯罪预备 A；犯罪未遂 B；犯罪中止 B；犯罪既遂 B】

【找茬杀人案】八筒想杀四斤，分阶段开展了如下行为：

1. 当众朗读“讨伐四斤檄文”，发誓要捅死四斤；
2. 为了买刀骑摩托车出门寻找铁匠铺；
3. 在一个铁匠铺买了一把趁手的刀，并顺路去四斤的水果摊踩点；
4. 第二天去水果摊买瓜故意找茬，持刀捅向四斤。
5. 四斤被捅死。

思考：上述 5 个阶段中，八筒的行为彻底停留在哪一阶段（因自愿放弃或被他人制止），对八筒的定性有何不同？

——彻底停留在第 1、第 2 阶段不构成犯罪，属于预备前阶段（犯意表示、犯罪预备的预备）；彻底停留在第 3 阶段构成犯罪，属于预备阶段（视情况成立预备阶段的犯罪中止或犯罪预备）、彻底停留在第 4 阶段也构成犯罪，属于实行阶段（视情况成立犯罪中止或犯罪未遂），彻底停留在第 5 阶段，构成犯罪，且得逞了，属于犯罪既遂（有因果关系）。

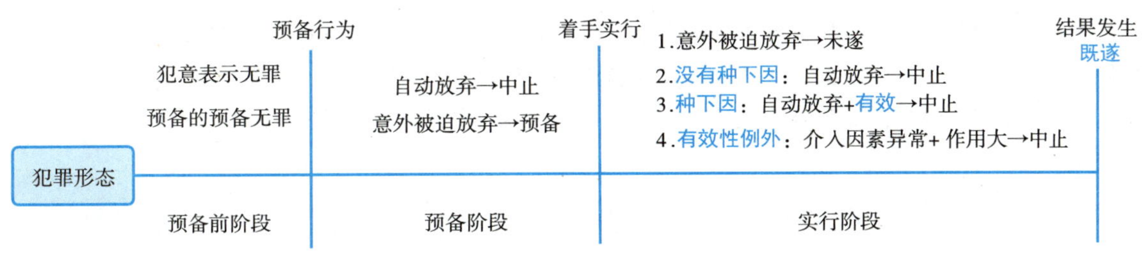

犯罪形态发展图

一、犯罪形态的概念及判断标准

1. 犯罪形态

犯罪形态：在故意犯罪过程中，犯罪由于某种原因而终局性停止所呈现出来的状态。只有故意犯罪才有犯罪形态（包括直接故意和间接故意）。① 过失犯罪是结果犯，没有犯罪形态。②

2. 犯罪形态的判断标准

（1）犯罪完成形态（犯罪既遂）= 成立犯罪 + 因 + 果 + 有关系。

（2）犯罪未完成形态（无因 / 无果 / 无关系）：

犯罪预备 = 成立犯罪 + 没有着手 + 被迫放弃。

犯罪未遂 = 成立犯罪 + 着手 + 被迫放弃。

犯罪中止 = 成立犯罪 + 主动放弃 + 有效性。

【注意】犯罪预备不一定所有犯罪都有，临时起意的犯罪没有预备阶段。

二、犯罪形态的终局性与不可转换性

犯罪停止形态具有终局性，只有犯罪终局性的停止，而不是暂时停顿，才会出现犯罪形态。

终局性停止的判断标准：主观上停止犯罪 + 客观停止犯罪。犯罪形态具有不可转换性，一个犯罪只会有一种犯罪形态。只要犯罪终局性停止后，其犯罪形态就已经固定了，不可能再出现其他犯罪形态，后面发生什么都不会改变前面行为的性质。

例 1. 八筒杀四斤，捅了两刀后感到疲倦。便下楼买一瓶啤酒，打算回来继续捅。犯罪没有终局停止，主观上想继续犯罪，不会出现犯罪形态。

例 2. 八筒杀四斤，捅了两刀后感到疲倦，就想着不捅了，离开了现场。八筒的犯罪主观和客观上都已经结束，犯罪已终局。

例 3. 八筒杀四斤，捅了两刀后，以为四斤已经死了，离开现场，几小时后回到现场找手机，发现四斤没死，良心发现把四斤送达医院救活了。分析案件：①终局性：离开现场的时候犯罪已经终局性停止（主观和客观都停止了犯罪），但人没死没得逞，所以成立故意杀人未遂。②不可转换性：既然已经成立犯罪未遂，后面的救助行为不可能属于犯罪中止，因为已经形成未遂的犯罪形态，不会再形成其他犯罪形态。

例 4. 八筒杀四斤，捅了两刀后感到疲倦。便下楼买一瓶啤酒，打算回来继续捅。半小时后回到现场，发现四斤很可怜，良心发现把四斤送达医院救活了，分析案例：①终局性：中间休息犯罪没有终局性停止，因为客观上虽然停止了，但主观上没有停止，所以犯罪还在继续，犯罪形态未终局。②后面自动放弃犯罪而救助四斤，成立犯罪中止。

第二节　犯罪既遂【客 + 主】【犯罪既遂 B】

【卖“药”案】例 1. 八筒生产大批假感冒药，并下乡忽悠淳朴的老乡们争相购买。

例 2. 假药卖完后，八筒想着做人也不能太昧着良心，便找出一批过期 1 个月的正经感冒药，又卖给淳朴的老乡们。

---

① 2016 年第 2 卷第 5 题：吴某被甲、乙合法追捕。吴某的枪中只有一发子弹，认识到开枪既可能打死甲也可能打死乙。设定吴某对甲、乙均有杀人故意，下列哪一分析是正确的？ A. 如吴某一枪没有打中甲和乙，子弹从甲与乙的中间穿过，则对甲、乙均成立故意杀人罪未遂（该选项正确，吴某明知自己的行为可能会造成危害结果，说明其主观上既可能是直接故意，也可能是间接故意，该选项认为吴某属于犯罪未遂，也说明承认除直接故意外，间接故意犯罪也存在未遂形态）【通说和真题冲突，以真题为准】

② 当然，说过失犯罪只有既遂这一种形态也未尝不可。

思考：两个案例中，八筒构成犯罪没问题，但是什么时候犯罪既遂？要有老乡吃出毛病时才既遂吗？

——药品能救死扶伤，事关人命，针对假药（没有药效，大问题）的犯罪必须严惩，所以立法者将生产、销售假药罪规定为抽象危险犯，因此，例 1 中，只要实施了生产、销售假药的行为，犯罪就既遂，不需要等待真发生什么后果。

但是劣药（有药效，但有其他小问题）相对而言危害没那么大，一些过期药品有时依然能治病。所以立法者将生产、销售劣药罪规定为实害犯，因此，例 2 中，要求老乡们吃出问题有实害结果才成立犯罪既遂。

一、犯罪既遂的成立

1. **犯罪既遂** = 犯罪成立 + 有因果关系

2. 犯罪既遂具有优先性

只要有因果关系，优先认定为犯罪完成形态——犯罪既遂，不需要认定为犯罪未完成形态。

例. 甲捅了乙一刀，后来良心发现将乙送到医院，请最好的医生主刀，但乙最终还是抢救无效死亡。即便甲良心发现并采取了足够的补救措施，但乙的死亡与甲的杀人行为具有因果关系，故应认定为犯罪既遂。

二、犯罪既遂的标准

1. 犯罪既遂的标准

（1）危险犯认为造成危险状态就既遂，具体分为抽象危险犯和具体危险犯：

①抽象危险犯：只要实施行为就成立犯罪既遂。

②具体危险犯：行为需要对法益达到一种具体的危险，才成立犯罪既遂。

（2）实害犯认为实际造成损害才既遂。

【注意】判断该罪是危险犯还是实害犯，没有逻辑和标准，主要是要看分则的规定（不用理解，要记忆）。

2. 注意刑法分则中部分特殊罪名既遂的时间点（以后在分则会学）。例. 绑架罪、拐卖妇女、儿童罪，只要控制人质就是犯罪既遂；对于一些违禁品、危险品的流转型犯罪，只要完成了交付就成立犯罪既遂，如贩卖毒品罪，只要完成了毒品的交付，即便没有收到货款，也是犯罪既遂。受贿类犯罪控制财物就既遂，不需要实际花费或提款。

判断分析

1. 丙以出卖为目的，偷盗婴儿后，惧怕承担刑事责任，又将婴儿送回原处。丙构成拐卖儿童罪既遂，不构成犯罪中止。【正确，控制婴儿即既遂，犯罪形态具有不可转换性，之后送回不成立犯罪中止】（2012 年第 2 卷第 54 题 C 项）

2. 丙加入某恐怖组织并参与了一次恐怖活动，后经家人规劝退出该组织。丙构成犯罪中止。【错误，参加恐怖组织罪属于抽象危险犯，参加即既遂】（2011 年第 2 卷第 54 题 C 项）

第三节　犯罪预备【客＋主】【犯罪预备 A】

法条群

《刑法》第一编 总则 第二章 犯罪 第二节 犯罪的预备、未遂和中止

第二十二条【犯罪预备】为了犯罪，准备工具、制造条件的，是犯罪预备。

对于预备犯，可以比照既遂犯从轻、减轻处罚或者免除处罚。

【打工买刀案】八筒想买把削铁如泥的宝刀捅死四斤，但铁匠铺的开价太高，八筒没办法只能去饭店刷盘子攒钱。5 年后，八筒钱攒够了购得宝刀一把。

思考：八筒刷盘子打工也是在为犯罪做准备，是否成立犯罪预备？

——不成立犯罪预备，犯罪预备的“为了犯罪”是指为了实行犯罪，八筒打工属于犯罪预备的准备（预备的预备），不成立犯罪预备，不构成犯罪。

一、成立条件

1. 主观上：为了实行犯罪。**【注意】**不能是为了预备而犯罪（预备的预备），因为没有法益侵害危险。

【相关法理】惩罚犯罪预备是因为预备行为是为了实行犯罪而做准备，具有较轻的法益侵害危险性（属于一种危险犯），但这种预备范围不宜扩大，不然会侵犯自由。若随便扩大，甚至可以说行为人吃口饭、喝口水就成立犯罪，显然不合理。

2. 客观上：有犯罪预备行为：准备犯罪工具、制造犯罪条件，但未能着手实行犯罪。

3. 未能着手实行犯罪是由于犯罪分子意志以外的原因。若是意志以内的原因，属于预备阶段的犯罪中止。

二、区分犯意表示

犯意表示是指以口头、书面或者其他方式将真实的犯罪意图单纯地表露的行为，不具有法益侵害危险（犯罪预备具有法益侵害危险），不构成犯罪——刑法不惩罚思想。

例．八筒每晚去酒吧喝酒，边喝边说一种四斤的死法，喝了一千天酒，就是什么也没敢做，八筒属于犯意表示，无罪。

与犯罪预备的区分标准：是否实施预备行为。

例．八筒讲了一千零一夜的杀人死法后，终于去黑市上买了一把枪准备杀四斤，被听了 2 年多杀人故事的警察当场抓获。八筒实施了准备犯罪工具的预备行为，但因意志以外的原因未能着手实行，属于犯罪预备。

三、处罚

可以比照既遂犯从轻、减轻或者免除处罚。

四、预备行为实行化

预备行为的实行化（正犯化）指刑法把 A 罪的预备行为单独定为 B 罪，规定为 B 罪的实行行为。则该行为不再以 A 罪的预备进行处罚，而是以 B 罪定罪处罚。[①]

例 1. 用虚假的身份证明骗领信用卡，这种行为往往是信用卡诈骗罪的预备行为，但被《刑法》规定为妨害信用卡管理罪。

例 2. 实施恐怖活动犯罪的相关预备行为：（1）为实施恐怖活动准备凶器、危险物品或者其他工具的；（2）组织恐怖活动培训或者积极参加恐怖活动培训的；（3）为实施恐怖活动与境外恐怖活动组织或者人员联络的；（4）为实施恐怖活动进行策划或者其他准备的，被《刑法》规定为准备实施恐怖活动罪。

第四节　犯罪未遂【客＋主】【犯罪未遂 B】

法条群

《刑法》第一编 总则 第二章 犯罪 第二节 犯罪的预备、未遂和中止

第二十三条【犯罪未遂】已经着手实行犯罪，由于犯罪分子意志以外的原因而未得逞的，是犯罪未遂。

对于未遂犯，可以比照既遂犯从轻或者减轻处罚。

【迷奸案】八筒欲强奸二妞，便购买了迷药并尾随二妞，趁二妞低头系鞋带之际用针管注入其水中。二妞喝完便晕倒，八筒冲过去将二妞塞上面包车并扒掉其裤子欲行不轨。

思考：购买迷药、下药、塞上面包车扒掉裤子哪个行为属于强奸罪的着手？

——购买迷药属于预备行为，下药便属于强奸罪的着手。因为《刑法》第 236 条规定："以暴力、胁迫或者其他手段强奸妇女的……"，下药时就属于实施了强奸罪的实行行为（其他手段），并且造成了现实、紧迫的危险（随时会喝，喝完就倒）。

一、成立条件

1. 行为人已经着手实行犯罪（区分犯罪预备）。

（1）着手＝实行行为（分则规定的不同罪名的犯罪行为）＋对法益造成现实、紧迫的危险（缺一不可）。

【例外】部分很危险的犯罪，不需要实行行为，也属于着手。例．入户抢劫，入户就很危险了，就已经着手进入到实行阶段。

（2）是否已经着手是犯罪未遂与犯罪预备的区分点。

例．八筒观察到四斤的水果摊很赚钱，便打算抢劫四斤。八筒在身上藏好刀和绳索后，趁四斤去乡下进货买瓜时，伪装成老乡搭乘四斤的小货车，坐在副驾驶。途遇交警查车，交警见八筒神色慌张便进一步检查，在检查时八筒意图逃离被抓获。八筒的行为虽然对四斤的法益造成了现实、紧迫的危险，但还没实施分则规定的抢劫行为（要有强制手段），没有着手，故构成抢劫罪（预备），不是未遂。

① 刑法之所以将部分犯罪的预备行为规定为独立的犯罪行为，主要原因在于，对于部分较为严重的犯罪，其预备行为如果不规定为独立的犯罪，根据刑法总则规定认定为预备犯就"可以比照既遂犯从轻、减轻处罚或者免除处罚"，从宽的力度可能非常大。为了防止司法人员滥用自由裁量权，将部分严重犯罪的预备行为规定为独立的犯罪并设定独立的法定刑。

2. 由于犯罪分子意志以外的原因，犯罪没得逞（没有既遂）。

“欲”达目的而“不能”：行为人是希望犯罪能够既遂，但是因为意志以外的原因，导致不能继续犯罪，被迫放弃犯罪。

例 1. 甲去乙家盗窃，在翻找财物时被路过巡逻的警察当场抓住。甲入户盗窃即成立盗窃罪，因为意志以外的因素没能取得财物，成立盗窃罪（未遂）。

例 2. 甲去乙家盗窃，在翻找财物时听到楼下有警车停下，以为是来抓自己的，便匆忙逃走，实际警车只是临时停车。甲入户盗窃即成立盗窃罪，主观上以为犯罪不能继续，属于被迫放弃犯罪，成立盗窃罪（未遂）。

【注意 1】瓮中捉鳖型成立犯罪未遂。在行为人已经进入警方的圈套，被警方控制，根本不可能既遂，就算结果发生也定犯罪未遂。例．小偷已经被便衣包围，等小偷偷到财物，便衣就把小偷控制，由于小偷根本不可能成功，所以就算小偷窃取到财物，也成立犯罪未遂。

【注意 2】分则如果对未遂犯量刑有特殊规定，则不需要再适用总则的规定。

例．危害公共安全犯罪中的部分罪名规定：“尚未造成严重后果的，处 10 年以下有期徒刑”，这里是未遂的特殊规定，不需要再适用总则未遂的规定。

二、处罚

可以比照既遂犯从轻或者减轻处罚。

【陷阱】从犯的处罚是：应当从轻、减轻或者免除处罚（没有比照主犯）。

三、不能犯

不能犯在学理上有具体的细化分类：绝对不能犯和相对不能犯。

绝对不能犯（不成立犯罪，与犯罪形态无关）是指行为本身就不是犯罪行为，没有法益侵害的可能性。

例 1. 用扎小人的方法诅咒别人、正月里剪头杀舅舅、用白糖想毒死人等。这些行为是安全的，没有任何法益侵害可能性，所以属于绝对不能犯。

例 2. 八筒在荒无人烟的沙漠里看到一个树桩，以为是四斤便开枪射杀。题目强调荒无人烟的沙漠，没有法益侵害的可能性，不是犯罪行为，属于绝对不能犯。

相对不能犯（成立犯罪未遂）是指行为本身是犯罪行为，具有法益侵害的可能性，只是因为偶然情形在个案中没有达到犯罪既遂。

例．八筒想杀四斤，拿黑市上买的加特林朝四斤家里疯狂扫射，但四斤碰巧刚出门旅游不在家。虽然被害人不在家，看起来像是“不可能实现犯罪”，但是，行为人已经着手实施了开枪的杀人行为，且向他人家里扫射通常具有现实、紧迫的危险，具有法益侵害的可能性（不在家只是个偶然），成立故意杀人罪未遂。

【注意】是否具有法益侵害的可能性，需要结合具体案情判断。

例 1. 二妞从未下过厨房，误以为厨房里的白糖是砒霜，投入杯中端给八筒喝。投白糖没有任何法益侵害可能性，属于绝对不能犯，无罪。

例 2. 二妞买了砒霜准备毒杀八筒，但砒霜和白糖都放在调料架上，二妞误以为左边的白糖是砒霜，拿起来下在药中端给八筒喝。这个案情里存在砒霜，拿对拿错仅在一念之间，存在法益侵害的危险性，只是因为偶然的意志以外的因素（拿错了）未能得逞，故二妞构成故意杀人罪未遂。

判断分析

1. 甲意图杀害乙，经过跟踪，掌握了乙每天上下班的路线。某日，甲准备了凶器，来到乙必经的路口等候。在乙经过的时间快要到时，甲因口渴到旁边的小卖部买饮料。待甲返回时，乙因提前下班已经过了路口。甲等了一阵儿不见乙经过，就准备回家，在回家路上因凶器暴露被抓获。甲的行为构成故意杀人（未遂）罪。【错误，成立预备，还没有着手】

2. 甲深夜潜入乙家行窃，发现留长发穿花布睡衣的乙正在睡觉，意图奸淫，便扑在乙身上强脱其衣。乙惊醒后大声喝问，甲发现乙是男人，慌忙逃跑被抓获。甲的行为不构成犯罪。【错误，正常人家里都可能存在妇女，存在法益侵害可能性，构成犯罪未遂】

第五节 犯罪中止【客+主】【犯罪中止B】

法条群

《刑法》第一编 总则 第二章 犯罪 第二节 犯罪的预备、未遂和中止

第二十四条【犯罪中止】在犯罪过程中，自动放弃犯罪或者自动有效地防止犯罪结果发生的，是犯罪中止。

对于中止犯，没有造成损害的，应当免除处罚；造成损害的，应当减轻处罚。

一、处罚

犯罪中止没有造成损害的，应当免除处罚。造成损害的，应当减轻处罚。

【注意1】“造成损害”指犯罪行为所造成的损害，而非中止的行为造成的损害，如果中止行为造成损害，但犯罪行为没有造成损害，应当对之前的犯罪免除处罚。

【注意2】“造成损害”指造成刑法所禁止的侵害结果，但不能造成原本想犯之罪的结果（否则直接既遂），可以是其他犯罪的既遂结果。

例．甲想棒杀乙，打了乙两棍后，见乙求饶可怜便放弃犯罪，但已经造成乙轻伤。其轻伤结果属于“造成损害”的情形，对甲应当减轻处罚。

因为处罚“优惠力度很大”，所以犯罪中止成立的要求比较高。

二、犯罪中止的成立条件

（一）时间条件

发生在犯罪过程中，包括犯罪预备阶段、实行阶段。

【注意】犯罪既遂或未遂以后，返还原物、赔偿损失，只能算犯罪后的悔罪表现，不能成立犯罪中止。

（二）主观条件

1. **中止的自动性。“能”达目的而“不欲”**：行为人不希望犯罪能够既遂，在能继续犯罪时，**自动放弃**犯罪。

2. 中止的常见情形

（1）真诚悔悟，良心发现而停止。例．甲故意杀害邻居乙，看着乙倒在血泊里良心发现将乙送到医院治好。

（2）因被害人的哀求、对被害人怜悯、第三人的劝说而停止。例．甲故意杀害邻居乙，乙倒在血泊里一一陈述这么多年的邻居情，甲遂将乙送到医院治好。

（3）因为害怕受到法律制裁、神的处罚、鬼怪的纠缠而停止。例．甲故意杀害邻居乙，乙倒在血泊里，甲正好看到电视正演普法节目，害怕进监狱，遂将乙送到医院治好。

（**例外：如果法律制裁马上起作用的，如警察就在身边，则成立未遂**）。

（4）目的物的障碍。针对特定物实施犯罪，如果**特定物不存在**，成立犯罪**未遂**；但针对**可替代物**实施犯罪，如果存在具有可替代性的对象，不继续实施犯罪的，成立犯罪**中止**。

针对**人身权利**的犯罪中，特定对象没有出现而放弃的，属于犯罪未遂。

例1. 甲是古董玩家，欲偷乙家的明代瓷瓶，甲深夜潜入乙家，翻找很久没有发现瓷瓶遂离去，甲针对特定物，成立犯罪未遂。

例2. 甲是古董玩家，最近因为失误亏的倾家荡产，甲听说乙刚卖出了瓷瓶，家中有大量现金，便去乙家盗窃点现金，翻找很久没有发现现金，但乙家有很多其他古董，甲也没拿就离去。现金具有可替代性，甲完全可以拿走其他古董，故甲成立犯罪中止。

（5）厌恶问题和遇到熟人问题，看障碍大小。**障碍太大的视为“不能”，定未遂；普通障碍的视为“不欲”，定中止。**

例1. 甲拦路抢劫路人，发现路人是父亲乙，甲便住手。障碍太大，成立犯罪未遂。

例2. 甲拦路抢劫路人，发现路人是高中同学丙，甲便住手。障碍太小，成立犯罪中止。

3. 中止与未遂的核心区分：“能”与“不能”的判断

犯罪中止是**“能”**达目的而“不欲”，犯罪未遂是“欲”达目的而**“不能”**，其中“能”与“不能”的判断，要以**行为人的主观**为判断标准。

不能因为存在客观障碍就否认中止的自动性。虽然客观具有一定的障碍，但只要行为人**主观上认为**：犯罪行为还能实施下去，但自动停下来，没有实施下去，就可以成立犯罪中止。

同理，如果行为人主观以为不能继续了，不能因为客观还可以继续就认定为中止，应该认定为未遂。如行为人基于对犯罪对象、犯罪工具、因果关系、犯罪周围的环境等的认识错误，导致其认为自己客观上无法实施并完成犯罪，进而被迫停止，也是未遂——**重点是主观上是被迫**，这个人还想犯罪。

【提示】主客观不一致的案情，**以犯罪分子主观来判断是否具有中止的自动性，**客观环境**是陷阱**，不要去考虑。

例1. 上节例子：甲去乙家盗窃，在翻找财物时听到楼下有警车停下，以为是来抓自己的，便匆忙逃走，实际警车只是临时停车。甲成立犯罪未遂，甲不具备主观自动性（以为警察来抓自己，被迫地放弃犯罪），不能成立犯罪中止（客观上警察是不是来抓甲的不需要予以考虑，是陷阱）。

例2. 甲为了杀乙而向乙的食物中投放毒药，见乙神态痛苦而反悔，将乙送往医院抢救脱险。事后证明甲投放的毒药没有达到致死量，即使不送往医院也不会死亡，甲依然成立犯罪中止，因为甲具备中止的主观自动性（客观毒药是否能毒死人不需要考虑）。

核心逻辑是：中止和未遂都是客观上没得逞（没有因果关系，不既遂），但中止还有主观自动性这个条件，如果行为人主观上具备了自动性，就应该认定为中止，没有才是未遂做兜底，中止的判断优先于未遂，而是否主观自动放弃犯罪，就看行为人主观（到底想继续，还是不想继续），不要考虑客观。

（三）中止行为

1. 没种下因（没有作用到被害人身上）时，自动放弃犯罪即可。例．甲故意杀害乙，向乙捅了一刀，乙躲避开来，甲瞬间顿悟放弃了犯罪。

2. 种下了因（作用到被害人身上）时，除了自动放弃，还要真诚地实施挽救行为避免结果发生。[①] 例．甲故意杀害乙，捅中了乙的腹部，甲不仅要自动放弃犯罪，还有真诚地采取有效措施避免乙死亡。若甲立即将乙送到医院救治，就是一个合格的中止行为；若甲只是给乙吃两片布洛芬止疼，就不是一个合格的中止行为。

（四）有效性（犯罪既遂的优先性）

中止的有效性，本质就是既遂的优先性。要想成立犯罪中止，就不能有因果关系，有因果关系就既遂，无法成立中止。

因此，如果“没种下因（犯罪行为没作用到被害人身上）”，中止的成立条件就是自动停下来；但如果“种下了因”，这个时候自动停下来还不够，必须要消灭因果关系，要么让果不要发生（有效的避免了结果的发生，有效性），要么没有关系（虽然发生了结果，但是被异常的介入因素中断，切断因果关系）。

例 1.（没种下因时不需要考虑有效性）甲故意杀害乙，向乙捅了一刀，乙躲避开来，甲瞬间顿悟放弃了犯罪。没有种下因时，肯定不会有因果关系，成立犯罪中止。

例 2.（种下了因但有效避免结果发生）甲故意杀害乙，捅中了乙的腹部，甲立即将乙送到医院救治，乙经过治疗康复。甲虽然种下了因，但是有效的避免了结果的发生，也没有因果关系，成立犯罪中止。

例 3.（虽然发生了结果，但是被异常的介入因素中断）甲故意杀害乙，捅中了乙的腹部，甲立即将乙送到医院救治，但途中发生地震，乙被石头砸死。甲种下了因，采取了真诚有效的措施，虽然发生了结果，但结果是异常的介入因素导致的，甲的行为与结果没有因果关系，成立犯罪中止。

① 不以行为人单独实施为必要，行为人将被害人送至医院，在医生的努力下防止了既遂结果的发生，也成立犯罪中止。但是，行为人必须作出了真诚的努力，其行为对防止犯罪结果发生起到了决定性作用，否则不成立犯罪中止。例如，行为人在其放火行为还没有既遂的情况下，喊了一声“救火啊”，然后便逃走了，即使他人将火扑灭，也不成立犯罪中止。

【犯罪形态判断思路图】

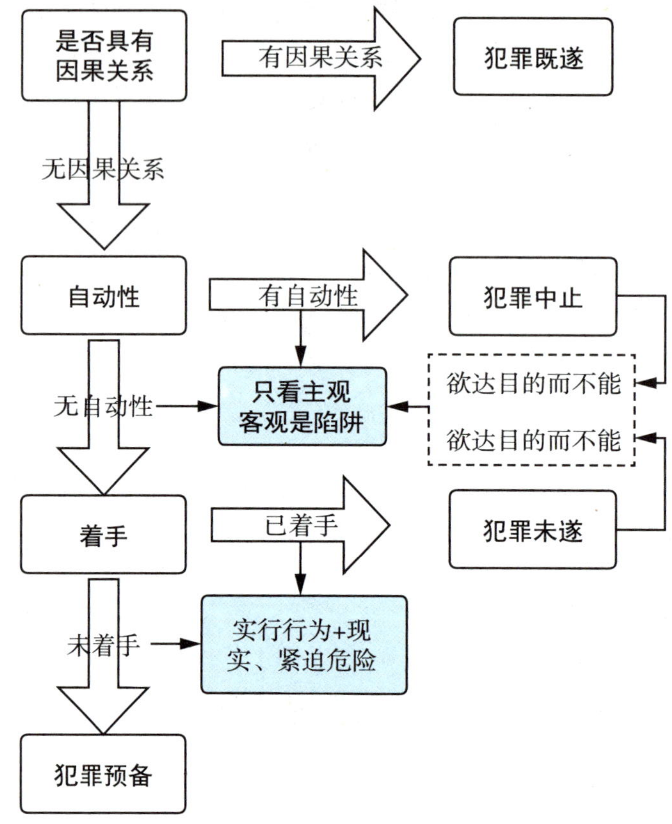

判断分析

关于犯罪中止，下列说法正确的是？（2022 年仿真题）

A. 甲、乙系夫妻，因琐事发生争吵，乙提出离婚后欲上床睡觉。甲害怕离婚，遂起杀妻之念，边掐乙的脖子边问其是否离婚，乙连声回答"要离"。甲掐乙的脖子越掐越紧，导致乙昏迷休克。甲认为乙被掐死，遂松手观望。两分钟后乙醒来要喝水，甲递给乙水，没有继续实施杀害行为。甲成立故意杀人罪的犯罪中止【正确，观望时犯罪未终局，犯罪仍在继续，后来自动放弃，成立犯罪中止】

B. 甲打电话威胁乙向其银行卡打 30 万元，否则就杀了乙。后甲怕被抓，又发短信让乙不要打钱。乙为保安全还是往甲的银行卡上打了 30 万元。甲成立敲诈勒索罪的犯罪中止【错误，已作用到被害人身上，不具有有效性】

C. 甲计划通过六次投放毒药致妻子乙慢性中毒死亡，投放四次后，甲心生悔意，放弃了进一步的投放行为，但因前四次毒药投放的量过大致乙死亡。甲成立故意杀人罪的犯罪中止【错误，已作用到被害人身上，不具有有效性】

D. 化学老师甲制造毒品后，因感到害怕，又将制造好的毒品倒入沟里。甲成立制造毒品罪的犯罪中止【错误，只要制造出毒品，就成立制造毒品罪既遂，犯罪形态具有不可转换性，之后的行为不改变犯罪形态】

第六节　加重犯的未遂、中止形态【加重构成与犯罪形态 D】

【公园强奸案】某天下午八筒将二妞拖入公园草丛欲强奸，二妞说："蒋某人的刑法课说过，在公共场所强奸妇女的，属于加重情节，判刑很重。"八筒害怕，遂将二妞带至隐蔽地点实施了奸淫行为。

思考：如何认定八筒的犯罪形态？

——对于基本的强奸罪，八筒当然成立犯罪既遂，但对于加重强奸罪（当众强奸妇女），属于犯罪中止，最终想象竞合择一重罪处罚。

犯罪既遂、未遂、中止不仅仅是针对基本犯罪而言，对于加重犯，也应承认其犯罪未遂（中止）形态。

例．普通抢劫罪处三年以上十年以下有期徒刑，并处罚金；在公共交通工具上抢劫，处十年以上有期徒刑、无期徒刑或者死刑，并处罚金或者没收财产。甲在公共交通工具上抢劫，即便分文未抢到，也应成立抢劫罪的加重犯（在公共交通工具上抢劫）的犯罪未遂，如果以抢劫罪基本犯的未遂处罚，明显不符合罪刑相适应原则。

【**总结**】主观想：基本犯罪＋加重，客观出现：加重未遂，则成立加重犯的未完成形态。

主观题延伸拓展

案例 1：月黑风高，乙在一偏僻路段一把掳走一女性，捂住其口鼻，扼住其喉咙，意图实施强奸行为。正好此时路旁开过来一巡逻警车，乙害怕自己的行为被发现，放开该女性逃跑。

问题：对乙的犯罪形态进行分析？

案例 2：丈夫甲想杀死妻子乙，将毒药放入乙的饭碗中，准备等乙下班吃饭时中毒身亡，期间儿子先回家，拿起妈妈的饭碗就准备吃，甲不想失去自己的儿子，立马制止了儿子的行为，并将妻子饭碗中的饭倒掉。

问题：请评价甲的行为？

案例 3：甲携带凶器拦路抢劫，黑夜中遇到乙便实施暴力，乙发现是自己的同事甲，便喊甲的名字，甲一听便住手，还向乙道歉说："对不起，认错人了。"

问题：甲的行为如何认定？

案例 4：乙欠甲钱久拖不还，甲便打算让乙用命抵债。甲捅了乙几刀后，乙倒在地上痛苦呻吟，哭喊自己没用对不起甲，甲心软了，便赶紧开车送乙去医院。路程中，乙觉得自己毫无成就，欠了一屁股债，活着没意思，于是打开车门跳了下去，被后面驶来的车辆撞飞。后查明，如果乙按计划就医，就不会死亡。

问题：甲的行为如何认定？

案例 1—问题：对乙的犯罪形态进行分析？

答案：乙成立强奸罪（未遂）。乙在偏僻路上对妇女实施暴力，对妇女的人身安全造成了现实、紧迫的危险，已经着手实行。由于警车开过来这一意志以外的原因导致乙被迫放弃未能得逞，成立强奸罪（未遂）。

案例2—问题：请评价甲的行为？

答案：甲成立故意杀人罪的预备阶段的中止。

（1）本案中，丈夫甲主观想杀妻子乙，客观实施了在妻子饭碗中投毒的行为，但由于此时妻子还未回家，该行为尚未对妻子的生命法益造成现实、紧迫、直接的危险，即尚未着手实行犯罪，属于预备阶段。

（2）由于儿子端起了妻子的饭碗，甲怕伤及儿子，于是制止了儿子吃饭的行为，但此时妻子尚未回家，甲在能够继续犯罪的情况下自动停止，将该碗饭直接倒掉，成立故意杀人罪的预备阶段的中止。

案例3—问题：甲的行为如何认定？

答案：甲成立抢劫罪的中止。甲想要拦路抢劫，并且对乙实施了暴力行为，对乙的人身安全法益已经造成了现实、紧迫、直接的危险，已经着手实行，但因为乙是熟人的原因，甲放弃了犯罪，这属于小障碍，能够继续犯罪，自动停止了犯罪，因此行为人甲成立抢劫罪的中止。

案例4—问题：甲的行为如何认定？

答案：甲构成故意杀人罪的犯罪中止。

甲具有故意杀人的故意，实施了故意杀人行为，构成故意杀人罪。甲的杀人行为已经作用在被害人身上，在能继续实施犯罪的情况下，自动放弃犯罪并真诚努力地实施了能阻止结果发生的中止行为。虽然最终甲没能有效避免犯罪结果的发生，但该结果是由于异常并且作用大的介入因素导致的，中断了甲的杀人行为和结果的因果关系，故甲依然可以成立犯罪中止。

KEEP AWAKE

第十二章 共同犯罪【客+主】

第一节　共同犯罪概述【共同犯罪概述 C】

【强奸无辜案】八筒爱慕二妞，但二妞一直瞧不上贫穷的八筒。甲建议：“强行睡了她，连为她犯罪都不敢，你还敢说爱她？”。八筒觉得有道理便准备实施，八筒的好友们听说后纷纷助力，乙提供了1000元开房，丙在门口望风。八筒成功强奸了二妞，二妞报警，八筒及甲、乙、丙陆续归案。审讯过程中：

甲辩称：我又没有强奸，说说话犯了什么法？

乙辩称：我看八筒没钱，给他1000元犯法吗？

丙辩称：我看过《刑法》，里面没有望风罪，我劝你们不要多管闲事。

思考：孤立地看甲、乙、丙的行为合理吗？怎么才能让他们对二妞的被强奸负责？

——需要引入共同犯罪的概念来解决。

一、共同犯罪要解决的问题

在我国的《刑法》规范及相关理论中，一旦被认定为共同犯罪，则“一人既遂，全部既遂”，即行为人要对其他共犯的行为承担责任，其责任是更重的。

因此，共同犯罪理论主要解决两个关于责任承担的问题：一是成不成立共同犯罪的问题（部分犯罪共同说、行为共同说、完全犯罪共同说）；二是共犯人要对哪些结果负责的问题（共同犯罪的犯罪形态）。

二、共同犯罪的概念

法条群

《刑法》第一编 总则 第二章 犯罪 第三节 共同犯罪

第二十五条【共同犯罪的概念】共同犯罪是指二人以上共同故意犯罪。

二人以上共同过失犯罪，不以共同犯罪论处；应当负刑事责任的，按照他们所犯的罪分别处罚。

最高人民法院《关于审理交通肇事刑事案件具体应用法律若干问题的解释》

第五条第二款 交通肇事后，单位主管人员、机动车辆所有人、承包人或者乘车人指使肇事人逃逸，致使被害人因得不到救助而死亡的，以交通肇事罪的共犯论处。

由于罪刑法定原则，过失犯罪不成立共同犯罪。

说明：交通肇事后，车主、乘客、单位的主管人员指使肇事司机逃逸致被害人因得不到救助而死亡的，以交通肇事因逃逸致人死亡的共犯论处，并没有违反共同犯罪只能是故意犯罪的规定[①]。

【注意】如果说共同犯罪只能是故意犯罪，是对的。

【概念游戏】共同犯罪不包括共同过失犯罪，共同过失犯罪是一个单独概念。

例．甲、乙应当预见但没有预见山下有人，共同推下山上一块石头砸死丙，甲乙之间没有共同故意，不构成共同犯罪，只能构成共同过失犯罪，不构成共同犯罪。（2010 年第二卷第 6 题）

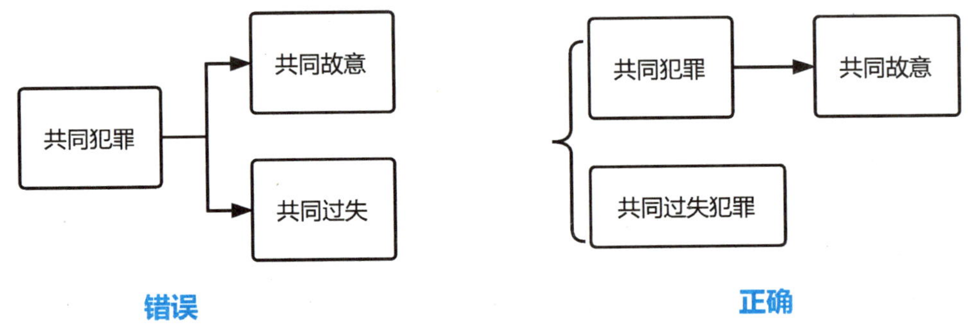

判断分析

甲、乙、丙、丁四人预谋杀戊，甲、乙用铁棒打，丙徒手，丁拿着刀在一边助威呐喊。最后造成戊死亡，尸检报告表明，只有一处头部致命伤，且是遭利器所致。无法证明是甲、乙二人谁的行为导致了被害人死亡，但肯定不是丙、丁的行为导致。丙、丁的行为没有导致被害人死亡，故二者的行为成立故意杀人罪未遂。【错误，甲、乙、丙、丁四人的行为均成立故意杀人罪既遂，因为四人系故意杀人罪的共同犯罪，各行为人都需要为其他人的行为承担责任】（2018 年仿真题）

第二节　共同犯罪的成立【客＋主】

一、共同犯罪的成立条件【共同犯罪的成立 B】

（一）二人以上

要求二人以上（人和单位也可以，单位和单位也可以，但单位犯罪时，自己内部员工之间或单位和自己内部员工之间不构成共同犯罪）。

【注意】不要求各共犯人（自然人）都达到刑事责任年龄。

① 承认交通肇事罪存在共犯，这是 2000 年 11 月 10 日最高人民法院《关于审理交通肇事刑事案件具体应用法律若干问题的解释》的明确规定。理由是：第一，车辆驾驶人员肇事引发交通事故虽是过失的，但在交通肇事后的逃逸行为却是故意的。尽管前后在主观方面发生变化，有所不同，但刑法并未因此对故意逃逸的行为单独定罪，而是将“交通肇事后逃逸”以及“因逃逸致人死亡的行为”规定为交通肇事罪的加重处罚情节，以一罪论处。第二，指使者虽未帮助或教唆实施肇事行为，但在明知肇事已发生的情况下，仍指使、教唆肇事人实施逃逸行为。最终，肇事行为与共同逃逸行为造成了被害人死亡的后果，指使者和肇事者对肇事后的逃逸具有共同的故意，故指使者应与肇事者共同对这一后果承担刑事责任，并且只能以交通肇事罪的共犯论处。

（二）共同故意

1. 二人以上需要有共同的犯罪故意

共同的犯罪故意指共犯人对共同犯罪具有意思联络，即认识到自己是在和他人“并肩作战”。

【注意】这里的意思联络要求形成比较紧密的共同体，各共犯人相互促进好办事，大家都有底气。只是单纯知道有其他人恰好在同时和自己犯罪（故意犯罪同时犯）的，没有意思联络，没有形成共同的犯罪故意，不是共同犯罪。

例．八筒从 1 号门进入商场一楼开始打劫金店，四斤恰好同时从对面的 4 号门进入打劫金店，双方在商场中间相逢一笑，又各自朝 2 号门、3 号门方向打劫而去。这属于故意犯罪同时犯，双方即便相逢一笑、知道了还有人在实施犯罪，也不能认为双方此时达成了意思联络，构成共同犯罪。

【做题技巧】在法考题目中，成立共同犯罪的标准比实践和理论会低一些，题目一般出现“明知别人在犯罪，还去参与”就可以成立共同犯罪，但实践中的标准会高一些。

2. 片面共犯（仅一方有共同故意）

片面共犯指参与同一犯罪的人中，一方认识到自己在和他人共同犯罪（有共同故意），另一方没有认识到自己在和他人共同犯罪（没有共同故意）。片面共犯包括：片面的帮助犯、片面共同正犯（实行犯）、片面教唆犯。

（1）片面的帮助犯：在正犯没有意识到的情况下，对其犯罪提供帮助、创造条件的行为。

我国刑法理论通常认为片面的帮助犯成立共同犯罪，一般不需要观点展示。[①] 知情者具有共同故意，需要对不知情者的行为承担责任，不知情者只对自己的行为承担责任。

例．甲去丙家盗窃，乙发现了之后自愿在楼下为甲望风，期间丙回家，乙拉着丙唠了 1 小时家常，看到甲顺利取得财物离去，乙才和丙告别。甲全程不知道乙的存在。乙认识到自己在和他人共同盗窃，对甲的犯罪知情，需要对甲的行为负责，成立盗窃罪的片面帮助犯，甲只成立个人的盗窃罪。

（2）片面共同正犯（实行犯），即一方在另一方不知情的情况下一同参与实施了实行行为。对于片面共同正犯是否成立共同犯罪，有两种观点：

观点一：如果肯定片面共同正犯是共同犯罪，知情者需要对其主观上认识到的全部行为负责任，即需要对不知情者的行为及自己的行为整体承担责任，不知情者只对自己的行为负责。

观点二：如果否认片面共同正犯是共同犯罪，知情者只需要对自己的行为单独承担责任，单独定罪。

例．甲想杀乙，趁黑夜进入乙家，将乙杀死，丙也想杀乙，得知甲的计划后，提前埋伏在乙的房间，趁甲捅乙的时候，也偷偷上去捅了两刀，事后查明乙是被甲捅死的。

分析：丙在甲不知情的情况下，具有共同的杀人故意，并参与了杀人的实行行为，属于片面的共同正犯，对于片面共同正犯的处理，有以下观点：

观点一：如果肯定片面共同正犯是共同犯罪，丙就应对甲的行为负责，即对乙的死亡结果负责，构成故意杀人罪既遂。

观点二：如果认为片面共同正犯不是共同犯罪，丙就无需对甲的行为负责，只需要对自己的行为负责，即丙以杀人故意，实施了杀人行为，但未造成死亡结果，成立故意杀人罪未遂。

（3）片面教唆犯，即被教唆者没有意识到自己被教唆的情况。

---

① 当然，如果题目非让观点展示的话，也可以从肯定片面帮助犯构成共同犯罪和否定片面帮助犯构成共同犯罪两个角度作答。

例．八筒想杀四斤的妻子，但八筒信佛不想杀生，便想借刀杀人。八筒故意引导四斤看到其妻子与老王去开房，四斤果然恼羞成怒将妻子杀死。八筒教唆四斤故意杀人，但四斤没有意识到自己被教唆，八筒属于片面的教唆犯。

对于片面的教唆犯是否成立共同犯罪，和片面共同正犯一样，也存在两种观点，分析思路相同。

（三）共同行为

共同行为包括共同作为（包括共谋）、不作为。也可以是作为与不作为的结合。

例1. 甲、乙是夫妻，想杀害吸毒的儿子丙，甲在丙的饮料中放了过量的安眠药，丙昏迷后，乙用刀刺死了丙。甲、乙具有共同杀人的故意，是共同的作为。

例2. 甲、乙是夫妻，二人的儿子丙在外面吸毒时被人打成重伤，爬回家中后，甲和乙都不想救，2天后，丙因无人救助死亡。甲、乙具有共同杀人的故意，是共同的不作为。

例3. 甲、乙是夫妻，甲想杀害吸毒的儿子丙，便在丙的饮料中放了毒药，乙看到了后没有制止，最终丙被毒死。甲、乙具有共同杀人的故意，甲是作为，乙是不作为。

（四）讨论是否成立共同犯罪时，不需要考虑阻却事由

共同犯罪本质上是因果关系的结果归属问题，由此决定了共同犯罪具有客观性。讨论是否成立共同犯罪的时候，只需要考虑客观不法层面，不需要考虑阻却事由和责任层面，即不需要考虑正当防卫、紧急避险等客观阻却事由，不需要考虑刑事责任年龄、刑事责任能力等主观阻却事由，也不需要考虑犯罪故意是否完全相同。

【总结】阻却事由和责任各共犯人分别判断。

例.20周岁的甲和15周岁的乙共同盗窃（不属于间接正犯），甲望风，乙进入他人家中盗窃。乙虽因未达刑事责任年龄不用对盗窃负责，最终无罪，但在之前成立犯罪的客观不法阶段乙依然和甲成立共同犯罪（此时不需要考虑责任年龄），那么就可以将乙的行为归属到甲身上，甲构成盗窃罪。

如果非要认为成立共同犯罪时需要考虑阻却事由，那么由于乙具有阻却事由（未达刑事责任年龄），所以甲和乙不成立共同犯罪，不成立共同犯罪就无法将乙的行为归属到甲的身上，只能对甲的行为单独判断，甲只实施了望风行为，但刑法未规定"望风罪"，最终甲也无罪。明明发生了一个盗窃事实，被害人遭受了损失，最终没有人构成犯罪——显然不合理。

二、共同犯罪的形成时间【共同犯罪的成立B】

只要前行为人的犯罪行为还在持续进行中，中途参与进来的，就可以成立共同犯罪。

【注意】继续犯既遂后加入依然可以成为共同犯罪。例．绑架既遂后其他人加入帮忙索要财物，可以构成绑架的共同犯罪。

（一）承继的共犯

承继的共犯是指明知道他人正在实施犯罪，仍然在中途加入其中。承继的共犯不对加入前的行为以及造成的结果负责，加入后形成共同犯罪的，适用共同犯罪的原理（要负责）。

例．八筒杀甲，捅第一刀后，四斤加入帮忙按住甲，八筒又捅第二刀，甲死了，分析：

①四斤明知八筒正在犯罪，仍然中途加入，属于承继的共犯，二人构成故意杀人罪的共同犯罪。

②如果是第一刀导致的死亡，四斤不需要对此负责（因为四斤还没加入，没有注入因果力），八筒定故意杀人罪（既遂），四斤定故意杀人罪（未遂）。

③如果是第二刀导致的死亡，四斤需要对此负责（因为已经加入形成共同犯罪，注入了因果力），八筒和四斤都定故意杀人罪（既遂）。

④如果查明不了是哪一刀导致的，按照上述分析，无论第一刀还是第二刀，全程参加者八筒都要对此负责，所以八筒定故意杀人罪（既遂），但四斤不需要对此负责（因为万一是第一刀导致的会冤枉四斤），四斤定故意杀人罪（未遂）。

【总结】承继的共犯加入之前不负责，加入后都负责；查不清的，只有全程参加者负责。

（二）事前无通谋的窝藏、包庇、窝赃、销赃行为

1. 事前无通谋的窝藏、包庇、窝赃、销赃行为，事后提供帮助的，不构成共同犯罪。因为犯罪已经结束，犯罪不在持续过程中，不可能形成共同故意。对事后帮助行为可以单独定罪。

【做题技巧】如果题目表达“事先明知”，那么认为之前就已经共谋好，形成了共同犯罪故意，构成共同犯罪。

2. 犯罪分子本人不可能成立窝藏，包庇，掩饰、隐瞒犯罪所得，伪证等罪名（不具有期待可能性）。所以如果已经形成共同犯罪，后面的窝藏，包庇，掩饰、隐藏犯罪所得，伪证等行为不需要定罪。

例 1. 甲盗窃结束之后，乙加入帮忙销赃。分析：

①由于犯罪已经结束，所以乙不可能形成共同犯罪故意，不构成盗窃罪共同犯罪。

②乙销赃行为可以单独定掩饰、隐瞒犯罪所得罪。

③甲由于不具有期待可能性（不可能期待小偷不销赃），所以甲不定掩饰、隐瞒犯罪所得罪。

例 2. 乙事先就明知甲要去盗窃，还承诺帮忙销赃，甲盗窃后，乙帮忙把赃物卖出。分析：

①由于乙事先就加入，具有共同犯罪故意，所以二人构成盗窃的共同犯罪。

②后面销赃的行为两个人都不具有期待可能性（两人都是小偷），所以两人都不构成掩饰、隐瞒犯罪所得罪。

三、共同犯罪的成立范围【部分、行为犯罪共同说 B；实行过限 D】

（一）关于共同犯罪成立的三种学说：

1. 部分犯罪共同说（法考观点）

部分犯罪共同说是指成立共同犯罪，不要求两人客观行为完全相同、主观故意完全相同，只要有部分相同或重合，那么在重合部分可以成立共同犯罪。即便两个人的罪名完全不一致，甚至有一方最终因为没有达到责任年龄而不构成犯罪，二者也成立共同犯罪（注意区分间接正犯），部分重合的情形有：

完全包容关系（大包小）：盗窃、抢夺武器装备、军事物资罪与盗窃罪和抢夺罪之间（法条竞合）；故意杀人罪和故意伤害罪，绑架罪与非法拘禁罪，强奸罪与强制猥亵、侮辱妇女罪，抢劫罪和抢夺罪，抢劫罪与盗窃罪，抢劫罪与敲诈勒索罪（重罪与轻罪）。两人盗窃，其中一人转化为抢劫，但在盗窃的范围内二人是成立共同犯罪的（转化犯）。

交叉包容关系：招摇撞骗罪（骗财或骗荣誉地位等）与诈骗罪（骗财），在诈骗罪的范围内成立共犯。

【注意】此部分主要运用包容评价思维，参见之前抽象认识错误部分。

例．甲以杀人的故意，乙以伤害的故意，共同对丙实施暴力，根据部分犯罪共同说，二人在故意杀人罪与故意伤害罪的重合部分（故意伤害罪）成立共同犯罪，即甲、乙二人成立故意伤害的共同犯罪。

2. 完全犯罪共同说

完全犯罪共同说认为，共同犯罪必须是数人共同实行特定的犯罪，或者说二人以上只能就完全相同的犯罪（罪名相同）成立共同犯罪。

例．甲以杀人的故意，乙以伤害的故意，共同对丙实施暴力，按照完全犯罪共同说，甲乙二人想犯的罪不是一个罪，则不能成立共同犯罪，应分别定罪处罚。

3. 行为共同说

行为共同说认为，共同犯罪是指数人共同实施了行为，只要客观行为具有共同性就可以成立共同犯罪；在"意思联络"方面，不要求数人必须具有共同故意实施犯罪的意思联络，只要就实施行为具有意思联络（甚至过失的意思联络），即不要求"我们一起去持枪杀人"，只要求"我们一起去射击"就可以成立共同犯罪。

例．甲乙二人比赛射击，结果其中一发子弹过失击中旁边的丙，致其死亡，但无法查清是谁的子弹打中了丙，根据行为共同说的观点，只要共同实施了行为，对实施行为具有意思联络，即使对犯罪没有意思联络，过失实施了行为，也成立共同犯罪，各行为人均应对危害结果负责，即甲乙构成过失致人死亡罪的共同犯罪，均应对丙的死亡结果承担责任。

【总结】部分犯罪共同说是法考主流观点，没问观点展示的情况下，以部分犯罪共同说分析即可。

（二）实行过限

实行过限是指在共同犯罪中，部分共同犯罪人超出原共同犯罪谋定的范围之外，另实施了其他犯罪行为。例．甲和乙共同去丙家盗窃，乙发现丙貌美，便又强奸了丙。二人共同犯罪的范围是盗窃罪，乙超出了原盗窃罪范围之外，另实施了强奸行为，属于实行过限。

实行过限主要考：其他共犯人是否需要对过限人的实行过限负责。

【判断标准】先判断对超出部分的犯罪是否有主观故意，再判断之前的共同犯罪行为有没有对结果注入因果力。

【分析步骤】以共谋入户盗窃，一人望风，一人入室实施了其他犯罪的行为模型为例：

第一步：在外望风的人只有盗窃的故意，只能定盗窃罪。

第二步：入室的人有多个犯罪故意，分别定多个罪。

第三步：梳理一共有多少个结果，并逐个判断。犯罪结果中能够归因于之前共同犯罪的，望风的人需要对该结果负责；犯罪结果中，无法归因于共同犯罪罪名的，望风的人不需要对此负责。

例．甲、乙共谋盗窃，甲负责望风，乙入室盗窃，乙入室后发现被害人丙相貌出众便实施了强奸，并使用暴力让丙将家中的财物交出来，造成丙轻伤，并拿走了丙家中价值 1 万元的财物——原共同犯罪是盗窃罪，实行过限的犯罪是强奸罪和抢劫罪。

第一步：甲仅有盗窃的故意，只定盗窃罪。

第二步：乙具有强奸、抢劫两个故意（盗窃的犯意升级为抢劫，只需要评价抢劫即可），应分别定强奸罪、抢劫罪。

第三步：本案中一共出现了三个结果，一是丙性自主权被侵犯的结果，二是丙的财产损失的结果，三是丙受轻伤的结果，对上述三个结果逐个分析：

①强奸的结果无法归因于盗窃行为，因此甲不对强奸的结果负责；

②抢劫的结果可以利用包容评价思维评价为盗窃结果，所以抢劫结果可以归因于盗窃行为，甲需要对丙的财产损失负责；

③盗窃行为不具有造成人身损害的危险，丙的轻伤结果无法归因于盗窃行为，因此甲无需对丙的轻伤后果负责。

综上，甲构成盗窃罪，要对财产损失负责，成立盗窃罪既遂；乙构成抢劫罪既遂、强奸罪，甲乙在盗窃罪的范围内成立共同犯罪。

判断分析

1. 甲绑架人质乙后，要求人质的妻子丙火速交付30万元赎金，否则就撕票。妻子丙经常被丈夫乙打骂，觉得是除掉丈夫的好机会，便以无钱为由，拒付赎金，也未报警。绑架犯甲恼羞成怒，杀害人质乙。关于本案，下列说法正确的是？（2021年仿真题节选）

A. 即使认定妻子丙与绑架犯甲构成共同犯罪，也只能认定妻子丙与绑架犯甲构成故意杀人罪的共同犯罪【正确，本项预设了前提：承认丙与甲成立共同犯罪，需要具体判断是成立绑架罪还是故意杀人罪的共同犯罪。丙没有绑架的故意和行为，不可能和甲形成绑架罪的共同犯罪。但二人都有故意杀人的故意和行为，故只能构成故意杀人罪的共同犯罪】

B. 只有承认片面共犯理论，才能认定妻子丙与绑架犯甲构成故意杀人罪的共同犯罪【正确，甲并不知情丙想杀乙，只是以为丙没钱，即丙属于知情的片面共犯，甲属于并不知情的片面共犯】

2. 甲见赵某私入某小区王某家，猜想赵某是去盗窃，便在赵某不知情的情况下为赵某放风。后看到主人王某返回该小区，故意与王某聊天，拖延王某，为赵某盗窃争取时间，后赵某盗窃既遂。甲构成盗窃罪的共同犯罪。【正确，甲知道自己在和赵某共同犯罪，属于片面的帮助犯，注意，除非题目要求观点展示，不然片面帮助犯就构成共同犯罪】（2021年仿真题）

3. 甲、乙共谋去盗窃某单位财物，商定由乙驾车载甲前往某公司，乙坐在车内等候。甲成功盗窃财物后被保安丙发现，保安丙紧追不放，甲大喊车内的乙出来帮忙，乙下车和甲共同殴打保安丙，致其轻伤后驾车逃走。下列选项说法正确的是？（2020年仿真题）

A. 甲既实施了盗窃财物的行为，又对丙使用了暴力，成立抢劫罪【正确】

B. 不论甲、乙的行为性质是否相同，甲、乙触犯的罪名均相同【正确】

C. 甲、乙对丙使用了暴力，甲、乙成立抢劫罪的共犯【正确，甲和乙在盗窃过程中共同使用暴力，构成转化抢劫的共犯】

D. 甲、乙成立故意伤害罪的共犯【错误】

第三节　共同犯罪人的分类【客+主】

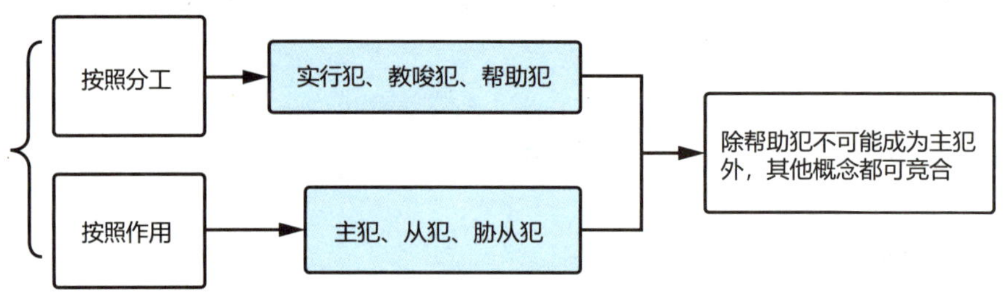

一、主犯与首要分子【教唆犯与帮助犯、主犯与从犯等B】

1. 主犯

主犯是指在共同犯罪中起主要作用的犯罪分子。包括两类:（1）组织、领导犯罪集团的首要分子;（2）其他在共同犯罪中起主要作用的犯罪分子。

2. 首要分子

根据《刑法》第九十七条规定，首要分子是指在犯罪集团或者聚众犯罪中起组织、策划、指挥作用的犯罪分子。即首要分子包括两类:（1）犯罪集团中起主要作用的;（2）聚众犯罪中起主要作用的。

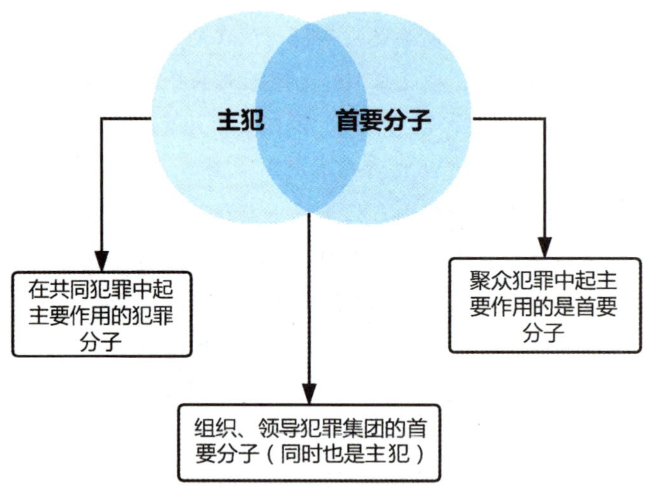

①首要分子不一定是主犯。因为有的聚众类犯罪，刑法分则规定仅惩罚首要分子，其他人不用承担刑事责任，如果首要分子只有一个人的话，连共犯都不构成，谈何主犯、从犯之分。

②主犯不一定是首要分子。因为主犯只是起的作用比较大，而首要分子主要是一种“官”，有的情形下，虽然你干活比较积极，但就不是“官”，你只是积极参加。

③犯罪集团的首要分子一定是主犯，其他没有必然联系。

二、正犯（实行犯）【间接正犯A】

【观赏房事案】八筒周末在某大学附近看到很多对情侣去开房，感觉憋了一肚子火，便尾随一对情侣甲男、乙女进入酒店房间，持刀威胁两人当自己面发生性关系，不然就血溅当场全宰了，甲没办法只能和乙发生了性关系。

思考：八筒构不构成强奸罪，如何评价其行为？ 甲构不构成强奸罪？

——先明确，没有人愿意在这种情况下发生性关系，甲、乙实际都是不自愿。

对乙：八筒虽然没亲自强奸，但属于将甲作为工具人使用，操纵甲间接强奸了乙，在刑法中这叫间接正犯，构成强奸罪的间接正犯。

对甲：八筒的花样行为直接侵犯了甲的性羞耻心，构成强制猥亵罪的直接正犯。

虽然乙不自愿，但甲不构成强奸罪，因为甲为了避免2个人的生命法益遭到侵害，迫不得已牺牲了性法益，属于紧急避险。

正犯（也可称为实行犯）：支配了法益侵害结果发生的犯罪人。可以分为直接正犯和间接正犯。

直接正犯是指直接实施实行行为，支配了法益侵害结果的犯罪人。例．甲拿着丙提供的刀，直接杀死了乙，甲是直接正犯（实行犯），丙是帮助犯。

间接正犯是指，将他人作为犯罪工具，利用他人实施实行行为，自己不参与实行行为的犯罪人，主要包括下面几种情况：

1. 利用无责任能力者的身体活动。例．甲教唆3岁小孩盗窃，甲构成盗窃罪的间接正犯。

2. 利用没有意志力的身体活动。例．乙的身后站着丙，丙搬着一珍贵文物，甲丙是仇人，甲用针刺了一下乙，乙受惊吓猛地往后一退，撞碎了身后站着的丙手里的珍贵文物。甲的行为成立故意损毁文物罪的间接正犯。

3. 利用缺乏故意的行为，致使不知情者实施危害行为。例．医生利用不知情的护士给他人注射毒药。

4. 利用者对被利用者进行强制。例．甲用枪指着乙，要乙去抢丙的财物。

【学习提示】间接正犯需要达到“工具”这个程度，无意识或者意识弱。一般情况下，被利用的“工具”不成立犯罪，只有间接正犯一个人构成犯罪，不属于共同犯罪。

三、教唆犯【教唆犯与帮助犯、主犯与从犯等B】

法条群

《刑法》第一编 总则 第二章 犯罪 第三节 共同犯罪

第二十九条【教唆犯】教唆他人犯罪的，应当按照他在共同犯罪中所起的作用处罚。教唆不满十八周岁的人犯罪的，应当从重处罚。

如果被教唆的人没有犯被教唆的罪，对于教唆犯，可以从轻或者减轻处罚。

教唆犯：从无到有地引起他人的犯罪意图。

（一）教唆犯的成立条件

1. 引起犯意

教唆特定的人实施特定的犯罪，从无这个罪的犯罪意图到有这个罪犯罪意图。

（1）他人已有某罪犯意的情况下教唆他人犯此罪，属于强化犯意，是帮助犯（没有引起）。例．八筒苦追二妞不得，四斤对八筒说：“看你那怂样，直接生米煮成熟饭强行睡了她不就完了！”实际上八筒这几天正有此意，便坚定了想法强奸了二妞。八筒已有犯意，四斤属于强化犯意，是心理的帮助犯。

（2）他人已有犯重罪的意图，教唆他人犯性质相同的轻罪，教唆者不构成教唆犯，因为降低了法益受到的危险。例．八筒苦追二妞不得，便想直接生米煮成熟饭强行睡之。四斤听后劝道："蒋某人教过我，强奸三年起步，不值当，你扒她衣服摸两把过过瘾算了。"八筒觉得有道理，便只强行猥亵了二妞。八筒已有重罪犯意，四斤降低了八筒的犯意，降低了法益危险，不构成教唆犯。

（3）本来想轻罪，教唆重罪，成立重罪教唆犯。例．八筒苦追二妞不得，便想扒掉二妞衣服摸两把过过瘾。四斤听后教训道："看你那怂样，直接梭哈强行睡了她，看她能把你怎么样！"八筒便强奸了二妞。八筒本只有轻罪犯意，四斤提高了犯意，增加了法益危险，构成重罪的教唆犯。

（4）本来想基本犯罪，但教唆加重情节成立加重犯的教唆犯。例．八筒苦追二妞不得，便想直接生米煮成熟饭强行睡之。四斤听后教训道："强奸完她也不一定跟你，你得在公共场所当众强奸，让别人都不敢娶她，那她就只能是你的了！"八筒听后大受震撼，便于傍晚在公园里强奸了二妞。八筒只有犯强奸罪基本犯的犯意，四斤提高了八筒的犯意，增加了法益危险，构成在公共场所当众强奸的教唆犯。

2. **特定犯罪**。必须是唆使他人实施**较为特定的犯罪【共同犯罪的共同故意】**，让他人实施完全不特定的犯罪的，难以认定为教唆行为。【区分传授犯罪方法罪】

3. **主观**。必须有教唆故意，过失不可能成立教唆犯。（即说错话不成立教唆犯）

（二）教唆未遂

如果被教唆的人**没有犯被教唆的罪**，对于教唆犯可以从轻或者减轻处罚（《刑法》第二十九条第二款）。

【注意】教唆未遂**不是指犯罪形态**，而是对这种特殊情形进行抽象的专业名词（教唆没有完成）。（教唆未遂有可能无罪）

（1）如果被教唆的人着手实行了犯罪，但因为意志以外的因素未能得逞，被教唆的人和教唆犯当然都成立犯罪未遂。

（2）但如果被教唆的人没有着手实行犯罪，对于教唆的人能否适用《刑法》第二十九条第二款进行处罚，存在观点展示：

①共犯独立性说认为，教唆犯是独立的，即便被教唆的人没有着手实行被教唆的罪，教唆行为依然具有危险性，要给实施教唆的人定罪，属于教唆未遂。——**单独的教唆行为值得被处罚**。

②**共犯从属性说**认为（**法考主流观点**），教唆犯是从属于实行犯的，既然被教唆的人没有着手实行被教唆的罪，单纯的教唆行为没有危险性，所以不需要给实施教唆的人定罪，无罪。——**单独的教唆行为不值得被处罚**，实行犯都是无罪或预备，对教唆犯更应打折。

例．甲教唆乙杀人，乙没有接受教唆，根本没有实施任何杀人行为／只实施了预备行为（即没有着手实行）。按照共犯独立性说，甲依然构成故意杀人罪的教唆犯，属于教唆未遂，可以从轻或者减轻处罚；按照共犯从属性说，甲无罪。

（三）教唆犯正犯化

分则有特殊规定，**将教唆行为规定为独立的犯罪**，则按照分则特殊罪名定罪，无需定相应犯罪的教唆犯。

例．煽动他人分裂国家的行为，是分裂国家罪的预备行为，立法者在《刑法》第103条第2款将这一行为规定为独立的罪名：煽动分裂国家罪，并规定了独立的法定刑。只要实施了煽动行为，就属于本罪的实行行为，即便被煽动者没有实施分裂国家的行为，煽动者也构成煽动分裂国家罪的既遂。

（四）教唆犯与间接正犯

教唆犯是引起他人的犯意，间接正犯不仅引起他人犯意，还进一步地支配他人犯罪。

教唆犯与间接正犯之间不是排斥关系，存在竞合。可以认为间接正犯是更为严重的教唆：

1. 主观具有间接正犯的故意，客观上起到了教唆犯的效果。成立教唆犯。例．甲以为乙是 12 岁的小孩，便唆使乙去盗窃丙家，乙成功去丙家盗窃了财物。实际上乙已经 18 周岁（营养不良）。甲主观上有支配 12 岁小孩犯罪的间接正犯故意，但实际上乙已经 18 周岁，没有被支配，实际起到了教唆犯的作用。甲成立盗窃罪的教唆犯。

2. 主观具有教唆犯的故意，客观上起到了间接正犯的效果。成立教唆犯。例．甲以为乙是 18 周岁的小伙子，便唆使乙去盗窃丙家，乙成功去丙家盗窃了财物。实际上乙才 12 周岁。甲主观上只有教唆成年人犯罪的故意，但实际上起到了支配 12 周岁小孩的间接正犯效果，甲成立盗窃罪的教唆犯。

四、帮助犯【教唆犯与帮助犯、主犯与从犯等 B】

法条群

《刑法》第一编 总则 第二章 犯罪 第三节 共同犯罪

第二十七条【从犯】在共同犯罪中起次要或者辅助作用的，是从犯。

对于从犯，应当从轻、减轻处罚或者免除处罚。

【讲法考背锅案】八筒经常听蒋某人的法考刑法课，在里面听了很多知识和案例，悟出了很多犯罪手法，然后专门去犯变态强奸大案。被捕后八筒交代，蒋某人是他的师傅，教会了他很多东西。

思考：蒋某人是否构成强奸罪的帮助犯?

——不构成，蒋某人讲法考只为普度法考人，属于技术中立，没有帮助他人犯罪的故意。

（一）帮助犯的分类

1. 帮助犯包括提供物理性和心理性的帮助。

例 1. 甲想杀仇人乙，丙将祖传的猎枪借给甲，甲拿着猎枪将乙杀害。丙提供了犯罪工具，属于物理的帮助犯。

例 2. 甲想杀仇人乙，一直下不了决心，丙给甲做心理疏导，陈述了乙的种种恶行，甲遂坚定了信念，将乙杀害。丙提供了心理疏导，坚定了甲的信念，属于心理的帮助犯。

2. 帮助犯一定是从犯（或胁从犯），不可能是主犯，所以按照从犯的规定处罚。

3. 帮助犯与教唆犯的区分：

教唆犯是引起犯意，使他人的犯意从无到有，从 0 至 1。

帮助犯是强化犯意，使他人的犯意从小到大，从 1–10。但不能跨越犯罪构成，否则构成新罪的教唆犯。

如果劝说已有重罪犯意的人去实施轻罪（从大到小），降低了行为人的社会危害性，不构成犯罪。

（二）中立的帮助行为

指貌似生活 / 经营行为，但客观上对他人犯罪起到帮助作用。题目中有“明知”并且对结果有重要的、紧迫的、不可或缺的促进作用，则成立帮助犯。如果不明知或没有起到实质的帮助作用，只是生活中的行为，不成立犯罪。

例 1. 某小区 20 层开设了一家小赌场，每天都点八筒家的外卖，八筒了解后也没有举报，依然每天按时送外卖。一个月后，八筒为了外卖送得多，告知来店吃饭的客人有关赌场的信息，为赌场引入了一批新的会员。单纯送外卖属于中立的帮助行为，哪里都可以买到饭菜，不会对赌场有实质帮助作用，不构成开设赌场罪的帮助犯。但一个月后为赌场做宣传，引入了会员，超出中立地位，为赌场的开设与运转提供了实质帮助，构成帮助犯。

例 2. 出租车司机甲明确得知乘客乙要前往附近某地杀人，仍将其运往目的地，甲构成故意杀人罪的帮助犯，因为甲明知乙要杀人，并且送到指定地点提供了重要的、不可或缺的帮助作用。

例 3. 乙、丙在五金店门前互殴，店员甲旁观。乙边打边掏钱向甲买一羊角锤。甲递锤时对乙说“你打伤人可与我无关”。乙用该锤将丙打成重伤。本案中，卖羊角锤虽然是甲的正常经营行为，但甲明知乙要用羊角锤实施犯罪，仍卖给乙，对乙实现犯罪结果起到了紧迫的、不可或缺的作用，甲构成故意伤害罪的共犯。（2013 年第二卷第 55 题 C 项）

（三）帮助行为正犯化

分则有特殊规定，一般按照分则特殊罪名定罪，无需定相应犯罪的帮助犯。[①]

例 1. 为恐怖活动组织提供资助的行为，是实施恐怖活动相关犯罪的帮助行为，立法者在《刑法》第 120 条之一将这一行为规定为独立的罪名：帮助恐怖活动罪，并规定了独立的法定刑。只要实施了资助行为，就属于本罪的实行行为，即便被资助者没有实施恐怖活动行为，资助者也构成帮助恐怖活动罪的既遂。

例 2. 为组织卖淫者招募、运送人员或者提供其他协助的，是组织卖淫罪的帮助行为，立法者在《刑法》第 358 条第 4 款将这一行为规定为独立的罪名：协助组织卖淫罪，并规定了独立的法定刑。

（四）未遂的帮助犯与帮助犯未遂

“未遂的帮助犯”，是指帮助者一开始就以被帮助者的实行行为未遂而告终来实施帮助的。换言之，这种帮助行为本身根本就不可能让被帮助者成功地完成犯罪【无效的帮助】。

例 . 甲欲前往张某家中盗窃，乙送甲一把擅自配制的张家房门钥匙，实际上钥匙根本打不开门，甲用钥匙无法打开张家房门，便破窗进入张家窃走数额巨大的财物。本案中乙提供的钥匙根本就不可能起到作用，这是一把没用的钥匙。故乙的行为成立“未遂的帮助犯”。

“帮助犯未遂”，是指帮助行为本身是有可能使被帮助的犯罪行为达到既遂的【有效的帮助】，但是，因为意志以外的原因导致犯罪未遂。

例 . 乙欲杀人，甲提供一把装有子弹的枪给乙，但在乙杀人过程中，被害人趁机逃走了。提供“装有子弹的枪”是有可能使被帮助的行为既遂的，是帮助犯未遂。

【注意】对未遂的教唆、教唆未遂也应作相同的理解。未遂的教唆犯，是指教唆他人实施根本就不可能既遂的行为。

① 注意，成立分则特殊罪名≠不成立相关犯罪的帮助犯。

例．甲将空枪交给乙，叫乙去射杀丙，由于该行为自始就不可能既遂，故属于未遂的教唆犯，一般不以犯罪论处。

教唆未遂，是指教唆他人实施有可能既遂的犯罪，只是因为意志以外的原因而未遂。

例．甲将有子弹的枪交给乙，叫乙去射杀丙，但乙因枪法不准而未能成功，甲属于教唆未遂。

判断分析

1. 关于共同犯罪，下列说法正确的是？（2023 年仿真题）

A. 甲明知乙拐卖妇女，还将乙和被拐卖的妇女容留在甲家住了两天。甲成立拐卖妇女罪的帮助犯【正确，甲**明知**乙拐卖妇女，还为犯罪人及被拐卖的妇女提供食宿，对拐卖妇女罪具有物理上的**促进作用**，成立帮助犯】

B. 甲在境外实施电信诈骗，乙在庙里为甲烧香祈福，甲对此并不知情。乙成立诈骗罪的帮助犯【错误，乙“烧香祈福”的行为在客观上不会对甲的诈骗行为具有任何促进作用，因此不存在物理上的帮助，甲对乙烧香祈福的行为并不知情，对甲的诈骗行为不具有心理上的促进作用】

C. 甲实施盗窃，乙在外面帮忙望风，甲对此并不知情，盗窃过程中也无事发生。乙成立盗窃罪的帮助犯【错误，乙的望风行为客观上没有对甲的盗窃结果产生任何影响，因而没有物理上的因果性，甲不知道乙在为自己的盗窃行为望风，乙的望风行为没有在心理上强化、促进甲的犯意，不构成帮助犯】

D. 甲正在实施犯罪，乙在一旁对犯罪过程进行网络直播，甲对此并不知情。乙成立帮助犯【错误，无物理性、心理性帮助】

2. 乙（女）唆使甲（男）杀害其妻丙。甲将有毒饮料递给妻子丙喝，丙不知道饮料有毒，接过饮料后随手递给身边的幼子丁喝，甲当即说了一句“不要将饮料给孩子喝”，但甲未实施其他行为，丁喝饮料后经抢救无效而死亡。关于本案，如果认为甲有义务阻止丙将有毒饮料递给丁喝而不阻止的，则甲成立不作为故意杀人罪的间接正犯；如果认为甲有义务保护丁而不保护的，则甲成立不作为故意杀人罪的直接正犯。【正确，本选项从两个角度分析了甲的行为。第一，甲有阻止丙给丁喝饮料的义务，没阻止相当于将丙作为犯罪工具来支配，**利用了丙的缺乏故意的行为**，成立间接正犯。第二，甲也有保护丁的义务，其不作为就是**直接实施了故意杀人罪的实行行为**，成立直接正犯】（2021 年仿真题）

第四节　共同犯罪的特殊形式【共犯的特殊形式 E】

一、对向犯

对向犯（对合犯）：要求**二人以上有相互对向的行为**，才能成立的犯罪。在对向犯中，只有一个人的行为不可能构成犯罪，要存在相对方的行为，而且相对方的行为方式要与行为人的行为方式相对。

例．行贿得有个对向的人受贿，不可能没有对向方虚空行贿；受贿也得有个对向的人行贿，不可能没有对向方虚空受贿。

从双方的行为**是否构成犯罪、罪名是否相同**的角度来看，对向犯有以下几种情形：

情形 1：各方行为在法律上均被规定为犯罪，但罪名不同。例．拐卖妇女、儿童罪与收买被拐卖的妇女、儿童罪；受贿罪与行贿罪。

情形 2：各方行为均在法律上规定为犯罪，且罪名相同。例．重婚罪，无论是重婚者（有配偶还与他人结婚)，还是相婚者(明知他人有配偶还与之结婚)，定的都是重婚罪。

情形 3：一方行为在法律上没有被明文规定为犯罪(不属于共同犯罪)。例．贩卖淫秽物品牟利罪与购买淫秽物品行为(无罪行为)。

【结论】属于共同犯罪的一个小分支，但更需要强调的是：对向犯(对合犯)不适用总则关于共同犯罪的规定和理论，适用分则。

例．不能把收买被拐卖妇女、儿童的行为认定为拐卖妇女、儿童罪的共犯，就按照分则规定，定收买被拐卖的妇女、儿童罪。

二、聚众共同犯罪

聚众犯罪是指由首要分子纠集三人以上共同实施的犯罪。聚众者和各个参加者构成共同犯罪，但是各个参加者之间不一定构成。刑法一般会处罚首要分子和积极参加者。

例．甲组织 20 人和另外 20 人聚众斗殴，甲一方将对方 1 人打死，但无法查明是谁打死的——甲是聚众的首要分子，无法查明时只有甲承担责任，其他人不承担。

三、集团犯罪

集团犯罪是指三人以上有组织地实施共同犯罪。一般犯罪集团为恐怖组织、黑社会组织等。犯罪集团的特征：三人以上；成员较固定；多次实施一种或多种犯罪；危害性较大。

对于犯罪集团的首要分子，是按照"集团"所犯的全部罪行，而不是按照"全体成员"所犯的全部罪行处罚。

例．八筒凭借武力聚拢了县里的 10 几个混混，成立专门抢劫的"青龙帮"。但帮派成员四斤某次在 KTV 唱歌时强奸了女服务员，帮派成员二妞武力不行自行靠智力诈骗了 5 万元。对青龙帮所犯的抢劫罪，八筒作为首要分子都要负责，但对于各个成员所犯的和犯罪集团无关的罪行，不需要负责：如四斤所犯的强奸罪、二妞所犯的诈骗罪。

第五节　共同犯罪中的认识错误、身份和不作为问题

【强奸自己案】二妞嫉妒室友甲家里有钱还长得漂亮，就在网上花 2000 元请精神小伙乙进宿舍来强奸甲。不料当晚甲趁二妞睡着后偷偷溜出宿舍和男朋友去钻小树林，乙翻进宿舍后误以为二妞是甲，堵上二妞的嘴强行发生了性关系。

思考：乙、二妞是否有认识错误？如何评价二人的行为？

——乙主观认错了人，想侵犯的甲没出现，属于对象错误，乙构成强奸罪既遂。

乙是二妞实施犯罪的手段，手段出错对于二妞而言属于客观行为的偏差，二妞属于打击错误，但强奸自己无罪，所以对自己，二妞不构成犯罪。对于室友甲，由于具有强奸的法益侵害危险，且实行犯已经着手实行，只是因为意志以外的因素没得逞，故二妞对甲构成强奸罪的未遂。

共同犯罪中的认识错误较一般的认识错误，并无特别，按照一般认识错误掌握即可。不管什么错误，共同犯罪的人具有整体性，只要一人既遂其他人都成立犯罪既遂(只按通说法定符合说)。

一、教唆犯与帮助犯的认识错误【共同犯罪中的认识错误 D】

原则：各共犯人在同一构成要件内发生了认识错误，不影响犯罪成立。在不同构成要件之间发生了认识错误，在重合的范围内成立共同犯罪。

（一）教唆犯的认识错误

1. 教唆对了，被教唆之人弄错了

（1）被教唆人按照自己个人认识错误来判断（主观认错就是对象错误，客观偏差就是打击错误）。

（2）教唆犯自己没错误，被教唆人相当于是教唆犯的客观手段，所以无论被教唆者是什么错误，教唆犯都按照打击错误处理。

例．甲雇请杀手乙杀丙，甲的指示是对的，但乙弄错了。若乙认错了人，则乙是对象错误；若乙打偏了，则乙是打击错误；无论乙是啥错误，甲都是打击错误（因为甲的教唆指示是对的）。

2. 教唆错了

教唆犯指示错误，教唆犯是对象错误，被教唆之人没有认识错误。

例．甲雇请杀手乙杀丙，甲的指示是错的，把丙的照片拿成了丁的照片，乙按照照片杀了丁。乙按照错误的指示杀了人，乙不存在认识错误（乙本来想杀的就是丁）；甲是对象错误（因为甲的教唆指示行为错了）。

（二）帮助犯错误

帮助行为本身错误是打击错误，如果帮助犯对象认错了，是对象错误。

例 1. 甲帮助乙杀人，提供的枪有问题，甲属于打击错误（帮助行为有错）。

例 2. 甲以为乙要杀丙，提供帮助，后面发现甲弄错了，乙是要杀丁，甲属于对象错误（主观认错了）。

二、身份、不作为与共同犯罪【共同犯罪中的身份与不作为 D】

1. 对于真正身份犯，不具有身份的人，不能单独成立该类犯罪（不能成为实行犯），但可以与有身份者成立共犯（教唆犯、帮助犯）。例．普通公民不可能独立构成受贿罪，但可以作为教唆犯、帮助犯与国家工作人员成立受贿罪的共同犯罪。

2. 共同犯罪行为使被害人的法益处于更加危险的状态，部分共犯人利用该危险状态实施新犯罪的，其他共犯人有制止义务。例．甲和乙抢劫丙女，甲将丙打晕后，乙翻找财物时见色起意要强奸丙，甲有制止义务。若不制止，则甲和乙还构成强奸罪的共同犯罪。

第六节 共同犯罪的犯罪形态【客+主】【共同犯罪的犯罪形态 B】

一、共同犯罪的整体性

共同犯罪之所以能够解决多人一起犯罪的结果归属问题，是因为共同犯罪具有整体性：部分行为，全部责任。认定成立共同犯罪后，就不分你我，所有为犯罪结果注入因果力的人都必须对整体造成的结果承担刑事责任。

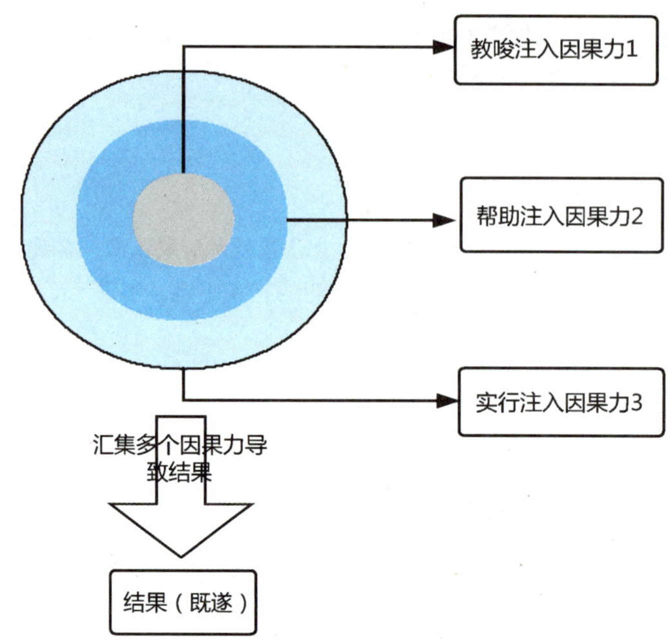

二、原则：按照实行犯确定整体的犯罪形态

实行犯是共同犯罪的核心，共同犯罪是围绕正犯成立的，所以共同犯罪的犯罪形态也要按照实行犯来确定整体的犯罪形态。

1. 一人既遂，全部既遂。因为具有因果关系——实行犯既遂了（具有因果关系），教唆犯和帮助犯也既遂（注入了因果力，也具有因果关系）。即：一人着手、全部进入实行阶段；一人既遂、全体既遂。

例．甲教唆乙和丙去盗窃，乙进屋去翻找财物，丙在外望风。乙翻找财物时已着手，则甲和丙都进入着手阶段。若乙最终取得财物，则乙构成盗窃罪既遂，甲和丙也构成盗窃罪（既遂）。

2. 实行犯没既遂，其他共犯人也不可能既遂。中止只对自己有效。中止由于具有主观自动性，故实行犯中止时，只能对自己有效，效力不及于他人。

实行犯	其他共犯人
犯罪既遂	犯罪既遂
犯罪预备	犯罪预备
犯罪未遂	犯罪未遂
预备阶段中止	犯罪预备
实行阶段中止	犯罪未遂

例 1. 甲教唆乙和丙去盗窃，乙进屋去翻找财物，丙在外望风，但乙刚翻找了 2 分钟便被蹲守的警察抓到。乙成立盗窃罪（未遂），甲和丙也构成盗窃罪（未遂）。

例 2. 甲教唆乙和丙去盗窃，乙进屋去翻找财物，丙在外望风，乙刚翻找了 2 分钟便良心发现，遂放弃犯罪。乙成立盗窃罪（中止），中止的只能对自己有效，效力不及于他人，故甲和丙构成盗窃罪（未遂）。

三、一人既遂则全部既遂的例外

问题：虽然实行犯既遂了，但是如果教唆犯和帮助犯与结果的发生没有因果关系，教唆犯和帮助犯是否可以定其他犯罪形态？

答：是。主要分为以下几种情况：

1. 实行犯虽然既遂，但是没有用到帮助犯的帮助，帮助犯成立犯罪未遂。例．乙欲杀丙，甲提供一把猎枪给乙，但乙在追杀丙过程中嫌弃猎枪操作复杂将其丢掉，用砍刀杀害了丙。乙构成故意杀人罪（既遂），但没有用到甲的帮助，甲的帮助行为与死亡结果没有因果关系，因此甲成立故意杀人罪（未遂）。

2. 帮助犯和其他实行犯成立犯罪中止（与结果发生无因果关系）：消除心理因果力（明确告知退出）+ 消除物理因果力。

【注意】要实际消除而不是主观以为消除。

明确告知退出，要具有明确性，谎称“堵车，生病”不能来，不属于明确告知退出。虽明确告知退出，但若没消除物理因果力，不成立犯罪中止，成立犯罪既遂。

例 1. 乙欲杀丙，甲提供一把猎枪给乙，但甲后来良心发现，便找到乙说自己后悔不想参与了，并把猎枪取回。乙只能去买了一把砍刀，将丙砍死。虽然乙成立故意杀人罪（既遂），但是甲明确告知退出消除了心理因果力，并取回猎枪消除了物理因果力，甲成立故意杀人罪（中止）。

例 2. 乙欲杀丙，甲正好也想杀丙。甲就将丙绑至一偏僻地点，乙正要用砍刀砍丙时，甲良心发现，便说自己后悔不想参与了，并将丙绳子解开让丙逃走，甲留下和乙周旋，丙跑到公安局报案。甲明确告知退出消除了心理因果力，并消除了物理因果力，成立故意杀人罪（中止），乙成立故意杀人罪（未遂）。

例 3. 甲提供钥匙帮助乙盗窃，甲后悔，明确告知乙要退出，要求还回钥匙，乙说“我配一把新的再还你”，之后乙用配的钥匙盗窃成功。甲虽然明确告知退出消除了心理因果力，但没有消除物理因果力，不成立中止，成立盗窃罪（既遂）。

【注意】教唆犯是引起犯意的人，一般很难彻底消除犯意，即很难消除心理上的因果力，所以教唆犯要成立犯罪中止，要阻止结果的发生。

例．甲教唆乙去盗窃，后来甲良心发现，便告诉乙不要去盗窃了，要好好做个人。但是乙依然去盗窃了数额较大的财物。甲是教唆犯，即便让乙不要去盗窃，但并没有消除乙的犯意（很难消除），乙依然盗窃成功，甲不成立盗窃罪（中止）。若甲阻止了乙的盗窃，可以成立犯罪中止。

判断分析

1. 甲、乙、丙三人共同谋划去丁家抢劫，三人控制了丁之后，丙心生悔意并阻止甲和乙的行为，甲、乙将丙打晕后继续抢劫。丙不成立抢劫罪的既遂。【错误，丙虽明确退出共同犯罪并也采取一定手段欲阻止犯罪，但没有实际有效消除物理因果力，不成立犯罪中止，仍然成立抢劫罪既遂】（2024 年仿真题）

2. 关于共同犯罪，下列说法正确的是？（2022 年仿真题节选）

B. 甲、乙共谋抢劫，在去往抢劫目标的路上，乙因拉肚子无法前往，由甲一人前去抢劫。甲在抢劫过程中看被害人太可怜，于是放弃抢劫。乙成立抢劫罪的未遂【正确，中止的效力不及于他人。甲的中止对乙来说是意志以外因素，乙成立犯罪未遂】

C. 甲、乙共同约定，如果看到警察，就一起开枪打死警察。但警察出现时，乙突然举手投降，甲按原约定开枪打死警察，甲打完枪的瞬间才发现乙投降。乙成立故意杀人罪的未遂【错误，一人既遂，全部既遂。乙虽然想退出共同犯罪，但既没有明确告知甲，也没有消除物理因果力。成立犯罪既遂】

主观题延伸拓展

案例 1：甲在路边抢劫乙，打伤了乙之后，好友丙正好路过，帮甲从乙身上取得财物，结果乙因为本身有基础疾病，加上受到甲的殴打，抢救无效死亡。

问题：如何评价甲、丙的行为？

案例 2：甲、乙共谋去丙家别墅盗窃，实际甲悄悄带了凶器，想抢劫。为确保万无一失，甲、乙邀请丁为其盗窃在楼下望风，丁答应。进入丙家后，甲、乙分头行动搜寻财物，甲进入二楼主卧后正好被主人发现，主人刚想起身制止，甲便用携带的凶器将主人打晕（重伤），甲拿走金银珠宝和大量现金。乙全程不知甲的行凶行为，在另一房间盗得财物后，和甲在一楼客厅汇合，后一起离开。

问题：分析本案共犯关系？

案例 3：甲得知乙晚上要去丙家中盗窃，为了乙能顺利得手，甲提前在丙家门前不远处蹲守，看到丙回来时一把抓过丙，用迷药将其迷晕拖走。乙在不知情的情况下顺利进到丙家窃得 5 万元。丙清醒后回家发现家已被偷。

问题：若承认片面的共同正犯，请评价甲和乙的行为？

案例 4：甲约乙入户盗窃，甲进入户内盗窃，乙在外望风，甲得手后发现熟睡中女主人面容姣好，遂又生歹意，对女主人实施了奸淫行为。

问题：分析甲、乙的犯罪行为？

案例 5：甲邀请乙为自己强奸丙望风，甲进入丙家后先控制住丙的人身，正要开始实施奸淫行为时突然良心发现，于是放弃强奸念头并离开。

问题：分析甲、乙的犯罪行为及犯罪形态？

案例 1—问题：如何评价甲、丙的行为？

答案：甲和丙构成抢劫罪（既遂）的共同犯罪，甲构成抢劫（致人死亡），丙构成抢劫罪的基本犯。

（1）本案中，丙明知甲在抢劫，仍然在犯罪过程中加入，与甲成立抢劫罪的共同犯罪，属于承继的共犯。

（2）丙只对加入后的行为和财产损失结果负责，二人构成抢劫罪（既遂），但丙无需对乙的死亡结果负责，只成立抢劫罪的基本犯。乙虽然有基础病，但特殊体质不中断因果关系，甲成立抢劫罪并适用致人死亡的加重刑。

案例 2—问题：分析本案共犯关系？

答案：甲成立抢劫（致人重伤），乙和丁成立盗窃罪，三人在盗窃罪的范围内成立共同犯罪。

本案中，甲有抢劫罪的故意，乙、丁有盗窃罪的故意，抢劫罪与盗窃罪之间有包容关系，根据部分犯罪共同说，三人在盗窃罪的范围内成立共同犯罪。最终甲成立抢劫罪，乙、丁成立盗窃罪。

甲为了抢劫对主人实施暴力，造成主人重伤的结果，甲成立抢劫（致人重伤）罪。

案例 3—问题： 若承认片面的共同正犯，请评价甲和乙的行为？

答案： 乙单独构成盗窃罪，甲构成抢劫罪，属于片面的共同正犯，在盗窃罪的范围内和乙成立共同犯罪。

（1）甲在乙不知情的情况下一同参与犯罪，并且实施了抢劫罪实行行为，属于片面的共同正犯。从乙的角度来看，乙并不知道甲在帮助他，没有共同故意，不成立共同犯罪，乙不需要对甲的行为和结果负责，乙单独构成盗窃罪既遂。

（2）但从甲的角度来看，甲明知乙要实施盗窃犯罪，在盗窃罪的范围内有共同故意，成立共同犯罪，甲要对乙的行为和结果负责。甲将主人迷晕，该行为已经属于抢劫罪的实行行为，甲成立抢劫罪既遂。

（3）最终对乙以个人的盗窃罪既遂论处，对甲应以抢劫罪既遂论处。

案例 4—问题： 分析甲、乙的犯罪行为？

答案： 甲构成盗窃罪和强奸罪，数罪并罚，乙构成盗窃罪。

（1）甲、乙仅有盗窃的共同故意，而甲又超出共同故意范围另行实施了强奸行为，属于实行过限。

（2）乙没有强奸的故意，乙无需对甲的过限行为承担责任，只构成盗窃罪，二人只成立盗窃罪的共同犯罪。甲自己对过限行为负责，构成盗窃罪和强奸罪，数罪并罚。

案例 5—问题： 分析甲、乙的犯罪行为及犯罪形态？

答案： 甲、乙成立强奸罪的共同犯罪，甲成立犯罪中止，乙成立犯罪未遂。

本案中，甲和乙具有共同的强奸故意，甲实施强奸行为，乙提供望风的帮助行为，二人成立强奸罪的共同犯罪，甲是实行犯，乙是帮助犯。

甲作为实行犯已经着手实施犯罪，但在能继续犯罪的情况下自动放弃犯罪，成立犯罪中止。犯罪中止的效果仅及于个人，实行犯的中止对于帮助犯乙而言属于意志以外的因素，所以乙成立犯罪未遂。

KEEP AWAKE

第十三章 罪数【客＋主】

第一节　罪数原则和例外【客＋主】【罪数的原则 D】

罪数就是数一数这个人到底犯了几个罪。既不能重复评价侵犯犯罪人自由，也不能遗漏评价纵容犯罪人。具体如何“数”？就是本章要学的内容。

一、数一数有几个犯罪行为

在数犯罪行为的时候请注意，是一个还是数个，**应以法律的规定为标准**，而不应该以“我们的眼睛”为标准。例．强奸罪在普通人眼中是两个行为：强制＋奸淫。但是在刑法中这就是一个强奸行为。

二、只有一个行为的情况

如果有一个行为，原则上就只能定一个罪（一行为、一评价，禁止重复评价），后面章节学的继续犯、状态犯、法条竞合犯、想象竞合犯、结果加重犯都符合此原则。

例外，一个行为，但要定多个罪（分则有特殊规定）：1. 骗取出口退税罪与逃税罪；2. 一次走私携带多种违禁品。此两种情况都只有一个行为，但要定两个罪，数罪并罚。

三、有多个行为的情况

如果有多个行为，原则上应该定多个罪。但又有如下三个例外，多个行为只定一个罪：

例外 1：多个行为只侵犯了一个法益（一法益、一保护），如不可罚的事后行为。

例外 2：刑法分则特殊规定（法定的一罪），如集合犯、包容犯、转化犯。

例外 3：司法判决的惯例（处断的一罪），如连续犯、吸收犯、牵连犯。

四、不可罚的事后行为

不可罚的事后行为是指犯罪完成后，行为人基于维持、隐瞒、掩饰或巩固既遂状态所实施了新的犯罪行为，但这些犯罪行为与前罪有着密切的联系，**没有侵犯到新的法益**，因此刑法不再将其作为独立的犯罪进行追责。

不可罚的事后行为，主要是**没有侵犯到新的法益**，因此，定一个罪即可，**如果侵犯到新的法益，需要定多个罪，数罪并罚：**

1. 普通财物，就一个法益

财产犯罪如果针对普通财物，事后处理赃物的行为不成立新罪。

例 1. 甲盗窃了一部新款智能手机，又以低价将该手机卖给经常收赃物的手机商贩。甲盗窃后正常处理赃物不具有期待可能性，只定盗窃罪一罪。

例 2. 甲盗窃了一部新款智能手机，但因为心情不好，将该手机摔碎的，不再另行构成故意毁坏财物罪，因为只侵害了手机这一个财产法益，还是只定盗窃罪一罪。

2. 特殊财物，可能有多个法益，要数罪并罚

如果是针对违禁物品如枪支、文物等实施犯罪的，后面的交易流转侵害新的法益的，应数罪并罚。

例 1. 甲盗窃了一支手枪，又将该手枪卖给了一老板。甲处理赃物使枪支流向市场，侵犯了新的法益，构成盗窃枪支罪和非法买卖枪支罪，数罪并罚。

例 2. 甲在某古寺中盗走了一尊唐代的金佛，甲锯下佛头准备融成金条传家，将佛身卖给了文物贩子。甲锯下佛头、卖佛身侵犯了两个新法益，构成盗窃罪、故意损毁文物罪、倒卖文物罪，三罪数罪并罚。

【注意】违禁品只要流转就会侵犯管理秩序的法益，流转一次，侵犯一次。例 . 甲卖毒品给乙，乙又转卖给丙，丙再转卖给丁，即便是同一毒品，甲、乙、丙也都构成贩卖毒品罪。

第二节 一个行为（实质的一罪）【客+主】

【偷药案】八筒听说某别墅区有个老头从国外买了一针昂贵的抗癌特效药救命，便潜入别墅将药盗走卖钱。

思考：给八筒定一个盗窃罪合理吗？定盗窃罪和故意杀人罪 2 个罪，数罪并罚合理吗？

——八筒只实施了一个盗窃的行为，但这个盗窃行为既是偷钱，也是在偷老头的命，一个盗窃行为同时触犯了盗窃罪和故意杀人罪，属于刑法中的想象竞合犯，应择一重罪处罚。

原则上实施了一个行为就定一罪，有多个行为就定多罪。一个行为主要是继续犯、法条竞合犯、想象竞合犯、结果加重犯四种情形。

一、继续犯（行为本身就是长期、持续的）【继续犯、法条竞合犯 B】

含义	继续犯也称持续犯，指行为人实施一个犯罪行为，并且该行为在相对较长的时间内持续存在。换句话说，继续犯是行为的时间跨度较长，但在整个持续期间内，刑法视为一个整体的犯罪行为。例 . 甲非法拘禁乙 6 个月，在这 6 个月的时间内，非法拘禁行为一直在继续 / 持续，6 个月的非法拘禁，刑法会把它看做一个行为，而不是多个。
典型罪名	非法拘禁罪、绑架罪等侵犯自由法益类犯罪；重婚罪；窝藏罪；持有型犯罪
特殊点	只要犯罪行为还在继续，中途加入进来的成立共同犯罪（不论是否既遂） 继续犯的追诉时效从犯罪行为结束之日开始计算（不是既遂之日）

<table>
<tr><td rowspan="3">区别于状态犯</td><td>1. 状态犯是犯罪既遂后，不法状态会持续一段时间，例．盗窃、抢劫之后，财物会被行为人非法占有，这样的非法状态会持续一段时间
2. 状态犯和继续犯核心的区别就是：犯罪行为是瞬间短期的，还是长期持续的。状态犯的犯罪行为是短期的，而犯罪既遂之后的不法状态是长期的</td></tr>
<tr><td>3. 不同于继续犯：
状态犯行为结束后，不法状态持续期间加入的，不成立共同犯罪，成立新罪
状态犯追诉时效自既遂之日计算（不是不法状态结束）</td></tr>
</table>

二、法条竞合犯（必然，法条导致）【继续犯、法条竞合犯 B】

<table>
<tr><td>含义</td><td>指行为人仅实施了一个犯罪行为，但同时触犯数个罪名，且这些罪名之间存在逻辑上的竞合（包容关系或者交叉关系），这种竞合是法条本身的问题，是立法者有意为之。
因此，法条竞合是一种必然的竞合，触犯一个罪名，必然会同时触犯另一个罪名。
例．甲编造虚假的保险事故骗取保险金的，任何人触犯了保险诈骗罪，必然也会触犯诈骗罪，也必然会触犯合同诈骗罪（保险当然要签合同）。这种必然关系在立法立这 3 个罪名时就已经存在了。</td></tr>
<tr><td rowspan="9">常见情形</td><td>盗窃、抢夺枪支、弹药罪与盗窃罪、抢夺罪</td></tr>
<tr><td>《刑法》第一百四十一条至一百四十八条规定的生产、销售假药 / 劣药罪等犯罪与第一百四十条的生产、销售伪劣产品罪</td></tr>
<tr><td>集资诈骗罪、贷款诈骗罪、票据诈骗罪、保险诈骗罪、合同诈骗罪等与诈骗罪</td></tr>
<tr><td>交通肇事罪致人伤亡、重大责任事故罪致人伤亡等与过失致人死亡罪、过失致人重伤罪</td></tr>
<tr><td>包庇黑社会性质组织罪、包庇毒品犯罪分子罪与包庇罪</td></tr>
<tr><td>窝藏、转移、隐瞒毒品、毒赃罪与掩饰、隐瞒犯罪所得、犯罪所得收益罪</td></tr>
<tr><td>盗伐林木罪与盗窃罪</td></tr>
<tr><td>传播淫秽物品牟利罪与传播淫秽物品罪</td></tr>
<tr><td>破坏军婚罪与重婚罪</td></tr>
<tr><td>适用原则</td><td>原则：特别法优于一般法
例外：重法优先
1. 分则有特殊规定，重法优先：在生产、销售伪劣产品类罪中，行为人实施的行为如果同时满足第一百四十条的生产、销售伪劣产品罪（一般法）和第一百四十一条至一百四十八条所规定的犯罪（特别法），依照处罚较重的罪名处罚
2. 按照特别法不能做到罪刑相适应时，重法优先：例如，保险诈骗罪最高刑 15 年，合同诈骗罪最高刑为无期徒刑，因此，保险诈骗数额特别巨大，适用保险诈骗罪难以实现罪刑相适应的，可以适用合同诈骗罪。【注意】不能适用诈骗罪，因为诈骗罪有明文规定：必须适用特别法</td></tr>
</table>

三、想象竞合犯（偶然，案件事实导致）【想象竞合犯 B】

内涵	指行为人仅实施了一个犯罪行为，但同时触犯数个罪名（偶然），且数罪名所在法条之间不存在竞合关系（包容关系或者交叉关系）的，会出现这种偶然关系，是由于行为人“倒霉”所导致的，不是立法者立法有意为之（区别法条竞合） 例 1. 本节开头的偷药案中，盗窃罪和故意杀人罪在法条上是没啥必然联系的，之所以在这个案件中交织在一起，就是案件事实的特殊导致的，这就是想象竞合 例 2. 甲在深夜将某立交桥的部分钢筋盗走卖钱。甲的一个行为，同时触犯了盗窃罪和破坏交通设施罪。但盗窃罪与破坏交通设施罪在法条上也不存在必然的交叉或包容关系，触犯一个罪名时也不会必然触犯另一个罪名。只是因为案件事实特殊，才在这个案件中交织在一起，这是一种偶然的竞合，属于想象竞合
处理原则	原则：定一个罪，择一重罪处罚，因为行为人本身就构成重的这个罪，定这个重的罪也不会冤枉他 2 个例外，一个行为，定两个罪，数罪并罚： 1. 骗取出口退税罪与逃税罪；例 . 某外贸公司在缴纳了 100 万元的税款后，采取虚报出口的手段，骗得税务机关退税 180 万元。该公司只实施了一个行为原则上应当想象竞合，择一重。但此处有例外规定，其中的 100 万元按逃税罪处理，余下的 80 万元按骗取出口退税罪处理，数罪并罚。 2. 一次走私携带多种违禁品；例 . 甲雇一艘船走私一批普通货物和大量淫秽物品的，应以走私普通货物、物品罪和走私淫秽物品罪数罪并罚。
和法条竞合区分	法条竞合是法条本身的问题（静），是立法者故意设立的特殊罪名和一般罪名，无论什么人触犯这个罪名都会竞合；但想象竞合是法条没问题，行为人在案件中偶然（动）、“倒霉”导致自己一个行为触犯多个法条。 【做题技巧】做题时先看法条，不看具体案件事实，如果法条本身就存在交叉或包容关系，就是法条竞合，否则就是想象竞合 【学习提示】法条竞合和想象竞合和分则具体罪名的联系很密切，这里学不懂没关系，熟悉了分则的罪名后就会简单很多

四、结果加重犯（关键词：致）【结果加重犯 B】

（一）结果加重犯的结构

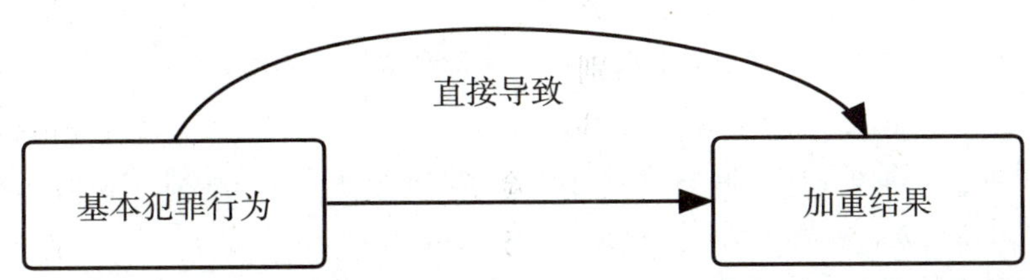

结果加重犯是指行为人的一个犯罪行为在已经满足一个基本犯罪的全部构成要件基础上，又导致了法定的更为严重的结果，因而法律规定了更重的刑罚。结果加重犯的罪名并没有发生变化，还是基本罪名，只是需要适用加重刑。

1. **因果关系**：基本行为导致的加重结果。基本犯罪行为与加重结果之间**具有直接因果关系**。

如何区分结果加重犯和另起犯意的数罪并罚？

例．八筒抢劫的时候，捅了四斤一刀致其死亡，到底是定抢劫致人死亡，还是定抢劫＋故意杀人两个罪，数罪并罚？

看导致加重结果的原因行为**是基本犯罪行为，还是另起犯意的其他行为**。如果是基本行为（抢劫行为）导致的加重结果，就属于抢劫致人死亡的结果加重犯，如果是另起犯意的杀人行为（如被看到脸，怕暴露），就属于抢劫（基本刑）＋故意杀人，数罪并罚，不定结果加重犯。

思考：如何判断这个行为是不是基本犯罪行为？

核心判断标准：**看主观**——是为了基本犯罪行为，还是为了其他目的。如果主观是为了基本犯罪的目的，就可以评价为基本犯罪行为（定结果加重犯，但要注意下述的法定性）；如果主观是泄愤、报复等目的，就不能评价为基本犯罪行为（属于另起犯意，数罪并罚）。

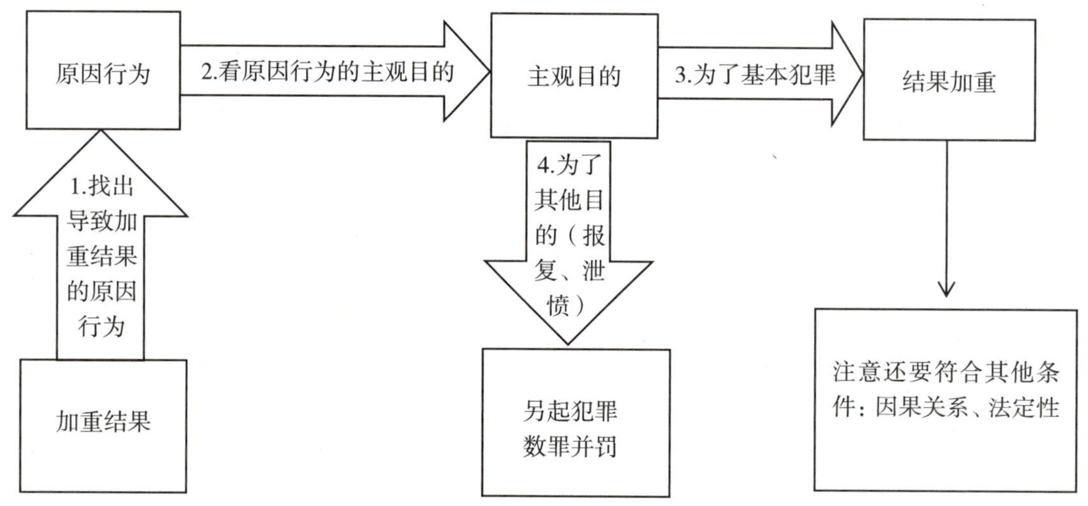

例 1. 甲强奸妇女乙，用手掐住乙的脖子，乙窒息身亡。

（1）如果甲实施的掐脖子行为是为了压制乙的反抗方便进一步强奸，则死亡结果就是基本犯罪行为导致的，甲成立强奸罪（致人死亡）。

（2）如果甲实施的掐脖子行为是为了灭口，则甲成立强奸罪（无结果加重犯）和故意杀人罪，数罪并罚。

例 2. 甲抢劫乙，捅了乙一刀，然后拿走乙身上的财物。

（1）如果甲捅乙一刀是为了压制乙的反抗方便进一步取得财物，则死亡结果就是基本犯罪行为导致的，甲构成抢劫罪（致人死亡）。

（2）如果甲捅乙一刀是为了灭口，则甲成立抢劫罪（无结果加重犯）和故意杀人罪，数罪并罚。

错误观点和思维一：部分学生，甚至老师会说“如果对加重结果是故意，就属于另起犯意，数罪并罚，如果对加重结果是过失，就属于结果加重犯”，这是错的！

结果加重犯对于加重结果，可以是故意，也可以是过失。

例 1.《刑法》第二百六十三条抢劫罪规定了“抢劫致人重伤、死亡的”这一结果加重犯，其量刑可以到死刑，因此对死亡结果当然可以是故意，甚至是直接故意。例如，八筒看到有人从银行出来，二话不说，直接开枪爆头，把财物拿走，八筒也是定抢劫致人死亡，而不是抢劫+故意杀人数罪并罚。

例2. 故意伤害致人死亡的结果加重犯，为了和故意杀人进行区分，对死亡结果只能是过失（否则故意伤害致人死亡和故意杀人就没区别了）。

错误观点和思维二：强奸致人死亡中如果是杀死、打死的，就是另起犯意数罪并罚，如果是性行为"搞死的"，就是强奸致人死亡，这也是错的，有几个强奸犯有这能耐？强奸的行为不单纯只有性行为（奸），还有暴力行为，强奸致人死亡一般都是这个暴力行为导致的，而不是性行为导致的。

【总结】结果加重犯的核心是：基本行为导致的加重结果，是不是基本行为导致的才是结果加重犯的核心判断标准（是不是基本行为看主观，主客观一致归罪原理）。

（二）结果加重犯的法定性

结果加重犯**必须由刑法明文规定**。常考的结果加重犯如下：

常考的结果加重犯
故意伤害致人死亡 **注意：**如果行为人对死亡结果持故意心理，直接定故意杀人罪
非法拘禁致人重伤、死亡 **注意：**如果行为人在**非法拘禁过程中使用暴力致被害人伤残、死亡的，转化为故意伤害罪、故意杀人罪**
拐卖妇女、儿童致被害人或者近亲属重伤、死亡 **注意：**1. 这里**对象包括近亲属**；2. 如果行为人在拐卖妇女、儿童过程中**故意伤害、杀害被拐卖妇女、儿童的**，则应当将拐卖妇女、儿童罪与故意伤害罪、故意杀人罪**实行数罪并罚**，拐卖行为本身（为了方便拐卖）导致的才构成结果加重犯
暴力干涉婚姻自由致人死亡（**包括自杀**）
虐待致人重伤、死亡（**包括自杀**） **注意：**虐待需要长期性。如果行为人**长期的虐待行为有一次达到故意伤害、故意杀人的程度**，则应当将虐待罪与故意伤害罪、故意杀人罪**实行并罚**；如果行为人平时无虐待行为，偶尔的一次虐待行为达到故意伤害、故意杀人的程度，则应当直接定故意伤害罪、故意杀人罪
强奸致人重伤、死亡 **注意：**自杀不构成强奸致人死亡；如果出于灭口等动机，另起犯意伤害或者杀死被害人的，不定强奸致人重伤/死亡，应当定强奸和故意伤害/故意杀人，实行并罚
抢劫致人重伤、死亡 **注意：**1. 这里**包括其他人和同伙**；2. 行为人为劫取财物而预谋故意杀人，或者在劫取财物过程中，为制服被害人的反抗而故意杀人的，以抢劫罪（致人死亡）定罪处罚，不需要单独再定故意杀人；3. 如果行为人在实施抢劫后，为灭口而故意杀人的，则应当将抢劫罪与故意杀人罪实行并罚
绑架罪没有结果加重（《刑法修正案（九）》修改） 修改后法条为："杀害被绑架人的，或者故意伤害被绑架人，致人重伤、死亡的，处无期徒刑或者死刑，并处没收财产。"

遗弃罪、强制猥亵、侮辱妇女罪没有规定结果加重犯

如果遗弃行为致人重伤、死亡的，或者强制猥亵、侮辱妇女致使被害人重伤、死亡的，按照想象竞合犯的原理，从一重罪处罚

只有虐待罪和暴力干涉婚姻自由罪中出现自杀结果不异常，虐待致人死亡的结果加重犯包括虐待后，被害人自杀；暴力干涉婚姻自由致人死亡的结果加重犯，包括暴力干涉婚姻自由后，受害人自杀殉情。除此之外，在其他分则罪名中出现的自杀结果一般都异常，中断因果关系，行为人对死亡结果不负责，不属于结果加重犯。例．强奸后，受害人自杀，不属于强奸致人死亡的结果加重犯，只能定普通的强奸罪，适用基本刑，不能适用升格刑。

问：为什么虐待罪和暴力干涉婚姻自由罪中出现自杀就不异常呢？

——主要是虐待罪和暴力干涉婚姻自由罪的结果加重犯量刑很轻（2–7 年，致人死亡也最多 7 年），可以把自杀包括进去，而且这两个罪致人死亡的情形中，自杀是经常发生的；而其他罪的结果加重犯一般都很重（很多都可以判死刑），所以无法把自杀包括进去。

判断分析

1. 关于法条竞合，下列说法正确的是？（2022 年仿真题）

A. 抢劫致人死亡和抢劫罪的基本犯不可能是法条竞合【错误，构成抢劫致人死亡必然也会构成抢劫罪】

B. 贷款诈骗罪必然涉及骗取贷款罪，但骗取贷款罪不必然涉及贷款诈骗罪。因此，贷款诈骗罪与骗取贷款罪不是法条竞合【错误，有一方必然包容另一方即可】

C. 如果认为盗窃罪与诈骗罪是对立的，则不可能成立法条竞合【正确，对立就不会交叉或包容】

D. 甲冒充国家机关工作人员骗取大量财物。如果认为交叉关系不属于法条竞合，那么甲的行为属于招摇撞骗罪和诈骗罪的想象竞合【正确，招摇撞骗罪只有以财物为骗取对象时，才可能与诈骗罪存在竞合，如果是以荣誉、地位等为骗取对象，就不会竞合，故二者之间系交叉竞合。故若否认交叉关系属于法条竞合，只能认为题干情形为想象竞合】

2. 关于结果加重犯的判断，下列哪些选项是正确的？（2021 年仿真题）

A. 甲把欠钱不还的徐毛毛捆绑后装进自己汽车的后备箱内，正准备开车出发时，旁边的肖某倒车不慎撞到甲的后备箱，导致徐毛毛当场死亡。甲不属于非法拘禁致人死亡【正确，异常的介入因素中断了非法拘禁与死亡结果的因果关系】

B. 乙在湖边以伤害的故意使用木棍击打小孟，小孟在逃跑过程中跌落深水中被淹死。乙构成故意伤害致人死亡【正确，在湖边 + 故意伤害，介入被害人的跌落入水不异常】

C. 丙以伤害的故意用木棍击打蒋某的头部，后丙不小心将蒋某撞倒在水泥地上，蒋某头部被磕到，蒋某死亡，无法查明是丙先前的棍子击打导致的蒋某死亡还是蒋某摔倒磕到头而死亡。丙不构成故意伤害致人死亡【错误，不管是击打行为还是自身引起的撞倒行为，都是直接导致的蒋某的死亡的原因】

D. 丁、徐某、刘某三人共同抢劫吴某，吴某拼命反抗，徐某拿起刀向吴某砍去，不慎砍中丁，导致丁死亡，吴某趁乱逃离现场。徐某不属于抢劫致人死亡【错误，抢劫致人死亡的对象包括同伙】

第三节 多个行为（法定一罪）【结合犯、集合犯、转化犯等 E】

原则上实施多个行为，侵犯多个法益的就要数罪并罚，但也存在一些特殊情形，只定一罪，不数罪并罚：

一、集合犯

行为人多次反复实施同一种犯罪行为，虽然每一次不构成犯罪，但累计次数多了，把这些多次加起来，就构成犯罪（类似数学的"集和"），并且刑法把这些行为看作一个整体的犯罪来处理。

集合犯具有法定性，必须要有刑法的明文规定。考试范围内，主要掌握下面的情况即可：

1. 营业犯：以营利为目的，反复实施一定的犯罪行为，并被刑法规定为一罪的情形。例．赌博罪。
2. 职业犯：将一定的犯罪行为作为职业或业务反复实施，并被刑法规定为一罪的情形。例．非法行医罪。

注意：集合犯必须要多次反复，偶尔为之不构成，而且多次反复之后，也只定一个罪，不定多个罪。

二、包容犯（结合犯）

包容犯是指，本来应该分开定罪的多个行为，但由于刑法分则的特殊规定，把其中一个罪包容在另一个罪里，不再单独定多个罪，定一个罪，通过加重的量刑来评价其他的罪。

例．拐卖妇女中，强奸被拐卖妇女，本来应该是定两个罪，拐卖妇女罪和强奸罪，但由于分则法条的特殊规定，只定拐卖妇女一个罪，但要适用升格刑，通过拐卖妇女罪的升格刑来评价强奸这个行为，不单独定强奸罪。

【注意】考试要考的包容犯，必须有刑法分则的明文规定，下面是常考的情形（非常重要、死记硬背）：

1. 绑架罪包容故意伤害（致人重伤、死亡）、故意杀人、非法拘禁、敲诈勒索的行为。
2. 拐卖妇女罪包容强奸、引诱、强迫卖淫和非法拘禁的行为，但不包容猥亵妇女的行为。
3. 组织他人偷越国边境罪包容妨害公务、非法拘禁的行为。
4. 运送他人偷越国边境罪包容妨害公务的行为、但不包容非法拘禁的行为。
5. 走私、贩卖、制造、运输毒品罪包容妨害公务行为【其他走私不包容妨害公务】。

判断：按照举重以明轻的当然解释，拐卖过程中强奸被拐卖妇女的都只定一个罪，那拐卖过程中猥亵被拐卖妇女的，也只需要定一个罪，不需要定两个罪。这个论断对吗？

——错，很多人会以为定两个罪，就一定比定一个罪罚的重，这是错的！有时候定一个罪，反而罚的更重。

例．拐卖妇女＋强奸（基本犯），虽然定一个拐卖妇女罪，但要适用升格刑，按照刑法分则的规定，量刑幅度最高可以到死刑，最低也是 10 年以上有期徒刑[①]。而如果定两个罪，拐卖妇女罪（基本刑）＋强

① 《刑法》第 240 条【拐卖妇女、儿童罪】拐卖妇女、儿童的，处五年以上十年以下有期徒刑，并处罚金；有下列情形之一的，处十年以上有期徒刑或者无期徒刑，并处罚金或者没收财产；情节特别严重的，处死刑，并处没收财产：（三）奸淫被拐卖的妇女的。

奸罪（基本犯），数罪并罚，量刑最多也就 20 年，最低可以 5 年，无法判无期、死刑[①]。

因此，拐卖妇女 + 猥亵妇女，首先不能按照拐卖妇女一罪（升格刑）认定，否则太重（强奸都才这个量刑范围），其次不能按照拐卖妇女一罪（基本刑）认定，否则太轻（我单纯只拐卖，也是这个范围，多了个猥亵也还是这个范围？），所以，应该按照罪数原则，一行为一评价，定拐卖妇女罪（基本刑）+ 强制猥亵罪，两个罪，数罪并罚，这样才最合理。

【注意】包容犯不要有举轻以明重 / 举重以明轻的"想当然"思维，一定要看分则有没有特殊规定（要背），没有就只能按照罪数的原则（多个行为，定多个罪）处理，不能按照包容犯认定。

三、转化犯

"转化犯"指的是原本是较轻的犯罪行为，在特定条件下，由于出现了法定的情节，刑法将其转化为更严重的犯罪进行处罚。通俗的说就是：转化犯就是"轻罪升级成重罪"。本来你犯的是一个比较轻的罪，但在犯罪过程中做了更恶劣的事情（法定转化条件），于是法律就把你的罪名变成更严重的那个。

注意一：转化犯只定一个罪，定转化后的犯罪（不定之前的，不数罪并罚）。

注意二：转化犯具有法定性，一定要刑法分则的明文规定，而且刑法分则规定的转化条件，大家一定要记清楚，背下来！

常考的转化犯

转化前罪名或情形	转化条件	转化后罪名
非法拘禁罪	使用暴力致人伤残、死亡	故意伤害、故意杀人罪
刑讯逼供罪、暴力取证罪	致人伤残、死亡	故意伤害、故意杀人罪从重处罚
虐待被监管人罪		
聚众"打砸抢"	致人伤残、死亡	故意伤害、故意杀人罪
聚众斗殴罪	致人重伤、死亡	
非法组织卖血罪、强迫卖血罪	致人伤害	故意伤害罪
抢夺罪	携带凶器抢夺	抢劫罪
盗窃、诈骗、抢夺罪	犯盗窃、诈骗、抢夺罪，为窝藏赃物、抗拒抓捕或毁灭罪证，当场使用暴力或以暴力相威胁	抢劫罪（14 至 16 岁不转化）
聚众"打砸抢"	毁坏或者抢走公私财物，除判令退赔外，对首要分子	抢劫罪
妨害公务罪	以聚众方式阻碍国家机关工作人员解救被收买的妇女、儿童。注意：仅针对首要分子	聚众阻碍解救被收买的妇女、儿童罪
收买被拐卖妇女、儿童罪	收买后又出卖的	拐卖妇女、儿童罪
拐骗儿童罪	拐骗后又出卖的	拐卖儿童罪

① 《刑法》第 236 条【强奸罪】以暴力、胁迫或者其他手段强奸妇女的，处三年以上十年以下有期徒刑。

转化前罪名或情形	转化条件	转化后罪名
私自开拆、隐匿、毁弃邮件、电报罪	邮政工作人员私自开拆、隐匿、毁弃邮件、电报窃取财物的	盗窃罪
挪用特定款物罪	挪用特定款物归个人使用	挪用公款罪
非法提供麻醉药品、精神药品罪	向走私、贩卖毒品的犯罪分子或者以牟利为目的，向吸食、注射毒品的人提供国家规定管制的使人成瘾的麻醉药品、精神药品	贩卖毒品罪
挪用公款罪	携带挪用的公款潜逃的（注意挪用时的目的）	贪污罪
	挪用公款后采取虚假发票平账、销毁有关账目等手段，使所挪用的公款已经难以在单位财务账目上反映出来，且没有归还行为的	
	截取单位收入不入账，非法占有，使所占有的公款已经难以在单位财务账目上反映出来，且没有归还行为	
	有证据证明行为人有能力归还所挪用的公款而拒不归还，并且隐瞒挪用的公款去向的	

转化犯和结果加重犯的区别：

1. 转化犯不再定本罪，要定转化后的其他罪；而结果加重犯就是定本罪，只是适用升格刑。

2. 转化犯和结果加重犯都要求具有法定性，有刑法分则的明文规定，所以到底是转化犯，还是结果加重犯，从法条就可以看出来。

《刑法》第二百三十八条第二款规定：犯前款罪（非法拘禁罪），致人重伤的，处三年以上十年以下有期徒刑；致人死亡的，处十年以上有期徒刑。【定本罪，用升格刑，结果加重犯】

使用暴力致人伤残、死亡的，依照本法第二百三十四条、第二百三十二条的规定定罪处罚。【定其他罪，转化犯】

例 1. 甲非法拘禁乙，拘禁过程中甲看乙不顺眼，就踢了乙三脚，不料乙身体孱弱被踢死。甲在非法拘禁过程中使用暴力致人死亡，属于转化犯，最终只定故意杀人罪一罪，适用故意杀人罪的刑罚。

例 2. 甲非法拘禁乙，由于绳子捆绑太紧，乙被勒死。乙的死亡是非法拘禁行为本身导致的，对甲定非法拘禁致人死亡的结果加重犯，定非法拘禁罪，适用结果加重犯的升格刑。

【总结】结果加重犯还是定原来的罪名，只是刑罚加重了，而转化犯是定转化后的“新”罪名（和原罪名脱离）。

第四节　多个行为（处断的一罪）【连续犯、吸收犯、牵连犯 E】

处断的一罪：行为人有多个行为，本来应该定多个罪，也没有刑法分则的特殊规定（不属于法定的一罪），但由于司法实践中的惯例（处断），通常也把这多个行为定为一罪处理。主要有连续犯、吸收犯、牵连犯。

一、连续犯（多次）

连续犯：行为人基于同一犯罪故意，连续实施同一性质的犯罪行为，侵害同一法益，通俗来说就是多次犯同一个罪，如多次盗窃，多次抢劫。

连续犯的处理：

1. 宣判之前，就定一罪，但数额累计计算。例．八筒失业后去别墅区踩点几天，在一个雨夜里连偷5栋别墅，只认定为一个盗窃罪即可，盗窃数额累加计算。

2. 判决宣告后，发现同种漏罪、或又犯新罪的，都要定多个罪，按照数罪并罚处理。

例1. 八筒失业后报复社会，在一个雨夜里随机杀了路人甲和乙并埋尸，司法机关只发现了八筒杀甲的事实，八筒因故意杀人罪入狱，服刑期间司法机关又发现了八筒杀乙的事实（判决后发现同种漏罪），此时就不能因是连续犯而只定一罪，要按照数罪并罚的原理处理（参照第十五章的数罪并罚一节中的漏罪并罚）。

例2. 八筒和甲、乙、丙有仇，但丙在坐牢，八筒便设计复仇计划并执行：先接连将甲、乙打成残疾，因故意伤害罪入狱，服刑期间又趁机将丙打成重伤（判决后又犯新罪），此时也不能因是连续犯而只定一罪，要按照数罪并罚的原理处理（参照第十五章的数罪并罚一节中的新罪并罚）。

二、吸收犯（必然）

吸收犯：行为人有数个独立的犯罪行为、触犯了不同罪名，并且这些行为之间具有吸收关系，即前行为是后行为发展的必经阶段，或后行为是前行为发展的必然结果。

1. 吸收犯的处理：定一罪，定主要的（重的）那个罪

2. 吸收犯常见情况如下：

（1）重行为吸收轻行为。例．伪造货币后又持有、使用、出售该货币的，定伪造货币罪。

（2）实行行为吸收预备行为。例．入户抢劫的必然会伴随着非法侵入他人住宅的行为，而非法侵入他人住宅本身就是一个犯罪行为，属于抢劫罪的预备行为，但仅定抢劫罪一罪。

（3）主行为吸收从行为。例．甲、乙共同杀丙，甲先是提供犯罪工具起帮助作用，后来嫌乙笨就加入实行杀人，实行行为吸收帮助行为，只认定甲的故意杀人实行行为即可。

三、牵连犯（高度伴随性）

牵连犯：行为人为了实施某一犯罪目的，实施了手段行为，手段行为和目的行为有牵连关系，最终只按照主要犯罪（目的）来定罪。

1. 认定牵连犯主要注意：主观牵连关系和客观牵连关系

客观牵连关系是指，我要实现这个“目的”，通常情况下都会用到这个“手段”，目的和手段是牵连的（高度伴随着发生）。

牵连关系不仅仅是客观上的牵连，而且行为人主观上要有牵连的意思（为了这个“目的”，才会“弄这个手段”，不是为了这个目的，根本不会单独“弄这个手段”）。

例如，八筒为了诈骗四斤（目的），伪造了一些证件（手段），虽然伪造证件也独立构成犯罪（伪造证件类犯罪），但在这个案件中，八筒伪造证件不是单纯地伪造，是为了实现诈骗的目的（主观上有牵

连），而且客观上诈骗和伪造证件是具有高度伴随性，很多诈骗案件都会伪造证件，这就是典型的牵连犯，最终只以主要的犯罪（诈骗罪）定罪论处。

2. 不能认为只要有“手段和目的”就是牵连犯，牵连犯的手段和目的行为必须具有高度伴随性、通常性，例．杀害军人偷走他的印章，再冒充军人招摇撞骗的，不属于牵连犯，应数罪并罚，因为通常人们实施招摇撞骗不会将军人杀死。

3. 现今刑法理论严格限制牵连犯的成立范围（甚至有很多学者主张直接废除这个概念），因此，在考试范围内，掌握如下三类，除此以外，一般都不是牵连犯。

（1）司法工作人员受贿后滥用司法权徇私枉法，只择一重罪处罚，注意：其他渎职犯罪+受贿的，要数罪并罚。

（2）资产评估、会计等非国家工作人员受贿后，提供虚假证明文件，依照处罚较重的规定定罪处罚。

（3）诈骗类犯罪前的预备行为，如伪造、变造金融票证罪，之后进行各种金融诈骗罪；伪造、变造、买卖国家机关的公文，证件印章后，又犯其他冒充、诈骗类犯罪。

4. 吸收犯与牵连犯区别

吸收犯是更为紧密的牵连犯，牵连犯只是高度伴随性，但吸收犯几乎是必然。如成立入户抢劫，必然要非法入侵住宅，盗窃枪支后必然非法持有枪支，所以是吸收犯；而诈骗不一定必然要伪造证件（可以不展示证件，也能诈骗成功），所以是牵连犯。

另外，吸收犯和牵连犯本来也很难区别，学界都还没有特别统一的定论，因此大家不用纠结，考试只需要掌握上文的“三类牵连犯”，其他都不认定为是牵连犯即可。

判断分析

1. 甲为冒充国家机关工作人员招摇撞骗而盗窃国家机关证件，并持该证件招摇撞骗。甲成立盗窃国家机关证件罪和招摇撞骗罪，数罪并罚。【正确，盗窃国家机关证件并不是招摇撞骗罪的必须手段，二行为之间不具有高度伴随性，不宜认为二者具有牵连关系】（2017年第2卷第8题A项）

2. 下列哪些情形属于吸收犯？（2011年第2卷第55题）

A. 制造枪支、弹药后又持有、私藏所制造的枪支、弹药的【正确】

B. 盗窃他人汽车后，谎称所盗汽车为自己的汽车出卖他人的【错误，事后不可罚行为】

C. 套取金融机构信贷资金后又高利转贷他人的【错误，是高利转贷罪的实行行为，只评价为一个行为】

D. 制造毒品后又持有该毒品的【正确】

3. 司法工作人员甲，刑讯逼供致被害人死亡，不数罪并罚。【正确，构成转化犯，构成故意杀人罪一罪】（2010年第2卷第58题C项）

第五节　罪数总结

一、罪数总的原则

1. 如果有一个行为，原则上就只能定一个罪（一行为、一评价），继续犯、状态犯、法条竞合犯、想象竞合犯、结果加重犯都符合此原则。

例外，**一个行为，定多个罪**：（1）骗取出口退税罪与逃税罪；（2）一次走私携带多种违禁品。

2. 如果有**多个行为，原则上应该定多个罪**。但又有如下三个例外，多个行为只定一个罪：

例外 1：多个行为只侵犯了一个法益（一法益、一保护），如不可罚的事后行为。

例外 2：刑法分则特殊规定（法定的一罪），如集合犯、包容犯、转化犯。

例外 3：司法判决的惯例（处断的一罪），如连续犯、吸收犯、牵连犯。

二、罪数总结表【记下来】

罪数类型	核心特征	几个行为	如何定罪？
继续犯	犯罪行为是长期持续的行为，如非法拘禁别人 6 个月	一个行为	定一个罪，行为持续再长，也是一个行为
法条竞合犯	法条的罪名本身存在竞合关系，如诈骗罪和信用卡诈骗罪		定一个罪 特殊罪名优先，例外：伪劣产品罪中，重法优先；特殊罪名优先做不到罪刑相适应时，重法优先
想象竞合犯	法条罪名本身没竞合，行为人偶然一个行为触犯多个罪名，如开一枪，打死一个人，打死一头大熊猫		定一个罪，重法优先（择一重），注意 2 个例外：（1）骗取出口退税罪与逃税罪；（2）一次走私携带多种违禁品。
结果加重犯	一个基本行为，导致了加重的结果，分则有专门规定，如抢劫致人死亡		定一个罪，适用升格刑，按照分则的结果加重犯处理，如果分则没有规定为结果加重犯，则按照罪数总的原则处理
集合犯	长期多次实施某一犯罪行为，构成一个类似数学的“集合”，如多次非法行医、多次赌博	多个行为	定一个罪，刑法分则规定这个罪名就是长期多次才构成，单独一次还不一定构成
包容犯	本来应该定多个罪，但分则规定定一个罪，另一个通过升格刑来评价		定一个罪，但要适用升格刑。注意包容犯要有分则明文规定【要背】，否则要按照罪数总的原则处理，不要想当然
转化犯	构成前罪，具备了分则规定的转化条件，转化成后罪	多个 / 一个行为	定一罪，以转化后的罪，定罪论处。转化犯要有分则明文规定【要背】
连续犯	一段时间内，连续实施多个性质相同的行为，触犯同一个罪名，如多次抢劫，多次盗窃	多个行为	定一个罪，但量刑的时候要把多次的后果累加起来。
吸收犯	多个犯罪行为之间，存在必然的前后联系，即前行为是后行为发展的**必经阶段**，后行为是前行为发展的**当然结果**，如入户抢劫肯定要非法入侵住宅		定一个罪，定主要的（重的）那个罪。吸收犯要求是“必然”，如果不是必然，只是大概率，则是牵连犯。
牵连犯	行为人有目的行为，也有手段行为，各自触犯不同罪名，但两个行为之间有牵连（高度伴随性）		定一个罪，定主要的（目的的那个罪）。牵连犯一定要有高度伴随性，记住讲义中常考的几个，不要扩大牵连犯范围

【学习提示】本章节概念很多，各种“犯”，学完后肯定会乱、混、记不住，而且罪数需要分则基础才能学好，因此罪数也是刑法每年考生投票最难理解的章节前三（甚至是第一）。

所以，大家学完后，需要做如下几个事：

1. 复习一下最后这个版块（罪数总的原则和罪数总结表），能大概说清楚，罪数总结表中每个“犯”是啥，核心点是啥，最后如何处理（可以把表格蒙起来，自己回答2遍）。
2. 不要停留纠结，去继续学分则。
3. 学完之后，再好好背一下罪数总的原则和罪数总结表，把罪数总结表背下来，每个空都会填。
4. 来不及的，重点记住：法条竞合、想象竞合、包容犯、结合犯、结果加重犯。

主观题延伸拓展

案例1：甲在深夜里将城市主干道上几个井盖拿走，卖得3000元，第二天早上交警及时发现添加了新的井盖。

问题：如何评价甲的行为？

案例2：张某有一明代瓷器，尽管做足了安保措施，但某日该瓷器还是被盗。张某为了挽回损失，立刻用一件高仿品向保险公司投保了2000万元。几个月后，张某声称瓷器被盗，向保险公司索赔了2000万元。

问题：理论上有观点认为，对张某以保险诈骗罪论处并不合理，应以合同诈骗罪论处，理由是什么？

案例1—问题：如何评价甲的行为？

答案：井盖**既是财物**，也是**交通道路的一部分**，甲偷井盖的行为既是**以非法占有为目的**，**秘密窃取财物**，触犯盗窃罪，同时也是在**故意破坏交通设施**，**足以**使汽车发生倾覆、毁坏危险，触犯了破坏交通设施罪。甲**实施了一个行为**，**同时触犯了破坏交通设施罪和盗窃罪**，属于**想象竞合犯**，**应择一重罪处罚**。

案例2—问题：理论上有观点认为，对张某以保险诈骗罪论处并不合理，应以合同诈骗罪论处，理由是什么？

答案：张某**以非法占有为目的**，采取虚构保险标的的方式**欺骗**保险公司，使保险公司**陷入认识错误处分**保险金，**构成保险诈骗罪**，**同时也触犯了合同诈骗罪**。**保险诈骗罪与合同诈骗罪是法条竞合关系**，通常应适用特别法优先的原则，但有观点认为：法条竞合犯中，如果**特别法因法定刑较低不能实现罪刑相适应时**，**应坚持重法优先**。张某**诈骗数额特别巨大**，如果以保险诈骗罪论处的话，最高刑期为15年有期徒刑，如果以合同诈骗罪论处的话，最高刑期为无期徒刑，因此，**认定为合同诈骗罪刑罚更重**，应对张某以合同诈骗罪定罪处罚。

法条依据为《刑法》第一百九十八条、二百二十四条。

KEEP AWAKE

第十四章 刑罚的体系

1. 刑罚

（1）主刑：管制、拘役、有期徒刑、无期徒刑、死刑（含死缓）；

（2）附加刑：罚金、没收财产、剥夺政治权利、驱逐出境。

2. 非刑罚措施

禁止令、从业禁止等。

第一节 主刑【管制与拘役 E；有期与无期徒刑 E；死刑 A】

一、管制

管制是指对罪犯不予关押，但限制其一定自由，由社区矫正机构执行和群众监督改造的刑罚方法。

1. 管制犯应遵守的规定

（1）遵守法律、行政法规，服从监督；

（2）未经执行机关批准，不得行使言论、出版、集会、结社、游行、示威自由的权利（缓刑、假释没有此限制）；

（3）按照执行机关规定报告自己的活动情况；

（4）遵守执行机关关于会客的规定；

（5）离开所居住的市、县或者迁居，应当报经执行机关批准。

【注意】缓刑、假释也应当遵守上述第（1）、（3）、（4）、（5）项的规定，仍享有（2）项的权利；被剥夺政治权利的人，完全没有第（2）项权利。

2. 管制执行机关：对判处管制的犯罪分子，实行社区矫正。

3. 管制的刑期起算及折抵：从判决执行之日起计算；判决执行以前先行羁押的，羁押 1 日折抵刑期 2 日。

4. 可以适用禁止令：可以在判决时同时禁止犯罪分子在执行期间从事特定活动，进入特定区域、场所，接触特定的人。违反禁止令的，由公安机关依照《中华人民共和国治安管理处罚法》的规定处罚。

5. 数罪中有判处有期徒刑和管制，或者拘役和管制的，有期徒刑、拘役执行完毕后，管制仍须执行。

二、拘役

拘役是指短期剥夺犯罪人自由，就近实行劳动的刑罚方法。

1. **期限**：1 个月以上 6 个月以下，数罪并罚不得超过 1 年。

2. **执行**：公安机关就近执行，如公安机关在附近的拘役所、看守所或者其他监管场所。

3. **刑期的起算及折抵**：从判决执行之日起计算；判决执行以前先行羁押的，羁押 1 日折抵刑期 1 日。

4. **参加劳动的**：酌量发给报酬（管制：同工同酬）。

三、有期徒刑

有期徒刑是指剥夺犯罪人一定期限的自由，实行强制劳动改造的刑罚方法——剥夺自由，无偿劳动。

1. **期限**：6 个月以上 15 年以下。数罪并罚不超过 20 年。但相加超过 35 年的，数罪并罚不超过 25 年。

2. **执行**：监狱或者其他执行场所。剩余刑期 3 个月以下的由看守所代为执行，未成年人在未成年犯管教所执行。

3. **刑期的起算及折抵**：从判决执行之日起计算；判决执行以前先行羁押的，羁押 1 日折抵刑期 1 日。

四、无期徒刑

无期徒刑是指剥夺犯罪人终身自由，实行强迫劳动改造的刑罚方法。

1. **执行**：在监狱或者其他执行场所执行；凡具有劳动能力的，应当参加劳动。

2. **适用**：应当附加剥夺政治权利终身。

【注意】未成年犯只有罪行极其严重的，才可以适用无期徒刑；对已满 14 周岁不满 16 周岁的人犯罪一般不判处无期徒刑。

五、死刑

死刑是指剥夺犯罪人生命的刑罚方法。

【注意】无论是死刑立即执行，还是死刑缓期两年执行，都是死刑的适用方式，均属于死刑这一刑种。

1. 死刑的适用范围

（1）死刑只适用于罪行极其严重的犯罪分子。

（2）不得适用死刑的犯罪人：

【注意 1】对此部分范围的解释应当做最扩大解释，这样可以减少死刑适用的范围。

【注意 2】这里的死刑包括死刑立即执行和死刑缓期两年执行，都不得适用。

①犯罪的时候不满 18 周岁的人。犯罪时（行为时）未满 18 周岁，即使审判的时候已满 18 周岁也

不适用死刑。

②审判时怀孕的妇女。“审判时”扩大解释为整个刑事诉讼的羁押期间。“怀孕的妇女”扩大解释为“曾怀孕后来流产的妇女”。当怀孕妇女因涉嫌犯罪在羁押期间自然流产后，又因“同一事实”被起诉或交付审判的，应当视为“审判时怀孕的妇女”不能适用死刑；若因“另一事实”被起诉或交付审判的，则不能按“审判时怀孕的妇女”对待，基于另一事实，可能适用死刑。

【注意】犯罪的时候怀孕的妇女是有可能适用死刑的。

例 1. 女毒贩甲运输了大量海洛因，被抓后知道肯定要判死刑，便勾引看守所管教，在管教的帮助下，成功怀孕。甲在羁押期间怀孕，属于审判时怀孕的妇女，对甲不能适用死刑。

例 2. 甲在怀孕的时候故意杀人，犯罪行为结束后第 10 年因故意杀人罪接受审判，此时已经离其怀孕 10 年了，对甲进行特殊保护的必要性已经不存在了，对甲可能适用死刑。

例 3. 甲（女，19 岁）因涉嫌故意杀人罪被逮捕，并在羁押期间流产，由于证据不足予以释放。后来发现新的证据再起诉的，由于之前已经属于审判时怀孕的妇女，所以再次起诉还是原来的事实，也不可以判处其死刑。可以这样理解：第一次逮捕时证据确凿都不能适用死刑，那么，第一次证据不足、后来发现新的证据，就更不应该适用死刑。

（3）老年人犯罪限制适用死刑。审判的时候已满 75 周岁的人，不适用死刑，但以特别残忍手段致人死亡的除外。

2. 死缓制度

死缓是死刑的一种执行方式，不是一个独立的刑种，因此不能适用死刑的情形，也不能适用死缓。

（1）考验期：两年

死刑缓期二年执行，根据《刑法》第五十一条的规定，死刑缓期执行的期间，从判决确定之日起计算。死刑缓期减为有期徒刑的刑期，从死刑缓刑执行期满之日起计算。死缓判决确定之前的羁押时间，不计算在死缓二年的考验期内，因为规定二年的考验期就是为了观察犯罪人在这二年内有无悔改表现，如果将先前羁押的时间计算在内，就失去了考察的意义。

（2）后果

①执行死刑——考验期内故意犯罪并且情节恶劣。只要在死缓考验期内故意犯罪并且情节恶劣，被发现后报最高人民法院核准，立即执行死刑，而不是等到两年期满后执行。

②期间重新计算——考验期内故意犯罪（情节非恶劣）未执行死刑的，死刑缓期执行的期间重新计算，并报最高人民法院备案。

③减为无期徒刑——只要没有故意犯罪，二年期满后，减为无期徒刑。

④减为有期徒刑 25 年——如果确有重大立功表现，二年期满以后，减为二十五年有期徒刑。经过若干次减刑后，最低不得少于 15+2=17 年（没有被限制减刑的情况下）。

（3）死缓的限制减刑

①对象：对被判处死刑缓期执行的累犯以及因故意杀人、强奸、抢劫、绑架、放火、爆炸、投放危险物质或者有组织的暴力性犯罪被判处死刑缓期执行（注意行为性质，暴力犯罪，不是看罪名）的犯罪分子，人民法院根据犯罪情节等情况可以同时决定对其限制减刑（注意：是法院在判决死缓的同时判决限制减刑，不是后面表现恶劣单独再判限制减刑）。

②刑期：减为无期徒刑的，实际执行期间不少于 25 年（共 27 年）；减为 25 年有期徒刑的，实际执行期间不少于 20 年（共 22 年）。

③贪污、受贿数额特别巨大，并使国家和人民利益遭受特别重大损失并被判处死刑缓期执行的，人民法院根据犯罪情节等情况可以同时决定在其死刑缓期执行二年期满依法减为无期徒刑后，终身监禁，不得减刑、假释。

判断分析

1. 审判的时候怀孕的妇女依法不适用死刑。对这一规定的理解，下列哪一选项是错误的？（2007 年第 2 卷第 4 题）

A. 关押期间人工流产的，属于审判的时候怀孕的妇女【正确】

B. 关押期间自然流产的，属于审判的时候怀孕的妇女【正确】

C. 不适用死刑，是指不适用死刑立即执行但可适用死缓【错误，死缓并非为独立的主刑，其与死刑立即执行同属于死刑，故不适用死刑立即执行的情形也不适用死缓】

D. 不适用死刑，既包括不适用死刑立即执行，也包括不适用死缓【正确】

2. 孙某因犯抢劫罪被判处死刑，缓期 2 年执行。在死刑缓期执行期间，孙某在劳动时由于不服管理，违反规章制度，造成重大伤亡事故。对孙某应于 2 年期满后减为无期徒刑。【正确，因为不是故意犯罪】（2004 年第 2 卷第 14 题 C 项）

第二节 附加刑【罚金 E；没收财产 E；剥夺政治权利 E】

附加刑区别于主刑：

主刑只能独立适用，而不能附加于其他刑罚方法适用；虽然名为附加刑，但附加刑既可以单独适用，也可以附加于主刑适用。

一、罚金

罚金是指要求犯罪人向国家缴纳一定数额金钱的刑罚方法。

1. 和主刑的关系

（1）选处罚金刑【主刑或罚金】与主刑作为并列刑种，选择适用。

例.《刑法》第二百七十五条规定，故意毁坏公私财物，数额较大或者有其他严重情节的，处三年以下有期徒刑、拘役或者罚金；数额巨大或者有其他特别严重情节的，处三年以上七年以下有期徒刑。

（2）单处罚金【罚金】只判处罚金。如对单位犯罪中的单位的处罚，对单位只判处罚金刑。

（3）并处罚金【主刑＋罚金】即判处主刑的同时附加适用罚金。包括必须判处罚金、可以判处罚金。如诈骗罪、倒卖文物罪。

（4）并处或单处罚金【主刑＋罚金，或者罚金】人民法院既可以在判处主刑的同时附加适用罚金，也可以只适用罚金。

2. 执行

（1）**执行机关：**第一审法院。

（2）**执行方式：**罚金在判决指定的期限内一次或者分期缴纳。期满不缴纳的，强制缴纳。对于不能全部缴纳罚金的，人民法院在任何时候发现被执行人有可以执行的财产，应当随时追缴。由于遭遇不能抗拒的灾祸等原因缴纳确实有困难的，经人民法院裁定，可以延期缴纳、酌情减少或者免除。【一次/分期缴纳；强制、随时缴纳，可减免缴纳】

（3）**执行对象：**个人合法的财产（犯罪工具和所得不算、家属的财物不算）。

（4）**执行原则：**“先民后刑”，即承担民事赔偿的犯罪分子，又被判处罚金的，其财产先承担民事赔偿。

例．甲在一刑事附带民事诉讼中，被法院依法判处罚金并赔偿被害人损失，但甲的财产不足以全部支付罚金和承担民事赔偿。甲应当先承担民事赔偿责任。

二、没收财产

没收财产是指剥夺犯罪人的个人财产，无偿收归国有的一种刑罚方法。

1. 没收财产的类型

没收全部财产、没收部分财产。没收部分财产会列明具体数额，如果没有列明具体金额的没收财产，一般是指没收全部财产。

2. 执行

（1）**执行机关：**第一审法院。

（2）**执行对象：**犯罪分子个人合法所有并且没有用于犯罪的财产的一部分或者全部（犯罪工具和所得、家属的财物不属于没收范围）。

（3）**执行中的问题**

没收全部财产的，应当对犯罪分子个人及其扶养的家属保留必需的生活费用。

偿还债务：

①债务产生时间：没收财产判决确定以前；

②债务性质：合法债务；

③经债权人主动向法院请求。

符合上面条件的，应该优先偿还债务。

3. 财产刑并罚

一人犯数罪，分别被判处没收财产和罚金刑的，应分别执行。《刑法修正案（八）》规定：数罪中有判处附加刑的，附加刑仍须执行，其中附加刑种类相同的，合并执行，种类不同的，分别执行。即行为人犯数罪依法同时并处罚金和没收（全部、部分）财产的，应当分别执行；判处两个没收部分财产的，应合并执行。

例．甲因为A罪被判处罚金5万，B罪罚金刑3万，种类相同，应合并执行，即执行罚金刑8万元。乙因为A罪被判罚金刑5万，B罪被判处没收财产3万，这是种类不同的，应分别执行，即罚金刑、没收财产都应该分别执行，共计8万元。也就是说，无论是合并还是分别，其基本精神就是，附加刑要全部执行到位。

但是，对一个犯罪判处没收全部财产，对另一个犯罪判处没收部分财产的，只需要执行没收全部财产。

4. 财产刑执行顺序——先罚金、后没收

根据司法解释的规定，应当先执行罚金刑，再没收财产。①

三、剥夺政治权利

1. 剥夺内容

选举权、被选举权（包括村委会的选举）；言论、出版、集会、结社、游行、示威；担任国家机关职务的权利；担任国有公司、国有企业、事业单位、人民团体领导职务（私营企业没障碍）。

2. 适用

（1）单独适用：1–5 年，从判决之日起算。

（2）附加适用：对于故意杀人、强奸、放火、爆炸、投毒、抢劫等严重破坏社会秩序的犯罪分子，可以附加剥夺政治权利。“严重破坏社会秩序的犯罪分子”，几乎可以解释为包容所有犯罪，所以任何犯罪都有可能严重破坏社会秩序，都可能适用剥夺政治权利。

（3）必须适用：死刑、无期徒刑、危害国家安全的犯罪分子应当附加剥夺政治权利【附加于无期徒刑、死刑：终身】

3. 剥夺政治权利的效力

（1）附加剥夺政治权利的，其效力当然适用于主刑执行期间，期限从徒刑、拘役执行完毕之日或者从假释之日起计算。

例．甲被判处有期徒刑 3 年，剥夺政治权利 5 年，在有期徒刑执行的 3 年期间及释放后的 5 年均无政治权利。

（2）没有附加剥夺政治权利的，在执行期间仍然享有政治权利。适用主刑未附加剥夺政治权利的罪犯准予行使选举权，但其他权利受限制。

4. 执行

（1）期间：附加于管制：期限与管制期限相同，与管制同时执行；附加于拘役、有期徒刑：从拘役、有期徒刑执行完毕之日或假释之日起算（从罪犯离开羁押场所起计算）。

（2）机关：公安机关。

第三节　其他刑罚与非刑罚措施【驱逐出境、非刑罚处罚措施等 C】

【外国人强奸案】外国人吴某在我国某高中担任外教期间，利用老师身份强行和班上的一名女生发生性关系，案件曝光后引起了舆论强烈不满。

思考：我国刑法能管吗？可以有哪些惩罚措施？

——我国基于属地管辖原则当然能管，吴某构成强奸罪，应该判处有期徒刑，法院还应依法适用从

① 《最高人民法院关于刑事裁判涉财产部分执行的若干规定》（2014 年）

第十三条　被执行人在执行中同时承担刑事责任、民事责任，其财产不足以支付的，按照下列顺序执行：

（一）人身损害赔偿中的医疗费用；（优先于其他债权人）

（二）退赔被害人的损失；

（三）其他民事债务；

（四）罚金；

（五）没收财产。

业禁止，防止吴某出狱后再利用职业便利实施犯罪。而且吴某属于外国人，法院也可以对其适用驱逐出境。

一、驱逐出境

1. **适用对象**：外国人。

2. **适用**：单独适用、附加适用。

例．外国人吴某因犯强奸罪，被法院判处有期徒刑十一年，附加驱逐出境。

二、非刑罚处罚措施

1. **禁止令**

（1）禁止令适用对象：管制犯、缓刑犯【没有假释犯（假不禁）】。

（2）执行机关：司法行政机关下属社区矫正机构。

2. **从业禁止**

法条群

《刑法》第一编 总则 第三章 刑罚 第一节 刑罚的种类

第三十七条之一【从业禁止】因利用职业便利实施犯罪，或者实施违背职业要求的特定义务的犯罪被判处刑罚的，人民法院可以根据犯罪情况和预防再犯罪的需要，禁止其自刑罚（主刑）执行完毕之日或者假释之日起从事相关职业，期限为三年至五年。

被禁止从事相关职业的人违反人民法院依照前款规定作出的决定的，由公安机关依法给予处罚；情节严重的，依照本法第三百一十三条的规定定罪处罚。

其他法律、行政法规对其从事相关职业另有禁止或者限制性规定的，从其规定。

2023 年《最高人民法院、最高人民检察院关于办理强奸、猥亵未成年人刑事案件适用法律若干问题的解释》第十三条

对于利用职业便利实施强奸、猥亵未成年人等犯罪的，人民法院应当依法适用从业禁止。

3. **社区矫正**

（1）社区矫正是一种不使罪犯与社会隔离并利用社区资源教育改造罪犯的方法，是所有在社区环境中管理教育罪犯方式的总称。

（2）适用对象：

①罪行比较轻微的罪犯，包括被判处管制、缓刑的服刑人员；

②罪行虽然比较严重，但是经过改造证明确有悔改，不致再危害社会的服刑人员，如被假释的服刑人员；

③有特殊情况，暂予监外执行的服刑人员。对于前两类服刑人员实行社区矫正，就体现了对犯罪分子的区别对待。此外，单独被剥夺政治权利的人，可自愿（不是必须）选择接受社区矫正。

【总结】

	管制	拘役	有期徒刑	无期徒刑	死缓	死立执
执行机关	社区矫正机关	公安机关就近执行	监狱（剩余刑期三个月以下的，由看守所代为执行；未成年犯在未成年犯管教所执行）	监狱	监狱	法院
待遇	同工同酬	参加劳动的，可酌量发给报酬	无偿参加劳动	无偿参加劳动	无偿参加劳动	——
折抵	羁押一日折抵两日	羁押一日折抵一日	羁押一日折抵一日	——	——	——
假释	不适用	不适用	适用	一般可适用例外不适用①	不适用	——
期限	3个月以上，2年以下。数罪并罚不超过3年	1个月以上6个月以下，数罪并罚不超过1年	6个月以上15年以下，数罪并罚有期徒刑总和刑期不满35年的，最高不能超过20年，总和刑期在35年以上的，最高不能超过25年	——	——	——
实际最低执行	不少于1/2	不少于1/2	不少于1/2	不少于13年	不少于15年，不含死刑缓刑2年的考验期。限制减刑的死缓有特别规定	——

1. 刑罚执行机关：法院负责要钱和要命的（罚金刑、没收财产、死刑立即执行）；公安机关负责剩余刑期三个月以下、拘役、剥夺政治权利；监狱负责剩余刑期在三个月以上的徒刑。但是，缓刑犯、假释犯、管制犯、暂予监外执行的要实行社区矫正。

2. 所有的判决原则上都从判决执行之日起计算，但死缓与有期徒刑的缓刑考验期从判决确定之日起计算，独立适用剥夺政治权利的，期限从判决确定之日起计算。

① 《刑法》第八十一条第二款："对累犯以及因故意杀人、强奸、抢劫、绑架、放火、爆炸、投放危险物质或者有组织的暴力性犯罪被判处十年以上有期徒刑、无期徒刑的犯罪分子，不得假释。"第三百八十三条第四款："犯第一款罪（贪污），有第三项规定情形被判处死刑缓期执行的，人民法院根据犯罪情节等情况可以同时决定在其死刑缓期执行二年期满依法减为无期徒刑后，终身监禁，不得减刑、假释。"

KEEP AWAKE

第十五章 刑罚的裁量【客+主】

第一节 量刑情节【量刑情节 C】

一、法定量刑情节

刑法（不包括司法解释）明文规定在量刑时必须予以考虑的情节。它既包括刑法总则规定的对各种犯罪共同适用的情节，也包括刑法分则对特定犯罪适用的情节。

例 1.《刑法》总则第十七条第四款规定："对依照前三款规定追究刑事责任的不满十八周岁的人，应当从轻或者减轻处罚。"

例 2.《刑法》分则第一百六十四条第四款规定："行贿人在被追诉前主动交待行贿行为的，可以减轻处罚或者免除处罚。"

（一）总则

1. 犯罪主体方面

（1）14 周岁 -18 周岁的未成年人：应当从轻或者减轻处罚。

（2）75 周岁及以上的老年人：故意犯罪的，可以从轻减或者减轻处罚；过失犯罪的，应当从轻或者减轻处罚。

（3）尚未完全丧失辨认或者控制自己行为能力的精神病人：应当负刑事责任，但是可以从轻或者减轻处罚。

【注意】完全丧失辨认或者控制能力的精神病人的行为不构成犯罪。

（4）聋哑人或盲人：可以从轻、减轻或者免除处罚。

2. 犯罪停止形态

（1）预备犯：可以比照既遂犯从轻、减轻或者免除处罚。

（2）未遂犯：可以比照既遂犯从轻或者减轻处罚。

（3）中止犯：没有造成损害的，应当免除处罚；造成损害的，应当减轻处罚。

3. 共同犯罪

（1）从犯：应当从轻、减轻或者免除处罚。

（2）胁从犯：应当按照他的犯罪情节减轻处罚或者免除处罚。

（3）教唆未成年人犯罪：应当从重处罚。

（4）教唆未遂：如果被教唆的人没有犯被教唆的罪，对于教唆犯，可以从轻或者减轻处罚。

4. 犯罪后的表现

（1）自首：可以从轻或者减轻处罚。其中，犯罪较轻的，可以免除处罚。

（2）立功：可以从轻或者减轻处罚；有重大立功表现的，可以减轻或者免除处罚。

（二）分则

常考的法定量刑情节有以下几种：

1. **对非国家工作人员行贿罪：**行贿人在被追诉前主动交待行贿行为的，可以减轻处罚或者免除处罚。

2. **行贿罪：**行贿人在被追诉前主动交待行贿行为的，可以从轻或者减轻处罚。其中，犯罪较轻的，对调查突破、侦破重大案件起关键作用的，或者有重大立功表现的，可以减轻或者免除处罚。

3. **介绍贿赂罪：**介绍贿赂人在被追诉前主动交待介绍贿赂行为的，可以减轻处罚或者免除处罚。

4. **非法拘禁罪：**具有殴打、侮辱情节的，从重处罚。国家机关工作人员利用职权犯该罪的，从重处罚。

5. **收买被拐卖的妇女儿童罪：**收买被拐卖的妇女、儿童，对被买儿童没有虐待行为，不阻碍对其进行解救的，可以从轻处罚；按照被买妇女的意愿，不阻碍其返回原居住地的，可以从轻或者减轻处罚。

6. **招摇撞骗罪：**冒充人民警察招摇撞骗的，依照前款的规定从重处罚。

二、酌定量刑情节

虽然不是刑法明文规定的情节，但对量刑仍然起着重要影响作用。

主要种类有：犯罪的手段、犯罪的时空及环境条件、犯罪的对象、犯罪行为造成的危害结果、犯罪的动机、犯罪后的态度、犯罪人的一贯表现、前科等。

三、裁量的幅度

（一）从重处罚和从轻处罚

1. 这是指在法定刑的限度以内判处刑罚。

2. 从重处罚不是指在法定刑“中间线”以上处罚或判处法定最高刑，从轻处罚也不是指在法定刑“中间线”以下处罚或判处法定最低刑。

3. 从重处罚的真实含义是指相对于既没有从重处罚情节也没有从轻处罚情节的一般情况下所应判处的刑罚而言，比这种情况判处得重一些。从轻处罚的真实含义也是如此，比一般情况下所应判处的刑罚轻一些。

（二）减轻处罚

1. 减轻处罚，是指在法定刑以下判处刑罚（这里的“以下”不包含本数，从轻处罚和减轻处罚不存在竞合）。

2. 减轻处罚有刑格限制，只能在下一个刑格内处罚，不能跨越下一个刑格处罚。

3. 特别减轻处罚制度：不具有法定减轻处罚情节的，经最高法核准，也可以在法定刑以下判处刑罚。

（三）免除处罚

1. 指对犯罪分子做出有罪宣告，但是免除其刑罚处罚。

2. 免除处罚在性质上不同于无罪判决或免予起诉，免除处罚的前提是有罪判决。

判断分析

王某多次吸毒，某日下午在市区超市门口与同居女友沈某发生争吵。沈某欲离开，王某将其按倒在地，用菜刀砍死。后查明：王某案发时因吸毒出现精神病性障碍，导致辨认控制能力减弱。（2017 年第 2 卷第 10 题）

A. 王某是偶犯，可酌情从轻处罚【正确】

B. 王某刑事责任能力降低，可从轻处罚【错误，王某在自由意志支配的状态下实施了吸毒行为，进而使自己陷入无责任能力的状态，属于原因自由行为，不能对其从轻处罚】

C. 王某在公众场合持刀行凶，社会影响恶劣，可从重处罚【正确】

D. 王某与被害人存在特殊身份关系，可酌情从轻处罚【正确】

第二节　累犯【累犯 C】

累犯：被判处一定刑罚的人，在刑罚执行完毕或者赦免以后，在法定期限内又犯罪的人。

一、一般累犯

主观条件：前后两罪都是故意犯罪。

刑度条件：前后都是有期徒刑以上（注意危险驾驶罪——该罪无有期徒刑）。

时间条件：犯后罪时在前罪刑罚执行完毕或者赦免后 5 年内。

【注意】前罪刑罚执行完毕中的“刑罚”指主刑（有期徒刑），不包括管制、附加刑。被假释的犯罪分子的期限从假释期满之日起算 5 年时间。

年龄条件：犯前后罪时都年满 18 周岁（只要一个罪在 18 周岁以下就不构成累犯）。

例．甲犯故意伤害罪被判处有期徒刑 5 年，2015 年 4 月 1 日刑满释放。甲在 2020 年 3 月 30 日非法拘禁乙 5 天，后被警察抓获。非法拘禁罪为继续犯，甲犯非法拘禁罪时仍属于在前罪刑罚执行完毕 5 年内。

二、特别累犯

1. 前后罪都是危害国家安全犯罪、恐怖活动犯罪、黑社会性质组织犯罪三类之一，其他没要求。（要求故意犯罪）

2. 时间及刑度没有特别要求。

例．田某犯叛逃罪被判处管制 2 年，管制期满后 20 年又犯为境外刺探国家秘密罪，被判处拘役 6 个月，田某构成累犯。

3. 多数观点认为，不满 18 周岁的人也不成立特别累犯。

三、累犯后果

1. 应当从重处罚。

2. 不得适用缓刑、假释。

3. 死缓可以限制减刑。

4. 被判处缓刑的犯罪分子在缓刑考验期内或期满后犯新罪的、被假释的犯罪分子在考验期内犯新罪的，均不构成累犯【缓无累】。

四、特别再犯（不是累犯）

《刑法》第三百五十六条规定，因走私、贩卖、运输、制造、非法持有毒品罪被判过刑，又犯本节规定之罪的，从重处罚。

1. 前罪仅限于：走私、贩卖、运输、制造毒品罪、非法持有毒品罪。

2. 后罪的范围较广：刑法分则第六章第七节“毒品罪类犯罪”。

3. 前后犯罪没有时间间隔、刑罚轻重的要求。

4. 未满18周岁的人不构成累犯，基于当然解释，也不构成毒品犯罪的再犯。

【注意】同时符合累犯规定的，同时适用累犯的规定和毒品犯罪再犯的规定。

判断分析

1. 甲因故意杀人罪被判有期徒刑六年，执行三年之后被假释。假释考验期满之后，又犯了盗窃罪。盗窃罪本身应判处有期徒刑五年（不考虑累犯情节）。此时，原审法院将其前罪故意杀人罪改判为过失致人死亡罪，并判处有期徒刑一年。甲成立累犯。【错误，甲前罪实际上是过失犯罪，不符合累犯主观条件】（2020年仿真题）

2. 犯恐怖活动犯罪被判处有期徒刑4年，刑罚执行完毕后的第12年又犯黑社会性质的组织犯罪的，成立累犯。【正确】（2015年第2卷第10题D项）

第三节 自首【客+主】【自首A】

法条群

《刑法》第一编 总则 第四章 刑罚的具体运用 第三节 自首和立功

第六十七条【一般自首】犯罪以后自动投案，如实供述自己的罪行的，是自首。对于自首的犯罪分子，可以从轻或者减轻处罚。其中，犯罪较轻的，可以免除处罚。

【特别自首】被采取强制措施的犯罪嫌疑人、被告人和正在服刑的罪犯，如实供述司法机关还未掌握的本人其他罪行的，以自首论。

【坦白】犯罪嫌疑人虽不具有前两款规定的自首情节，但是如实供述自己罪行的，可以从轻处罚；因其如实供述自己罪行，避免特别严重后果发生的，可以减轻处罚。

《最高人民法院关于处理自首和立功具体应用法律若干问题的解释》

第一条【自首的认定】根据刑法第六十七条第一款的规定，犯罪以后自动投案，如实供述自己的罪行的，是自首。

（一）自动投案，是指犯罪事实或者犯罪嫌疑人未被司法机关发觉，或者虽被发觉，但犯罪嫌疑人尚未受到讯问、未被采取强制措施时，主动、直接向公安机关、人民检察院或者人民法院投案。

犯罪嫌疑人向其所在单位、城乡基层组织或者其他有关负责人员投案的；犯罪嫌疑人因病、伤或者为了减轻犯罪后果，委托他人先代为投案，或者先以信电投案的；罪行尚未被司法机关发觉，仅因形迹可疑，被有关组织或者司法机关盘问、教育后，主动交代自己的罪行的；犯罪后逃跑，在被通缉、追捕过程中，主动投案的；经查实确已准备去投案，或者正在投案途中，被公安机关捕获的，应当视为自动投案。

并非出于犯罪嫌疑人主动，而是经亲友规劝、陪同投案的；公安机关通知犯罪嫌疑人的亲友，或者亲友主动报案后，将犯罪嫌疑人送去投案的，也应当视为自动投案。

犯罪嫌疑人自动投案后又逃跑的，不能认定为自首。

（二）如实供述自己的罪行，是指犯罪嫌疑人自动投案后，如实交代自己的主要犯罪事实。

犯有数罪的犯罪嫌疑人仅如实供述所犯数罪中部分犯罪的，只对如实供述部分犯罪的行为，认定为自首。

共同犯罪案件中的犯罪嫌疑人，除如实供述自己的罪行，还应当供述所知的同案犯，主犯则应当供述所知其他同案犯的共同犯罪事实，才能认定为自首。

犯罪嫌疑人自动投案并如实供述自己的罪行后又翻供的，不能认定为自首；但在一审判决前又能如实供述的，应当认定为自首。

第二条【特别自首】根据刑法第六十七条第二款的规定，被采取强制措施的犯罪嫌疑人、被告人和已宣判的罪犯，如实供述司法机关尚未掌握的罪行，与司法机关已掌握的或者判决确定的罪行属不同种罪行的，以自首论。

一、一般自首

【快速“自首”案】八筒抢夺了路人甲的项链，穿过马路欲翻过护栏逃跑，结果恰好一屁股坐在了交巡警的摩托车上。

思考：八筒是否成立自首？

——不属于自动投案，不成立自首。八筒是在逃跑，归案只是个偶然。

（一）自动投案

本质是主动的想将自己置于司法机关的合法控制之下，节约了司法资源。

1. 投案时间：尚未被动归案之前。包括：犯罪事实还未被发觉前、发觉犯罪事实但不知是谁作案前、发觉犯罪事实且知道是谁作案但还没控制前……即尚未被控制之前都可投案。

【注意】罪行未被司法机关发觉，仅因形迹可疑被有关组织或者司法机关盘问、教育后，主动交代自己的罪行的属于自动投案（但有关部门、司法机关在其身上、随身携带的物品、驾乘的交通工具等处发现与犯罪有关的物品的，不能认定为自动投案：人赃并获就晚了）。

例．八筒在云南旅游返程时偷偷买了1克海洛因藏在内裤中，途经某哨卡例行检查时，八筒眼神飘忽猥琐，巡警便盘问了几句，八筒直接老实交代一切。属于自动投案，可以成立自首。

2. 投案对象：司法机关、非司法机关、有关个人，即投案对象没有限制，只要是行为人想将自己置于法律的控制之下，就是自动投案（犯罪分子本人不可能清楚地知道犯罪行为应属于哪一个机关管辖，所以，对其投案对象没有严格的要求）。

3. 方式：不限制，但是不能不自愿。常考方式包括：委托他人代为投案、信电投案、亲友劝告或陪同投案（不包括被亲友绑送归案的）、“能逃不逃等警察”的情形（主动报案，虽未表明自己是作案人，但不逃且在司法机关询问时交代罪行/明知他人报案而在现场等待，抓捕时不拒捕并供认犯罪事实）。

例 1. 二妞和男朋友吵架，失手杀了男朋友，之后给父母打电话说自己杀人了，自己也不想活了要自杀。父母立刻报警说明情况，同时赶往二妞的住处，期间打通了二妞的电话并告知已经报警，让其呆在原地不要做傻事。二妞一直没找到合适的死法，直到警察到来，如实交代罪行。二妞明知父母报案，警察要来也不跑，自愿接受司法制裁，属于自动投案，成立自首。

例 2. 被告人徐某作案后在亲属的规劝下，表示先回家与妻子告别再去投案，但回家后即醉倒，其亲属主动报案后，协助公安人员将昏睡的徐某带至公安机关。次日，徐某醒酒后即如实供述了犯罪事实。法院认定徐某成立自首。

【注意】被动归案后逃跑，然后又回司法机关投案的，不成立自首（理由：没有节约国家司法资源）；主动归案后逃跑，又回到司法机关投案的，成立自首。

4. 投案动机：不限制，不要求因真诚悔过而投案，只要主动归案节约司法资源就行。

例 . 八筒和四斤想做悍匪便一起去抢劫，但四斤只给八筒分了 10% 赃款。八筒一直不平衡，正好看到通缉令上的线索悬赏有 5 万元，便去派出所投案交代了二人的抢劫事实，并要求领赏。虽然八筒的投案动机是为了财，但这并不妨碍评价他主动归案节约了司法资源，仍然属于自动投案，成立自首。

（二）如实供述

【自我辩解案】八筒趁一老头摔倒不能动后，不顾老头乞求将摔出 1 米远的新款手机拿走。八筒后来良心不安主动去投案，警察以抢夺罪立案。审讯过程中八筒辩解道：“抢夺多难听，我听过蒋某人的刑法课，理论上有新观点认为我这叫公开盗窃，我劝你们再考虑一下。”

思考：八筒辩解自己构成盗窃罪，还属不属于如实供述？

——仍然属于如实供述，如实供述针对犯罪事实，对行为性质的辩解不影响如实供述的认定，因为只要事实说清了，行为性质自有法官、检察官定夺，随便行为人怎么辩解都影响不到定性。

如实供述：供述自己及与自己相关的主要犯罪事实。

1. 共同犯罪中，除如实供述自己的罪行，还应当供述所知的同案犯。具体供述内容包括：

（1）同案犯姓名、住址、体貌特征等基本情况；

（2）提供犯罪前、犯罪中掌握、使用的同案犯联络方式、藏匿地址【不算立功】。

【注意】区别立功的认定：将同案犯约至指定地点、当场指认同案犯，或者带领侦查人员抓获同案犯的，认定为立功（因为此类协助不是犯罪分子的“分内之事”，属于“额外帮助”）。

2. 除供述自己的主要犯罪事实外，还应包括姓名、年龄、职业、住址、前科等情况。

犯罪嫌疑人供述的身份等情况与真实情况虽有差别，但不影响定罪量刑的，应认定为如实供述自己的罪行。犯罪嫌疑人自动投案后隐瞒自己的真实身份等情况，影响对其定罪量刑的，不能认定为如实供述自己的罪行。

3. 时间：如实供述自己的罪行后又翻供的，不能认定为是自首；但在一审判决前又能如实供述的，应当认定为自首。

4. 被告人对行为性质的辩解不影响自首的成立。

（三）后果

可以从轻或减轻处罚；犯罪较轻的，免除处罚。

（四）单位自首

1. 单位自首中自然人自首的认定：单位自首的效果可及于个人，但要求个人如实交代。

2. 单位没有自首，自然人自首的认定：个人自首的效果不能及于单位。

二、特别自首

（一）主体

被采取强制措施的犯罪嫌疑人、被告人和正在服刑的罪犯（非自由）。

【注意】包括监察机关的留置措施。

（二）如实供述

1. 如实供述司法机关还未掌握的其他异种罪行的。如果其供述的罪行与已被掌握的罪行属同种的，虽然可以酌情从轻，但不属于自首。“未掌握的异种罪行”的判断：

（1）公安部发布的通缉令，视同全国公安司法机关已经掌握；

（2）是否异种罪行，应以刑法的规定为准，而不是以犯罪分子本人的判断为标准；

（3）如实供述的其他犯罪与司法机关已掌握的犯罪属选择性罪名或者在法律、事实上具有密切关联，应认定为同种罪行。

2. 司法机关或其他办案机关所掌握线索针对的犯罪事实不成立，在此范围外交代同种罪行的，成立特别自首。

例 1. 甲、乙共同入户抢劫并致人死亡，后甲因犯强奸罪被抓获归案。在羁押期间，甲向公安人员供述了自己和乙共同所犯的抢劫事实，甲的行为成立特别自首。

例 2. 甲因贪污被逮捕，但办案机关掌握线索针对的贪污事实并不成立。甲在此线索外另交代贪污罪行的，可以成立特别自首。

（三）后果

可以从轻或减轻处罚；犯罪较轻的，免除处罚。

【延伸知识点】坦白：犯罪嫌疑人虽不具有前两款规定的自首情节，但是如实供述自己罪行的，可以从轻处罚；因其如实供述自己罪行，避免特别严重后果发生的，可以减轻处罚。

判断分析

关于自首的认定，下列选项正确的是？（2021 年仿真题）

A. 甲、乙构成共同犯罪，公安机关打电话通知甲到公安局。甲到公安机关后，如实供述自己的犯罪情况，但是并未如实供述同案犯乙的相关情况。甲不构成自首【正确，需要如实供述同案犯的犯罪事实】

B. 徐毛毛明知其保管的物品为易燃、易爆危险物品，仍然不采取安全防护措施将其储存于仓库，造成爆炸。后徐毛毛到公安机关如实供述上述全部事实，但是辩称自己没有过失。徐毛毛不构成自首【错

误，自首中“如实交代自己的罪行”只要交代客观事实即可，对故意、过失等行为性质的辩解不影响自首的认定】

C. 小孟交通肇事，将蒋某撞倒在地后，立即去派出所投案自首，如实交代了自己的罪行。小孟的投案自首导致蒋某因未得到及时救助而死亡，小孟不构成自首【错误，投案自首行为，虽然导致蒋某未得到及时救助而死亡，会加重对其处罚，但不影响其自首的认定】

D. 丙、丁二人共同犯罪，丁被抓获。丙害怕丁将其供出（实际上丁确实向派出所将同案犯丙供出，派出所已掌握丙的犯罪事实），早晚得被抓。于是，丙便前往派出所投案，如实交代了犯罪事实。丙不成立自首【错误，自动投案的目的和动机不影响自首的认定】

第四节　立功【客+主】【立功 A】

法条群

《刑法》第一编 总则 第四章 刑罚的具体运用 第三节 自首和立功

第六十八条【立功】犯罪分子有揭发他人犯罪行为，查证属实的，或者提供重要线索，从而得以侦破其他案件等立功表现的，可以从轻或者减轻处罚；有重大立功表现的，可以减轻或者免除处罚。

《最高人民法院关于处理自首和立功具体应用法律若干问题的解释》

第五条【立功的认定】根据刑法第六十八条第一款犯罪分子到案后有检举、揭发他人犯罪行为，包括共同犯罪案件中的犯罪分子揭发同案犯共同犯罪以外的其他犯罪，经查证属实；提供侦破其他案件的重要线索，经查证属实；阻止他人犯罪活动；协助司法机关抓捕其他犯罪嫌疑人（包括同案犯）；具有其他有利于国家和社会的突出表现的，应当认定为有立功表现。

第七条【重大立功表现的认定】根据刑法第六十八条第一款的规定，犯罪分子有检举、揭发他人重大犯罪行为，经查证属实；提供侦破其他重大案件的重要线索，经查证属实；阻止他人重大犯罪活动；协助司法机关抓捕其他重大犯罪嫌疑人（包括同案犯）；对国家和社会有其他重大贡献等表现的，应当认定为有重大立功表现。

前款所称“重大犯罪”“重大案件”“重大犯罪嫌疑人”的标准，一般是指犯罪嫌疑人、被告人可能被判处无期徒刑以上刑罚或者案件在本省、自治区、直辖市或者全国范围内有较大影响等情形。

一、成立立功的情形

（一）协助抓捕

1. 按照司法机关的安排，以打电话、发信息等方式将其他犯罪嫌疑人（包括同案犯）约至指定地点的；
2. 按照司法机关的安排，当场指认、辨认其他犯罪嫌疑人（包括同案犯）的；
3. 带领侦查人员抓获其他犯罪嫌疑人（包括同案犯）的；
4. 提供司法机关尚未掌握的其他案件犯罪嫌疑人的联络方式、藏匿地址的，等等。

（二）检举揭发他人犯罪

这里的“犯罪”指客观上（违法性层面）的犯罪，即使行为人主观上无罪责（如未达刑事责任年龄）也可以构成立功。但“揭发”他人正当防卫、紧急避险的正当行为，不能认定为立功。

例 1. 盗窃犯甲揭发 14 周岁的乙盗窃 2 万元，查证属实。虽然乙因未达刑事责任年龄在主观上无罪责，但该行为在客观上属于犯罪行为，甲仍可以成立立功。

例 2. 抢劫犯乙揭发丙曾在斗殴中打死一人。后查明，丙的行为属于正当防卫。由于丙的行为在客观上不是犯罪，属于正当行为，所以乙的行为不成立立功。（2023 年仿真题）

（三）提供其他案件线索

需要经查证属实才可以认定为立功。

（四）阻止他人重大犯罪活动

二、不能认定为立功的情形①

据以立功的线索、材料来源有下列情形之一：

1. 本人通过非法手段或者非法途径获取的；
2. 本人因原担任的查禁犯罪等职务获取的；
3. 他人违反监管规定向犯罪分子提供的；
4. 负有查禁犯罪活动职责的国家机关工作人员或者其他国家工作人员利用职务便利提供的。

三、共同犯罪中立功与自首的区分

（一）提供同案犯的联络方式、藏匿地址

犯罪分子提供同案犯姓名、住址、体貌特征等基本情况，或者提供犯罪前、犯罪中掌握、使用的同案犯联络方式、藏匿地址，属于交代共同犯罪的事实，司法机关据此抓捕同案犯的，不能认定为协助司法机关抓捕同案犯，即不能认定为是立功，是如实供述（满足自首的其他条件则属于自首，不满足就属于坦白）。但犯罪分子提供犯罪后所得知的藏匿地址、联络方式，已不属于共同犯罪的事实，司法机关据此抓捕同案犯的，犯罪分子成立立功。

区分是自首还是立功，关键看是在犯罪前、犯罪中还是犯罪后得到的。

例 . 甲乙相约一起盗窃，两人到甲的出租屋中商讨盗窃计划，得手后乙外出躲藏，被公安机关抓获后，乙告知公安机关甲的住址，公安机关在甲的出租屋内将其抓获。乙提供的是犯罪中掌握的甲的住址，该住址也属于共同犯罪中商讨犯罪计划的地址，应认定为共同犯罪事实的一部分，因此，乙不构成立功，仅成立坦白。

（二）检举揭发同案犯的犯罪

如果是共同犯罪，检举揭发的犯罪必须是同案犯在共同犯罪以外的其他犯罪。

对合型犯罪属于必要的共同犯罪，检举揭发具有对向（对合）关系的犯罪中的他人除对合型犯罪以外的犯罪行为，经查证属实的，才成立立功。否则，仅能认定为是交代共同犯罪的相关事实，成立自首。

例 . 甲在取保候审期间，利用网络教唆乙贩卖毒品，在乙贩卖毒品过程中，甲联系公安机关将乙抓获。甲教唆他人贩卖毒品，应当成立贩卖毒品罪的教唆犯，二者系贩卖毒品罪的共同犯罪。甲再揭发乙

① 《最高人民法院、最高人民检察院关于办理职务犯罪案件认定自首、立功等量刑情节若干问题的意见》第 2 条第 4 款的规定。

贩毒的行为，属于交代共同犯罪事实，而非检举揭发"他人"犯罪，甲不成立立功。

四、重大立功

只要检举、揭发的他人犯罪行为在客观上是有可能判无期徒刑以上刑罚，或者案件在本省、自治区、直辖市或全国范围内有较大影响等情形，即便该罪过了追诉时效，或者行为人主观上无罪责（如未达刑事责任年龄），都是重大立功。

五、法律效果

1. 自首的法律效果仅及于自首的本罪，立功的法律效果可及于行为人所犯的所有罪。

2. 一般立功的：可以从轻、减轻处罚。重大立功的：可以减轻或者免除处罚。

判断分析

1. 走私犯李某揭发：邻居秦某三年前曾将自己打成轻伤，构成故意伤害罪。李某的行为不构成立功。【错误，秦某的犯罪未过追诉时效，即便过了追诉时效，客观上也是犯罪，构成立功】（2023年仿真题）

2. 甲交通肇事后，其父协助公安机关抓获甲。甲的父亲协助公安机关抓获甲，可以认定为立功，但该立功也是为了甲，故可认定为甲成立立功。【错误，"立功"强调亲为性，甲父实施的行为不能认定为甲立功】（2018年仿真题）

3. 甲（民营企业销售经理）因合同诈骗罪被捕。在侦查期间，甲主动供述曾向国家工作人员乙行贿9万元，司法机关遂对乙进行追诉。后查明，甲的行为属于单位行贿，行贿数额尚未达到单位行贿罪的定罪标准。甲的主动供述构成立功。【正确】（2014年第2卷第12题B项）

第五节 数罪并罚【数罪并罚C】

数罪并罚是指对实施了两个以上犯罪行为的犯罪分子，就其所犯各罪分别定罪量刑后，按照一定的原则和方法决定其应被判决宣告执行的刑罚的制度。

1. 判决宣告以前，同种数罪不并罚（多次盗窃，只定一个盗窃罪）；但犯罪数额需要累计计算。

2. 判决宣告后，漏罪、新罪即便是与原判决之罪种类相同的，也要并罚。此种情况下，先处理漏罪，再处理新罪。

一、处理原则

1. 吸收原则

（1）对判处死刑和无期徒刑的，采取吸收原则，其他主刑被死刑、无期徒刑吸收。

（2）数罪中有判处有期徒刑和拘役的，执行有期徒刑，拘役被有期徒刑吸收。

2. 并科原则

（1）主刑与附加刑，应当采取并科的原则。

（2）附加刑之间一般也是并科。有数个附加刑的，应当实行并罚，即依法对犯罪人所犯的数罪分别判处罚金的，应当实行并罚，所判的罚金数额相加，执行总和数额；一人犯数罪依法同时并处罚金和没收财产的，应当分别执行。

【注意】判处没收全部财产和没收部分财产的，只执行没收全部财产刑，此时采取的是吸收原则。

（3）数罪中有判处有期徒刑和管制，或者拘役和管制的，有期徒刑、拘役执行完毕后，管制仍须执行。

3. 限制加重原则

犯罪分子犯数罪，如果各罪被判处有期徒刑、拘役和管制，且刑种相同的（如各罪都被判处有期徒刑），采取限制加重原则，即在数罪中的最高刑以上（最低点），总和刑期以下（不能无限累加，要限制最高点），决定执行的刑罚。最高点的确定标准如下：

（1）管制最高 3 年；

（2）拘役最高 1 年；

（3）有期徒刑：各罪总和刑期不满 20 年的，最高点为总和刑期；总和在 20 年以上，不满 35 年的，最高点为 20 年；总和 35 年以上的，最高点为 25 年。

①总和刑期＜ 20 年，最高点为总和刑期：数罪中的最高刑≤最终判处刑期≤总和刑期。

例．甲因盗窃罪被判处 3 年有期徒刑，因抢劫罪被判处 5 年有期徒刑，因强奸罪被判处 10 年有期徒刑。其总和刑期为：3+5+10=18 年＜ 20 年，最高点则为 18 年，10 年≤最终判处刑期≤ 18 年。

② 20 年≤总和刑期＜ 35 年：数罪中的最高刑≤最终判处刑期≤ 20 年。

例．甲因盗窃罪被判处 3 年有期徒刑，因抢劫罪被判处 7 年有期徒刑，因强奸罪被判处 12 年有期徒刑。其总和刑期为：3+7+12=22 年，处于 20 年以上，不满 35 年期间，最高点为 20 年，12 年≤最终判处刑期≤ 20 年。

③总和刑期≥ 35 年：数罪中的最高刑≤最终判处刑期≤ 25 年。

二、漏罪并罚

1. 处理原则：先并后减（漏了等于没漏），将原判刑期与漏罪判处的刑期按照数罪并罚的原则确定最终刑期，然后减去已经服刑的刑期。

例．甲犯抢劫罪应判处 8 年有期徒刑，犯故意杀人罪应判 15 年有期徒刑。

问题 1：假设甲的两罪被同时发现，一并审理，最终刑期应如何计算？

答：按照数罪并罚限制加重的原则，应当在 15 年以上，20 年以下的范围内量刑，假设最终对甲判 18 年有期徒刑。

问题 2：假设起初只发现了抢劫罪一罪，甲被判处 8 年有期徒刑，服刑 1 年后才发现漏了一个故意杀人罪（应当判 15 年）。应当如何处理？

答：应当“先并”（假设没有遗漏，当时发现两个罪应当如何数罪并罚，即同问题 1），两罪刑期相加，在 15 年以上，20 年以下的范围内量刑，最终判处 18 年有期徒刑。

问题 3：对于甲之前已执行的 1 年刑期应如何处理？

答：应当“后减”，已经服刑的 1 年刑期应从总判处刑期中减掉，即最终还剩 17 年刑期。

问题 4：最终还需执行多少刑期，总刑期是多少？

答：最终再服刑 17 年即可。甲实际执行的总刑期是 18 年（和问题 1 中假设没漏服的刑期是一样的）。

【注意】这种处理就是假设没漏，该怎么处理就怎么处理。

2. 如果法院先前作出的判决是针对多个犯罪作出的，后又发现漏罪，就应该将漏罪与原来已经作出的判决“并”（把之前已经处理过的看作一个整体）。

例．甲因盗窃罪判了4年，抢劫罪判了6年，数罪并罚最终决定执行9年，服刑3年后，发现之前漏了一个强奸罪，应当判5年。对此，把已经并罚过的抢劫罪和盗窃罪看作一个整体（之前两罪数罪并罚的9年），和漏的强奸罪5年按照“先并后减”的原则处理。

三、新罪并罚

处理原则：先减后并，将剩余刑期和新罪并。先减去已经服刑的刑期，然后将剩余刑期和新罪按照数罪并罚的原则量刑，执行这个量刑。

例．乙因抢劫罪判了8年，因故意杀人罪判15年有期徒刑。

问题1：如果乙所犯两罪同时审理，应当如何处理？

答：应按照数罪并罚的原则，乙最重一罪刑期为15年，总和刑期为23年，对乙应在15年以上，20年以下的范围内量刑。

问题2：如乙因抢劫罪判8年入狱，服刑4年后，在监狱中犯故意杀人罪被判15年有期徒刑的，对于已经服刑的刑期如何处理？

答：应当“先减”，先用8年减去已经服刑的4年，剩余4年。

问题3：对于新罪判处的刑期应如何处理？

答：应当“再并”，用剩余的4年和新罪的15年，按照数罪并罚限制加重的原则应当在15年以上，不超过19年的范围内量刑，假设判处17年。

问题4：乙最终还要服刑多少年，总刑期是多少？

答：乙需要再服刑17年，加上已经服刑的4年，乙实际执行的刑期是21年（因为本案中一并处罚或发现漏罪先并后减，其实际执行刑期不会高于20年，由此可见，发现新罪的处罚是重于同时发现或发现漏罪的处罚的）。

四、漏罪+新罪

先处理漏罪，再处理新罪。

例．丙抢劫判了5年，服刑3年后，发现之前漏了一个强奸罪，应当判4年，同时在监狱里故意伤害狱友，应当判8年。

对此，应当先按照处理漏罪“先并后减”的原则处理强奸罪，即用抢劫罪的5年和强奸罪的4年并罚，假设限制加重后判7年，然后减掉已经服刑的3年，还剩4年。

然后再用这剩下的4年和新罪故意伤害8年按照限制加重的原则并罚，对丙应判处8年以上，12年以下有期徒刑。假设最终判处10年，则丙的实际服刑期限总共为13年。

判断分析

关于数罪并罚，下列说法正确的是？（2021年仿真题）

A. 甲犯故意伤害罪被判处有期徒刑2年，因故未执行。后来又犯新罪诈骗罪，判处有期徒刑3年且执行，在该罪的刑罚执行满 2 年的时候，司法机关发现了其曾经已经判决故意伤害罪没有执行。应该合并执行剩余 3 年的刑期【错误，诈骗罪属于新罪，应采用先减后并的方法计算剩余刑期】

B. 乙犯盗窃罪被判处有期徒刑 10 个月，执行 3 个月又犯故意伤害罪判处拘役 5 个月，此时应将拘役与有期徒刑合并。还应对乙执行有期徒刑 7 个月【正确】

C. 丙犯盗窃罪被判处有期徒刑 11 个月，执行到第 8 个月时发现其在判决宣告以前还有漏罪（故意伤害罪），执行到第 9 个月时，法院对该故意伤害罪判处管制 4 个月。对丙在执行完毕有期徒刑后，还应再执行管制 4 个月【正确】

D. 丁犯故意伤害罪被判处有期徒刑 11 个月，在执行到第 8 个月的时候发现其在故意伤害罪判决前还有漏罪（盗窃罪），在执行 9 个月时，法院对该盗窃罪判处拘役 5 个月。对丁还应执行剩余 2 个月有期徒刑【正确】

第六节 缓刑【缓刑 C】

缓刑是指对满足条件的犯罪分子附条件地（缓刑考验期）暂缓执行原判刑罚。缓刑不同于死缓，仅适用于轻罪。

一、适用条件

（一）对象条件

1. 被判处拘役、3 年以下有期徒刑的犯罪分子；
2. 对“审判时”不满 18 周岁的人、怀孕的妇女和已满 75 周岁的人，符合缓刑条件的，应当宣告缓刑。

（二）实质条件

根据犯罪人的犯罪情节和悔罪表现，适用缓刑不致再危害社会且宣告缓刑对所居住社区没有重大不良影响。

（三）禁止条件

累犯、犯罪集团首要分子不得适用缓刑。

二、考验期

从判决确定之日起算（注意：原则上主刑均是从判决执行之日起计算，但缓刑一开始并不存在执行的问题，所以是从判决确定之日起计算考验期）。

拘役：原判刑期以上，1 年以下，不少于 2 个月。

有期徒刑：原判刑期以上，5 年以下，不少于 1 年。

三、后果

（一）成功的缓刑——原判刑罚不再执行。

缓刑考验期内，既没有发现漏罪、没有犯新罪、没有违规行为的，缓刑期满，原判刑罚不再执行

【之后再犯罪也不会成立累犯，因为第一个犯罪的刑罚没执行过，不符合累犯法条的“刑罚执行完毕后”的规定——“缓无累”】

（二）失败的缓刑——撤销缓刑，原判刑罚仍须执行。

1. 在缓刑考验期内犯新罪（无论新罪何时被发现、是否过追诉时效，都应撤销缓刑，不得再次缓刑）；

2. 在缓刑考验期内发现漏罪（考验期满后才发现漏罪，不撤销缓刑）；

3. 在缓刑考验期内有违法行为情节严重的；

4. 在缓刑考验期内违反国务院有关部门关于缓刑的监督管理规定，或者违反人民法院判决中的禁止令，情节严重的。

四、缓刑需要注意的其他问题

1. 缓刑的效力不及于附加刑，被宣告缓刑的犯罪分子，如果被判附加刑，附加刑仍须执行【附加刑不得适用缓刑】。

2. 缓刑不是独立刑种，只是一种刑罚执行方式。

3. 缓刑犯可适用禁止令。宣告缓刑，“可以”根据犯罪情况，同时禁止犯罪分子在缓刑考验期限内从事特定活动，进入特定区域、场所，接触特定的人【假释不能使用禁止令，假不禁】。

4. 对于强奸未成年人的成年犯罪分子、食品安全犯罪判处刑罚时，一般不适用缓刑。

5. 缓刑没有剥夺犯罪分子言论、出版、游行示威的自由（和管制不同）。

判断分析

关于缓刑的适用，下列哪些选项是错误的？（2017 年第 2 卷第 56 题）

A. 甲犯抢劫罪，所适用的是“三年以上十年以下有期徒刑”的法定刑，缓刑只适用于被判处拘役或者 3 年以下有期徒刑的罪犯，故对甲不得判处缓刑【错误，当甲判处 3 年有期徒刑时，可以适用缓刑】

B. 乙犯故意伤害罪与代替考试罪，分别被判处 6 个月拘役与 1 年管制。由于管制不适用缓刑，对乙所判处的拘役也不得适用缓刑【错误，拘役可以适用缓刑，但之后的管制还需要执行】

C. 丙犯为境外非法提供情报罪，被单处剥夺政治权利，执行完毕后又犯帮助恐怖活动罪，被判处拘役 6 个月。对丙不得宣告缓刑【正确】

D. 丁 17 周岁时犯抢劫罪被判处有期徒刑 5 年，刑满释放后的第 4 年又犯盗窃罪，应当判处有期徒刑 2 年。对丁不得适用缓刑【错误，前罪丁未满 18 周岁，不构成累犯，可以适用缓刑】

主观题延伸拓展

案例 1： 甲和乙共同盗窃当地富豪家，后因甲分赃严重不均，且乙得知举报此盗窃案者有奖，乙一气之下便去公安机关说出了自己参与的该起盗窃犯罪全部事实。

问题： 乙是否成立自首？

案例 2： 甲因容留乙卖淫而被捕，在公安机关讯问时，交待自己还有引诱乙卖淫的事实。

问题： 甲是否构成特别自首？

案例3：甲因盗窃罪被捕，在讯问期间，其想到之前听其他村民说村口老王之前强奸过一妇女，于是向工作人员举报。公安机关据此开展了侦查工作，最终将老王缉拿归案。

问题：甲是否构成立功？

案例4：甲因刑讯逼供罪被捕，其为了立功，将自己担任警察期间查办犯罪活动时掌握的乙抢劫财物的犯罪线索告诉检察人员，经查证属实。

问题：甲是否构成立功？

案例1—问题：乙是否成立自首？

答案：乙成立自首。

乙在犯罪后主动投案，并如实供述所参与犯罪的罪行。作为共同犯罪的罪犯，对共同犯罪也如实交代。虽然乙是为了报复和举报有奖才去主动投案，但动机不纯不影响自首。因此，行为人乙成立自首，可以从轻或减轻处罚。

案例2—问题：甲是否构成特别自首？

答案：甲不构成特别自首，但构成坦白。

本案中，行为人甲处于司法机关的控制之下，虽然其主动、如实供述了司法机关未掌握的本人的犯罪事实，但引诱、容留、介绍卖淫罪属于选择性罪名，该种犯罪事实与公安机关掌握的犯罪事实属于同种罪行，因此，甲不成立特别自首，但可以成立坦白。

案例3—问题：甲是否构成立功？

答案：甲构成立功。

行为人甲向公安机关提供他人犯有强奸罪的线索，并经查证属实，满足立功的成立条件，故行为人甲成立立功。

案例4—问题：甲是否构成立功？

答案：甲不构成立功。

甲虽揭发乙的犯罪，但这种线索是通过其以前查办犯罪职务活动中获取的，不能认定为有立功表现。

KEEP AWAKE

第十六章 刑罚的执行

第一节 减刑【减刑 C】

减刑是指对符合条件的犯罪分子，适当减轻原判刑罚的制度。减刑由执行机关向中级以上人民法院提出减刑建议书，人民法院应当组成合议庭进行审理。

一、成立条件

（一）对象条件

1. 被判处管制、拘役、有期徒刑、无期徒刑的犯罪分子。

【注意】不包括死缓的犯罪分子。死缓减为无期徒刑或者有期徒刑，罚金刑的减免、附加刑的减免都不属于《刑法》第七十八条所规定的“减刑”。

2. 被宣告缓刑的犯罪人，一般不适用减刑，在缓刑考验期内有重大立功表现的，可以参照《刑法》第七十八条的规定，对原判刑罚予以减刑，同时相应地缩短其缓刑考验期限。

3. 被假释的罪犯，除特殊情况，一般不得减刑，其假释考验期也不能缩短。

（二）实质条件

1. 得减：认真遵守监规，接受教育改造，确有悔改表现，或者有立功表现的。

2. 必减：有重大立功表现。

（三）限度条件

减刑以后实际执行的刑期：

1. 判处管制、拘役、有期徒刑的，不能少于原判刑期的 1/2；判处无期徒刑的，不能少于 13 年。

2. **限制减刑的死刑缓犯**：缓期执行期满后依法减为无期徒刑的，不能少于 25 年，缓期执行期满后依法减为 25 年有期徒刑的，不能少于 20 年。

【注意 1】一般的死缓（非限制减刑的死缓）：经过一次或几次减刑后，其实际执行的刑期不能少于 15 年（不含死缓 2 年的考验期）。

【注意 2】减刑没有次数限制，有最低限度限制，但没有次数限制。

二、刑期计算

1. 原判刑罚为管制、拘役、有期徒刑的，减刑后的刑期应从原判决执行之日起算；原判刑期已执行部分，计算到减刑后的刑期之内。

2. 无期徒刑减为有期徒刑的，有期徒刑的刑期从裁定减刑之日起算。

3. 死缓直接减为有期徒刑的，有期徒刑的刑期从死缓考验期满之日起算。

第二节　假释【假释 A】

假释（假装释放），指对表现良好的犯罪分子附条件地予以提前释放。表现良好的犯罪分子不需要在监狱服刑，但还需要在社区接受改造和约束，改造良好的，才能视为刑罚执行完毕，改造不好的还要回监狱继续服刑。

假释由执行机关向中级以上人民法院提出假释建议书，人民法院应当组成合议庭进行审理。

一、适用条件

1. **对象条件**：被判处有期徒刑、无期徒刑的犯罪分子，包括被判处死缓后减为无期徒刑或者有期徒刑的罪犯。

2. **实质条件**：认真遵守监规，接受教育改造，确有悔改表现，假释后不致再危害社会的。

3. **限制条件**：被判处有期徒刑的犯罪分子，执行原判刑期 1/2 以上；被判处无期徒刑的犯罪分子，实际执行 13 年以上；如果有特殊情况，经最高人民法院核准，可以不受上述执行刑期的限制。

4. **禁止条件**：对累犯以及因杀人、爆炸、抢劫、强奸、绑架等暴力性犯罪中的一罪被判处 10 年以上有期徒刑、无期徒刑的犯罪分子，不得假释（即使被减刑后，也不得假释）。【"累、暴 10、不假释"】

二、考验期

有期徒刑的假释考验期限，为没有执行完毕的刑期；无期徒刑的假释考验期限为 10 年；假释考验期限，从假释之日起计算【假释考验期限内，依法实行社区矫正，但没有禁止令—— "假不禁"】

三、后果

（一）成功的假释

既没有发现漏罪，也未犯新罪，也没有违规行为，假释考验期满，就认为原判刑罚已经执行完毕。

（二）失败的假释

1. 假释考验期内，有违规行为的，撤销假释，收监执行未执行完毕的刑期，之前经过的假释考验期限不能用来折抵刑期。

2. 假释考验期内犯新罪——将剩余刑期与新罪并罚，即先减后并。

【注意】假释考验期内犯新罪，但考验期满后才发现的，也应该撤销假释。

【对比】假释考验期满后犯新罪，不需要撤销假释，视为成功的假释。

3. 假释考验期内发现漏罪——撤销假释，并罚（先并后减）。

【对比】假释考验期满后发现漏罪的，不能撤销假释，按照假释成功处理。

四、累犯、假释与缓刑的关系

累犯必须是刑罚执行完毕后，5 年内再犯新罪的：

（1）假释考验期满，视为刑罚执行完毕，故假释考验期满后 5 年内犯新罪的，可以成立累犯；

（2）缓刑考验期满，原判刑罚不再执行，无法计算其执行完毕的期限，因此，按照有利于被告人的原则，缓刑考验期满后，5 年内再犯新罪的，不成立累犯。

判断分析

1. 下列关于假释，说法正确的是？（2022 年仿真题）

A. 假释考验期内犯新罪，假释考验期届满后发现的，也应当撤销假释【正确】

B. 假释考验期满后犯新罪，应当撤销假释【错误，行为人在“假释考验期内”没有故意犯罪，认真遵守假释规定的，假释考验期满，视为刑罚执行完毕。假释考验期满后犯新罪处罚新罪即可】

C. 假释考验期满后，发现假释考验期内严重违反假释规则，情节严重的，应当撤销假释【正确】

D. 假释考验期满发现漏罪的，只能对漏罪另行起诉【正确】

2. 在符合“执行期间，认真遵守监规，接受教育改造”的前提下，关于减刑、假释的分析，下列哪一选项是正确的？（2017 年第 2 卷第 11 题）

A. 甲因爆炸罪被判处有期徒刑 12 年，已服刑 10 年，确有悔改表现，无再犯危险。对甲可以假释【错误，因爆炸被判处 10 年以上有期徒刑的人，不得假释】

B. 乙因行贿罪被判处有期徒刑 9 年，已服刑 5 年，确有悔改表现，无再犯危险。对乙可适用假释【正确】

C. 丙犯贪污罪被判处无期徒刑，拒不交代贪污款去向，一直未退赃。丙已服刑 20 年，确有悔改表现，无再犯危险。对丙可假释【错误，职务犯罪中拒不交代赃款去向，属于没有悔改的表现】

D. 丁因盗窃罪被判处有期徒刑 5 年，已服刑 3 年，一直未退赃。丁虽在服刑中有重大技术革新，成绩突出，对其也不得减刑【错误，未退赃不认为没有悔改表现，很多小偷家境穷困，盗窃的财物已经消耗完毕，在服刑期间又没收入，所以这类人有无悔改表现不能仅以是否退赃来认定】

KEEP AWAKE

第十七章 追诉时效【追诉时效 C】

【南医大奸杀案】1992 年 3 月，麻某在南京医科大学内使用暴力强奸了被害人林某，之后又担心罪行暴露将被害人投入窨井内盖上井盖，致使被害人机械性窒息死亡。2020 年 2 月，该案告破，麻某被抓获归案。

思考：28 年过去了，《刑法》还可以惩治麻某吗？

——可以惩治，虽然我国规定了追诉时效制度，但《刑法》第 87 条规定了："犯罪经过下列期限不再追诉……法定最高刑为无期徒刑、死刑的，经过二十年。如果二十年以后认为必须追诉的，须报请最高人民检察院核准。"

追诉时效是指刑法规定的追究犯罪人的刑事责任的有效期限，即在追诉时效内，司法机关有权追究犯罪人的刑事责任，超过追诉时效，不能追究刑事责任。

一、期限计算

（一）期限

1. 法定最高刑为不满 5 年有期徒刑的，经过 5 年。
2. 法定最高刑为 5 年以上不满 10 年有期徒刑的，经过 10 年。
3. 法定最高刑为 10 年以上有期徒刑的，经过 15 年。
4. 法定最高刑为无期徒刑、死刑的，经过 20 年（20 年以后认为必须追诉的，须报请最高人民检察院核准）。

（二）起算

1. 一般犯罪的追诉时效的计算：犯罪成立之日。
2. 连续犯或继续犯的计算：犯罪结束之日。

（三）中断：在追诉期限以内又犯罪的，前罪追诉的期限从犯后罪之日起算。

二、不受限制

1. 案件已经立案、侦查、受理，犯罪嫌疑人逃避侦查或者审判的。
2. 被害人在追诉期限内提出控告，法院、检察院、公安机关应当立案而不予立案的。

三、共犯时效计算

共同犯罪中部分过了时效，部分人不受追诉，但没过时效的依然要被追诉。

判断分析

1996年甲、乙、丙杀丁，丙逃，甲、乙被拘，2006年9月因证据不足释放，2006年，丙犯罪犯抢劫罪，情节严重，被判无期徒刑，期间供出杀丁事实，2008年检察院对甲、乙、丙提起公诉。对甲的追诉时效已过。【错误，甲、乙犯故意杀人罪，最高可判处死刑，追诉时效至2016年】（2019年仿真题）

刑法分则

KEEP AWAKE

第十八章 分则概述【分论概述 E】

一、分则结构

《刑法》第一编总则规定的是抽象的、一般的、普遍的问题，而第二编分则规定的是具体的、个别的、特殊的问题。总则以分则为依托，又对分则进行指导和补充。

《刑法》分则系统地规定了具体犯罪及其法律后果，且每个章节名称直观地显示了这一章节内的罪名主要保护的法益，因此熟悉每个罪在《刑法》中的所在章节，能够帮助我们更好地理解这些罪的构成要件、成立标准、既遂标准及罪与罪的区分。

例．绑架罪由《刑法》第二百三十九条规定，位于《刑法》分则第四章：侵犯公民人身权利、民主权利罪中，说明其主要保护的是公民的人身权益，而不是财产权益。因此，绑架罪应以实际控制人质的人身自由为既遂标准，而不是以拿到赎金为准。

具体分则章节如下：

第二编 分则

第一章 危害国家安全罪（国家安全）

第二章 危害公共安全罪（公共安全）

第三章 破坏社会主义市场经济秩序罪（经济秩序）

第四章 侵犯公民人身权利、民主权利罪（公民的人身、民主权利）【重点】

第五章 侵犯财产罪（财产利益）【重点】

第六章 妨害社会管理秩序罪（社会管理秩序）

第七章 危害国防利益罪（国防利益）

第八章 贪污贿赂罪（职务行为的廉洁性）【重点】

第九章 渎职罪（国家机关的正常管理活动）

第十章 军人违反职责罪（军事利益）

二、罪状

（一）简单罪状

仅写出犯罪名称，没有具体描述犯罪特征。简单罪状不是规定不明确，而是无须具体描述（大部分自然犯都是简单罪状)。例.《刑法》第二百三十二条规定的故意杀人罪:“故意杀人的,处……”

(二)叙明罪状

对犯罪构成特征做了详细描述的罪状,法定犯都是,其他罪名大部分都是。例.《刑法》第三百一十条规定的窝藏、包庇罪:“明知是犯罪的人而为其提供隐藏处所、财物,帮助其逃匿或者作假证明包庇的……”

(三)引证罪状

引用刑法其他条款来说明和确定某罪的构成特征。例.《刑法》第一百二十四条第一款规定了破坏广播电视设施、公用电信设施罪的罪状,第二款规定了:“过失犯前款罪的,处三年以上七年以下有期徒刑……”第二款中的“前款罪”便是引用第一款来描述过失损坏广播电视设施、公用电信设施罪的罪状。

(四)空白罪状

没有具体说明,但指明参照的其他法律、法规(刑法以外的)。例.《刑法》第三百四十条规定:“违反保护水产资源法规,在禁渔区、禁渔期或者使用禁用的工具、方法捕捞水产品,情节严重的,处三年以下有期徒刑、拘役、管制或者罚金。”该罪状便需参见保护水产资源法规。

【注意】上面罪状《刑法》都有规定,都不违反罪刑法定原则,包括空白罪状和简单罪状。

三、注意规定和法律拟制

(一)注意规定

注意规定指刑法在已做基本规定的前提下,提示司法人员注意,以免司法人员忽略的规定。

【判断方法】本来就该这样:假设取消该条文规定,条文中事项的处理结论是否依然还是如此,如果是即为注意规定。

例.《刑法》第一百五十六条【走私罪共犯】与走私罪犯通谋,为其提供贷款、资金、账号、发票、证明,或者为其提供运输、保管、邮寄或者其他方便的,以走私罪的共犯论处。即使没有这条规定,与走私犯通谋提供这些帮助的也属于共同犯罪,所以本条属于注意规定。

(二)法律拟制

法律拟制指将原本不符合某项规定的行为,也按照该规定处理。结合犯和转化犯基本都是法律拟制。

【判断方法】假设没有这条条文的规定,条文中事项的处理结论就不会如此的,为法律拟制。

例1.《刑法》第二百六十九条【事后转化抢劫】犯盗窃、诈骗、抢夺罪,为窝藏赃物、抗拒抓捕或者毁灭罪证而当场使用暴力或者以暴力相威胁的,依照本法第二百六十三条的规定定罪处罚。

假设没有该条的规定,则条文中的事项不会按照抢劫罪处理,应该定盗窃罪(或诈骗罪、抢夺罪)与故意伤害罪(或故意杀人罪),数罪并罚。所以该条为法律拟制。

例2.《刑法》第三百六十二条【包庇罪】旅馆业、饮食服务业、文化娱乐业、出租汽车业等单位的人员,在公安机关查处卖淫、嫖娼活动时,为违法犯罪分子通风报信,情节严重的,依照本法第三百一十条(包庇罪)的规定定罪处罚。

卖淫嫖娼者只是违法分子，尚不构成犯罪，而包庇罪要求的行为对象是犯罪分子。因此，若行为人通风报信的是卖淫、嫖娼等违法行为，则本条规定是法律拟制。

【注意】若行为人通风报信的是强迫卖淫等犯罪行为，这本来就是包庇罪，则本条是注意规定。

例 3.《刑法》第三百八十二条第二款【贪污罪】受国家机关、国有公司、企业、事业单位、人民团体委托管理、经营国有财产的人员，利用职务上的便利，侵吞、窃取、骗取或者以其他手段非法占有国有财物的，以贪污论。

“受国家机关、国有公司、企业、事业单位、人民团体委托管理、经营国有财产的人员”并非国家工作人员，不属于贪污罪的主体。但《刑法》第三百八十二条第二款改变了贪污罪的构成要件，将非国家工作人员也纳入了贪污罪的主体范围。换言之，如果没有《刑法》第三百八十二条第二款的这一特别规定，这类人员是不构成贪污罪的，所以该条为法律拟制。

注意规定与法律拟制的区别：注意规定属于重复强调，删掉也没有影响；法律拟制属于特殊规定，只适用于特殊情形，不能推广适用。

判断分析

1. 刑法分则的部分条文对犯罪的状况不作具体描述，只是表述该罪的罪名。这种立法体例违反罪刑法定原则。【错误，刑法分则中部分条文采取简单罪状的方式表述，往往是因为这些犯罪的特征为众人所知，无须具体描述，并不违反罪刑法定原则】（2006 年第 2 卷第 1 题）

2.《刑法》第三百零七条之一第一款规定：“以捏造的事实提起民事诉讼，妨害司法秩序或者严重侵害他人合法权益的，处三年以下有期徒刑、拘役或者管制，并处或者单处罚金；情节严重的，处三年以上七年以下有期徒刑，并处罚金。”该款的罪状属于空白罪状。【错误，本条未参照除《刑法》外的其他法律、法规，提及民事诉讼仅仅是为了具体描述犯罪的构成要件，应属于叙明罪状】

KEEP AWAKE

第十九章 侵犯人身权利犯罪【客 + 主】

第一节　侵犯生命、身体法益的犯罪【客 + 主】

【起哄自杀案】网红甲最近因工作压力大、黑粉恶评陷入抑郁，在某次直播时扬言要喝农药自杀，八筒在直播间起哄说主播是博眼球不敢喝，另有部分观众也起哄、怂恿甲喝，甲一气之下真喝下农药身亡。

思考：八筒和起哄观众是否构成故意杀人罪？

——不构成。教唆自杀原则上不构成犯罪，八筒和起哄观众的教唆对自杀所起的因果力很小，自杀的主动权、决定权仍掌握在自杀者甲手里。除非教唆对自杀起到了支配性、决定性的作用时，教唆者可以成为故意杀人罪的间接正犯。

一、故意杀人罪【故意杀人罪 A】

（一）安乐死

消极安乐死，指消极的不救助，但不影响正常的死亡阶段，不宜认定为犯罪；积极安乐死，则是以积极的行为缩短死亡时间，应当认定为故意杀人罪。

例．甲的父亲身患绝症，甲根据父亲的请求，喂食父亲服用过量安眠药致其死亡。甲的行为属于积极安乐死的行为，我国法律尚未认可积极安乐死，故甲构成故意杀人罪。

（二）自杀相关行为定性

1. 自杀者本人无罪

2. 自杀与因果关系

在因果关系中，自杀通常属于异常介入因素，中断前行为和结果的因果关系，例外：暴力干涉婚姻自由罪和虐待罪，犯这两个罪导致被害人自杀身亡的，仍有因果关系，依然成立结果加重犯。

3. 教唆自杀

（1）一般认为，教唆自杀原则上不构成犯罪，因为教唆者的行为通常对于自杀的因果力很小，自杀的主动权、决定权仍掌握在被教唆者手里。

例．他人欲跳楼自杀，围观者大喊“怎么还不跳”，他人跳楼而亡。围观者的行为不成立故意杀人罪，因为自杀的主动权、决定权仍掌握在被教唆者手里。

（2）当教唆对自杀起到了支配性、决定性的作用时，教唆者成为故意杀人罪的间接正犯。如欺骗他人自杀、逼迫他人自杀的，则成立故意杀人罪，此时行为人掌握了他人“自杀”的决定权。具体包括以下情形：

①欺骗不能理解死亡意义的儿童或者精神病患者等人，使其自杀的，属于故意杀人罪的间接正犯。

行为人教唆自杀的行为使被害人对法益的有无、程度、情况等产生错误，其对死亡的同意无效时，也应认为故意杀人罪。这种情况下本质上是欺骗他人自杀。

例 1. 用相约自杀的方式欺骗对方自杀，然后自己不自杀的，成立故意杀人罪。

例 2. 医生甲欺骗可能治愈的患者乙：“你得了癌症，只能活两周了。”乙信以为真，进而跳楼自杀。乙选择自杀是受到了甲的欺骗，乙以为自己是放弃“两周”的生命，但事实上放弃的可能是时间更长的生命，乙对此并不知情。甲的欺骗行为使乙对法益的情况产生了错误认识，故甲的行为成立故意杀人罪。

②凭借某种权势或者利用某种特殊关系，以暴力、威胁或者其他心理强制方法，使他人自杀身亡的，成立故意杀人的间接正犯。

例．邪教人员组织自杀（主观为故意）、黑社会性质组织强迫成员自杀、上级领导强迫下属自杀。

4. 帮助自杀

在他人已有自杀意图的情况下，帮助他人实现自杀意图的行为：

一般认为，对自杀者实施了具体的杀人实行行为，定故意杀人罪（被害人对自己造成重伤及以上的同意无效）。

但仅提供一些自杀的工具、场地、条件等，应该做无罪处理（因为实行人自杀不构成犯罪，帮助者更不可能构成犯罪）。

（三）罪数问题

故意杀人罪与危害公共安全类犯罪：以放火等危害公共安全的方式杀特定的人，成立想象竞合犯，从一重罪处罚。但如果没有危害到公共安全，只成立故意杀人罪。

例．在人迹罕至的沙漠放火杀甲，不成立放火罪（没有危害到公共安全），只成立故意杀人罪；但如果在居民楼放火杀甲，因也危害了公共安全，成立两个罪的想象竞合。

二、故意伤害罪【故意伤害罪 B；过失致人重伤、死亡罪 A】

法条群

《刑法》第二编 分则 第四章 侵犯公民人身权利、民主权利罪

第二百三十四条【故意伤害罪】故意伤害他人身体的，处三年以下有期徒刑、拘役或者管制。

犯前款罪，致人重伤的，处三年以上十年以下有期徒刑；致人死亡或者以特别残忍手段致人重伤造成严重残疾的，处十年以上有期徒刑、无期徒刑或者死刑。本法另有规定的，依照规定。

（一）主体

故意伤害罪的行为主体为已满 16 周岁的自然人，但故意伤害致人死亡或者以特别残忍手段致人重伤造成严重残疾的行为主体是已满 12 周岁的自然人。

（二）危害程度

原则上行为必须可能造成“轻伤”以上结果，“轻微伤”不构成犯罪。

【注意】生活中的“殴打故意”不等同于刑法中的“伤害故意”，对于父母为教育子女而实施惩戒行为导致子女死亡、邻里之间由于民间纠纷一方用手殴打另一方造成死亡，以及轻微暴行致人死亡的案件，一般不能轻易地认定为故意伤害行为，不能认定为构成故意伤害罪（致人死亡），否则会导致处罚过重，有过失的，宜认定为过失致人死亡罪。

例．在平地上轻轻推一把、衣架打屁股等行为，通常不会造成轻伤以上后果，不成立故意伤害罪。

（三）自伤问题（自我重伤原理同自杀）

1. 自伤无罪，例外：战时自伤罪。

2. 被害人承诺，轻伤范围内可以处分法益，但重伤不可以。

例．张三承诺李四可以对自己造成轻伤，李四伤害张三后无罪（被害人有效的承诺）；张三承诺李四可以砍自己两条腿，李四砍了，构成故意伤害致人重伤罪（无效的承诺）。

（四）故意伤害罪（致人重伤、死亡）

1. 故意伤害罪（致人重伤、死亡）= 故意伤害 + 过失重伤 / 致死。

2. 与故意杀人罪、过失致人重伤罪、过失致人死亡罪的区分

罪名	主观	示例
故意杀人罪	对死亡是故意	甲、乙在工地上发生了激烈的矛盾，甲拿石头猛砸乙的头部，乙倒地撞到工地上裸露的钢筋上死亡。甲对乙的死亡持直接故意，且其行为直接导致乙死亡，构成故意杀人罪。
故意伤害罪（致人死亡）	有伤害故意，对死亡是过失	甲、乙在工地上发生矛盾打了起来，甲拿石头砸乙的腿部，乙被打倒在地，撞到工地上裸露的钢筋上死亡。甲实施了故意伤害的行为，但对死亡结果仅有过失，构成故意伤害罪（致人死亡）。
过失致人重伤罪、过失致人死亡罪	无伤害故意，对死亡是过失	甲、乙在工地上发生矛盾，甲轻推了乙一下，乙没站稳倒地，撞到工地上裸露的钢筋上死亡。甲轻推乙的行为不构成刑法意义上的故意伤害行为，对于死亡结果仅有过失，构成过失致人死亡罪。
【做题技巧】考试中题干没有明确说明行为人对死亡结果的态度时，需要结合行为人采取的行为判断，如果行为人采取了具有导致死亡结果的高度危险的行为（使用刀具、枪支、板砖打击头部、心脏等），则有杀人故意，如果行为通常不具有致死的危险（使用木棍等武器，打击四肢等），则是伤害故意。		

3. 对于故意杀人罪与故意伤害罪的关系，理论上存在观点展示

例．甲以伤害故意砍乙 2 刀，随即心生杀意又继续砍 2 刀，最终只有 1 刀砍中并致乙死亡，但无法查明是由哪 1 刀造成的死亡。

一种观点认为，故意杀人罪与故意伤害罪是对立关系，根据事实存疑有利于被告原则，没有证据证明伤害行为确定造成了被害人受伤结果，故只能认定为故意伤害罪（未遂）；同样，也没有证据证明杀人行为确定造成了被害人死亡结果，故也仅能认定为故意杀人罪（未遂）。所以，应分别认定为故意伤害罪未遂与故意杀人罪未遂，应数罪并罚。

另一种观点认为，故意杀人罪与故意伤害罪是竞合关系，故意杀人罪是程度更为严重的故意伤害罪。根据事实存疑有利于被告原则，无论是伤害行为，还是杀人行为造成的死亡结果，至少可以认为是伤害行为造成了死亡结果。故成立故意伤害（致人死亡）罪。

4. 共犯也需要对加重结果承担责任

故意伤害通常是具有致人死亡的高度危险性的行为，共同伤害的各共犯人，都应该对其他人可能造成的死亡结果有预见可能性。因此，各共犯人均需要对共同的行为（伤害行为）所衍生出的结果（死亡结果）承担刑事责任。即无论是谁的行为导致了被害人的死亡，全体行为人都需要对死亡结果承担刑事责任，定故意伤害（致人死亡）罪。例．甲教唆乙故意伤害张三，乙故意伤害把张三打死了，甲也要定故意伤害（致人死亡）罪。

三、组织出卖人体器官罪【组织出卖人体器官罪 C】

（一）行为方式

客观有组织出卖行为。组织的对象可以是一人，也可以是多人。对“组织”的解释，应该进行扩大解释，包括招募、引诱、介绍、策划、领导、控制、帮助出卖等行为。

1. 出卖者直接将自己的器官出卖给他人，不成立本罪。

2. 单纯购买人体器官，没有组织行为的，不成立本罪。

（二）行为对象

对象要求是活体器官。违背本人生前意愿摘取其尸体的器官或者本人生前未同意，违反国家规定、违背其近亲属意愿摘取其尸体的器官的，以盗窃、侮辱尸体罪定罪处罚。

（三）主观要件

本罪位于人身权利的章节，主要保护的是公民的人身法益。因此本罪主观不要求行为人具有营利目的。

（四）与故意伤害罪、故意杀人罪的区分

因本罪的刑罚比故意伤害罪、故意杀人罪更轻，为实现罪刑相适应，成立本罪必须要取得有效的被害人承诺，否则成立故意杀人或故意伤害罪。无效的被害人承诺主要有以下三种情形：

1. 强迫被害人捐献器官：包括物理强迫和精神强迫。

2. 欺骗被害人捐献器官：被欺骗所做的承诺无效（不包含动机错误的承诺）。

例．医生甲欺骗一位患者李小某（13 周岁）的父亲李某，声称只有移植肾脏给李小某才能使其免于死亡的危险。但该肾脏实际被移植给医生甲的好朋友张某，甲成立故意伤害罪。虽然李某进行了承诺，但该承诺属于被欺骗的承诺，因欺骗致使其承诺的根本目的不能实现，属于无效承诺。

3. 被害人未满 18 岁 / 患精神病：因为不满 18 周岁 / 患精神病的人对自己的器官没有处分能力，所以即使获得了承诺，也属于无效承诺，定故意杀人罪或故意伤害罪。

例．初中生甲（15 周岁）为买苹果手机在同学面前攀比，让乙安排渠道出卖自己的肾脏。乙安排好后，将全部所得款交给甲，甲用该钱款买得最新款手机。乙的行为构成故意伤害罪。

四、遗弃罪【遗弃罪 C】

（一）行为主体

不限于家庭成员，所有对被遗弃者负有扶养义务的人都可以构成本罪。扶养义务来源不限于亲属法的规定，还包括基于职业、业务、法律行为与先前行为所产生的义务。

例 1. 孤儿院、养老院、精神病院、托儿所等机构的管理人员对被照护的对象具有扶养义务。

例 2. 甲女和全职月嫂乙签订高额合同，由乙在甲家全天候照看甲的小孩。乙可以成为遗弃罪的行为主体。

（二）行为方式

不履行扶养义务（真正不作为犯）。方式可以是积极、消极的。

例．将瘫痪的老人独自留在家中不管（消极）或丢在山上（积极），都是不履行扶养义务的行为，都是本罪的行为方式。

【注意】没有结果加重犯，遗弃行为过失造成死亡结果的，构成遗弃罪与过失致人死亡罪，从一重罪论处。对比：虐待罪有结果加重犯。

（三）遗弃和不作为故意杀人的区分

遗弃罪与故意杀人罪的区分判断步骤如下：

1. 首先，从主观构成要件看，遗弃导致被害人死亡既可能是故意（间接故意），也可能是过失，但不能是直接故意，如果是直接追求结果的发生，应当认定为故意杀人罪。

2. 当行为人对死亡结果持间接故意的态度时，则需要判断客观上其不作为行为对于死亡的紧迫性程度以及被害人对行为人的依赖程度，即客观上不救助、不扶养的行为是否有导致被害人死亡的高度危险。

例 1. 母亲将婴儿放置于警察局门口，婴儿死亡的，应当认定母亲对婴儿的死亡结果存在过失，因死亡危险并不紧迫、婴儿此时对行为人的依赖程度不高，应认定为遗弃罪。

例 2. 母亲将婴儿置于菜市场，可能认为母亲对死亡结果存在间接故意，且危险并不紧迫，应认定为遗弃罪（因为依赖程度不高，紧迫程度不高）。

例 3. 母亲连续三天不给婴儿喂奶，可以认为母亲对死亡结果存在间接故意，构成故意杀人罪（因为依赖程度很高，很紧迫）。

例 4. 母亲将婴儿置于没有人的荒山野岭，应认为行为人具有直接故意，构成故意杀人罪。

【总结】主观过失定遗弃罪与过失致人死亡罪，从一重罪论处；主观直接故意（追求死亡结果）定故意杀人罪；主观放任的故意，看不作为和死亡结果的紧迫程度。

【注意】故意杀人罪与遗弃罪不是对立关系，构成故意杀人罪的同时可以构成遗弃罪，上述例 3 与例 4 中，行为人也构成遗弃罪，只是最终要以重罪故意杀人罪论处。

判断分析

1. 乙偷了李某的救命钱，李某悲痛万分，遂自杀。乙的行为与李某的自杀结果之间有因果关系。【错误，李某“自杀”结果虽然与乙的盗窃之间有一定的关联，但没有刑法上的因果关系，即李某“自杀”的主要决定权在于李某本人】（2021 年仿真题）

2. 丙雇毛毛伤害其仇人时，叮嘱毛毛不要造成被害人死亡，但毛毛在实施伤害行为时造成被害人死

亡。丙对死亡结果有过失，应对死亡结果负责。【正确】（2021年仿真题）

3.丙以伤害的故意用木棍击打蒋某的头部，后丙不小心将蒋某撞倒在水泥地上，蒋某头部被磕到，蒋某死亡，无法查明是丙先前的棍子击打导致的蒋某死亡还是蒋某摔倒磕到头而死亡。丙不构成故意伤害致人死亡。【错误，不管是丙的先前的棍子击打行为直接导致的蒋某的死亡，还是在丙实施伤害过程中，介入了自身引起的第二行为撞倒蒋某，并致蒋某死亡的行为。该两种情形均不影响丙对蒋某故意伤害致死的认定】（2021年仿真题）

第二节 侵犯性相关法益的犯罪【客+主】【侵犯性自由犯罪（强奸等）B】

一、强奸罪

（一）保护法益

妇女的性自主权。判断本罪成立的核心要看妇女是否自愿发生性关系。包括发生性关系的对象、时间、地点、方式等。

【注意】动机错误之下，不构成强奸罪（因为本质上妇女是自愿发生性关系，双方是互相利用）。

例.甲谎称发生性关系后给妇女升职加薪，但其实甲是欺骗妇女的，甲不构成强奸，因为妇女只是动机错误，发生性关系是自愿的，没有违背妇女意志。

（二）行为主体

已满14周岁的具有辨认、控制能力的自然人。单独的直接正犯只能是男性，女性可以成为强奸罪的共同正犯、间接正犯、教唆犯、帮助犯。

例1.女大学生甲和室友乙长期不和，遂将乙引到小巷后用砖头拍倒，并死死按住乙的双腿，让提前联系好的流氓丙趁机强奸乙。甲和丙构成强奸罪的共同正犯。

例2.女大学生甲和室友乙长期不和，遂找到流氓丙，教唆流氓丙去强奸乙，丙接受教唆并实施了强奸行为，甲是强奸罪的教唆犯。

（三）对象与行为方式

1.针对年满14周岁的正常妇女——行为方式：暴力、胁迫或其他手段强行发生性关系

（1）胁迫：手段可以是暴力胁迫，也可以是精神胁迫。

（2）其他手段

利用暴力、胁迫以外的，使被害妇女不知抗拒、无法抗拒的手段实施奸淫。

①利用妇女患重病、熟睡之际进行奸淫；以醉酒、药物麻醉等方式迷奸；利用催眠术、迷信使妇女不知反抗等方法对妇女进行奸淫。

例.邪教头领吴某向其信徒灌输“男女双修可以使人达到学佛的最高境界”“可以迅速提高修行”“增强法力”“有益女性身体”的思想，对多名女信徒实施奸淫（迷信强奸）。女信徒因迷信而不知反抗，应认定吴某的奸淫行为违背妇女的自由意志，构成强奸罪。

②利用事实认识错误和妇女发生性关系的，应认定被害妇女对发生性关系不自愿，行为人具有强奸故意，构成强奸罪。

【对比】在“过失强奸”中，行为人不具有强奸故意（没有意识到妇女不自愿），不构成强奸罪。

例 1. 甲男有个双胞胎哥哥乙，过年喝醉酒后，乙的妻子丙误将甲错认为乙，抱着甲亲吻欲发生性关系。甲意识到丙认错人，但仍然发生了性关系。甲利用了丙的事实认识错误，构成强奸罪。

例 2. 丙女有个双胞胎妹妹丁，过年喝醉酒后，丙的丈夫乙误将熟睡的丁错认为丙，和丁发生了性关系。乙没有强奸的故意，属于过失，不构成强奸罪。

（3）程度：暴力、胁迫或者其他手段必须达到使妇女明显难以反抗的程度

当女子将要离开男子住宅时，男子以轻微力量拉住女子的手，要求发生性关系的；当考生感觉可能不及格，而要求考官关照时，考官说“如果不和我发生关系，就不给你及格”的；男子对女子说“我是警察”，进而要求发生性关系的；半推半就，行为人没有同时采取暴力、胁迫或其他手段的……不认为采取了暴力、胁迫、其他手段，不成立强奸罪。

2. 针对未满 14 周岁的幼女和精神病、严重痴呆症妇女——行为方式：发生性关系（无论是否自愿）

（1）奸淫幼女——以强奸论，从重处罚

对于未满 14 周岁的幼女，不论采用何种手段，也不管幼女是否同意，哪怕幼女主动勾引，只要明知是幼女并且跟幼女发生性交就符合奸淫幼女的客观行为要件——幼女法益要绝对保护。

必须明知被奸淫的对象是幼女，包括明知其可能是幼女。如果确实不知，也未采取违背妇女意志的手段，不构成犯罪；如果确实不知是幼女，但采取强制手段奸淫，构成（普通）强奸罪。被害人不满 12 周岁的，应当认定行为人“明知”。

例. 甲去按摩店，技师乙女身材娇小却身材火辣、风情万种（事实上乙早熟，13 周岁），甲把持不住欲和乙发生性关系，乙不从，甲使用暴力强行和乙发生了性关系。虽然乙属于幼女，但甲不知乙为幼女，没有奸淫幼女故意，不构成奸淫幼女，只能构成普通的强奸罪。

（2）奸淫精神病、痴呆症妇女

明知对方是患有精神病或严重痴呆症的妇女，即使取得了妇女的同意，也构成强奸罪。如果行为人不知道对方患有精神病且未采取暴力、胁迫等手段的，不构成强奸罪。

在间歇性的精神病妇女精神正常期间，经同意发生性行为的，不成立强奸罪。

【注意】与精神病患者共同生活已形成事实婚姻的，一般不以强奸论。

3. 对象问题的注意事项

（1）对象仅限女性，“强奸”男性不构成强奸罪，成立强制猥亵罪 / 猥亵儿童罪。

（2）婚内强奸

从刑法条文的表述看，强奸罪的对象“妇女”并没有排除妻子，因此，至少从文理解释上看，强奸罪的对象是包括妻子的。然而，审判实践中，婚内强奸一般都不能以强奸罪论处。只有在婚姻关系处于非正常存续期间，婚内强奸才有限度地被认定为构成强奸罪。

例. 离婚诉讼期间、婚姻关系已经进入法定的解除程序等。并且，这些作有罪判决的案件均是发生在比较发达的城市，如上海、北京等，造成了被害人轻伤甚至重伤结果的案件。

需要将上述概念与真题考察过的题目加以区分：例.《刑法》规定“以暴力、胁迫或者其他手段强奸妇女的”构成强奸罪。按照文理解释，可将丈夫强行与妻子性交的行为解释为“强奸妇女”。该选项虽然正确，但其仅限于从文理解释和法条文字的角度进行分析得出该结论。（2015 年第 2 卷第 51 题 A 项）

（四）加重情节

1. 在公共场所当众强奸妇女的，只要在不特定或者众人可能看到、感觉到的公共场所强奸妇女，就属于在公共场所“当众”强奸妇女（不要求实际被别人看到）。

例．半夜在公厕强奸妇女，没有人进来看到，但周围有人听到，也属于当众强奸；在大型客车上强奸旁边的乘客，即使没有人看到和制止，也属于当众强奸。

2. 两人以上轮奸的

（1）只要求客观上有共同轮奸的行为即可，即使有人未达刑事责任年龄的，也可以认定为轮奸。

（2）如果计划轮奸，第一个人强行奸淫结束后各行为人就被制止。由于各行为人构成强奸罪的共同犯罪，且有人已经奸淫成功，故所有行为人都成立强奸罪基本犯的既遂。各行为人都属于轮奸，属于轮奸未遂（与强奸罪基本犯既遂属于想象竞合）。

（3）如果计划轮奸，第一个人实施奸淫行为后，其他行为人自动放弃奸淫。由于各行为人构成强奸罪的共同犯罪，且有人已经奸淫成功，故所有行为人都成立强奸罪基本犯的既遂。第一个人属于轮奸未遂，其他行为人属于轮奸中止（与强奸罪基本犯既遂属于想象竞合）。

3. 结果加重犯：强奸致人重伤或死亡

（1）导致死亡的行为必须是强奸行为，强奸行为包括强制手段和奸淫，强制手段导致重伤、死亡的，核心看实施强制手段的目的。如果是出于为了继续实施性侵的目的，就属于强奸的结果加重犯；如果是出于报复、灭口等动机，在实施强奸的过程中或强奸后，杀死或者伤害被害人的，应分别认定为（普通的）强奸罪、故意杀人罪或故意伤害罪，实行数罪并罚。

例 1. 为了强奸，用枕头捂住被害人，导致被害人窒息而死。枕头捂住被害人是为了强奸，可以评价为强奸行为，即导致死亡的行为是强奸行为，构成强奸致人死亡。

例 2. 强奸后，为了灭口，用枕头捂死被害人。捂死被害人不是为了强奸，属于另起犯意，定故意杀人罪，和强奸罪数罪并罚。

例 3. 丁欲强奸某女青年，因该女极力反抗，丁一怒之下用匕首将其捅死。丁在实施强奸过程中，出于泄愤的动机杀死了被害人，不是为了继续强奸的目的，故对丁应当以强奸罪（未遂）和故意杀人罪数罪并罚。

（2）还要注意因果关系，一定要是强奸行为与死亡行为间存在因果关系的，才可以评价为结果加重犯。被害人自杀身亡的，属于异常介入因素，没有因果关系。

（3）此处重伤、死亡的对象仅限于被强奸的妇女，不包括前来阻止、施救的第三人。

4. 奸淫不满 10 周岁的幼女或者造成幼女伤害的

【对比】奸淫不满 14 岁幼女只是在强奸的基本刑（3–10 年有期）中从重处罚；但奸淫不满 10 岁的幼女或造成幼女（不满 14 周岁）严重伤害，需要适用升格的法定刑，加重处罚（最高可判死刑）。

二、负有照护职责人员性侵罪

1. 行为方式：利用特殊地位形成的依赖关系和未成年发生性关系。

【注意】不需要强迫，即使未成年少女自愿也构成。

2. 行为主体：负有稳定的监护、收养、看护、教育、医疗等特殊职责的人员，临时照看人员不构成本罪，强行发生性关系的，构成强奸罪。

3. 行为对象：已满 14 周岁不满 16 周岁的被照护的未成年少女。

4. **主观要件：**需要明知对方是14至16周岁未成年少女。

5. **罪数问题：**如果用强迫手段违反14至16周岁被照护的未成年少女的意志发生性关系，同时构成本罪和强奸罪，想象竞合择一重。

【强奸罪相关罪名总结】

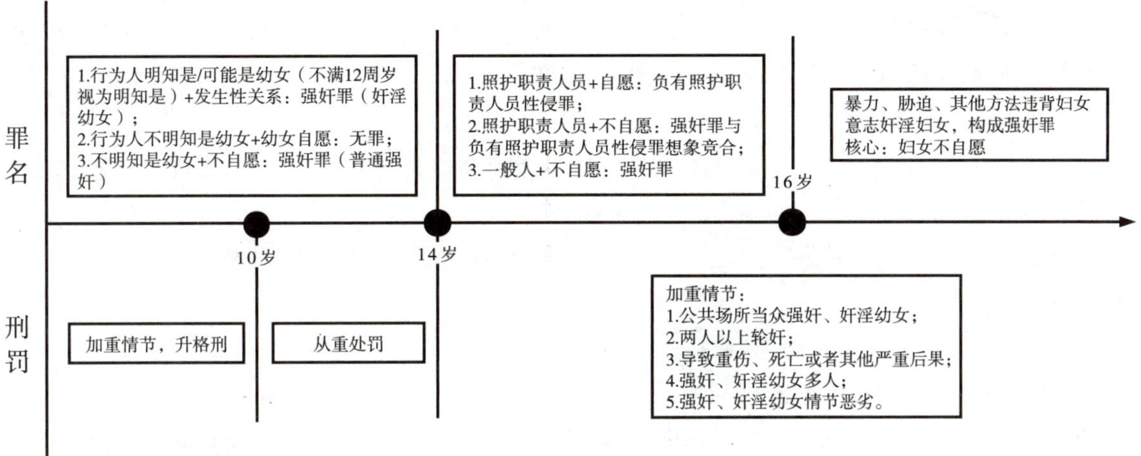

三、强制猥亵、侮辱罪和猥亵儿童罪

（一）强制猥亵、侮辱罪

1. 保护法益——个人的性羞耻心

（1）侵犯的是个人法益，如果被害人自愿（获得被害人承诺），不成立本罪。

（2）不要求有满足性欲的目的，只要侵犯了性羞耻心即可。

例．甲在超市剥光了“小三（女）”的衣服，引起围观，甲主观上虽无满足性欲的目的，但侵犯了“小三”的性羞耻心，仍属于强制猥亵、侮辱行为。

（3）不以公然实施为前提，即使在非公开的场所也可以。

例．甲、乙、丙三女去按摩店按脚时相中了男技师丁，在包房内强行扒光丁的衣服，即便包房空间较私密，三女仍可以构成强制猥亵罪。

【注意】丈夫公然猥亵妻子的，让妻子当众裸体，侵害到妻子性羞耻心，或者强迫情侣当面发生性行为也成立本罪。

2. **行为主体：**包括女性，女性强行与成年男性发生性关系的，不能认定为强奸罪，但可以成立强制猥亵罪。

3. 行为方式——强制+猥亵/侮辱

（1）强制：需要采取“暴力、胁迫或其他强制手段”。

（2）猥亵：侵犯性羞耻心的行为。

【注意】对女性不能是性交行为，也不能以发生性行为为目的（否则直接构成强奸罪），对男性可以是性交行为。

（3）侮辱：与猥亵本质相同，都是侵犯性羞耻心的行为。

【对比】刑法中另有“侮辱罪”，该罪中的“侮辱”是指侵犯名誉。

4. 行为对象

强制猥亵罪：年满 14 周岁的男性和女性。

强制侮辱罪：年满 14 周岁的女性。

（二）猥亵儿童罪

1. 行为对象：不满 14 岁属于儿童，包括男童和女童。

2. 行为方式：

（1）对儿童不需要强制，只需要猥亵即可构成，儿童的承诺无效，因此，单纯漏阴，儿童自愿观看的情况下，依然成立本罪。

（2）猥亵儿童罪中的“猥亵”，不包含与女童发生性关系，但包括强奸男性儿童。

【对比】

<table>
<tr><th></th><th>强制侮辱罪</th><th colspan="2">强制猥亵罪</th><th colspan="2">猥亵儿童罪</th></tr>
<tr><td rowspan="2">对象</td><td>年满 14 周岁</td><td colspan="2">年满 14 周岁</td><td colspan="2">未满 14 周岁</td></tr>
<tr><td>女</td><td>女</td><td>男</td><td>男童</td><td>女童</td></tr>
<tr><td>行为</td><td colspan="2">性关系以外（否则强奸）其他侵犯性自主权行为</td><td colspan="2">所有侵犯性自主权的行为，包括发生性关系</td><td>性关系以外（否则奸淫幼女），其他侵犯性自主权行为</td></tr>
</table>

判断分析

1. 甲、乙共谋轮奸丙女，二人共同压制丙的反抗，甲强奸后，乙心生怜悯并未强奸丙。甲属于轮奸既遂，乙属于轮奸中止。【错误，二人属于强奸罪基本犯的既遂，甲属于轮奸未遂，乙属于轮奸中止】（2024 年仿真题）

2. 甲男为强奸乙女，对其实施暴力行为。练过散打的乙女将甲制服后，欲将其扭送至公安机关，甲男为逃跑将乙女捅成重伤。下列说法正确的是？（2023 年仿真题）

A. 甲男带着奸淫目的对乙女实施了暴力行为，虽然致乙重伤，导致了加重结果，但结果加重犯不存在未遂，因此甲构成一般强奸罪的既遂【错误，甲出于抗拒抓捕的目的而非奸淫的目的实施暴力，因此不能将暴力所导致的重伤后果认定为强奸罪的加重结果】

B. 虽然犯盗窃罪为抗拒抓捕而当场使用暴力致人重伤，应以抢劫罪致人重伤论处，但不能基于此种认识而对甲定强奸罪致人重伤【正确】

C. 根据刑法通说，强奸罪的实行行为致人重伤的，应以强奸罪致人重伤论处，因此对甲强奸罪致人重伤论处【错误，只有出于“奸淫目的”使用暴力，导致重伤、死亡结果时，才能成立强奸罪的结果加重犯】

D. 甲带着奸淫目的实施暴力行为，但是因意志以外的原因未得逞，以强奸罪的未遂论处，与故意伤害罪数罪并罚【正确】

第三节 侵犯自由法益的犯罪【客+主】

一、自由类犯罪共通问题

1. 自由类犯罪既遂标准：侵犯自由（即控制住被害人）就既遂。

2. 继续犯：犯罪既遂后，犯罪行为还在持续期间，加入的构成本罪的共同犯罪。

例．丙为勒索财物绑架王某，在控制人质之后，丙将真相告诉好友高某，并委托高某去找王某的父母要钱，高某同意并实施了勒索行为。绑架罪是继续犯，丙绑架罪既遂后，犯罪行为还在持续，知道真相参与绑架的高某，与丙成立绑架罪的共同犯罪，而非成立敲诈勒索罪。

二、非法拘禁罪【非法拘禁罪 B】

法条群

《刑法》第二编 分则 第四章 侵犯公民人身权利、民主权利罪

第二百三十八条【非法拘禁罪】非法拘禁他人或者以其他方法非法剥夺他人人身自由的，处三年以下有期徒刑、拘役、管制或者剥夺政治权利。具有殴打、侮辱情节的，从重处罚。

犯前款罪，致人重伤的，处三年以上十年以下有期徒刑；致人死亡的，处十年以上有期徒刑。使用暴力致人伤残、死亡的，依照本法第二百三十四条、第二百三十二条的规定定罪处罚。

为索取债务非法扣押、拘禁他人的，依照前两款的规定处罚。

国家机关工作人员利用职权犯前三款罪的，依照前三款的规定从重处罚。

（一）本罪法益

他人现实的自由权，即若被害人没有认识到自己的自由被剥夺，就表明没有侵犯其人身自由，只有实际侵犯了他人人身自由，才成立本罪（法考观点）。①

【注意】自由权可以承诺，无法自由行走的人（植物人、婴儿等）没有此法益。

例．甲将处在睡梦中的乙反锁屋中1天，并在乙醒来前开门。乙一直在睡觉，没有意识到自己的身体自由受到限制，因此，甲不构成非法拘禁罪。

（二）行为方式

1. 非法剥夺他人人身自由。具体形式多样，可以是“物理的”也可以是“魔法”的，可以是作为也可以是不作为。

例1. 甲去玩密室逃脱，在道具出问题时工作人员乙故意不去处理导致甲被困。乙属于采取不作为的方式剥夺他人人身自由。

例2. 甲去女浴室更衣间将衣服全拿走，7名被害妇女因害羞被困浴室。甲的行为属于非法剥夺他人人身自由。

2. 为索取债务非法扣押、拘禁他人——成立非法拘禁罪

① 理论上还有观点认为，非法拘禁罪的法益是“可能的人身自由”，即使被害人没有认识到自己的自由被剥夺，也可成立非法拘禁罪。

绑架罪的处罚比非法拘禁罪重，但为索取债务而扣押他人的，社会危害性没有那么大（不会危害到不特定的人），因此索取债务拘禁他人的不成立绑架罪。

对“债务”应做扩大解释，包括非法债务（赌债、高利贷），但不包括虚假债务。凭空捏造债务或完全以勒索为目的拘禁他人，应当定绑架罪。

（三）从重情节

1. 具有殴打、侮辱情节的，从重处罚。

2. 身份犯（不真正身份犯），国家机关工作人员利用职权犯本罪的，从重处罚。例．警察甲故意超期羁押情敌乙，属于利用职权非法拘禁，应从重处罚。

（四）结果加重犯

非法拘禁致人重伤、死亡的，构成非法拘禁罪的结果加重犯（只定本罪一罪）。

【注意】死亡结果①由非法拘禁行为本身过失导致 + ②与拘禁行为有因果关系时，才成立结果加重犯。[①]

例 1. 甲将乙脸蒙上并捆绑至烂尾楼，乙以为是死对头来复仇，为了避免被侮辱，乙从烂尾楼跳下摔成重伤。乙的行为属于异常的介入因素，中断因果关系，甲不成立结果加重犯。

例 2. 甲将乙脸蒙上并捆绑至烂尾楼，乙为了挣脱捆绑遂疯狂反抗叫喊，甲在制服乙的过程中失手将乙勒死。甲成立非法拘禁罪的结果加重犯。

司法解释：非法拘禁引起的警方正常解救行为（不异常的介入因素）造成被害人伤亡的，成立非法拘禁罪结果加重犯，由行为人承担。但如果警方判断失误（异常的介入因素），解救行为中造成被害人伤亡的，不构成结果加重犯。

（五）转化犯

使用非法拘禁以外的暴力致人伤残、死亡的，转化成故意伤害罪、故意杀人罪。

【注意】没有考观点展示时，本条（《刑法》第二百三十八条第二款后半段）属于法律拟制，使用非法拘禁以外的暴力过失致人伤残、死亡的，转化为故意伤害罪 / 故意杀人罪一罪。

例．丙为索债将吴某绑于地下室。

①为防止吴某挣脱，丙特意在吴某身上多捆绑了几圈绳子，吴某因脖子被绳子勒住导致窒息而亡。丙成立非法拘禁致人死亡的结果加重犯。

②吴某不仅声称无钱可还，还对丙进行辱骂，丙怒从心头起，欲给吴某一点教训，便将吴某踹倒在地踢了几脚，吴某头部磕在地上的石头上死亡。丙的行为属于使用非法拘禁以外的暴力过失致人死亡的情形，转化为故意杀人罪一罪。

而在考观点展示时，对于本条在罪数上是属于法律拟制还是法律注意规定，存在观点分歧：[②]

---

① 之所以要求主观是过失，是由于本罪法定刑较低（10 年以上有期徒刑），包含不了故意造成伤亡的情况。

② 在考观点展示时，对于本条在罪过形式上属于法律拟制还是注意规定，同样存在观点分歧：

一种观点认为，该条属于法律拟制，使用非法拘禁以外的暴力致人伤残、死亡时，只有行为人主观上是过失，才能适用本条认定为故意伤害罪、故意杀人罪；（了解即可：还有少数观点认为，该条是法律拟制，只要造成被害人重伤、死亡结果，无论行为人主观上是故意还是过失，都适用本条认定为故意伤害罪、故意杀人罪。）

另一种观点认为，该条属于注意规定，使用非法拘禁以外的暴力致人伤残、死亡时，只有行为人主观上是故意的，才能适用本条认定为故意伤害罪、故意杀人罪。

问题：非法拘禁另使用暴力致被害人重伤的，在罪数的处理上存在哪两种观点？

答案：一种观点认为，《刑法》第二百三十八条第二款后半段在“罪数”的认定上是法律注意规定，行为人实施了非法拘禁、故意伤害两行为的，就应认定为两罪，数罪并罚；

另一种观点认为，这一规定在“罪数”上为法律拟制规定，即便行为人实施了非法拘禁、故意伤害两行为，也只认定为故意伤害罪一罪。

判断分析

1. 甲为了讨债拘禁了乙，乙表示要钱没有，要命一条。甲说那就拿命抵债吧，便杀害了乙。如果认为《刑法》第二百三十八条第二款对“罪数”的规定为法律注意规定，甲的行为成立非法拘禁罪与故意杀人罪，数罪并罚。【正确】（2022 年仿真题）

2. 甲为要回 30 万元赌债，将乙扣押，但 2 天后乙仍无还款意思。甲等 5 人将乙押到一处山崖上，对乙说：“3 天内让你家人送钱来，如今天不答应，就摔死你。”乙勉强说只有能力还 5 万元。甲刚说完“一分都不能少”，乙便跳崖。众人慌忙下山找乙，发现乙已坠亡。关于甲的行为定性，属于绑架致使被绑架人死亡。【错误，甲为索取赌债而拘禁乙，向其本人索债未果，转而让乙向其家人要钱，本质上仍然是为索取债务而扣押乙，甲成立非法拘禁罪，而不成立绑架罪。其次乙自行跳崖死亡，死亡结果非甲的拘禁行为所致，甲也未对乙实施额外暴力，故甲不对乙的死亡结果负责，仅成立非法拘禁罪的基本犯】（2014 年第 2 卷第 59 题 A 项）

三、绑架罪【绑架罪 B】

法条群

《刑法》第二编 分则 第四章 侵犯公民人身权利、民主权利罪

第二百三十九条【绑架罪】以勒索财物为目的绑架他人的，或者绑架他人作为人质的，处十年以上有期徒刑或者无期徒刑，并处罚金或者没收财产；情节较轻的，处五年以上十年以下有期徒刑，并处罚金。

犯前款罪，杀害被绑架人的，或者故意伤害被绑架人，致人重伤、死亡的，处无期徒刑或者死刑，并处没收财产。

以勒索财物为目的偷盗婴幼儿的，依照前两款的规定处罚。

（一）绑架罪的基本要件

1. 行为主体：已满 16 周岁

【注意】14—16 周岁不构成绑架罪，绑架过程中杀害被绑架人的，定故意杀人罪。

2. 行为方式：核心是要有利用第三人担忧人质安危的意思

第一步：绑架被害人，控制被害人的人身自由（非法拘禁）

例．甲欲勒索乙的钱财。甲将乙的儿子丙（17 岁）邀到一家游乐场游玩，然后向乙打电话，谎称丙被绑架，令乙赶快送 3 万元现金到约定地点，不许报警，否则杀害丙，乙照办。甲并不存在限制丙人身自由的行为，不构成绑架罪。

第二步：向第三人索要财物 / 提出不法要求（勒索）

例．甲为了获得乙的一项专利技术，带人在乙下班的路上将乙塞入一辆面包车控制起来，甲对乙说，如果他提供该技术资料就给他200万元，如果不提供就将他嫖娼之事公之于众。乙向甲提供了该技术资料，并获得200万元报酬。甲没有向第三人提出不法要求，未利用第三人担忧人质安危的意思，不构成绑架罪。

【注意】特殊行为方式：以勒索财物为目的偷盗婴幼儿。

3. **既遂标准：**控制人质，而不以勒索财物的目的或其他不法目的的实现作为标准。本罪位于人身犯罪章节而非财产犯罪，即以保护被害人的人身安全为核心立法目的，因此实际控制人质则犯罪既遂。

虽实力控制了人质，但该人质为无关人员（绑错人），即是一个不会让第三人担忧的人质，则为绑架罪未遂。

例．甲想绑架富商乙的儿子向乙勒索财物。但甲误将丙的儿子当成了乙的儿子而控制。乙根本不会担忧丙的儿子的安危，甲成立绑架罪未遂。

（二）包容犯

1. **包容故意伤害被绑架人，致人重伤、死亡。**

【注意】不是绑架致人死亡！《刑法修正案（九）》修改后**绑架罪没有结果加重犯**。

2. **包容故意杀人，即"杀害被绑架人"**

要发生在绑架持续过程中才能适用。脱离绑架罪之外实施的故意杀人行为，数罪并罚。例．甲绑架乙，乙的妻子按照指示将50万元放到指定地点，甲随即将乙放走。但甲仔细清点赃物时发现50万元中有大部分是假币，甲恼羞成怒出去又找到乙，将乙杀死。故意杀人行为是在绑架结束后实施的，甲构成绑架罪和故意杀人罪，数罪并罚。

【注意】对于是否要求杀死被害人，理论上存在观点展示：

①一种观点认为，只有将被害人杀死的情形下，才能适用本包容犯，适用加重的法定刑。如果没有将被害人杀死的：一种观点认为构成普通的绑架罪和故意杀人罪未遂，数罪并罚；另一种观点认为构成绑架罪加重情节的未遂（依然适用本包容犯的法定刑，但要同时适用总则中关于未遂犯从轻减轻处罚的规定）。

②另一种观点认为，将被害人杀死和没有将被害人杀死时，都可以适用本包容犯，适用加重的法定刑。

【绑架罪常考模型】

（1）绑架既遂后，行为结束前，出于报复、泄愤、毁尸灭迹等理由，故意杀死被绑架人的，都属于绑架罪（杀害被绑架人）。

（2）被害人由于其他与绑架无关的原因死亡后（如故意杀人），谎称"绑架"了死者，欺骗死者家人以索要财物。不符合绑架罪的行为结构和主观目的要件，不成立绑架罪。索要财物的行为，应当认定为敲诈勒索罪（或诈骗罪）。

3. **不包容过失致人死亡：绑架中过失致人死亡，成立绑架罪和过失致人死亡罪。**

（1）如果是绑架行为本身过失导致的，想象竞合择一重，定绑架罪。

（2）如果是绑架过程中其他额外行为导致的，数罪并罚。

例．甲绑架了邻村的首富乙，将他关在乡下的牛棚之中，并向乙的老婆丙索要一百万赎金。得到赎金后，甲打算再关乙一段时间以备逃跑。

①结果不小心将烟头掉进了牛棚，导致乙被烧死。甲出于索财的目的，故意实施了绑架乙的行为，

向丙索取财物，构成绑架罪（既遂）。此外，甲不小心丢弃烟头导致乙被烧死，甲对此存在过失，构成过失致人死亡罪。因为甲存在两个行为，因此要数罪并罚。

②乙误以为甲欲杀人灭口遂挣扎呼救，甲上前捆绑捂嘴，不慎导致乙窒息而亡。甲为维持对乙的控制导致乙窒息死亡，属于绑架行为本身过失导致死亡结果的情形，由于甲只有一个绑架的行为，想象竞合择一重，对甲应定绑架罪。

判断分析

1. 下列哪项构成了绑架罪中的“杀害被绑架人”？（2020年仿真题）

A. 以勒索财物为目的控制被害人之后，故意伤害被害人，被害人因重伤而死亡【错误，以勒索财物为目的控制被害人之后，故意伤害被害人，被害人因重伤而死亡，属于“故意伤害被绑架人，致人重伤”这一加重情节，适用加重法定刑，不属于杀害被绑架人】

B. 绑架被害人之后，为防止被害人出声，用毛巾塞住其嘴后离开，被害人窒息死亡【错误，属于绑架行为本身过失致人死亡，不属于杀害被绑架人】

C. 为勒索财物而着手绑架被害人，遭到被害人的激烈反抗，用绳子直接勒死被害人【正确】

D. 取得赎金后，已经释放被害人，因担心被害人报警，开车追了3公里，杀死被害人【错误，行为人因担心被害人报警，开车追了3公里，才杀死被害人，已经属于绑架过程之外，与绑架无关，故不属于杀害被绑架人，应当另成立故意杀人罪，与绑架罪实行数罪并罚】

2. 甲持刀将乙逼入山中，让乙通知其母送钱赎人。乙担心其母心脏病发作，遂谎称开车撞人，需付五万元治疗费，其母信以为真。关于甲的行为性质，属于绑架罪。【正确】（2010年第2卷第16题B项）

四、拐卖妇女、儿童罪【拐卖妇女、儿童罪C】

法条群

《刑法》第二编 分则 第四章 侵犯公民人身权利、民主权利罪

第二百四十条【拐卖妇女、儿童罪】拐卖妇女、儿童的，处五年以上十年以下有期徒刑，并处罚金；有下列情形之一的，处十年以上有期徒刑或者无期徒刑，并处罚金或者没收财产；情节特别严重的，处死刑，并处没收财产：

（一）拐卖妇女、儿童集团的首要分子；

（二）拐卖妇女、儿童三人以上的；

（三）奸淫被拐卖的妇女的；

（四）诱骗、强迫被拐卖的妇女卖淫或者将被拐卖的妇女卖给他人迫使其卖淫的；

（五）以出卖为目的，使用暴力、胁迫或者麻醉方法绑架妇女、儿童的；

（六）以出卖为目的，偷盗婴幼儿的；

（七）造成被拐卖的妇女、儿童或者其亲属重伤、死亡或者其他严重后果的；

（八）将妇女、儿童卖往境外的。

拐卖妇女、儿童是指以出卖为目的，有拐骗、绑架、收买、贩卖、接送、中转妇女、儿童的行为之一的。

（一）主观要件

需要以出卖为目的，本罪位于《刑法》第四章：侵犯公民人身权利、民主权利罪中，因此其保护法益主要是妇女、儿童的人身自由，是否实际获利不影响本罪成立。

【注意】“出卖目的”不同于“营利目的”

例．丙为报复周某，花5000元路费将周某12岁的孩子带至外地，以2000元的价格卖给他人。丙虽无获利目的，但也构成拐卖儿童罪。（2017年第2卷第15题C项）

（二）行为对象

年满14周岁的妇女、儿童。年满14周岁的男性不能成为拐卖妇女、儿童罪的对象（既非妇女，也非儿童），拐卖年满14周岁的男性的，可能成立强迫劳动罪、非法拘禁罪等。

如果出卖的是亲生子女，判断是否构成犯罪，核心在于父母是否将生育子女作为获利的手段。出卖亲生子女的，同时也构成遗弃罪，但最终以拐卖儿童罪论处。[①] 仅仅是由于生活困难等原因将子女送给他人抚养，收取少量营养费、感谢费的，属于民间送养行为，不成立拐卖儿童罪，可能成立遗弃罪。

（三）既遂标准

实力控制了被害人就是既遂，不要求卖出（人身类犯罪，所以侵害到自由就既遂）。

【例外】出卖捡拾儿童的，出卖亲生子女的，收买被拐卖的妇女、儿童后才产生出卖犯意进行出卖妇女、儿童的，应以出卖被害人为既遂标准。因为此种情形下，被害人早就处于行为人的控制之下，只有实际卖出才能认定为是犯罪既遂。

（四）被害人承诺

即使征得了被拐儿童的同意，也成立拐卖儿童罪，因为儿童不具有承诺能力；拐卖前征得了妇女的同意或者妇女主动要求，原则上不成立犯罪。

（五）加重情节

1. 拐卖妇女同时对被拐卖的妇女实施强奸、引诱卖淫、强迫卖淫的行为，定拐卖妇女罪，适用法定升格刑。

【注意】拐卖妇女、儿童罪不能包容强制猥亵、侮辱罪。在拐卖妇女、儿童的过程中，猥亵、侮辱妇女儿童的，应该数罪并罚。

2. 造成被拐卖的妇女、儿童或者其亲属重伤、死亡或者其他严重后果的。

【注意】造成重伤、死亡或严重后果行为的目的一定要是为了拐卖，包括拐卖行为本身过失导致妇女重伤及为了实现拐卖目的，故意造成妇女重伤。例．妇女反抗时，为了制服妇女而对其实施暴力，致其重伤。

如果不是出于方便拐卖的目的，而是出于泄愤、报复等其他目的，故意将妇女打成重伤，则单独构

① 2010年3月15日《关于依法惩治拐卖妇女儿童犯罪的意见》指出，具有下列情形之一的，可以认定属于出卖亲生子女，应当以拐卖妇女、儿童罪论处：

（1）将生育作为非法获利手段，生育后即出卖子女的；

（2）明知对方不具有抚养目的，或者根本不考虑对方是否具有抚养目的，为收取钱财将子女“送”给他人的；

（3）为收取明显不属于“营养费”“感谢费”的巨额钱财将子女“送”给他人的；

（4）其他足以反映行为人具有非法获利目的的“送养”行为的。

成故意伤害罪，应与拐卖妇女罪并罚。

【总结】主客观一致归罪原则

在侵犯人身权利的犯罪中，很多犯罪行为的外观往往是相似或相同的，区分罪与非罪、此罪与彼罪，除了要看客观行为，还要根据行为人的主观意图判断。

例．绑走妇女的行为，如果行为人是为了向其家人勒索财物，则成立绑架罪；如果行为人是想劫取妇女身上的财物，则构成抢劫罪；如果行为人是为了出卖，则构成拐卖妇女罪；如果行为人是想将妇女带至偏僻处奸淫，则构成强奸罪；如果行为人是想将妇女带至偏僻处杀害，则构成故意杀人……

五、收买被拐卖的妇女、儿童罪【收买被拐卖妇女、儿童罪 C】

（一）主观要件

出于收买的目的，并且不具有出卖的目的。

1. 如果以出卖为目的而收买的，构成拐卖妇女、儿童罪。

2. 收买的时候不以出卖为目的，收买后由于某种原因又将妇女、儿童出卖的，则应以拐卖妇女、儿童罪论处【收买 + 出卖 = 拐卖】。

3. 收买被拐卖的妇女、儿童罪 + 新罪 + 拐卖妇女、儿童罪（收买后又出卖）的罪数处理：

（1）如果新罪能被拐卖妇女、儿童罪包容评价（强奸罪、非法拘禁罪、引诱卖淫罪、强迫卖淫罪等），则只定拐卖妇女、儿童罪一罪。

例．行为人收买被拐卖的妇女后，对其实施了非法拘禁、强奸等行为，后来又强迫其卖淫，最后将其出卖的，应当认定为拐卖妇女罪一罪。因为拐卖妇女、儿童罪的行为包括了非法拘禁行为，加重情节中包括了强奸、强迫卖淫行为，没必要数罪并罚。

（2）如果新罪不能被拐卖妇女、儿童罪包容评价，则应当数罪并罚。

例．行为人收买被拐卖的儿童后，对其实施了强制猥亵行为，即使以后又出卖的，也应以拐卖儿童罪与猥亵儿童罪数罪并罚。

（二）本罪不能包容其他任何罪名，因为法定刑太轻

（三）和拐卖妇女罪的教唆犯区分

1. 如果行为人既教唆他人拐卖妇女，又收买该妇女的，应以拐卖妇女罪（教唆犯）与收买被拐卖的妇女罪并罚。

例．甲教唆好兄弟乙（一般人，不是人贩子）卖个女的给自己，乙照办，甲收买。则甲引起了乙拐卖妇女的犯意，成立拐卖妇女罪的教唆犯，甲又实施了收买行为，构成收买被拐卖的妇女罪，应数罪并罚。

2. 行为人并没有引起他人拐卖妇女的犯意，仅具有收买的故意，仅定收买被拐卖的妇女罪一罪。

例．甲教唆人贩子乙卖个女的给自己，乙照办，甲收买。甲只构成收买被拐卖的妇女罪，因为人贩子本身就有拐卖妇女的意图。

（四）从宽情节

收买被拐卖的妇女、儿童，对被买儿童没有虐待行为，不阻碍对其进行解救的，可以从轻处罚；按照被买妇女的意愿，不阻碍其返回原居住地的，可以从轻或者减轻处罚。

六、拐骗儿童罪【拐骗儿童罪 C】

拐骗儿童罪与拐卖儿童罪的区别：

（一）目的不同。拐卖儿童罪是基于出卖的目的（卖给别人养）；拐骗儿童罪主要是基于收养等出卖以外目的（骗来自己养）。

（二）以抚养为目的偷盗婴幼儿或者拐骗儿童，之后予以出卖的，以拐卖儿童罪论处【拐骗 + 出卖 = 拐卖】。

判断分析

1. 肖沛公拐骗一名儿童，对其进行抚养，两个月后因为该儿童太过调皮，将其卖掉。肖沛公构成拐骗儿童罪和拐卖儿童罪，数罪并罚。【错误，拐骗儿童后产生出卖的念头，进而出卖儿童，可以作为包括的一罪，按拐卖儿童罪定罪处罚即可】（2021 年仿真题）

2. 关于拐卖妇女儿童罪，以下选项正确的是？（2021 年仿真题）

A. 甲以拐卖妇女为目的，将妇女带至外省，后没人收买，便以夫妻名义与该妇女生活。甲构成拐卖妇女罪【正确】

B. 乙以拐卖妇女为目的，将妇女带至外省，后没人收买，还搭上了好几天的食宿费用。乙构成拐卖妇女罪【正确】

C. 妇女小孟不愿意在农村生活，便上街跪着，谎称“卖身葬母”。丙男便用 50 万元将妇女买回。丙构成收买被拐卖的妇女罪【错误，该行为得到了妇女的承诺，不构成犯罪。由于本罪是侵犯妇女人身自由与人身安全的犯罪，所以，如果行为得到了妇女的具体承诺，就阻却构成要件符合性，不应以犯罪论处。】

D. 丁收买妇女蒋某，后因经济困难，又将蒋某卖出。丁构成拐卖妇女罪【正确】

七、诬告陷害罪【诬告陷害罪 C】

（一）保护法益

本罪位于《刑法》第四章“侵犯公民人身权利、民主权利”章节，其主要的保护法益为公民人身权利，非司法活动秩序。如果诬告陷害行为没有侵犯公民的人身权利的，不能以本罪论处。[①]

【注意】基于被害人承诺的诬告，由于人身权利被害人是可以承诺的，故不成立诬告陷害罪，但不否认该诬告行为可能妨害了司法活动的正常进行，可能成立妨害司法类的犯罪。

例．公务员甲迟迟得不到晋升，便让乙去报警称甲受贿，经公安立案调查后，发现甲财产清白，甲因此受到领导赏识，得到晋升。好友乙不构成诬告陷害罪，因得到了甲的有效承诺。

（二）本罪核心：意图使他人受刑事追究（会侵害人身权利）

1. 主观“意图”为：故意诬告陷害

（1）具有诬告陷害的目的：真实告发，但存在瑕疵时（检举失实），不成立诬告陷害罪，因为缺乏诬告陷害的故意。

（2）自发（主动）诬告：在公安、司法机关调查取证时，作虚假陈述的，并不成立诬告陷害罪，可

① 在主观题考试中，可以进行观点展示，认为本罪的法益也可以包含司法秩序。

能成立包庇罪或者伪证罪。

2. 对象为“他人”：特定的自然人

（1）必须“指名道姓”，针对不特定的人不构成本罪。

例．甲杀丙后潜逃。为干扰侦查，甲打电话让乙帮忙。乙随后报案称，自己看到凶手杀害了丙，并描述了与甲相貌特征完全不同的凶手情况，导致公安机关长期未将甲列为嫌疑人。乙描述与甲相貌特征完全不同的凶手情况，但却没有特定对象，不成立诬告陷害罪。

（2）诬告单位犯罪，必会使单位的直接责任人员承担刑事责任的，如果行为人对此存在故意，也成立诬告陷害罪。

（3）诬告没有刑事责任能力的人，也成立诬告陷害罪。因为对这些人进行诬告，司法机关也会将他人作为侦查的对象，使他人卷入刑事诉讼，侵犯了其人身权利。

3. 客观上要引起“刑事追究”

（1）捏造他人犯罪事实

①捏造：必须是捏造的事实，发现他人犯罪举报的，不成立本罪（瑕疵举报、错误举报也不构成）。

例．乙基于报复目的，趁甲不注意时突然故意伤害甲，甲向县公安局告发乙故意杀人。甲不构成诬告陷害罪。因为甲仅是对于行为性质究竟是“故意伤害”还是“故意杀人”存在瑕疵，不具有诬告陷害目的。

②犯罪事实：只包括刑事犯罪的事实，不包括嫖娼、包二奶、吸毒等违法行为（非犯罪行为）。

（2）既遂标准：故意实施诬告陷害行为，足以使他人面临刑事追诉的风险，即构成本罪的既遂。至于被诬陷的人实际上是否受到刑事追究，并不影响既遂的成立。

判断分析

甲在候车室候车时发现自己的钱包不见了，怀疑邻座的乙偷了，但是没有证据，于是甲又偷偷地把自己的手机放在乙的包里并报警。警察到了之后在乙包里发现甲的手机，但并没有钱包，甲知道自己弄错了，但害怕说出真相对自己不利，就没有说明事实。后乙因盗窃罪被判缓刑。因为乙没有被判处实刑，自由没有受到限制，甲没有责任。【错误，被诬陷的人实际上是否受到刑事追究，是否被判处实刑，并不影响诬告陷害罪既遂的成立】（2020年仿真题）

八、强迫劳动罪【其他人身罪（强迫劳动等）C】

1. 主体包括单位。

2. 本罪的对象包括本单位员工之外的人。

3. 行为方式：该罪实行行为包括明知他人强迫劳动，为其招募、运送人员或者其他协助。【本条将帮助行为直接正犯化，在量刑上直接适用本罪的法定刑】

4. 强迫劳动罪与非法拘禁罪的区别

强迫劳动罪是指用人单位违反劳动管理法规，以暴力、威胁或者“限制人身自由”（还有一定的自由）的方法强迫职工劳动，情节严重的行为。非法拘禁罪是“剥夺人身自由”（一点自由也没有）。如果行为人采取剥夺人身自由的方式强迫他人劳动，属于一行为触犯两罪名（非法拘禁罪、强迫劳动罪），应择一重罪处罚。

判断分析

关于侵犯人身权利犯罪的说法，下列哪些选项是错误的？（2008年第2卷第61题）

A. 私营矿主甲以限制人身自由的方法强迫农民工从事危重矿井作业，并雇用打手对农民工进行殴打，致多人伤残。甲的行为构成非法拘禁罪与故意伤害罪，应当实行并罚【错误，甲的行为是以限制人身自由的方式强迫职工劳动，应构成强迫劳动罪。甲雇用打手对农民工进行殴打，属于故意伤害罪。故对甲应以强迫劳动罪和故意伤害罪数罪并罚】

C. 丙以介绍高薪工作的名义从外地将多名成年男性农民工骗至砖窑主王某的砖窑场，以每人1000元的价格卖给王某从事强迫劳动。由于《刑法》仅规定了拐卖妇女、儿童罪，所以，对于丙的行为，无法以犯罪论处【错误，因为丙明知王某会强迫农民工劳动而将农民工贩卖给他，因而构成强迫劳动罪的共犯】

第四节 其他侵犯人身权利犯罪

一、侮辱、诽谤罪【侮辱、诽谤罪C】

1. 侮辱、诽谤罪的区分

	侮辱罪	诽谤罪
法益	名誉权	
行为	可以用口头、文字、暴力（轻微）诸手段	口头或者文字方式进行，不能使用暴力手段
内容【核心区别】	抽象/具体、虚假/真实的事实都可以（如他人出轨的事实，这主要是侵犯了他人的隐私）	捏造的事实（这主要是侵犯了他人的名誉）
共同点	1. 都是亲告罪，告诉才处理 2. 侵犯的法益都是名誉权，行为都具有公然性	

2. 诽谤和诬告陷害罪的区分

诬告陷害罪行为人的目的是使他人受到刑事追究，捏造的是犯罪事实，告诉的对象是司法机关，侵犯的主要是人身自由权利；诽谤罪侵犯的是名誉权，捏造并散布的事实主要是影响声誉的事实，通常面向社会公众或特定群体。

3. 侮辱罪与强制猥亵、侮辱罪的区分

	侮辱罪	强制猥亵、侮辱罪
行为方式	可以用口头、文字、暴力（轻微）诸手段	使用了强制的手段
行为的主观内容	没有侵犯他人的性羞耻心。行为人的目的在于败坏他人的名誉，贬低其人格，动机多出于私愤报复、发泄不满。	侵犯他人的性羞耻心，不要求满足性欲的目的，如妻子强制当众剥光小三衣服
如果想象竞合，择一重		

4. 侮辱罪、诽谤罪没有结果加重犯

侮辱、诽谤他人导致他人自杀的，不定为故意杀人罪，也不成立侮辱、诽谤罪的结果加重犯。只是可以评价为“情节严重”。

二、刑讯逼供罪、暴力取证罪、虐待被监管人罪【刑讯逼供、暴力取证、虐待被监管人罪 C】

	刑讯逼供罪	暴力取证罪	虐待被监管人罪
主观目的	逼供	取证	不限
行为主体	司法工作人员，受委托履行侦查、监管职责的人员或者合同制民警，也可成为本罪主体		监管人员，既包括监狱、拘留所、看守所的监管人员，也包括戒毒所、收容教养所的监管人员
行为对象	犯罪嫌疑人、被告人（包括被冤枉的），不能严格按照刑事诉讼法的规定理解犯罪嫌疑人，可做扩大解释，只要是被公安、司法机关作为嫌疑人对待或者被采取刑事追诉手段的人，都属于本罪中的嫌疑人 例．甲举报乙就是最近作案多起的江洋大盗，警察为了立案，对乙刑讯逼供的，成立本罪	证人，也要做扩大解释，包括被害人、鉴定人、不具有作证资格的人、不知道案件真相的人 例．某抢劫大案由省公安厅督办，在结案期限临近时，警察甲因为通过监控看到乙经过案发现场，便使用暴力让乙交代犯罪嫌疑人的样貌（实际乙什么也没看到），甲成立本罪	被监管人，犯罪嫌疑人、罪犯、被行政拘留、司法拘留、收容教养的人员
行为方式	肉刑或变相肉刑（冻、饿、烤、晒、不准睡觉等达到一定的程度）		殴打、体罚、虐待
转化犯	刑讯逼供、暴力取证、虐待被监管人过程中致人伤残、死亡的，依照故意伤害罪、故意杀人罪定罪，从重处罚。之所以要转化，因为刑讯逼供罪、暴力取证罪、虐待被监管人罪的刑罚较低		

三、暴力干涉婚姻自由罪【暴力干涉婚姻自由罪、重婚罪 E】

1. **保护法益**：婚姻自由，包括结婚、离婚自由，但不包括恋爱自由和分手自由。

2. **行为方式**：“暴力”指程度较轻的暴力。例如，捆绑、拘禁。

因本罪基本犯的法定刑很轻，故只能包含较轻的暴力。如果暴力程度达到重伤，则与故意伤害罪想象竞合，择一重罪论处。但极其轻微的暴力，如打一耳光，不宜作为犯罪处理。

3. 告诉才处理（亲告罪）。但致使被害人重伤、死亡的，属于公诉案件。

4. **结果加重犯**：致使被害人死亡（不含重伤），包括自杀（暴力干涉达到“逼迫”程度后引起的自杀），致人死亡的，行为人在主观上只能是过失（因为本罪的结果加重犯量刑较轻，如果对死亡结果是故意，应当认定为故意杀人罪）。

四、重婚罪【暴力干涉婚姻自由罪、重婚罪 E】

1. **保护法益**：法律婚姻（有结婚证的）。

重婚包括事实婚姻和法律婚姻，虽然我国法律不承认事实婚，但事实婚仍可对之前合法的法律婚姻造成破坏，故可构成重婚罪。

如果行为人没有合法的法律婚姻（一直没扯结婚证），同时跟多个人形成事实婚姻的，不构成重婚罪。

2. **主观要件**：必须有故意，要明知。

3. **概念区分**：法律婚、事实婚、同居、通奸。

单纯的同居行为或通奸不构成重婚罪，以夫妻名义同居的才可构成本罪。

4. **不具有期待可能性**

不以重婚罪论处的情形：因遭受自然灾害外流谋生而重婚的；因配偶长期外出下落不明，造成家庭生活严重困难，又与他人结婚的；因强迫、包办婚姻或因婚后受虐待外逃重婚的，被拐卖后再婚的，由于都是受客观条件所迫，故不应以重婚罪论处。

5 与破坏军婚罪的区分

	行为方式	行为主体 / 对象	法条竞合
重婚罪	法律婚姻 + 事实婚姻	已建立法律婚姻关系的人	一般法
破坏军婚罪	法律婚姻 + 事实婚姻 + 同居	现役军人配偶	特别法

五、虐待罪【虐待罪、虐待被监护、看护人罪 C】

【"PUA"案】八筒交往了一个女朋友甲，二人同居 3 年互相扶持，也见了双方家长打算结婚。但八筒一直纠结于甲的过去情感经历，不断对甲辱骂、"PUA"，甲陷入深度自我怀疑，多次自杀，终于在最后一次因抢救无效死亡。

思考：八筒构成犯罪吗？

——认为八筒构成故意杀人罪、故意伤害罪（致人死亡）不合适，将这种精神 PUA 解释为故意杀人罪、故意伤害罪的手段有违反罪刑法定的嫌疑，而且八筒实施精神 PUA 也难以认定其具有犯罪故意（实施 PUA 一般不是为了让人死）。

双方共同生活，互相扶持，可以认为属于家庭成员，长期的辱骂、PUA 属于精神虐待，故可以认定八筒构成虐待罪，同时甲的自杀身亡和八筒的长期精神虐待具有因果关系，构成虐待罪的结果加重犯。

1. **行为主体及行为对象**：家庭成员，扩大解释为包括共同生活的保姆、管家、婚前长期同居的男女朋友等，行为主体只能为自然人。

2. **行为方式**：共同生活的家庭成员经常以打骂、捆绑、冻饿、有病不给治、强迫超体力劳作、限制自由等方式，从肉体上或者精神上摧残、折磨的行为。

（1）偶尔一次不构成该罪。

（2）情节恶劣的经常性虐待过程中，其中一次产生伤害或杀人故意，进而实施伤害或杀人行为的，则构成虐待罪与故意伤害罪或故意杀人罪，应数罪并罚。

3. **结果加重犯**："致使被害人重伤、死亡"，包括自杀。

4. 本罪是自诉案件，告诉才处理。但有加重结果的，转为公诉案件。

六、虐待被监护、看护人罪【虐待罪、虐待被监护、看护人罪 C】

1. **行为主体：监护、看护人，**单位可以成为本罪主体。养老院的看护人员、幼儿园幼师、精神病院护士等可以构成本罪。

2. **本罪与虐待罪可能存在想象竞合：**当行为主体与对象既是家庭成员关系，又是监护、看护与被监护、看护关系时，两罪想象竞合。

3. 本罪是公诉案件，且无结果加重犯。

七、侵犯通信自由罪，私自开拆、隐匿、毁弃邮件、电报罪【其他人身罪（强迫劳动等）C】

1. **保护法益：**本罪是侵犯公民人身权利、民主权利的犯罪，保护的法益是公民的通信自由及隐私。

2. **行为对象：**他人信件，包括退回的信件及电子邮件或者其他数据资料。

3. **行为主体：**私自开拆、隐匿、毁弃邮件、电报罪是真正身份犯，要求邮政工作人员利用职务上的便利，如果没有利用职务上的便利实施该行为的，成立侵犯通信自由罪。

4. **罪数**

非法开拆他人信件，侵犯公民通信自由权利，并从中窃取数额较大财物的，根据行为主体的身份及行为方式，分别以盗窃罪、职务侵占罪、贪污罪等犯罪论处。

八、侵犯公民个人信息罪【其他人身罪（强迫劳动等）C】

1. **公民个人信息**

指以电子或者其他方式记录的能够单独或者与其他信息结合识别特定自然人身份或者反映特定自然人活动情况的各种信息，包括姓名、身份证件号码、通信通讯联系方式、住址、账号密码、财产状况、个人生物识别信息（人脸、指纹等）以及行踪轨迹等。

【注意】信息包括秘密的，也包括公开的信息。

例．我的电话是公开的，朋友同事都知道，但依然属于个人信息，因为我不想让无关的人知道，被扩散。

2. **行为方式**

行为方式非常广泛：出售、提供、窃取、购买、收受、交换等。

【技巧】行为方式不用死记硬背，关键在于实施上述行为的主观目的，有没有侵犯公民个人信息的故意，如果正常商业获取信息，不构成本罪，如以出售为目的获取电话就构成。

例 1. 某店铺因为要给顾客发送优惠信息，而获取了顾客提供的电话号码，并用以发送经营的相关信息，不构成本罪。

例 2. 某销售建材的店铺在经营过程中，收集了顾客提供的姓名、购买清单与电话号码，并打包出售给装修公司以此获利，情节严重的，构成侵犯公民个人信息罪。

九、非法侵入住宅罪【其他人身罪（强迫劳动等）C】

1. **行为方式**：非法侵入住宅罪可以作为方式，也可以**不作为方式，即合法进入、拒不退出**。

2. **罪数**：非法侵入他人住宅，又实施盗窃、抢劫、杀人、强奸等罪的，根据**吸收犯原理**，只定实行行为的犯罪。

3. **行为主体**：本罪是**不真正身份犯**，司法工作人员是量刑身份。

判断分析

1. 下列说法正确的是？（2021 年仿真题）

A. 养老院工作人员徐某将养老院十余名老人遗弃在交通不便的路段便离开，后这些老人被发现并送回养老院，但仍有三名老人未被找到，徐某构成遗弃罪【正确】

B. 曹某雇佣吴某在养老中心照顾其年老多病的母亲李某，后曹某教唆吴某对李某进行虐待，曹某和吴某共同对李某进行虐待。曹某犯虐待罪和虐待被看护人罪的竞合，仅能认定为是虐待罪【错误，曹某一共有两个行为：首先，曹某教唆负有看护职责的吴某虐待李某，曹某构成虐待罪和虐待被看护人罪的**想象竞合**，择一重罪处罚。其次，曹某自己也亲自对李某进行虐待，这一行为构成虐待罪。曹某的行为是**前后两个犯罪**，应当数罪并罚】

2. 假设下列信息均为公民个人信息，以下构成侵犯公民个人信息罪的是（不考虑数量和情节）？（2021 年仿真题）

A. 刘某窃取某重点大学新生入学信息，旨在研究各地高中教育状况，并没有将信息泄露出去【构成】

B. 公民在寄快递时，快递公司要求公民写下自己的姓名、家庭住址。公民把信件发出后，快递公司并没有将信息删除而是长期保存【不构成，快递公司获取该公民个人信息是通过正常的履行业务，属于**合法获取**，且快递公司也**没有将该信息非法扩散**】

C. 小额贷款公司促使借款人还款付息，不仅登记了借款人的信息，而且获取借款人手机里其他全部手机联系人的联系方式等信息【构成】

D. 甲银行工作人员将在该银行的储户的相关信息提供给乙银行，其目的在于让乙银行在向公民个人发放贷款时，了解贷款人是否具有还款能力【构成】

主观题延伸拓展

案例 1：甲在奸淫乙女后，怕乙女去公安局报案，干脆一不做二不休又将乙女卖至偏远的农村。

问题：分析甲的行为。

案例 2：甲为索债将丙绑到某一废旧汽修厂，让丙给其家人打电话要钱。

问题：如何认定甲的行为。

案例 3：甲失业后无所事事，在网上认识一女孩，两人交谈甚欢，决定线下处男女朋友。见面时，甲没想到乙看上去很小，像个初中生。但乙和甲说自己已经 16 岁了，只是长得比较显小。实际乙只有 13 岁。两个相处了一段时间后，顺其自然发生了性关系。

问题：分析甲的行为。

案例 4：甲、乙素来不和，乙将甲绑至一废旧车场，警告甲以后对自己客气点，甲用唾液喷乙并脏话连篇，乙一怒之下用木棍击打甲，不料竟然致甲死亡。

问题：乙的行为在罪数认定上有哪两种观点。

案例5：甲将乙困在椅子上，因为怕乙逃脱，便用细钢筋捆住了乙，结果乙窒息死亡。

问题：如何认定甲的行为？

案例1—问题：分析甲的行为。

答案：甲构成强奸罪和拐卖妇女罪，两罪数罪并罚。

（1）甲违背乙女的意志，强行与其发生性关系，构成强奸罪。

（2）甲先对乙女实施了强奸行为，之后又另起犯意，将乙女出卖，构成拐卖妇女罪，因甲系先产生强奸故意，后产生拐卖的意图，因此不符合拐卖妇女罪包容强奸行为的条件，因此应当数罪并罚。

案例2—问题：如何认定甲的行为。

答案：甲构成非法拘禁罪。

本案中，甲为索取债务对乙实施非法拘禁行为，不构成绑架罪，成立非法拘禁罪。

案例3—问题：分析甲的行为。

答案：甲构成强奸罪，且属于奸淫幼女型的强奸罪。

虽然乙否认自己的真实年龄，但甲在初见面时就已经意识到乙的年龄可能很小，明知对方可能是幼女的情况下，即使双方是自愿发生性关系的，也不影响强奸罪的成立，因此甲成立强奸罪。且奸淫不满14周岁幼女的，要从重处罚。

案例4—问题：乙的行为在罪数认定上有哪两种观点？

答案：一种观点认为，乙成立故意杀人罪一罪。理由：《刑法》第238条第2款在罪数认定上，属法律拟制规定，将本是两行为、两罪的，拟制（特别规定）为一罪。虽然乙先后实施了两个犯罪行为，但由于法律拟制的原因，仅能认定为故意杀人罪一罪。

另一种观点认为，乙成立成立非法拘禁罪与故意杀人罪，应数罪并罚。理由：《刑法》第238条第2款在罪数的认定上，属于法律注意规定，不改变定罪的基本规则，数罪就是数罪。乙实施了两个犯罪行为，应数罪并罚。

案例5—问题：如何认定甲的行为？

答案：甲构成非法拘禁（致人死亡）罪。

甲故意实施了非法拘禁行为，拘禁行为本身造成了乙的死亡结果，甲对于死亡结果存在过失，构成非法拘禁（致人死亡）罪。法条依据为《刑法》第238条第2款。

KEEP AWAKE

第二十章 侵犯财产权利犯罪【客+主】

第一节 财产犯罪的体系与共性问题【客+主】【财产犯罪的共性问题 D】

一、财产犯罪的体系

财产犯罪中各罪名的构成要件结果是使被害人遭受财产损失。主要包括以下几种类型：

1. 取得型财产犯罪（不法取得财产的犯罪）

（1）不需要转移占有的犯罪：侵占罪

（2）行为人转移占有的犯罪：盗窃罪、抢夺罪、抢劫罪

（3）被害人主动转移占有的犯罪：诈骗罪、敲诈勒索罪

2. 毁弃型财产犯罪： 故意毁坏财物罪

3. 不履行债务的犯罪： 拒不支付劳动报酬罪

4. 职务型的财产犯罪（行为主体是否具有职务且利用职务便利）： 职务侵占罪、挪用资金罪、挪用特定款物罪

二、保护法益

对财产犯罪保护法益的不同理解，会导致对一些特殊行为是否成立财产犯罪存在不同的处理结论。

（一）观点一（法考观点）：财产犯罪的法益包括所有权和占有（合法、非法）[①]

1. 自己所有的财物，处于他人的合法占有之下，通过非法的方式取回来的，由于破坏了他人对财物的合法占有（占有权），成立财产犯罪。

例. 甲的汽车处于国家机关的管理过程中，甲将本属于自己所有的汽车偷回来的，因侵犯了国家机关对该汽车的占有，成立盗窃罪。

2. 非法占有需要法定程序改变，不能通过非法手段侵犯（禁止黑吃黑）。

例. 乙非法持有假币 20 万元，甲抢夺乙的假币，依然成立抢夺罪，因为即便乙是非法占有假币，但也需要通过法定程序改变（没收、追缴），不能通过非法手段改变。（2012 年第 2 卷第 54 题 B 项）

例外： 本权者恢复权利，不构成财产类犯罪。

例. 甲盗窃了乙的手机，甲对该手机是非法占有，原则上，其他人从甲处再非法取走该手机的，也

① 若考观点展示，可以答另一种观点，即只有所有权才是财产犯罪的保护法益。

成立财产犯罪。但对于所有权人乙而言，其是手机的所有权人，其所有权可以对抗甲的非法占有，如果乙自己将它再从甲处偷回来，就不构成犯罪。

【总结】合法占有>所有权>非法占有。自己所有的财产，在他人的合法占有之下，通过盗窃、诈骗等手段取回的，也可能成立盗窃罪、诈骗罪。自己所有的财产，在他人非法占有的情况下（被他人偷去了或者抢走了），所有权人通过非法方式取回的，不成立财产犯罪。

（二）观点二：财产犯罪的法益只包括所有权

区别于观点一，采用非法手段将他人合法占有的自己所有的财物取回的不构成犯罪。因为占有不受保护，所有权优先于占有。

三、行为对象

指财物和其他具有财产属性的物品，包括：

1. 违禁品：毒品、假币、淫秽物品等；
2. 虚拟财产：游戏币、比特币、虚拟货币等；
3. 无形物：电、网络等；
4. 财产性利益：如欠条。[①] 但如果债务人将债权人直接杀害，并不抢走、盗走欠条的，由于没有消灭债权债务关系，不构成财产犯罪，只成立故意杀人罪。

例．甲曾向乙借款9000元，后不想归还借款，便预谋毒死乙。甲将注射了“毒鼠强”的白条鸡挂在乙家门上，乙怀疑白条鸡有毒未食用。随后，甲又趁去乙家串门之机，将“毒鼠强”投放到乙家米袋内。后乙和其妻子、女儿喝过米汤后中毒，乙死亡，其他人经抢救脱险。甲的行为并没有消灭债权债务关系，将债权人直接杀害成立故意杀人罪。（2008年第2卷第60题）

四、非法占有目的=排除意思+利用意思

1. 排除意思：终局性排除原占有人/所有人对财物的占有/所有

（1）行为时具有不想归还的意思，认定为具有排除意思。

例1. 破坏他人自行车锁，将自行车骑回家自用。

例2. 破坏他人自行车锁，用完后将自行车丢在郊外。行为人的丢弃行为会导致车主一直不能使用自行车，排除了车主的占有。

例3. 借用他人自行车后，欺骗他人车辆已损坏，拒不归还，意图永久排除所有人的所有，变为自己所有。

（2）或者虽有返还意思，但还给被害人也没有多大意义、即便返还仍会使被害人遭受损失的，认定为具有排除意思。

例1. 偷法考用书，考试结束后返还。这种返还没有多大的实际意义，具有排除意思。

例2. 先偷手机，然后伪装为退货，从商家处换回现金。这种返还也没有意义，实际上被害人还是在遭受损失，具有排除意思。

（3）临时的盗用与借用行为，若有归还意思，不认为具有排除意思。

① 最高人民法院(2000)刑他字第9号批复：被告人以暴力、胁迫手段强行夺回欠款凭证，并让债权人在被告人已写好的收条上签字，以消灭其债务的行为，符合抢劫罪的特征，应以抢劫罪定罪处罚。

例．甲在图书馆自习期间突遇紧急事情需用电脑，甲情急之下将隔壁桌的陌生人乙的电脑拿来用了2小时后，又放回原位置。甲具有归还意思，不构成犯罪。

2. **利用意思**：不限于按照财物正常的经济用途进行利用，包括满足个人癖好、欣赏等。只要没有单纯毁坏、隐匿的意思，一般都可以评价为有利用的意思。

例1. 甲偷合租女生的内衣进行收藏，虽不符合内衣的正常经济用途，但仍具有利用意思。

例2. 甲为了取暖，将邻居家的柜子拿走当柴劈，具有利用意思。

第二节 侵占罪、盗窃罪【客＋主】

一、侵占罪【侵占罪B】

法条群

《刑法》第二编 分则 第五章 侵犯财产罪

第二百七十条 【侵占罪】将代为保管的他人财物非法占为己有，数额较大，拒不退还的，处二年以下有期徒刑、拘役或者罚金；数额巨大或者有其他严重情节的，处二年以上五年以下有期徒刑，并处罚金。

将他人的遗忘物或者埋藏物非法占为己有，数额较大，拒不交出的，依照前款的规定处罚。

本条罪，告诉的才处理。

法理：本罪属于绝对的告诉才处理的犯罪，在主要的财产犯罪中刑罚很轻，因为相比其他财产犯罪，侵占罪有主客观的特殊性：在客观上没有侵害他人的占有，在主观上，在已经占有财物的情况下，更容易产生非法占为己有的贪欲，主观恶性较小。

侵占罪：在已占有财物的前提下，意图变占有为所有。侵害的是他人对财物的所有权。

（一）行为对象

侵占罪的对象是自己占有的他人所有的财物，包括两大种类：

1. 代为保管的他人财物：基于委托关系而占有

（1）对于“代为保管”要做扩大解释，通过借用、租赁、担保、委任、寄存等合法方式占有的财物都可以成为“代为保管的他人财物”。

例1. 甲将汽车借给乙使用1个月，汽车属于乙代为保管的他人财物。

例2. 甲在火车站将行李箱寄存在便利店老板乙处，行李箱属于乙代为保管的他人财物。

（2）将基于不法原因代他人保管的财物据为己有的（他人用于行贿财物、犯罪所得），是否能构成侵占罪？理论上存在观点分歧：

一种观点认为，构成侵占罪，这种行为完全符合侵占罪的犯罪构成。另一种观点认为，不法原因委托物在民法上不具有返还请求权，所有不构成侵占罪。

【注意】行为人受他人委托占有某种封缄的包装物时，封缄物的内容（财物）仍然由委托人占有。例．快递小哥拿包裹里的东西、乙撬开其代甲保管的保险箱并拿走里面的财物，均应定盗窃罪。

2. 他人遗忘物、埋藏物：基于捡拾、发现而占有

例 1. 甲将钱包遗落在公园椅子下，次日被清洁工乙捡到，钱包属于遗忘物，是乙占有的他人所有的财物。

例 2. 甲婚后将 5 万元私房钱藏在厨房墙壁的一块砖头后，后甲意外身亡，甲的妻子乙为避免睹物思人，将房子卖给丙。丙装修拆墙时发现 5 万元，5 万元属于埋藏物，是丙占有的他人所有的财物。

【注意】即使原占有者丧失了占有（遗忘），但当该财物转移为特定空间的管理者或者第三者占有时，也应认定为他人占有的财物，不属于遗忘物，据为己有的，应定盗窃罪。

例 1. 东西遗失在酒店，饭店、出租车等特定场所，归酒店饭店的管理人（不是服务员）或出租车司机占有。

例 2. 丙下飞机时发现乘客钱包掉在座位底下，捡起钱包离去。飞机属于一个相对密闭的空间，财物所有人将自己的财物遗忘在飞机上，此时占有发生了转换，这时对该遗忘物合法占有的应该是飞机的所有人或者管理人。（2012 年第 2 卷第 18 题）

但如果不是特定空间，属于流动性很大的开放空间，则属于无人占有的状态，是遗忘物，据为己有的，应定侵占罪。例 . 如遗失在公园、马路、开放的商场、地铁。注意：飞机由于是实名制，流动性不大，所以遗失在飞机上，归属于航空公司占有，其他乘客拿定盗窃罪，但如果是公交车，火车，地铁，人流动性很大，遗失的东西属于无人占有，其他人拿定侵占罪。

（二）行为方式：变占有为所有

变占有为所有的形式可以是不作为的方式，如拒不返还，或作为的方式，如变卖、赠与、消费、出借、积极地欺骗等。

例 . 乙受王某之托将价值 5 万元的手表送给 10 公里外的朱某，乙在路上让许某捆绑自己，伪造了抢劫现场后，将表据为己有。乙的行为构成侵占罪。虽然乙伪造抢劫现场有积极欺骗的意思，但实施积极欺骗行为是为“变占有为所有”寻找一个“漂亮的借口”，并非是为了骗王某处分财产，不符合诈骗罪的构成（诈骗罪要求行为人在取得财物的过程中使用了欺骗手段，被害人基于此陷入认识错误处分财物。此时乙受人之托已取得财物控制权，被害人被骗在行为人已取得财物之后）。

二、盗窃罪【盗窃罪 B】

法条群

《刑法》第二编 分则 第五章 侵犯财产罪

第二百六十四条【盗窃罪】盗窃公私财物，数额较大的，或者多次盗窃、入户盗窃、携带凶器盗窃、扒窃的，处三年以下有期徒刑、拘役或者管制，并处或者单处罚金；数额巨大或者有其他严重情节的，处三年以上十年以下有期徒刑，并处罚金；数额特别巨大或者有其他特别严重情节的，处十年以上有期徒刑或者无期徒刑，并处罚金或者没收财产。

【功德箱案】八筒身无分文，夜晚翻入寺庙，跪在佛祖面前叩头，并对佛祖说自己太饿了想拿点功德箱里的钱，八筒抬头看到佛祖比了“OK”的手势，八筒认为佛祖同意了，就将功德箱里的 1 万元拿走。

思考：财物是佛祖的吗？八筒是否构成盗窃罪？

——虽然善男信女们是想着把钱捐给佛祖，但实际上这些钱属于寺庙所有并占有，八筒未经寺庙同意，属于秘密窃取财物，构成盗窃罪。

（一）行为主体

盗窃罪是自然犯，主体是年满16周岁的自然人，单位实施盗窃行为的，由于盗窃罪的主体不包括单位，应以盗窃罪追究组织者、指使者、直接实施者的刑事责任。

（二）行为对象：他人占有的财物

1. 他人合法占有的财物（犯罪对象包括自己所有的财物）。例．甲借来乙的车停放在自家院里，乙悄悄偷回，因为甲是合法占有，故乙成立盗窃罪。

2. 他人非法占有的财物。但请注意：非法占有的财物不能对抗所有权人的救济行为（犯罪对象不包括自己所有的财物）。例．甲偷了乙的车放在自家院里，丙悄悄偷走该车，丙成立盗窃罪；但若是乙去偷回该车，乙不构成盗窃罪。

3. 特殊对象：违禁品、信用卡、空白支票，增值税专用发票（可以用于骗取出口退税、抵扣税款的其他发票），电力、煤气、天然气等无形物，电信码号、电信卡、上网账号、密码等，皆可作为盗窃罪的对象。

（三）【核心考点】占有的判断（和侵占罪的区分）

占有，是指根据一般的社会观念，对财物进行事实上的支配与控制的状态。盗窃罪和侵占罪区分的关键：取得财物时的占有状态。他人占有的财物——窃取定盗窃；自己占有的他人财物，变占有为所有定侵占。

常考占有状态的判断：

1. 只要是在他人的事实支配领域内的财物，即使他人没有现实地握有或监视，也属于他人占有。

例．不动产内、院子内、车里的东西，不管主人在哪，都归主人占有。

2. 虽然处于他人支配领域之外，但根据一般的社会观念，可以推知由他人事实上支配时，也属于他人占有的财物。在特定场所，所有人、占有人在场，原则上应认定为所有人、占有人占有。

例1. 图书馆放着占座的书籍，放在家门口的快递包裹，农村放养的狗、鸡（会自己回家那种），大家都知道是有主人的，属于他人占有。

例2. 候机时放包在座位上，本人去上厕所，依然属于本人占有；吃饭时手机放饭店前台充电，依然归本人占有，服务员或其他人拿定盗窃罪。

3. 意识强化占有。

例．甲在8楼阳台上浇花时，不慎将金镯子（价值3万元）甩到了楼下。甲立即让儿子在楼上盯着，自己跑下楼去拣镯子。路过此处的乙看见地面上有一只金镯子，以为是谁不慎遗失的，在甲到来之前捡起镯子迅速逃离现场。甲经多方询查后找到乙，但乙否认捡到金镯子。楼下是开放空间，虽然遗失在楼下属于无人占有，但甲让儿子盯着，可以强化占有状态，此时镯子还是归甲占有；但乙主观上以为是别人遗失的，主观上只有轻罪的故意（侵占），没有盗窃的故意，属于抽象认识错误，按照包容评价和主客观一致归罪原则，定侵占罪。(2008年第2卷第16题B项）

4. 当数人共同管理某种财物，而且存在上下主从关系时，下位者是否也占有该财物关系到下位者的犯罪行为性质：应当认为，在这种情况下，刑法上的占有通常属于上位者（店主），而不属于下位者（店员），所以下位者拿属于盗窃。

例．店员偷店里的商品，服务员拿顾客遗失在店里的东西（遗失在店里属于管理人占有，不是服务员占有），店员或服务员构成盗窃罪。

但是，如果上位者与下位者具有高度的信赖关系，下位者被授予某种程度的处分权时，就应承认下位者的占有，下位者任意处分财物，就不构成盗窃罪，而构成侵占罪或者职务侵占罪。

5. 遗失的手机内的第三方支付工具中的财物属于失主占有。

例．甲将手机落在火车站，手机被乙拾得。乙试出甲的微信支付密码，将微信钱包中的余额3000元转走。甲只是遗失了手机，并未遗失微信余额，乙构成盗窃罪。

6. 死者占有问题

死者死在家中，财物当然属于有人占有，此处讨论的死者占有问题是指死者死在马路上这种开放、无序的场所。理论上死者不能占有，因为占有是指主体对客体的占有，人死亡后丧失了主体资格，其本身变成了一种客体（尸体）。但为了保护财产秩序，需要有限度的承认死者的占有：

（1）死者死了很久时，死者身上（掉落身边）的财物属于无人占有。

（2）死者刚死不久时，存在观点分歧：

死者占有肯定说[①]认为，应当肯定死者对财物的占有状态，财物属于有人占有，拿走死者财物的构成盗窃罪。

死者占有否定说认为，财物的占有者已经死亡，死者不能占有，财物属于无人占有，拿走死者财物的构成侵占罪。

【应试技巧】占有是一种事实状态的判断，要结合生活经验，做题时，假设你是一个无关的第三人，如果你捡到这个东西，你会归还给谁？如果有一个具体的人，则这个东西归这个人占有；如果没有一个具体的人，只能交给警察叔叔，那么属于无人占有。

如果不是很确定，一般选盗窃（属于他人占有），侵占一般都是错误选项。

（四）行为方式

对于盗窃罪的行为方式，理论上存在两种不同的观点，两种观点均需掌握：

1. 秘密说（通说）

盗窃罪的行为方式是秘密窃取（广义）。盗窃罪的秘密性应从三个角度来理解：

（1）特定性：是指相对于财物的所有人或保管人来说，是一种隐藏性的行为。

（2）主观性：行为人自以为采取了一种背着财物的所有人或保管人的行为。因此，这种秘密具有主观性。在某些情况下，行为人在众目睽睽之下扒窃，他以为别人没有发现，是在秘密窃取，但实际上已在他人注视之下。这时，行为人仍然可以视为是在秘密窃取。

例．甲进入乙家盗窃，看见乙正在睡觉，事实上乙已经发现了甲，但仍然继续假装睡觉。甲主观上自认为自己没有被乙发现，虽然客观上已经被乙发现，仍然认为是秘密窃取而成立盗窃罪。

（3）相对性："秘密"是相对的，仅针对财物的所有人或占有人（被害人），即行为人意图在财物所有人或占有人未觉察的情况下将财物据为己有，但这并不排除盗窃罪也可能是在光天化日之下而实施。

① 2005年6月8日最高人民法院《关于审理抢劫、抢夺刑事案件适用法律若干问题的意见》第八条（关于抢劫罪数的认定）："……；在被害人失去知觉或者没有发觉的情形下，以及实施故意杀人犯罪行为之后，临时起意拿走他人财物的，应以此前所实施的具体犯罪与盗窃罪实行数罪并罚。"

例．菜贩刘某将蔬菜装入袋中，放在居民小区路旁长条桌上，写明“每袋20元，请将钱放在铁盒内”。然后，刘某去3公里外的市场卖菜。小区理发店的店员经常好奇地出来看看是否有人偷菜。甲数次公开拿走蔬菜时假装往铁盒里放钱。甲乘人不备（不考虑数额），公然拿走刘某所有的蔬菜，虽然是公开拿走蔬菜，但对3公里外的刘某来说，是秘密的，成立盗窃罪。（2015年第2卷第19题）

2. 平和手段说

近年来刑法学理论上有新观点认为，盗窃罪的行为方式既可以是秘密的，也可以是公开的，只要是采取和平的方式（没有造成被害人伤害的可能性）取走他人占有的财物，均成立盗窃罪。该学说认为是否采取平和手段是区分盗窃罪与抢夺罪的关键，盗窃是对人没有危险的、平和的行为，而抢夺应是对物有暴力，对人有危险的行为。

例1. 甲背着包，乙夺包，属于抢夺，因为对包有暴力，人和包很近，对人有危险（可能造成甲摔伤）。

例2. 甲的包放在候车室位子上，甲在旁边五米的位置抽烟，看着包，乙当着甲的面拿了包就跑，按照新观点，乙构成盗窃罪，不构成抢夺罪，因为该行为对人没有危险（财物和人有一定的距离），属于公然的盗窃。

【**总结**】两种观点支持的学者都很多，**均应掌握**。主观题建议写观点展示，客观题有时也会考观点展示。若客观题未明确说采用哪种观点的情况下，建议以通说（秘密说）为准。

例．（2016年第2卷第18题）乙女在路上被铁丝绊倒，受伤不能动，手中钱包（内有现金5000元）摔出七八米外。路过的甲捡起钱包时，乙大喊“我的钱包不要拿”，甲说“你不要喊，我拿给你”，乙信以为真没有再喊。甲捡起钱包后立即逃走。

D项：只能在盗窃罪或者抢夺罪中，择一定性甲的行为。

该选项正确，无论按照上述哪两种观点来分析，都只能认定甲构成盗窃罪（平和手段说）或抢夺罪（秘密说）

（五）定罪的标准

数额较大、或者多次盗窃、入户盗窃、携带凶器盗窃、扒窃。【满足上述任意一个条件即可成立盗窃罪。注意，不是加重情节】

1. 数额较大

“数额较大”应作主客观相统一的理解。行为人主观上应认识到财物价值“数额较大”，客观上行为所针对的对象也应达到价值“数额较大”。如果行为人主观上认为财物价值非常小，并且这种认识是有依据的，就不能认为行为人已经成立盗窃罪。【天价葡萄案】

例．甲到乙家做客，发现乙家徒四壁。见桌上一块玉坠，断定是不值钱的仿制品，甲便顺手拿走。后经鉴定乃清代玉坠，市值5000元。由于甲断定玉坠为不值钱的仿制品具有一定根据，所以对“数额较大”没有认识，缺乏盗窃犯罪故意，不构成盗窃罪。

2. 入户盗窃

非法进入供他人家庭生活、与外界相对隔离的住所盗窃的，应当认定为“入户盗窃”。

【**注意**】入户盗窃成立盗窃罪的，既不要求数额较大，也不要求多次盗窃。

3. 多次盗窃

2 年内盗窃 3 次以上。

4. 扒窃

在公共场所或者公共交通工具上盗窃他人随身携带的财物的（不要求携带凶器）。

5. “携带凶器”盗窃

不要求行为人显示凶器，更不要求行为人对被害人使用凶器，但要具有对人使用的意图（如打算被发现后抗拒抓捕时使用），如果仅仅是正好包里有刚买的准备回家做饭用的菜刀，不属于“携带凶器”。

【特别注意】“多次盗窃”“入户盗窃”“携带凶器盗窃”“扒窃”行为成立盗窃罪，只是犯罪“成立”，没有要求“数额较大”。但要成立盗窃罪，要求行为人窃取到值得刑法保护的、具有一定价值的财物，如果行为人窃取到的财物极为低廉，不应认定为盗窃罪。例．行为人扒窃得到了一包餐巾纸、入户盗窃两个鸡蛋的，不宜认定为是盗窃罪。

（六）盗窃数额的计算

1. 盗窃信用卡并使用的，定盗窃罪，其盗窃数额应当根据行为人使用的数额计算。

2. 销赃数额高于物品实际价格的，也应以被盗物品的实际价格计算。

3. 违禁品数额的计算。不计数额，根据情节轻重量刑。

（七）犯罪形态

1. 盗窃未遂的认定

原则上，盗窃未遂的情形由于情节轻微，不以犯罪论处，但如果是情节严重的未遂（以数额巨大、特别巨大的财物或者国家珍贵文物为盗窃目标），则应当以犯罪论处。

2. 既、未遂的判断标准：控制说

（1）取得控制的标准：小物入袋、大物出场所。

控制说，指行为人一旦取得（控制）了财物，就构成盗窃罪既遂。一般来说，只要被害人丧失了对财物的控制，就应认定为行为人取得了（控制了）财物。

但在特殊情形下，被害人丧失控制，行为人也不一定取得了控制，因此应对“控制”应做扩大解释，即并不要求行为人将财物“拿到手”，只要能将财物拿至自己指定的藏匿、保存的位置，且被害人会失去控制，就应认为行为人“控制”了财物。经过扩大解释的控制说，基本可以得出和失控说一样的结论。

例．甲家中的钻石被保姆偷了，但是保姆将钻石放在天花板上，仍然是犯罪既遂。因为通常情形下，被害人不可能去天花板上找钻石，已经失去了对财物的实际控制，而天花板是保姆藏匿赃物的“指定位置”，实际上保姆已经取得了对钻石的“控制”。

【注意】诈骗罪、敲诈勒索罪的既遂标准也采取取得控制说，诈骗 / 敲诈后被害人汇款错误，没有实际取得财物的控制，认定为诈骗罪 / 敲诈勒索罪的未遂。

（2）警方事先控制下的盗窃行为（瓮中捉鳖），仅成立犯罪未遂，因为财物的实际控制人一直是警方。

例．警方得到线报有一盗窃团伙将于近日盗窃四金珠宝店，于是多日蹲点监视部署警力，某日夜间，该团伙果真前来作案，待其成功窃得一大包首饰后，警员一拥而上，当场抓获。被盗珠宝悉数交还。该团伙是在警方的事先控制下取得财物，成立盗窃罪（未遂）。

（八）盗窃后处分赃物行为的处理

原则上属于事后的不可罚行为；但如果处分赃物的行为侵犯到新的法益，则应数罪并罚。

1. 如盗窃违禁品（如枪支弹药、毒品、淫秽物品等）后进行流转、盗窃珍贵文物后故意破坏的，侵犯到新的法益（破坏了国家禁止违禁品流转的管理秩序、妨害了文物的管理秩序），要数罪并罚。

例 1. 误以假币为真币加以盗窃，发现是假币后又将其大量投入使用的，应以盗窃罪和使用假币罪并罚。

例 2. 盗窃珍贵文物后遇到警察上门问话，为毁灭罪证将文物砸烂，应以故意毁坏文物罪和盗窃罪数罪并罚。

2. 处分赃物时如果有额外欺骗，则可能与诈骗罪数罪并罚。

例 . 将盗来的价格数千元的财物，冒充几十万元的财物卖给他人的，事后行为另外成立诈骗罪，与之前的盗窃罪数罪并罚。盗窃财物以后以财物所有人自居，将该财物作为担保物，与他人签订经济合同，骗取财物的，则属于将窃取的财物作为担保物实施新的犯罪行为，应以盗窃罪和合同诈骗罪并罚。

判断分析

1. 乙来甲家中做客，喝醉酒后，甲、乙一起撬锁偷自行车。将自行车偷走后，事后发现该自行车是甲的，甲构成盗窃罪既遂【错误，甲不对自己盗窃自己的财物负责，可能成立盗窃罪预备或未遂】（2022 年仿真题）

2. 乙从国有粮库买了当年新鲜的稻米，甲个人经营米业加工厂，乙将若干吨新鲜的稻米交给甲加工，出米率 70%。加工完毕之后，甲想将该加工后的“新米”据为己有，甲遂用陈年大米冒充加工后的新米交付给乙。甲拿走新米的行为构成侵占罪，用陈年的米交付给乙不构成犯罪。【正确】（2022 年仿真题）

3. 快递员错把甲的快递（冰箱）放在同一单元的对门乙的家门口，乙明知是甲的快递依然拿走，乙成立盗窃罪。【正确】（2022 年仿真题）

4. 光华公司把一套房屋登记在乙名下，乙谎称产权证丢失，补办后卖给不知情的丙。乙对房屋构成盗窃罪【错误，该房屋登记在乙名下，事实上占有了该房屋，乙构成侵占罪】（2022 年仿真题）

第三节　抢劫罪【客 + 主】【抢劫罪的基本犯 B；抢劫罪的加重刑 B；事后转化的抢劫 B】

法条群

《刑法》第二编 分则 第五章 侵犯财产罪

第二百六十三条 【抢劫罪】以暴力、胁迫或者其他方法抢劫公私财物的，处三年以上十年以下有期徒刑，并处罚金；有下列情形之一的，处十年以上有期徒刑、无期徒刑或者死刑，并处罚金或者没收财产：

（一）入户抢劫的；

（二）在公共交通工具上抢劫的；

（三）抢劫银行或者其他金融机构的；

（四）多次抢劫或者抢劫数额巨大的；

（五）抢劫致人重伤、死亡的；

（六）冒充军警人员抢劫的；

（七）持枪抢劫的；

（八）抢劫军用物资或者抢险、救灾、救济物资的。

第二百六十七条第二款【抢劫罪】携带凶器抢夺的，依照本法第二百六十三条的规定定罪处罚。

第二百六十九条【转化型抢劫】犯盗窃、诈骗、抢夺罪，为窝藏赃物、抗拒抓捕或者毁灭罪证而当场使用暴力或者以暴力相威胁的，依照本法第二百六十三条的规定定罪处罚。

一、主体

年满 14 周岁的自然人（事后转化型抢劫的主体为年满 16 周岁的自然人）。

二、行为——排除被害人的反抗

（一）行为方式：暴力、胁迫或者其他方法＋取财

【核心】以劫取财物为目的实施的暴力、胁迫、其他方法（拘禁、昏醉）等强制手段排除了被害人的反抗（不知 / 不能 / 不敢反抗），才可以评价为抢劫行为。没有实施抢劫行为不可能构成抢劫罪。

1. 暴力

（1）暴力需足以排除被害人的反抗。通过不足以排除对方反抗的轻微暴力取得财物的，可能成立敲诈勒索罪。

（2）暴力不要求事实上排除了对方的反抗（不要求得逞），只需要足以排除即可。

例．为了劫取财物，用刀捅别人（足以排除反抗的暴力），但没对准捅歪了 / 遇到武林高手李四，没有得逞，依然属于实施了抢劫行为，成立抢劫罪（未遂）。

2. 胁迫

须以当场使用暴力相胁迫。事后的暴力没有紧迫性，不足以当场排除被害人的反抗，是敲诈勒索行为。

例．混混甲拦住乙，声称不给 5000 元明天就找人卸乙一条腿。由于明天才会实施暴力，没有紧迫性，乙在此期间有多种方法解决（报警、也找人），不足以当场排除反抗，不构成抢劫，是敲诈勒索行为。

3. 其他方法

暴力与胁迫之外的，其他足以排除被害人反抗的方法。常考的有：用药物麻醉、用酒灌醉、用催眠术催眠、非法拘禁等。

4. 抢劫罪与盗窃罪的常考区分情形

（1）利用被害人不知（无意识）/ 不能 / 不敢反抗的状态（熟睡、酣醉、昏迷、受伤、拘禁等）取得财物的，应以盗窃罪论处，因为行为人在此类情形下其并没有实施抢劫行为（以劫取财物为目的实施的强制手段）。

例 1. 甲与乙在火车上相识，下车后同到一饭馆就餐。乙想取得甲的财物，故殷勤劝酒，将甲灌醉后，掏走甲身上几千余元离去。乙构成抢劫罪。

例2. 乙在餐馆吃饭时，看见甲借酒浇愁把自己灌醉了，乙趁机掏走甲身上几千余元离去。乙构成盗窃罪。

问题：例1和例2中乙均在甲醉酒时，取走财物，为什么例1构成抢劫罪，例2构成盗窃罪？

答：两案的区别在于行为人是否以劫取财物为目的，实施了压制被害人反抗的抢劫行为。例1中乙灌酒时有抢劫的目的，灌酒行为可以评价为其他足以排除甲的反抗的手段，灌酒行为则是抢劫的实行行为，因此乙构成抢劫罪；例2中，乙仅利用被害人酣醉的不能反抗状态，没有实施抢劫罪的手段行为，是秘密窃取财物，因此构成盗窃罪。

例3. 甲去一餐馆吃晚饭，时值该餐馆打烊，服务员已下班离去，只有老板乙在清账理财。在甲再三要求之下，乙无奈亲自下厨准备饭菜。甲趁机将厨房门反锁，致乙欲出不能，只能从递菜窗口眼看着甲打开柜台抽屉拿走几千余元离去。甲的行为构成抢劫罪。

例4. 甲去一餐馆吃晚饭，时值该餐馆打烊，服务员已下班离去，只有老板乙在清账理财。在甲再三要求之下，乙无奈亲自下厨准备饭菜。不料厨房门锁坏了，致乙短时间内被困厨房，甲趁机偷偷将柜台抽屉中的几千元拿走离去。甲的行为构成盗窃罪。

问题：例3和例4中甲均在乙无法出门的情况下，取走财物，为什么例3构成抢劫罪，例4构成盗窃罪？

答：例3中甲锁门时有抢劫的目的，锁门行为（拘禁行为）可以评价为其他足以排除乙的反抗的手段，其实施了抢劫的实行行为，因此甲构成抢劫罪；例4中，甲仅利用乙被锁的状态取走财物，没有实施抢劫罪的手段行为，属于秘密窃取财物，因此构成盗窃罪。

（2）利用先前的其他暴力行为（强奸、故意伤害等）对行为人的威慑致使被害人不敢反抗时，趁机取走财物的，成立抢劫罪，先前的暴力行为成立其他犯罪的，应与抢劫罪数罪并罚。

例1. 甲与乙发生争执，甲将乙打倒在地后，发现乙随身携带的钱包中有大量现金，遂欲拿走，乙抓住甲说"求求你，这是我小孩的学费，别拿走"，甲未理会拿走钱包。甲构成抢劫罪和故意伤害罪，数罪并罚。

例2. 甲与乙发生争执，甲将乙打晕在地后，发现乙随身携带的钱包中有大量现金，遂取走钱包，甲构成盗窃罪和故意伤害罪，数罪并罚。

例3. 乙与丙在大街上发生争执，乙被丙打倒在地，甲从此处路过，见乙倒地不起，遂拿走乙掉落在身旁的钱包，甲不构成抢劫罪，仅可能构成盗窃罪。

问题1：为什么甲拿走钱包的行为在例1中构成抢劫罪，在例2中构成盗窃罪？

答：例1中，甲先前的暴力行为对乙形成威慑，压制了乙的反抗，甲利用此时的威慑趁机取走财物的，构成抢劫罪。例2中，乙已经晕过去，甲临时起意拿走钱包，对乙而言属于秘密窃取，构成盗窃罪。

问题2：为什么甲利用乙无法反抗的状态拿走钱包的行为，在例1中构成抢劫罪，在例3中不构成抢劫罪。

答：例1中，乙无法反抗的状态是由甲的先行为导致的，即甲利用的是自己先行为行为产生的威慑，压制了乙的反抗，具备抢劫的实行行为，因此甲构成抢劫罪。例3中，甲利用的是丙的行为造成的便利，即乙无法反抗的状态，与甲无关，即对乙来说，甲不存在任何威慑，甲没有压制被害人反抗的行为，因此不能成立抢劫罪。

【抢劫罪与盗窃罪区分总结】

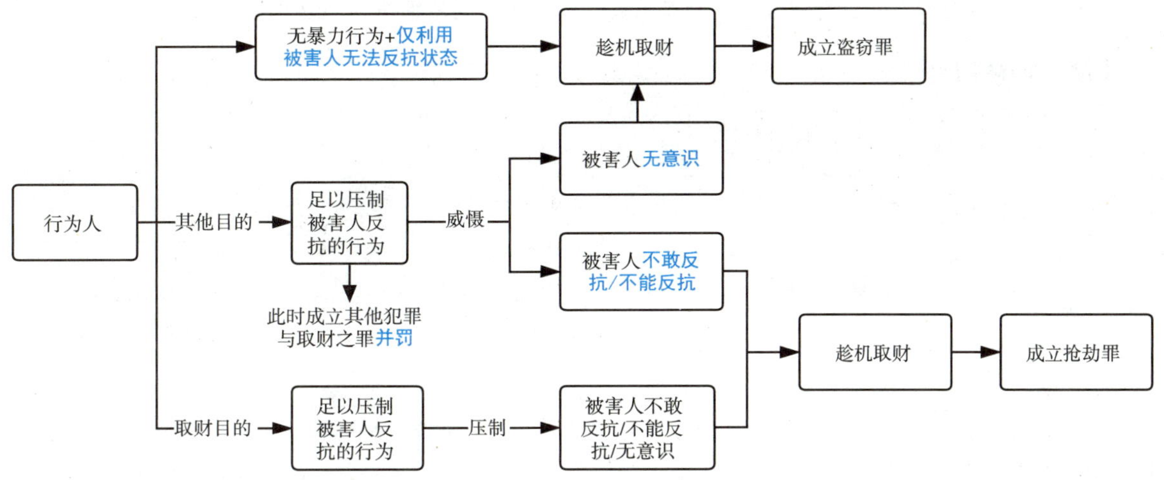

（二）行为对象

1. 暴力的对象不限于财物的直接持有者，也包括对有权处分财物的人以及其他妨害劫取财物的人使用暴力。

2. 对于无关的第三者实施暴力的，存在观点展示：

例．甲误将站在摩托车旁边的乙当作车主，对乙使用暴力造成乙轻伤，并取走该摩托车。

客观主义的立场认为，行为人的客观行为实属盗窃（不具有抢劫的可能性，因为没有反抗的对象），并不符合抢劫罪的构成要件，因此不宜认定为抢劫罪（通说），应认定为盗窃罪既遂，如其暴力对第三人造成轻伤以上后果的，以故意伤害罪与盗窃罪并罚。

主观主义的立场则认为，对无关第三者实施暴力的，因行为人主观上是想实施抢劫，且实施了足以压制反抗的暴力行为，构成抢劫罪，但因抢劫行为与取得财物间不具有因果关系，因此构成抢劫罪的未遂。

三、犯罪形态

（一）既遂标准

最高人民法院2005年6月颁布的《关于审理抢劫、抢夺刑事案件适用法律若干问题的意见》第十条指出：抢劫罪侵犯的是复杂客体，既侵犯财产权利又侵犯人身权利，具备劫取财物或者造成他人轻伤以上后果两者之一的，均属抢劫既遂；既未劫取财物，又未造成他人人身伤害后果的，属抢劫未遂。

（二）因果链条

行为人因排除被害人反抗而取得财物，才会成立抢劫既遂。如取得财物和前面排除反抗的行为不具有因果关系，则只能成立抢劫罪未遂。

例1. 甲抢劫黑社会老大乙，乙本可轻易制服甲，但基于欣赏后辈的心理给了甲几千元，甲不是因为排除了被害人反抗而取得财物，构成抢劫罪未遂。

例2. 甲到乙家做客时临时起意想取走贵重财物，甲趁乙不注意时在其杯子里放安眠药，欲等乙昏迷后拿走财物，不料乙饮用后就和朋友外出，两个小时后甲返回发现乙家里没人，遂直接拿走财物。甲下安眠药的行为属于排除反抗的抢劫行为，具有现实、紧迫、直接的危险，已经属于抢劫着手，但因乙外出这一意志以外的因素，甲取得财物和排除反抗的行为没有因果关系，只能成立抢劫罪未遂，取走财物的行为属于另外的盗窃行为，对甲应以抢劫罪未遂和盗窃罪既遂数罪并罚。（2024 年仿真题）

【抢劫罪总结】

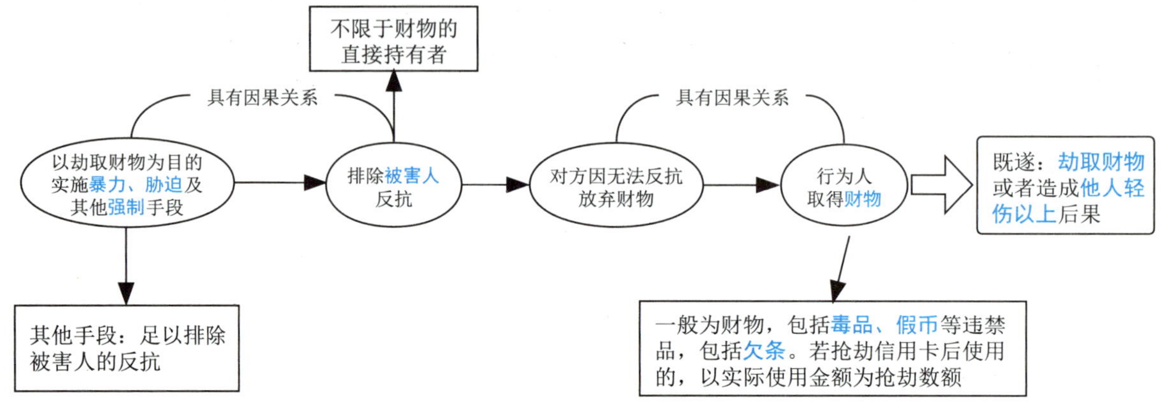

四、绑架罪和抢劫罪的区别

	绑架罪	抢劫罪
主观方面	三方关系，行为人有利用第三人担忧人质安危的意思（通说，有观点认为不需要三方关系，只要以索财目的劫持他人即可）；可以是出于取财之外的目的	两方关系，没有该意思；出于对财物的非法占有目的
行为特征	一般不具有“当场性” 例 1. 甲将乙绑架到山洞中，对乙说“打电话给你妈，准备 5 万赎金，不然就等着撕票吧”，甲要求乙通知家人准备财物，不具有“当场性”，且利用了第三人对人质安危的担忧，构成绑架罪。 例 2. 甲将乙绑架到山洞中，对乙说“打电话给你妈，准备 5 万赎金，不然就等着撕票吧”，乙担心他妈妈受惊吓引发心脏病，便打电话说“我在医院，急需用钱，你给我转 5 万块钱吧”。本案中，虽然乙打电话撒谎了，但注意应当关注行为人甲的行为，而不应以被害人的反应判断行为人构成何罪。甲有利用乙的妈妈担忧乙的安危的意思，不影响绑架罪的成立。	具有“当场性” 例 1. 甲将乙绑架到山洞中，对乙说“拿出钱来，饶你不死”，甲的行为具有当场性，且不存在第三人，构成抢劫罪。 例 2. 甲将乙绑架到山洞中，对乙说“拿出钱来，饶你不死”，乙身无分文，便打电话给他妈妈说“我被人绑了，快给绑匪转 5 万块钱，不然他就要杀死我”。本案中，虽然乙电话称自己被绑架，但甲仅向乙当场索要财物，仅构成抢劫罪。 【注意】如果人质和第三人空间距离很近，其行为具有当场性，认定为抢劫 例 3. 母女站在一起，行为人用刀对着女儿，威胁妈妈给钱，构成抢劫罪。
索财对象	绑了人质，向第三人索要财物	直接向暴力胁迫的对象（即被害人本人）索要财物

	绑架罪	抢劫罪
特殊情形	绑架过程中又以暴力、胁迫等手段当场劫取被害人随身携带财物的，同时触犯绑架罪和抢劫罪两罪名，应择一重罪定罪处罚（司法解释特殊规定）。① 例．甲将乙绑架到山洞中，对乙说“打电话给你妈，准备5万赎金，不然就等着撕票吧”，同时将乙随身携带的钱包、手机全部抢走。甲构成抢劫罪和绑架罪，择一重定罪处罚。 先实施抢劫后，又实施绑架，控制被害人要求第三人交付赎金的，成立抢劫罪与绑架罪，数罪并罚。 例．甲在路边劫持乙，要求其交出身上的财物，乙仅带了200元，甲嫌太少，便将乙绑架到山洞中，要求乙“打电话给你妈，准备5万赎金，不然就等着撕票吧”。甲构成抢劫罪和绑架罪，数罪并罚。	

五、加重刑

（一）入户抢劫

1. “入”户目的的非法性：以侵害户内人员的人身、财产为目的入户才构成入户抢劫，如果合法入户，后在户内临时起意实施抢劫的，不属于“入户抢劫”；

2. “户”的范围：“户”在这里是指住所，其特征表现为供他人家庭生活、与外界相对隔离两个方面；一般情况下，集体宿舍、旅店宾馆、临时搭建工棚等不应认定为“户”，但在特定情况下，如果确实具有上述两个特征的，也可以认定为“户”；

商住两用型：商住两用型房屋（部分时间/空间用于家庭生活，部分用于经营）肯定满足与外界隔离的条件，所以再满足供家庭生活的条件就可以评价为户。而商住两用型在非营业时间或单独隔离出来的生活区域，都属于供家庭生活的场所。因此非营业时间进入，或者虽然在营业时间进入，但生活区域和营业区域有明显的隔离，行为人去到生活区域抢劫，属于入户抢劫。

例．甲深夜进入24小时营业的小超市，持刀胁迫正在椅子上睡觉的店员乙交出现金，乙照办。甲在营业时间进入，且没有在相对隔离的生活区域，故不属于入户抢劫。

3. **“抢劫”**：暴力或者暴力胁迫行为必须发生在户内，要转化为“入户抢劫”的，要求转化前后的行为均发生在户内。

例．乙潜入周某家盗窃，正欲离开时，周某回家，进屋将乙堵在卧室内。乙掏出凶器对周某进行恐吓，迫使周某让其携带财物离开，乙入户实施盗窃后，为抗拒抓捕当场使用暴力相威胁，转化为抢劫罪，且暴力威胁行为发生在户内，属于入户抢劫。

（二）在公共交通工具上抢劫

1. **法益**：财产＋其他乘客的公共安全

2. **“公共交通工具”**：指在从事旅客运输的各种公共汽车、大、中型客车、火车、船只、飞机等。在停运中的大、中型公共交通工具上针对司售、乘务人员抢劫的，或者在小型出租车上抢劫的，不属于“在公共交通工具上抢劫”。

① 2005年6月最高人民法院《关于审理抢劫、抢夺刑事案件适用法律若干问题的意见》第九条第3项（抢劫罪与绑架罪的界限）。

另外司法解释规定，接送职工的单位班车、接送师生的校车等大、中型交通工具，视为“公共交通工具”。

转化为“在公共交通工具上抢劫”，也需要全程发生在交通工具上。

例．乙在公交车上扒窃周某的钱包，周某发现了立即大喊“抓小偷！”，此时刚好车辆到站，乙赶紧从后门逃走，跑出两百米后，发现周某紧追不舍，便为抗拒抓捕掏出凶器对周某进行恐吓。乙盗窃后为抗拒抓捕当场使用暴力相威胁，转化为抢劫罪，但其暴力胁迫行为发生在公共交通工具外，不能转化为在公共交通工具上抢劫。

（三）抢劫银行或者其他金融机构

指抢劫银行或者其他金融机构的经营资金、有价证券和客户的资金等金融物资；抢劫正在使用中的银行或者其他金融机构的运钞车的，视为“抢劫银行或者其他金融机构”。

【注意】本加重情形保护的是银行等金融机构的资金安全。所以抢劫银行/其他金融机构的普通财物的（如办公桌、装饰花瓶等），不属于本加重情形。

（四）多次抢劫或者抢劫数额巨大

多次指3次以上。

（五）抢劫致人重伤、死亡（结果加重犯）

1. 包括为了抢劫故意杀人、包括抢劫过程中故意/过失杀人，行为人主观上对于重伤、死亡结果既可以是故意，也可以是过失。但不包括事后（已完成取财目的后）为了灭口杀人，具体而言：

（1）致人重伤、死亡的行为可以评价为抢劫的行为，才属于结果加重犯。

（2）是否可以评价为抢劫行为重点看行为人行为时的目的（必须是为了劫取财物的目的，把杀人当作压制反抗的手段）。

2. “人”的范围：包括被害人、其他妨害劫取财物的人、同伙。如果出现打击错误，导致第三人重伤、死亡，不影响抢劫致人重伤、死亡的成立。

（六）冒充军警人员抢劫

包括非军警人员冒充军警、军人冒充警察、警察冒充军人。

不包括真军警用自己的真实身份实施抢劫（依法从重处罚，不属于“冒充军警人员抢劫”）。

【注意】本加重情形要求侵犯军警的公信力、形象。所以冒充至少要可以令人相信，如果仅是口头宣称，不属于本加重情形。

（七）持枪抢劫

1. 必须是真枪，但不需要配有子弹。不包括假枪。

2. “持”需要显示（让被害人看到或感觉到），但不需要实际使用，不等于携带。

（八）抢劫军用物资或者抢险、救灾、救济物资

要求行为人明知是这些物资。

【注意】根据司法解释规定，除了结果加重犯抢劫致人重伤、死亡不存在犯罪未遂之外，其他七种

加重情节都存在犯罪既遂、未遂的区分。如入户抢劫未遂，需要在抢劫加重刑（10 年以上有期、无期、死刑）范围内再适用总则未遂（从轻或减轻）的规定，不能在基本刑（3–10 年）范围内适用未遂规定，因为有入户这个加重情节。

六、事后转化的抢劫（《刑法》第二百六十九条）

（一）行为主体

年满 16 周岁的人。

【注意】根据司法解释的特殊规定，14 至 16 周岁的人不对《刑法》第二百六十九条的转化型抢劫承担刑事责任，但如果实施上述行为时造成被害人重伤、死亡时，要承担故意伤害罪或故意杀人罪的刑事责任。①

（二）前提条件

犯盗窃、诈骗、抢夺罪：行为人只要有犯盗窃罪、诈骗罪、抢夺罪的故意与行为即可，不管是否既遂，也不管数额是否较大。

【注意】特殊的盗窃、诈骗行为，如盗窃枪支罪、盗伐林木罪、信用卡诈骗罪等，也满足盗窃罪、诈骗罪的构成要件属于“犯盗窃、诈骗、抢夺罪”，也满足转化抢劫的前提条件。

（三）主观要件

为了窝藏赃物、抗拒抓捕或者毁灭罪证。

【注意】如果行为人在实施盗窃、诈骗、抢夺行为过程中，尚未取得财物即被人发现，为了非法取得财物而使用暴力或以暴力相威胁的，属于直接升级的抢劫，不属于事后转化的抢劫。

例．甲盗窃丙的钱包时，被丙发现，甲为了继续取得财物，用刀威胁丙，丙被迫放弃，甲取得财物。甲为了继续取得财物使用暴力相威胁，此处属于临时起意、直接升级的抢劫，本身就应定抢劫罪。

（四）客观行为

当场使用暴力或者以暴力相威胁。

1.“当场”及于盗窃、诈骗、抢夺行为的现场以及被人追捕的整个过程（即现场的延伸）。

2. 暴力需要有人身危险性。只能针对人身实施，不包括对物的暴力，且必须要达到足以压制被害人反抗的程度。最高人民法院关于印发《关于审理抢劫刑事案件适用法律若干问题的指导意见》的通知：对于以摆脱的方式逃脱抓捕，暴力强度较小，未造成轻伤以上后果的，可不认定为“使用暴力”，不以抢劫罪论处。【一般暴力行为造成轻伤以上的后果，就可以认定转化的抢劫】

3. 暴力、胁迫针对的对象必须是他人，不能是行为人自己，他人则不限于事主本人，可以是周围群众、实施抓捕的警察等。

---

① 《最高人民法院关于审理未成年人刑事案件具体应用法律若干问题的解释》第十条第一款规定：“已满十四周岁不满十六周岁的人盗窃、诈骗、抢夺他人财物，为窝藏赃物、抗拒抓捕或者毁灭罪证，当场使用暴力，故意伤害致人重伤或者死亡，或者故意杀人的，应当分别以故意伤害罪或者故意杀人罪定罪处罚。”

注意：其他转化犯不需要 16 岁，例如携带凶器抢夺转化的抢劫罪，14 岁就可以转化，因为没有司法解释的特殊规定。

（五）事后转化型抢劫与抢劫罪的关系

事后转化的抢劫，只要成功转化，即可适用抢劫罪的相关规定（主体年龄除外）：

1. 事后转化型抢劫的既遂标准，与抢劫罪基本犯相同：只要造成轻伤以上后果（必须是为窝藏赃物、抗拒抓捕或者毁灭罪证所使用的暴力导致），或成功取得财物（前罪取得和转化后取得均可），就既遂。

2. 事后转化型抢劫如果符合抢劫罪的加重情节，可以与加重情节竞合，成立转化型抢劫，适用法定升格刑。

例 1. 入户盗窃转化为入户抢劫的，适用入户抢劫的法定刑。

例 2. 在盗窃后为抗拒抓捕，对追捕者实施暴力，导致追捕者重伤的，转化为抢劫罪，适用抢劫致人重伤的加重刑。

判断分析

1. 关于抢劫罪，下列说法正确的是？（2022 年仿真题）

A. 甲在某小区入户盗窃珠宝，刚走出被害人家门就被保安发现，保安追赶甲，甲便殴打小区保安，后被保安制服并扣押了珠宝。甲的行为成立转化型抢劫【正确】

B. 甲在道路上盗窃行人徐某身上的钱包后逃跑，后被徐某发现并追赶。此时，甲遇到同乡乙请求帮助殴打徐某，知情的乙帮助甲一同殴打徐某。乙成立抢劫罪的共犯【正确】

C. 甲在被害人蒋某家盗窃珠宝成功离开后，想到还可以再把蒋某家的平板电脑偷走，遂于一个小时后决定返回蒋某家偷平板电脑，刚走到蒋某家小区单元门口就遇到了蒋某。蒋某怀疑甲已经在家中盗窃了自己的财物，遂抓住甲不放，甲把蒋某打晕后逃走。甲的行为构成转化型抢劫【错误，盗窃后当场实施暴力的才能构成转化型抢劫，甲已经离开现场一段时间，再次返回的，不属于当场】

D. 甲在公交车上盗窃徐某财物得手后下车，被害人徐某当即发现并下车追赶，甲为抗拒抓捕殴打徐某致轻伤。甲的行为构成在交通工具上抢劫【错误，转化型抢劫如果要转化为"在交通工具上抢劫"，要求前盗窃行为和后抗拒抓捕行为都发生在公共交通工具上】

2. 下列哪些行为成立抢劫（不考虑前一行为定性）？（2021 年仿真题）

A. 甲基于报复动机将赵某打成重伤，后赵某要求甲将自己送去医院。甲要求赵某给自己 1 万元，否则不送赵某去医院。赵某出于无奈，遂给甲 1 万元【不构成，甲的行为属于乘人之危索要他人财物，不属于用暴力、胁迫等手段取财，不构成犯罪】

B. 乙基于报复动机伤害孙某，孙某为避免身受重伤，提出给乙 5000 元。但乙要求孙某给 1 万元才可以不实施伤害行为，孙某遂给乙 1 万元，乙得款后离开【构成，乙以非法占有财物为目的，当场暴力胁迫，构成抢劫罪】

C. 丙基于报复动机殴打钱某，导致钱某倒地昏迷不醒。丙离开时发现钱某手机掉在地上，便顺手拿走该手机【不构成，钱某已经昏迷，丙构成盗窃罪】

D. 丁基于报复动机伤害李某，李某因受重伤倒地，手刚好放在口袋上。丁以为李某在保护口袋里的钱包，遂将李某手移开。李某敢怒不敢言，丁取走了该钱包【构成】

第四节　抢夺罪【客＋主】【抢夺罪 B】

一、行为方式

如第二节所述，对于盗窃罪的行为方式，理论上存在秘密说、平和手段说两种不同的观点，此种观点分歧同样会影响抢夺罪的行为方式：

1. 公然取走财物，同时对人有危险：秘密说、平和手段说都认为构成抢夺罪

此种情形一般财物和人是紧密在一起的。如果趁人不备、抢夺财物过程中，造成被害人重伤、死亡的，仍定抢夺罪，并适用加重的法定刑。[①]

例．甲看到在散步的乙拿着最新款手机，便跑上去一把夺过乙手上的手机逃走，乙因此突然摔倒。无论按照何种学说，甲都构成抢夺罪。若乙摔成重伤，则甲仍构成抢夺罪，但要认定为具有其他严重情节，适用加重的法定刑。

2. 公然取走财物，对人没有危险：秘密说认为构成抢夺罪、平和手段说认为构成盗窃罪

此种情况一般财物和人有一定的距离。

例．甲潜入他人房间欲盗窃，忽见床上坐起一老妪，哀求其不要拿她的东西。甲不理睬而继续翻找，拿走一条银项链（价值 4000 元）。此种情形如何处理有两种观点：秘密说（通说）认为这种行为是公然的，构成抢夺罪；平和手段说认为这种行为是以和平的方式（没有造成被害人伤害的可能性）取走他人占有的财物，构成盗窃罪。

【再次重申】两种观点都有众多学者或司法实践者支持，观点分歧见仁见智，不存在孰优孰劣，法考要求同时掌握两种观点。在只能二选一的极端情况下，我们建议选择秘密说：盗窃是秘密的，抢夺是公开的。

二、携带凶器抢夺的转化为抢劫（法律拟制）

（一）主体

14-16 岁的人携带凶器抢夺，可以转化为抢劫（但不能构成事后转化的抢劫）。

（二）行为方式（抢夺时携带凶器备用）

携带可以用于抢劫的凶器＋要有想使用凶器的意图＋但不能真用（直接使用凶器或显示凶器以示威胁）。

1. “凶器”：可用于压制被害人反抗的凶器。包括：

（1）性质上的凶器：枪、管制刀具等。

（2）用法上的凶器：其他具有杀伤力的凶器，如锤子、砖头、铅球、浓硫酸等。

【注意】虽然要对“凶器”做扩大解释，但不能对凶器解释得太过火了，如果认为凶器包括汽车，就属于类推解释。

2. 携带的目的：主观上有随时使用凶器的想法。如果有证据证明该器械确实不是为了实施犯罪准备

① 2013 年《最高人民法院、最高人民检察院关于办理抢夺刑事案件适用法律若干问题的解释》第三条、第四条：抢夺公私财物，导致他人重伤、死亡的，应当分别认定为刑法第二百六十七条规定的“其他严重情节”“其他特别严重情节”。注意，对于此规定是否属于结果加重犯，理论上存在争议。

的，不属于携带凶器抢夺。

例．木匠下班后，其背包里面装了电锯、锤子等工具，临时起意抢夺。木匠在工作后携带这些工具是正常现象，此种情形下，就不能认定为是“携带凶器抢夺”，不能认定成立抢劫罪。

3. 不能使用：如果直接使用或者显示凶器，直接认定抢劫罪（属于犯意升级，不是转化的抢劫）。

例．八筒兜揣匕首抢夺四斤手中的手机，四斤紧攥着手机不放手，八筒为了取得手机而掏出匕首挥舞，四斤害怕受伤便松手，八筒为了获取财物而直接使用凶器，成立抢劫罪（直接升级的抢劫）。

（三）和事后转化抢劫的关系

行为人携带凶器抢夺后，在逃跑过程中为窝藏赃物、抗拒抓捕或者毁灭罪证而当场使用暴力或者以暴力相威胁的，适用《刑法》第二百六十七条第二款的规定定罪处罚（即定携带凶器抢夺转化的抢劫罪）。

三、“飞车夺物”的定性

具有下列情形之一，应当以抢劫罪定罪处罚：1. 驾驶车辆，逼挤、撞击或强行逼倒他人以排除他人反抗，乘机夺取财物的；2. 驾驶车辆强抢财物时，因被害人不放手而采取强拉硬拽方法劫取财物的；3. 行为人明知其驾驶车辆强行夺取他人财物的手段会造成他人伤亡的后果，仍然强行夺取并放任造成财物持有人轻伤以上后果的。

判断分析

1. 甲在肉摊小贩身后偷走小贩的剔骨刀，后甲趁乙不备，用剔骨刀割开乙挎包背带，夺走挎包后逃走。甲构成抢夺罪。【错误，甲偷走肉摊小贩的剔骨刀，可以随时使用凶器，属于携带凶器抢夺，成立抢劫罪】（2023 年仿真题）

2. 在公交车上，歹徒甲看中乘客乙价值 5000 元的手包，在公交车到站准备开门的时候，甲夺过手包就跑下车，乘客乙紧追着甲不放，好心的乘客丙也帮忙下车追赶甲。跑出 200 米后，甲拿起旁边水果摊的水果刀威胁丙：“再过来我就不客气了。”丙毫不示弱，拼死抢回手包。关于甲的行为，下列哪一说法是正确的？（2018 年仿真题）

A. 甲的行为构成转化型抢劫罪（《刑法》第二百六十九条），不适用“在公共交通工具上抢劫”这一加重处罚情节【正确】

B. 甲的行为仅构成抢夺罪【错误，甲为抗拒抓捕对丙使用水果刀威胁的行为，构成事后转化的抢劫罪】

C. 甲的行为构成抢劫罪，属于“在公共交通工具上抢劫”【错误，转化的抢劫要求前行为和转化行为均发生在公交车上，甲的暴力威胁行为发生在下车后】

D. 甲的行为仅构成抢夺罪，因为后续的暴力行为并没有造成被害人轻伤以上，不能转化成抢劫罪【错误，“暴力”应具有足以使他人不敢反抗、不能反抗的程度，不要求该暴力行为造成被害人轻伤以上的危害结果】

3. 甲骑摩托车载着乙过山路，路面崎岖泥泞，甲便下车推着摩托车前行。这时乙提出帮忙把车骑过去，甲同意，并且紧跟其后，双眼一直注视乙。不料过了山路乙骑着摩托扬长而去。乙的行为构成抢夺罪。【正确，按照秘密说，属于公然取走财物，构成抢夺罪】（2018 年仿真题）

第五节 诈骗罪【客+主】【诈骗罪B】

法条群

《刑法》第二编 分则 第五章 侵犯财产罪

第二百六十六条【诈骗罪】诈骗公私财物，数额较大的，处三年以下有期徒刑、拘役或者管制，并处或者单处罚金；数额巨大或者有其他严重情节的，处三年以上十年以下有期徒刑，并处罚金；数额特别巨大或者有其他特别严重情节的，处十年以上有期徒刑或者无期徒刑，并处罚金或者没收财产。本法另有规定的，依照规定。

【假球案】四斤成立了“觉觉子”足球俱乐部，为了取得俱乐部首胜便找到对方球队队员八筒，四斤给了八筒 600 万元让其打点队友输球，八筒收到钱后分析了一下，觉得自己球队最近本来就不行，完全凭实力就能输球，便没有打点，自己私吞 600 万元。最后八筒球队也确实输了。

思考：八筒是否构成诈骗罪?

八筒不构成诈骗罪，八筒收钱的时候并没有非法占有四斤财物的目的，是想拿钱办事的，而且最后四斤的目的也达到了，没有损失。而且即便假设八筒球队赢了，也无法证明八筒不会退钱。所以难以认定八筒具有诈骗罪的非法占有目的。

八筒作为非国家工作人员，利用职务上的便利非法收受他人财物，为他人谋取利益，构成非国家工作人员受贿罪没有争议。可能存在争议的是，若四斤知道真相后要求退钱，八筒拒不退还的话，属于侵占不法委托物的情形，有可能构成侵占罪。

一、行为逻辑

行为人以非法占有为目的实施诈骗行为→被骗人产生或者继续维持认识错误→被骗人基于认识错误自愿处分财产→行为人获得或者使第三者获得财产→被害人遭受财产损失。

【核心】因为被骗而处分财物。因是诈骗行为，果是因为被骗而处分财物。

二、诈骗行为

1. 诈骗行为指以非法占有为目的实施的欺骗行为，一般表现为虚构事实、隐瞒真相。

例 1. 古董商甲仿造了一幅古画，并向乙说该画是唐伯虎的真迹，乙信以为真，以高价购买，甲仿造古画并称是唐伯虎的真迹，属于以非法占有为目的实施的欺骗行为，构成诈骗罪。

例 2. 古董商甲店里有一幅仿造的古画，乙前来购买古董，便说“听说你这里有一幅唐伯虎的真迹，便是这幅吧，我买了！”，乙认错了画，但甲未出声，并将画高价卖给乙，甲隐瞒真相，属于以非法占有为目的实施的欺骗行为，构成诈骗罪。

例 3. 古董商甲的情人乙委托甲在店里寄卖一幅祖传清代古画，丙来购买时询问画的来源，甲谎称画是自己祖传的，丙最终以市场价买走古画。虽然甲实施了欺骗行为，但不具有非法占有丙的财物的目的，不是诈骗行为，不构成诈骗罪。

2. 在进行意思表示时（或被害人处分财产时）具有非法占有他人财物的目的的行为才是诈骗行为。

（1）一物数卖：关键看签合同的时候有没有诈骗行为。

例 1. 甲先将自己的不动产卖给乙，在乙经过登记取得不动产所有权之后，甲为了骗取丙的财产，又隐瞒真相，将该不动产卖给丙，使丙遭受财产上的损失。甲在与丙交易时具有非法占有丙的财物的目的，对丙成立诈骗罪，对乙没有成立任何犯罪，乙没有损失。

例 2. 甲先将自己的不动产卖给乙，还没过户的时候，遇到出价更高的丙，甲又卖给丙，过户给丙。甲在与乙签合同时没有非法占有乙的财物的目的，对乙只是违约，不成立诈骗罪。

（2）霸王餐：关键看上菜的时候有没有诈骗行为。

原本没有支付饮食、住宿费用的意思，而伪装具有支付费用的意思，欺骗对方，使对方提供饮食、住宿的，如果数额较大，成立诈骗罪。

行为人原本具有支付饮食、住宿费用的意思，但在饮食、住宿后，采取欺骗手段不支付费用，或者逃单的。因为对方提供饮食、住宿的时候没有因为被骗而处分财物（点菜的时候没有诈骗行为），不成立诈骗罪，无罪。

三、自愿处分（盗窃和诈骗的区分）

处分是盗窃和诈骗的核心区别点，如果没有处分，不成立诈骗罪，一般成立盗窃罪。

（一）处分权

1. 原则上，只要占有财产的人就有处分权。

2. 三角诈骗：三角诈骗与盗窃罪的关键区别在于被骗人是否具有处分财产的权限与地位（有则构成诈骗，无则构成盗窃）。

例 1. 丙是乙的妻子。乙上班后，甲前往丙家欺骗丙说："我是乙的新任秘书，乙上班时好像忘了带提包，让我来取。"丙信以为真，甲从丙手中得到提包（价值 3300 元）后逃走。妻子具有处分权，甲的行为成立三角诈骗。

例 2. 甲和乙是同事，工位相邻，甲出去吃饭，丙欺骗乙说："我是甲的朋友，他叫我帮他拿下手机。"乙就把甲的手机递给了丙。同事乙没有处分权，丙成立盗窃罪。

例 3. 张三是洗衣店经理，乙是本店临时工，张三见丙家走廊上晒着西服，于是骗乙说："丙要洗西服，但没时间送来，你去他家走廊上把晒的西服取来。"乙信以为真照办，张三将西服据为己有。张三成立盗窃罪（间接正犯），区分上面例子：此时被骗的主要是张三这一方的人，不是丙那方的人。

（二）处分能力

精神病人、小孩没有这个能力。

例．甲见乙家中只有一个小孩，便对乙的小孩说"你爸爸让我来帮他拿笔记本电脑"小孩信以为真，将家中的电脑交给甲，小孩没有处分的能力，因此甲构成盗窃罪。

（三）客观上有处分行为

1. 处分不等于交付，处分是将自己占有的财产交给对方独自地、排他性地占有，并且自愿放弃自己的占有。没有处分行为不成立诈骗罪。

例 1. 乙驾车带甲去海边游玩。到达后，乙欲游泳。甲骗乙说："我在车里休息，把车钥匙给我。"趁乙游泳，甲将该车开往外地卖给他人。被害人乙虽然自愿交付了钥匙给甲，但没有自愿将汽车交给甲独自占有，放弃自己的占有。甲是利用被害人乙不知情的情况开走了乙的汽车，故甲的行为仅成立盗窃罪。

例 2. 甲向乙说“你这个车还不错，借我开几天”，乙同意，其实甲根本没有归还的意思，拿到钥匙后立马将车开往外地卖给他人。甲构成诈骗罪。因为乙放弃了自己的占有，让甲独自占有。

2. 以欺骗方式借用财物的处理：关键是看被害人是否自愿放弃自己的占有，交由对方独自的、排他的占有；如果有，就属于自愿处分，行为人的行为可以成立诈骗罪。如果没有，仅仅是在被害人不注意的时候，悄悄顺走，成立盗窃罪或抢夺罪。

例 1. 甲谎称手机没电了，借打乙的手机然后突然逃走，乙没有自愿放弃对手机的占有，甲应定盗窃罪。

例 2. 甲与乙是网友，某日见面后，见乙的车十分拉风，遂起歹念想据为己有。甲借口有急事想借用乙的车 2 个月，乙将车借给了甲，后甲将车开走，并将乙拉黑。乙自愿暂时放弃占有，将车处分给甲使用一段时间，甲构成诈骗罪。

（四）主观上要有处分意识（知道自己在处分财产）

例．甲知道乙的书中夹了一张珍贵邮票，乙本人对此邮票毫不知情。甲欺骗乙说：“把你的书借给我看一下吧，我明天还给你。”乙将书出借给甲，甲拿到该书后，将书中邮票据为己有，第二天将书还给乙。乙对书中的邮票全然不知，没有处分意识，不知道自己在处分财产，甲的行为成立盗窃罪。

1. 处分意识的观点展示

依据概括的处分意识说（通说），只要被骗人主观上大致认识到交付财产的种类，就可以认为其有处分意识。

依据具体的处分意识说，只有被骗人清楚地认识到自己交付的财产的全部内容，才能认为其有处分意识。

例．甲去商场买相机，偷偷将一个价值 5 万元的相机装到了 2 万元相机的盒子里，结账的时候老板仅收了甲 2 万元。根据概括的处分意识说，老板大致认识到自己是在交付相机，可以认为老板具有处分意识，甲成立诈骗罪；但按照具体的处分意识说，老板没有清楚认识到自己交付财产的全部内容，没有处分意识，甲成立盗窃罪。

2. 暗中调包：因为没有处分意识，定盗窃罪

例．欣欣在高某的金店选购了一条贵重的玫瑰金项链，欣欣付款后，高某趁欣欣接电话之际，把包装盒子里的项链换成款式相同但廉价的项链（两条项链差价约 6000 元）。高某构成盗窃罪，因为欣欣没有认识到项链被更换，没有处分意识。

3. 调虎离山，原则上成立盗窃罪

因为受害者没有处分意识，仅仅因为被骗而离开。

例．甲与乙一起乘火车旅行。火车在某车站仅停 2 分钟，但甲欺骗乙说：“本站停车 12 分钟。”乙信以为真，下车购物。乙刚下车，火车便发车了。甲立即将乙的财物转移至另一车厢，然后在下一站下车后携物潜逃。乙没有处分意识，甲构成盗窃罪。

四、“财产损失”

被害人没有财产损失的，成立诈骗罪未遂。

1. 无效债权的丧失不能视为财产损失。

例．采取欺骗行为使妓女免收嫖资的，不成立诈骗罪。这实际上是骗“色”。当然，如果已经交付了嫖资，又从卖淫女手中骗回来的，成立诈骗罪。

2. 即使提供了相当对价，但如果没有实现被害人的交换目的，仍应认定存在财产损失，可以成立诈骗罪。

例．行为人将某产品卖给被害人，夸大了产品的功效，虽然被害人交付的钱财与产品的价值相当，但由于被害人将财物买回来对被害人而言没有任何效用，所以仍然认为被害人存在财产损失。

3. 行为人实施欺骗行为，导致受骗者就所交付财产的用途、财产的接受者存在法益关系的认识错误时，即使受骗者没有期待相当给付，也认为存在财产损失，行为人的行为成立诈骗罪。

例．声称将募捐的钱交给灾民，但事实上将募捐的钱交给父母的，成立诈骗罪。

【注意】并不意味着被害人拿到价值相当的财物就没有损失，如果是一些赃物，有可能会被追缴，依然是有财产损失的。

4. 先实施盗窃、侵占行为占有他人财物，后使用欺骗手段免除返还义务的，定盗窃罪、侵占罪。行为人先前实施的犯罪行为已经达到了犯罪既遂，事后的欺骗行为没有侵犯新的法益，也不能改变原行为的性质，因被害人没有遭受新的财产损失，所以不成立诈骗罪。

例．行为人合法占有他人财物后，将财物据为己有，在被害人请求返还时，虚构财物被盗等虚假理由，使自己免除返还义务的，属于拒不返还的一种形式，以侵占罪论处，不成立诈骗罪。

五、既遂标准

（一）诈骗罪的既遂标准采取：控制说。

例．甲电话诈骗，乙被骗后汇款时输错号码，汇到了张三账户，被害人已经失去对财物的控制，但行为人甲还没有取得控制，属于诈骗未遂。

（二）因果关系：诈骗行为与财产损失之间存在因果关系，否则诈骗罪未遂。

例 1. 甲冒充灾民欺骗乙，乙识破了骗局，但见甲不容易，基于怜悯给了甲数千元。甲构成诈骗罪未遂，因为乙不是基于被骗，而是基于怜悯。

例 2. 甲曾借给好友乙 1 万元。乙还款时未要回借条。一年后，甲故意拿借条要乙还款。乙明知但碍于情面，又给甲 1 万元。甲虽获得 1 万元，但乙不是因陷入错误认识而处分财物，不能认定为诈骗罪既遂。（2013 年第 2 卷第 61 题）

六、特殊的诈骗

1. 电信诈骗

以虚假、冒用的身份证件办理入网手续并使用移动电话，造成电信资费损失数额较大的，定诈骗罪（骗电信公司）。【区分盗窃、复制他人电话卡】

2. 多次诈骗（连环诈骗）的数额认定：以实际没有归还的数额计算。

3. 诉讼诈骗的认定

是指制造、提供虚伪事实或者证据，向司法机关提出起诉，使法院作出有利于自己的判决，从而获取财物或者财产上利益的行为。属于三角诈骗的一种，成立诈骗罪，因为被骗的法院有处分权。

4. 使用伪造、变造、盗窃的武装部队车辆号牌，骗免养路费、通行费等各种费用，数额较大的，定诈骗罪（如果骗免车辆购置税的，定逃税罪）。

5. 以欺诈、伪造证明材料或者其他手段骗取养老、医疗、工伤、失业、生育等社会保险金或者其他社会保障待遇的，成立诈骗罪。

6. 文物、古董买卖

文物、古董的价值本身就是不确定的，同一文物、古董，在不同的地方、经不同的拍卖师，价格可能存在很大差异，其交易价格取决于买卖双方的自愿（主观价值）。因此，标高文物、古董的价格的，不成立诈骗罪。但如果对文物、古董本身的重要信息（是不是真的古董，真迹）予以隐瞒、欺骗的，成立诈骗罪。

但如果文物的“价格”是比较确定的，故意压低价格欺骗他人的，可能涉嫌诈骗罪。

例 . 收藏家甲受托为江某的藏品进行鉴定，甲明知该藏品价值 100 万，但故意贬其价值后以 1 万元收买。甲的行为构成诈骗罪。（2007 年第 2 卷第 62 题 A 项）

【诈骗罪总结】

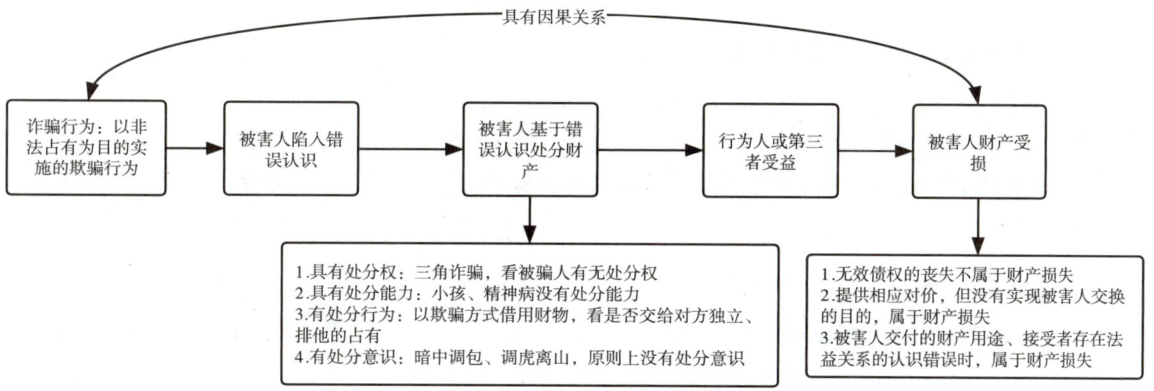

判断分析

1. 甲发现乙将电脑放置商场一层维修部维修，后趁天黑前往商场门口，甲对清洁工丙说电脑是自己的，丙将电脑交给甲。甲对丙构成诈骗罪。【错误，清洁工无处分权，构成盗窃罪的间接正犯】（2023 年仿真题）

2. 蒋某驾车在高速行驶 1000 余公里后准备从收费站驶出，蒋某交费后驶离收费站。丙为逃避高速路收费紧跟蒋某车后，驾车冲出收费站，丙的行为构成诈骗罪【错误，丙仅仅是实施了跟车行为，其并未实施诈骗行为】（2021 年仿真题）

3. 关于诈骗罪处分意识的判断，下列选项中，乙存在处分意识的是？（2021 年仿真题）

A. 甲在超市购物时，趁无人时打开饮料箱包装，把高档白酒放进去，收银员乙按饮料价格收款【不存在，诈骗的对象是“高档白酒”，乙对白酒没有处分意识】

B. 甲通过伪造购车发票、车辆行驶证，将在租车行租得的车冒充自己的车，质押给被害人乙，向被

害人乙“借款”20万元，后逃匿【存在】

C. 甲请人吃饭后，才产生逃单不支付想法。在经过收银台时，欺骗收银员乙说：“我把客人送走就来买单”。收银员乙信以为真，甲一去不回【不存在，甲和酒店间形成了债权债务关系，乙没有免除债务，不属于处分了财产】

D. 甲为了不缴电费，事先采用不法手段，使电表停止运行。电费收缴员乙来到甲家中查找电费时，发现电表度数为零，遂离开。甲通过此种方式少交5000元电费【不存在，甲停电表属于秘密窃取电力，乙不知道其窃取电力的行为，没有处分意识】

第六节　敲诈勒索罪【客＋主】【敲诈勒索罪A】

法条群

《刑法》第二编 分则 第五章 侵犯财产罪

第二百七十四条【敲诈勒索罪】敲诈勒索公私财物，数额较大或者多次敲诈勒索的，处三年以下有期徒刑、拘役或者管制，并处或者单处罚金；数额巨大或者有其他严重情节的，处三年以上十年以下有期徒刑，并处罚金；数额特别巨大或者有其他特别严重情节的，处十年以上有期徒刑，并处罚金。

【分手索赔案】已婚男明星甲与情人乙分手后，乙向甲索要500万元的分手费，不然就曝光二人的关系让甲颜面尽失。

思考：乙是否构成敲诈勒索罪？

——构成敲诈勒索罪，索要分手费没有法律依据，属于以曝光隐私为要挟非法索要财物。

一、行为方式

以非法占有为目的对他人进行威胁或要挟→致使被害人产生心理恐惧→对方基于恐惧心理而处分财产→行为人取得财产→被害人财产受到损失

（一）威胁、要挟的内容

1. 必须使对方产生恐惧，与生活中的谈条件行为不同。

例1. 甲对乙说：“你若不给我100元钱，我就将你逃课的事情告诉老师。”这属于生活中的谈条件行为，不构成敲诈勒索罪。

例2. 丙捡到丁的高考准考证，丁次日就要参加高考。丙向丁索要1万元，否则不给准考证。丁害怕不能参加高考而答应付钱。丙的行为影响丁的关键利益，足以使对方恐惧，构成敲诈勒索罪。

2. 不要求是真实的事情，也包括虚假的事情，此种情形下，被害人既陷入认识错误又产生恐惧心理，进而处分财产的，认定为诈骗罪与敲诈勒索罪的想象竞合犯，从一重罪。

例. 甲的儿子丙贪玩走失，乙趁机打电话告诉甲是自己绑架了丙，要求甲支付50万元，不然撕票，甲无奈照做。乙的行为既是欺骗行为，也是威胁行为，同时使甲陷入认识错误和心理恐惧，构成诈骗罪与敲诈勒索罪的想象竞合。

3. 可以是非法的内容，也可以是合法的内容。但具有合法的财产请求权，只是索要数额过大的，不宜认定为敲诈勒索罪。

例 1. 八筒偷拍到四斤出轨二妞，便以视频要挟四斤，索要 50 万元。八筒以侵犯他人隐私的非法方式为要挟，构成敲诈勒索罪。

例 2. 八筒知道四斤经常去嫖娼，便以举报四斤嫖娼为由索要 50 万元。举报嫖娼虽然合法，但是不能用于索要财物，举报不产生合法的财产请求权，所以八筒构成敲诈勒索罪。

例 3. 八筒去五星级酒店吃饭，在菜里吃出一只大苍蝇，八筒向酒店索要 50 万元。八筒不构成敲诈勒索罪。因为八筒有合法的财产索赔请求权，至于具体赔偿数额，属于私人协商领域，索赔 100 元、1 万元或 50 万元都可以，要价高可以砍价，一般不宜认为构成敲诈勒索罪。

4. 不一定直接针对被害人本人，告知他人要对其亲属、朋友等第三者实现恶害内容的，也是威胁。

（二）因果关系：必须基于恐惧心理而交付财物，否则成立未遂。

例．乙是当地黑社会老大，甲恐吓乙给 1 万元。乙丝毫不怕，反而很欣赏甲的勇气，便给了 1 万元。甲成立敲诈勒索罪未遂。

二、行为程度（与抢劫罪的区分）

（一）意志剥夺程度不同

敲诈勒索罪与抢劫罪的核心区别是对被害人意志自由被剥夺的程度不同：

敲诈勒索罪——部分剥夺，有一定的选择自由；

抢劫罪——完全剥夺，别无选择。

（二）行为方式不同

1. 抢劫罪是严重暴力（排除反抗），敲诈勒索罪可以是轻微暴力（使被害人陷入恐惧，不能排除反抗）。

2. 抢劫罪的胁迫只能是以当场实施暴力相威胁，敲诈勒索罪的威胁或要挟的内容包括实施暴力、揭发隐私、毁坏财物、阻止正当权利的行使、不让对方实现某种正当要求等等（既包括暴力胁迫，也包括精神胁迫）。

【注意】是否当场交付财物，并不是两罪的区分标准。敲诈勒索罪也可以用将来要施加暴力相威胁，当场索要财物。

例．八筒在某贵族学校外堵住四斤的儿子两斤："把你这周的零花钱交出来，不然明天、后天、大后天我都要收拾你一顿！"两斤便交出 2000 元零花钱。八筒以将来实施暴力威胁，没有完全剥夺意志，构成敲诈勒索罪。

判断分析

1. 乙购物后，将购物小票随手扔在超市门口。甲捡到小票，立即拦住乙说："你怎么把我购买的东西拿走？"乙莫名其妙，甲便向乙出示小票，两人发生争执。适逢交警丙路过，乙请丙判断是非，丙让乙将商品还给甲，有口难辩的乙只好照办。甲虽未实施恐吓行为，但如乙心生恐惧而交出商品的，甲的行为构成敲诈勒索罪。【错误，甲没有对乙实施威胁、要挟行为】【2014 年第 2 卷第 19 题 D 项】

2. 饭店老板乙以可乐兑水冒充洋酒销售，向实际消费数十元的李某索要数千元。李某不从，乙召集

店员对其进行殴打，致其被迫将钱交给乙。乙的行为构成抢劫罪而非敲诈勒索罪。【正确】(2007年第2卷第63题B项)

3. 甲到乙的餐馆吃饭，偷偷在食物中投放一只事先准备好的苍蝇，然后以砸烂桌椅进行威胁，索要精神损失费3000元。乙迫于无奈付给甲3000元，甲成立敲诈勒索罪。【正确】(2006年第2卷第15题A项)

第七节 其他侵犯财产犯罪

一、职务侵占罪【职务侵占罪B】

(一)特殊主体

公司、企业或者其他单位的人员(非国家工作人员)。国家工作人员侵吞公共财产的，构成贪污罪。

(二)利用职务上的便利

必须利用职务之便，职务之便指对单位财物具有一定的支配管理权。如果仅是利用对本单位情况的熟悉、单纯过手财物等工作机会便利，非法占有单位财物的，应构成盗窃罪。

例1.八筒在某快递公司做快递员。八筒在受快递公司委托收取“货到付款”的货款时，隐匿收取的部分货款，八筒属于利用职务便利，因为收取客户的货款后、交至快递公司前，八筒对货款具有支配管理权。

例2.八筒在分拣包裹的过程中，把不属于自己负责的传送带上的包裹，放入自己的快递车内，然后离开公司送货途中，拆开包裹，据为己有。八筒的行为成立盗窃罪。因为八筒对包裹没有支配管理权，这属于单纯利用工作机会窃取他人占有的财物，不属于职务行为。

例3.公司保安甲在休假期内，以“第二天晚上要去医院看望病人”为由，欺骗保安乙，成功和乙换岗。当晚，甲将其看管的公司仓库内价值5万元的财物运走变卖。甲构成职务侵占罪。因为甲是公司保安，利用自己看管仓库的职务便利，属于职务侵占罪的“职务”。

(三)行为方式

通说认为，本罪的行为方式是利用职务上的便利窃取、骗取、侵吞公司财产的行为。

也有观点认为，本罪的行为方式只能是利用职务上的便利侵吞公司财产的行为，利用职务上的便利窃取、骗取单位财物的，应构成盗窃罪、诈骗罪。

例.甲是某公司的工作人员，公司提供门面出租，甲负责收租金。甲伪造公司公章加盖文件，私自与商家订立租赁合同，并收取商家租金8万元。(2023年仿真题)

(1)即使认为甲构成职务侵占罪，也不影响甲诈骗罪的认定【正确，按照通说观点，甲利用职务便利骗取财物，构成职务侵占罪，同时也满足诈骗罪的构成要件】

(2)如果认为职务侵占罪的手段不包括骗取、窃取，仅包括侵吞，即使认为甲利用了职务之便，也不影响甲诈骗罪的认定【正确，按照上述观点，甲的行为构成诈骗罪】

(四)本罪与贪污罪的区分

1. 主体不同：贪污罪主体要求国家工作人员，职务侵占主体不能是国家工作人员。

2. 对象不同：贪污的对象是公共财产，职务侵占的对象是企业的财产。

【注意】职务不等于公务，涉及到公权力或管理国家资产的事项才属于公务。

二、挪用资金罪【其他财产犯罪 E】

（一）特殊主体

公司、企业或者其他单位的人员，但不能是国家工作人员，否则成立挪用公款罪。

例．某事业单位负责人甲决定以单位名义将本单位资金 150 余万元贷给乙公司，所得高利息归自己所有。甲构成挪用公款罪，因为甲属于国家工作人员。

（二）归个人使用

1. 将本单位资金供本人、亲友或者其他自然人使用的。

2. 以个人名义将本单位资金供其他单位使用的。

3. 个人决定以单位名义将本单位资金供其他单位使用，谋取个人利益的。

例．某私营企业部门经理丙决定以单位名义将本单位资金 150 余万元贷给乙公司，所得高利息归自己所有。丙构成挪用资金罪。

【总结】满足其中任何一个即属于归个人使用：个人名义、归个人使用、谋取个人利益。

（三）成立标准

1. 数额较大，超过 3 个月未还的。

2. 虽未超过 3 个月，但数额较大，进行营利活动的。

3. 虽未超过 3 个月，进行非法活动的。

没有达到上述标准，属于情节轻微，不作为犯罪处理。

（四）主观方面

无非法占有的目的（想还），否则构成职务侵占罪。

三、挪用特定款物罪【其他财产犯罪 E】

1. 特定的主体，即主管、经手特定款物的工作人员，但不限于国家工作人员。

2. 挪用的特殊。本罪的“挪用”不同于挪用公款罪的“挪用”，必须是公款公用，本罪法益是违反了专款专用的财经纪律。

（1）特定款物被挪作私用：根据主体是否是国家工作人员，定挪用公款罪或挪用资金罪。

（2）特定款物被挪作其他公用：定挪用特定款物罪。

例．国有公司财务人员甲挪用单位救灾款 100 万元，供自己购买股票，后股价大跌，甲无力归还该款项。甲不构成挪用特定款物罪，其属于公款私用，成立挪用公款罪。

四、拒不支付劳动报酬罪【其他财产犯罪 E】

1. 有能力支付而拒不支付或者“逃避支付”数额较大的劳动报酬。本罪属于纯正不作为犯。

2. 前置条件：经政府有关部门责令支付仍不支付。

3. 从宽处罚条件：尚未造成严重后果，在提起公诉前支付劳动者的劳动报酬，并依法承担相应赔偿责任（同时满足此 3 个条件）。

五、故意毁坏财物罪【故意毁坏财物罪 C】

1. 客观行为："毁坏"不仅指物理性的毁损，也包括导致他人财物的价值或使用价值减少和丧失的行为。所谓的丧失与减少，不仅包括物理缘故导致财物的效用丧失或者减少，而且包括因为心理上、感情上的缘故而导致财物的效用丧失或者减少。

例 1. 八筒溜进四斤家的别墅，将四斤的鸟笼打开，让四只名贵鹦鹉回归自然，再也找不回来。

例 2. 八筒溜进四斤家的别墅，在四斤的高档时装上大小便，导致四斤因为嫌恶再也不能穿。

2. 主观要件：没有非法占有为目的（没有利用意思）。

判断分析

某快递公司快递员甲在分拣包裹的过程中，把不属于自己负责的传送带上的包裹，放入自己的快递车内，然后离开公司送货途中，拆开包裹，据为己有。甲没有利用职务上的便利，其行为构成盗窃罪。【正确，快递员甲根据其工作要求，仅仅在短时间内"握有"财物，或财物仅仅从其手中过一下，其并无法律意义上占有、控制、持有财物的意识和行为】（2018 年仿真题）

主观题延伸拓展

案例 1：甲趁顾客去前台买单时，顺手拿走顾客放在餐桌上的手提包匆匆离开。顾客付完钱发现手提包不见，立马冲出去大喊"抓小偷，有小偷"。此时甲尚未走远，神情慌张，步伐踉跄，旁边的路人乙怀疑甲就是小偷，上前拽住甲的胳膊，甲使用暴力将乙暴打一顿，乙无奈松手，甲夹着手提包逃跑。

问题：如何评价甲的行为？

案例 2：甲和乙素来不和，某天二人又发生争吵，甲实在气不过，决定狠狠教训乙一顿。于是某天夜晚将乙拖到一无人处，用棍棒殴打乙，至乙重伤。后甲仍不解气，临走时，手持棍棒威胁乙明晚在此处交给甲 1 万块钱，否则让乙吃不了兜着走。乙怕再次挨打，急忙点头答应。甲离开。

问题：如何评价甲的行为？

案例 3：甲从乙处盗窃了一个花瓶（5 千元），后将该花瓶伪装成清代古董，以 20 万元的价格卖给丙。

问题：如何评价甲的行为？

案例 4：陈某与李某发生争执，陈某长时间勒住李某脖子，致其窒息身亡。陈某将李某尸体拖入树林，准备逃跑时忽然想到李某身有财物，遂拿走李某手机、现金等物，价值 1 万余元。

问题：对陈某的评价，可能存在哪几种处理意见？

案例 5：甲假装去黄金店买首饰，让柜员帮自己拿了好多个进行试戴。在这过程中，趁柜员去另一柜面拿首饰时，甲偷偷将一贵重戒指揣进自己兜里，并将一不值钱的赝品放入试戴首饰里。后又试了几个，假装不满意，于是离开。

问题：甲的行为是否成立诈骗罪？

案例6： 甲是惯犯，某日在路上看到乙女背着一CHANEL包悠闲地走着，于是准备抢包。甲加快步伐跑到乙身后，趁乙女不备一把拽过乙女的包，乙女反应过来后立马拽住甲，甲为了得到包将随身携带的小刀拿出，划向乙女的大臂。乙女疼痛难忍无奈放手，甲拿着包快速逃离。

问题： 如何评价甲的行为（不考虑数额）？

案例1—问题： 如何评价甲的行为？

答案： 甲成立**事后转化的抢劫**。

（1）甲在饭店内有**盗窃的故意**，趁他人付款之际悄悄拿走他人的手提包，属于**盗窃的实行行为**，**成立盗窃罪**。

（2）甲盗窃之后，**尚未走远**，在被人追捕的过程中，**为抗拒抓捕**，对乙**使用暴力**，属于事后转化的抢劫。

案例2—问题： 如何评价甲的行为？

答案： 成立**故意伤害罪与敲诈勒索罪**，**数罪并罚**。

（1）甲主观上有**伤害乙的故意**，客观实施了**用棍棒殴打乙**的行为，造成乙重伤，成立故意伤害（致人重伤）罪。

（2）之后甲又临时起意，威胁乙要求乙第二日交付给自己1万元，否则要乙吃不了兜着走。由于该**威胁不具有当场实施性**，**乙有一定的选择自由**，因此甲的该行为**另行评价为敲诈勒索罪**。甲的行为成立故意伤害罪与敲诈勒索罪，数罪并罚。

案例3—问题： 如何评价甲的行为？

答案： 甲的行为**成立盗窃罪与诈骗罪**，**数罪并罚**。

本案中，甲主观上具有**非法占有目的**，客观上实施了**窃取乙花瓶**的行为，成立盗窃罪。之后甲**又实施欺骗行为**，**侵犯了新的法益**，使得丙**陷入错误认识并基于错误认识处分了财产**，成立诈骗罪，应当**数罪并罚**。

案例4—问题： 对陈某的评价，可能存在哪几种处理意见？

答案： 李某刚死不久，主要存在两种处理意见：根据**死者占有否定说**，陈某构成侵占罪。财物的占有者已经死亡，死者不能占有，因此陈某拿走的财物属于无人占有，构成侵占罪。

根据**死者占有肯定说**，陈某构成盗窃罪。应当肯定死者对财物的占有状态，因此陈某拿走的财物属于他人占有，构成盗窃罪。

案例5—问题： 甲的行为是否成立诈骗罪？

答案： 甲的行为**不成立诈骗罪**，**成立盗窃罪**。

本案中，甲拿走戒指是趁柜员不注意时以假换真，但柜员**并无将店内的财物处分给甲的意识**，让甲试戴不代表处分给甲。甲主观上具有**非法占有目的**，客观上实施了完全**违背柜员的意识秘密窃取财物**的行为，该行为符合盗窃罪的构成要件。

案例6—问题： 如何评价甲的行为（不考虑数额）？

答案： 甲**成立抢劫罪**，属于**直接升级的抢劫**。

本案中，甲**携带凶器抢夺**乙女的包，乙女不放手时，甲**为了获取包**，**直接使用携带的刀具对乙女实施伤害行为**，成立抢劫罪，且是直接升级的抢劫，不再是转化的抢劫。

KEEP AWAKE

第二十一章 危害公共安全犯罪【客＋主】

第一节　公共安全犯罪的共性问题

【投放小动物案】八筒为了报复四斤，翻墙进入四斤家的大别墅，将在网上买的1000只普通的蟑螂和蚊子放出来。

思考：八筒构成投放危险物罪吗？构成以危险方法危害公共安全罪吗？

——都不构成，对生命、身体危害程度很低，没有危害到公共安全，最多构成非法侵入住宅罪。

公共安全，是指不特定或者多数人（“或者”而非“并且”关系）的生命、身体或者财产安全。对公共安全的具体理解如下：

一、“不特定”

是指犯罪行为可能侵犯的对象和可能造成的结果事先无法确定，行为人对此既无法具体预料也难以实际控制，行为的危险或行为造成的危害结果可能随时扩大或增加，随时有向“多数”发展的现实可能性，会使社会多数成员遭受危险和侵害。

【注意】危害公共安全犯罪中的“不特定”是客观的，不管行为人主观想要针对的是否是特定的对象。为了杀特定人实施一个犯罪行为，但同时危害了公共安全，原则上成立想象竞合，除非有司法解释的特殊规定。

“不特定”有以下两种情况：

1. 实际危害了不特定或多数人的生命、健康和重大公私财产安全。

例1. 八筒在面馆的煮锅里投毒报复社会，导致当天前来面馆吃饭的几十人中毒，构成投放危险物质罪。

例2. 八筒为了杀四斤，在四斤每天必去的面馆煮锅里投毒，导致当天前来面馆吃饭的几十人中毒，一行为同时构成故意杀人罪和投放危险物质罪，想象竞合择一重。

2. 没有实际造成不特定或多数人的生命、健康和重大公私财产安全的损害后果，但有造成不特定或多数人的生命、健康和重大公私财产安全损害的危险或者可能。

例. 八筒在面馆的煮锅里投毒报复社会，但生意不好，没人来吃面。八筒的行为具有危害不特定人的生命安全的危险，仍然构成投放危险物质罪。

二、“多数人”

指难以用具体数字表述，行为使较多的人（包括特定的多数人）感受到生命、健康或者财产受到威胁时，应认为危害了公共安全。

三、“安全”

是指不特定或者多数人的人身、财产等不受不法侵害与威胁的状态。

第二节　放火罪、决水罪、爆炸罪、投放危险物质罪、以危险方法危害公共安全罪【客＋主】

【八筒“销烟”案】八筒偷偷跑到禁毒局的仓库，将收缴而来但尚未来得及销毁的大量鸦片点燃，当天风大，整个仓库被烧毁，而且鸦片烟随风飘散，导致附近大量居民都吸兴奋了，沦为瘾君子。

思考：八筒是否构成危害公共安全犯罪？

——故意放火构成放火罪，点燃大量鸦片使其在空气中传播危害了不特定的多数人的生命健康，同时还构成投放危险物质罪。

一、放火罪【放火罪、失火罪 C】

（一）既遂标准

1. 使目标物达到“独立燃烧”的程度就既遂。
2. 邪教组织成员自焚，如果危害公共安全的，成立放火罪。[①]

（二）行为方式

包括作为和不作为。行为人出于过失或正当防卫放火后，能够灭火而不采取措施，导致危及公共安全的，成立放火罪。

例 1. 甲持剪刀攻击乙，乙为了躲避，将手中的火把丢向甲。甲躲开后，火把掉在了草垛上，乙逃跑。半小时后，甲见状也走了，导致几间民房被烧毁。虽然乙抛火把的行为成立正当防卫，但在防卫过后，防卫人应该设法控制法益风险的进一步扩大，以实现正当防卫所要求的利益平衡。乙直接离开放任火灾发生的行为，成立不作为犯放火罪。又由于甲的先行行为造成了火灾的危险，甲也负有灭火义务，也成立不作为的放火罪。（2023 年仿真题）

例 2. 甲在仓库中抽烟，烟头不慎掉在货物上开始燃烧，甲见状害怕承担责任遂逃跑，火势扩大烧毁了整间仓库及附近民房。甲成立不作为的放火罪。

（三）罪数问题

为杀特定人 / 毁坏特定财物而放火

看放火行为是否足以危及公共安全（看他在哪里放火），如果危及公共安全，则构成放火罪与故意

① 详见 2017 年最高人民法院、最高人民检察院《关于办理组织、利用邪教组织破坏法律实施等刑事案件适用法律若干问题的解释》第十二条。

杀人罪、故意毁坏财物罪等犯罪的想象竞合。例．甲女因不堪家暴欲杀死丈夫乙，趁乙睡觉之际，在家中（楼房）放火烧乙。甲构成故意杀人罪与放火罪，想象竞合择一重罪论处。如果房子地处偏僻，四周无其他住户或树林，不会危害公共安全，只构成故意杀人罪。

二、失火罪【放火罪、失火罪 C】

（一）主观要件

行为人对火灾后果是“过失”的。但对造成火灾的行为本身可以是“故意”（此处是生活中的故意，不是犯罪故意）。

例．甲到本村乙家买柴油时，因屋内光线昏暗，甲欲点燃打火机看油量。乙担心引起火灾，上前阻止。但甲坚持说柴油见火不会燃烧，仍然点燃了打火机，结果引起油桶燃烧，造成火灾，导致甲、乙及一旁观看的丙被火烧伤，乙、丙经抢救无效死亡。后经检测，乙储存的柴油闪火点[①]不符合标准。甲点燃打火机这一行为是故意的，但对于火灾后果没有故意（希望或放任），甲对火灾这个结果投反对票，属于过于自信的过失，构成失火罪。

（二）与相关罪名的区分

与放火罪的区别：放火罪对结果为故意，失火罪对结果为过失。

例 1. 甲乱扔烟头，引发火灾，却想着可能获得保险赔款，所以没有及时灭火，采取放任心态，成立不作为的放火罪。

例 2. 甲乱扔烟头后离开现场，烟头引燃了旁边的窗帘，引发火灾，甲成立失火罪。

三、投放危险物质罪【投放危险物罪 C】

（一）保护法益

公共安全。因此，投放的行为一定要危害到公共安全。如果为了杀特定的人，投放危险物质危害到其他不特定的人，成立故意杀人罪和本罪的想象竞合。

（二）行为方式

故意投放毒害性、放射性、传染病病原体等物质，危害公共安全的行为。例如：

1. 将危险物质投放于供不特定或多数人饮用的食品或饮料中。
2. 将危险物质投放于供人、畜等使用的河流、池塘、水井等中。
3. 释放危险物质，如将沙林毒气投放于公共场所。

（三）与生产、销售有毒、有害食品罪的区分

在食品中投入有毒有害的非食品原料的：

1. 没有生产销售、营利目的 + 对公共安全造成危害 = 投放危险物质罪；
2. 有生产销售、营利目的 + 对公共安全造成危害 = 两罪想象竞合，择一重；
3. 有生产销售、营利目的 + 未对公共安全造成危害 = 生产、销售有毒、有害食品罪。

① 闪火点又叫闪点，是油料与外界空气形成混合气与火焰接触时发生闪火并立刻熄灭的最低温度。

四、以危险方法危害公共安全罪【以危险方法危害公共安全罪B】

（一）行为方式

以放火、决水、爆炸、投放危险物质以外的其他危害公共安全的方法，该方法与上述具体危害公共安全的犯罪具有相当的危险性（同样的危险程度）。

实践中较为典型的情况：

1. 驾驶机动车横冲直撞，放任他人死亡结果的，危害公共安全的。

2. 干扰公共交通工具驾驶（抢夺方向盘、殴打司机），危害公共安全的。

3. 故意传播突发传染病病原体，危害公共安全的。如在新型冠状病毒封控期间，已经确诊的新型冠状病毒感染肺炎病人、病原携带者，拒绝隔离治疗或者隔离期未满擅自脱离隔离治疗，并进入公共场所或者公共交通工具的。

4. 高空抛物危害公共安全的。

（二）主观要件

故意犯罪（区分交通肇事等过失犯罪）。

（三）其他问题

以危险方法危害公共安全罪是口袋罪，**属于兜底性条款**，原则上应优先适用特别法，但审判实践中对该罪过度扩张适用。在考试时，要注意，**原则上应优先适用其他罪名，如果行为跟其他罪名同样危险，但不符合其他具体犯罪的构成要件，实在无罪可用的时候，才适用该罪**。同时，以危险方法危害公共安全罪是**故意犯罪，法定刑最高可至死刑，因此一般只有非常严重的重行为才会定本罪**。

【注意】要结合具体案情判断是否危害公共安全，如果行为没有具体危害到公共安全，即便看起来有可能很危险，也不应以本罪论处。

例．在未发生火灾时，只要实施了损坏消防栓等防火工具的行为，就构成以危险方法危害公共安全罪。【错误，如果损坏消防栓的行为没有危害到公共安全，那么就不能构成以危险方法危害公共安全罪。当然，如果在火灾发生之际，行为人损坏消防栓的，直接影响了火灾的扑灭，应认定为以危险方法危害公共安全罪】（2023年仿真题）

判断分析

关于危害公共安全类犯罪，以下说法正确的是？（2022年仿真题）

A. 甲从高空向楼下的人群中抛下燃烧的蜂窝煤，未引起火灾，但导致发生踩踏事件，多人死亡。甲构成以危险方法危害公共安全罪【正确，足以危害不特定多数人的生命安全】

B. 甲在公交车上，因为玩手机错过了下车站点，为了下车抢司机的方向盘，并未危及公共安全。甲构成以危险方法危害公共安全罪【错误，题干强调未危及公共安全】

C. 甲在公交车上跟司机发生口角，进而殴打司机，导致与对面的车辆两车相撞，部分乘客轻伤，甲仅构成妨害安全驾驶罪【错误，还构成交通肇事罪甚至以危险方法危害公共安全罪】

D. 甲为了杀乙而破坏乙的摩托车，导致摩托车失控，造成十余名路人重伤，乙轻伤，甲构成以危险方法危害公共安全罪【错误，应坚持特别法优先，成立破坏交通工具罪】

第三节 交通安全类犯罪【客 + 主】

一、破坏交通工具罪 / 破坏交通设施罪【妨害安全驾驶罪等其他公共安全罪 C】

（一）行为对象

正在使用的工具：火车、汽车（可扩大解释为拖拉机等）、电车、船只、航空器。

正在使用的设施：轨道、桥梁、隧道、公路、机场、航道、标志。

只有针对正在使用或随时都可以使用的对象，才可能危害到公共安全。

例 1. 甲系汽车检修厂职工，发现自己将要检修的一辆公交车为仇人乙驾驶，便在检修时破坏了刹车装置，然后交付使用。乙驾驶该车时，因刹车失灵，导致与其他车辆相撞，造成三人死亡，一人重伤。即便不是正在使用中的车，但甲交付使用便意味着随时都可以投入使用，故甲应构成破坏交通工具罪。

例 2. 丁被空姐告知“不得打开安全门”，但丁仍拧开安全门，致飞机不能正点起飞。因为只是“不能准点起飞”，并没有危及公共安全，故不构成破坏交通工具罪。

（二）行为方式

破坏行为必须是对交通工具的整体或者重要部件的破坏，足以危害到公共安全，如果仅仅破坏一般辅助性设施或破坏程度已经严重到让交通工具不能投入使用，不影响交通安全，不构成本罪（可能成立故意毁坏财物罪）。

例 1. 甲系汽车检修厂职工，发现自己将要检修的一辆公交车为情敌乙驾驶，便在检修时破坏了行车记录仪的线路，导致行车记录仪无法正常录音录像，然后交付乙使用。行车记录仪损坏通常不影响车辆驾驶安全，甲不成立破坏交通工具罪，可能成立故意毁坏财物罪。

例 2. 甲系汽车检修厂职工，发现自己将要检修的一辆公交车为情敌乙驾驶，便将公交车钥匙孔用木棍堵上、油门踏板卸掉，乙无法正常发动汽车，没有面临倾覆危险，甲不构成破坏交通工具罪。

（三）危害结果

本罪是具体危险犯，“足以”就既遂。

（四）主观要件

本罪是故意犯罪，行为人主观是过失的，成立过失损坏交通工具罪、过失损坏交通设施罪。

二、交通肇事罪【交通肇事罪 B】

法条群

《刑法》第二编 分则 第二章 危害公共安全罪

第一百三十三条【交通肇事罪】违反交通运输管理法规，因而发生重大事故，致人重伤、死亡或者使公私财产遭受重大损失的，处三年以下有期徒刑或者拘役；交通运输肇事后逃逸或者有其他特别恶劣情节的，处三年以上七年以下有期徒刑；因逃逸致人死亡的，处七年以上有期徒刑。

《最高人民法院关于审理交通肇事刑事案件具体应用法律若干问题的解释》

第五条【因逃逸致人死亡的认定】“因逃逸致人死亡”，是指行为人在交通肇事后为逃避法律追究而逃跑，致使被害人因得不到救助而死亡的情形。

交通肇事后，单位主管人员、机动车辆所有人、承包人或者乘车人指使肇事人逃逸，致使被害人因得不到救助而死亡的，以交通肇事罪的共犯论处。

第七条【相关人员指示、强令他人违章驾驶造成重大交通事故的定罪】单位主管人员、机动车辆所有人或者机动车辆承包人指使、强令他人违章驾驶造成重大交通事故，具有本解释第二条规定情形之一的，以交通肇事罪定罪处罚。【不是共犯】

（一）基本构成要件

1. 行为主体

一般主体。凡已满 16 周岁并具有刑事责任能力的从事交通运输（包括水上交通运输）的人员或非交通运输人员均可以构成。例．行人酒后闯进高速公路，在马路中央瞎晃，路过的司机为躲避不慎发生交通事故，造成重大财产损失。行人成立交通肇事罪。

2. 行为方式

违反交通运输管理法规，因而发生重大事故，致人重伤、死亡或者使公私财产遭受重大损失的行为。

【注意】罪与非罪：死亡 1 人或者重伤 3 人以上，负事故全部或者主要责任；死亡 3 人以上，负事故同等责任；重伤 1 人，负事故全部或者主要责任，并有酒驾、毒驾、无照驾驶、明知是安全装置不全 / 安全机件失灵的机动车辆而驾驶、明知是无牌车 / 报废车而驾驶、严重超载、肇事逃逸等严重情节。

3. 因果关系

因为违反交通运输管理法规，从而发生重大事故。要求违反交通运输管理法规与危害结果之间具有刑法上的因果关系。如果虽然违规，但发生交通事故与此无因果关系，则不构成交通肇事罪。

例．司机未按照规定对车辆进行年检，但该车并无故障。行人横穿马路造成交通事故的，因为此时的违规与交通事故无因果关系，因此司机不成立交通肇事罪。

4. 主观要件

只能是过失。指行为人对自己违章行为造成的严重后果所持的心理态度是过失，对于违反交通管理法规的行为本身，行为人往往是明知、故意的。

例．甲为赶时间超速驾驶，以为不会发生什么意外，结果因车速过快刹车不及，撞死过马路的行人。甲对超速驾驶的行为是故意的，但对行人死亡的结果是过失。

5. 空间范围：公共交通管理范围内

其实质在于，可以承载公共安全，可以通过汽车等大型运输工具，且非私人场所。

一般小区内的道路也属于公共交通管理范围内，因为大部分小区本身就是一个公共大区域，进出的人和车辆很多。但是，严格进行封闭式管理的，可以不认为属于公共交通管理范围内。

（二）加重法定刑

1. 交通肇事后逃逸

需要主观上是为了逃避法律追究而逃逸。没有发现撞了人，或出于其他目的逃跑的不构成此加重情节。

2. 因逃逸致人死亡（消极地、不作为的方式致人死亡）

（1）交通事故的当场被害人未死（如果当场直接撞死，后逃逸，属于交通肇事后逃逸）。

例．甲闯红灯，当场将乙撞死后，驾车逃离现场，甲属于交通肇事后逃逸。

（2）具有因果关系。因为行为人的逃逸行为导致被害人得不到及时救助而死亡，逃逸行为与死亡结果之间具有因果关系（如果没有结果避免可能性，即使不逃逸也会死亡，不属于因逃逸致人死亡）。

例．甲闯红灯，将乙撞倒后，驾车逃离现场。

①乙因得不到救助而失血过多死亡，甲构成交通肇事罪，属于因逃逸致人死亡。

②乙失血过多死亡，事后查明，即使甲当场将乙送医，也无法救活乙，甲属于交通肇事后逃逸，不属于因逃逸致人死亡。

③乙在等待救援的时候，碰到了仇人丁，被丁一板砖拍死，丁的行为是异常、独立的介入因素，中断了甲的交通肇事行为与乙死亡之间的关系，甲不属于因逃逸致人死亡。

（3）行为人的主观对逃逸是故意，对死亡结果可以是故意或过失。

（4）交通肇事因逃逸致人死亡，“逃逸”之前的肇事行为是否应达到成立交通肇事罪的标准，理论上有不同观点：

一种观点认为，既然要适用交通肇事罪的法定升格刑，是交通肇事罪的量刑情节，就要求之前的行为应符合交通肇事罪的基本罪。

另一种观点认为，不要求前行为成立交通肇事罪的基本罪，因为在连环碾压的案件中，第一次撞击被害人究竟是轻伤还是重伤，在实践中根本无法判断。

3. 带离现场情形分析

（1）交通肇事当场致人死亡，且被告人明知被害人已经死亡，即使转移尸体，只定交通肇事罪，若有逃逸情节的，属于交通肇事后逃逸。

（2）交通肇事当场没有死亡，被告人将被害人带离事故现场后隐藏或者遗弃，致使被害人死亡的（有因果关系），构成故意杀人罪。

（三）交通肇事（因逃逸致人死亡）的共同犯罪

1. 司机交通肇事后，机动车辆所有人、承包人等指使行为人逃逸，致使被害人因得不到救助而死亡的，以交通肇事罪的共同犯罪论处。【事后指使逃逸：共犯】①

例．甲系某公司经理，乙是其司机。某日，乙开车送甲去洽谈商务，途中因违章超速行驶当场将行人丙撞死，并致行人丁重伤。乙欲送丁去医院救治，被甲阻止。甲催促乙送其前去洽谈商务，并称否则会造成重大经济损失。于是，乙打电话给 120 急救站后离开肇事现场。但因时间延误，丁不治身亡。甲、乙均构成交通肇事罪。因为甲事后“阻止”和“催促”构成共犯。

【注意】单位主管人员、机动车辆所有人或者承包人指使、强令他人违章驾驶，造成重大交通事故，各自以交通肇事罪定罪处罚。【事前瞎指挥：不定共犯】

① 虽然交通肇事罪是过失犯罪，不能成立共同犯罪，但肇事之后有救助义务，不履行救助义务，可能成立不作为的故意杀人罪，所以在这种情况下，乘车人、管理人指使别人逃逸，二人都对死亡结果是放任的故意，构成共同犯罪（不作为的故意杀人），只是司法实践中为了方便定罪量刑，所以把这种情形规定为交通肇事的共同犯罪（适用逃逸致人死亡这种加重刑）。

三、危险驾驶罪【危险驾驶罪 C】

【推车案】八筒和四斤某晚喝完大酒后，八筒驾驶轿车送四斤回家。行至中途二人远远发现前方有交警设卡查酒驾，二人急中生智，立刻下车推车，淡定的从交警面前走过。

思考：八筒是否构成危险驾驶罪？

——醉驾标准：血液酒精含量达到 80 毫克 /100 毫升以上。八筒已经驾驶轿车走了一半路，若血液酒精含量达标，就构成危险驾驶罪。

另一个问题，醉酒后单纯推车是否构成危险驾驶罪？不构成，因为法条规定的是“驾驶”，单纯推车已经超出“驾驶”的文义范围，且刑法禁止醉驾的目的是因为醉酒后驾驶机动车容易失控，机动车一旦驾驶起来速度快、很危险，而即便找个举重冠军来推车也推不快、坚持不了多久。

法条群

《刑法》第二编 分则 第二章 危害公共安全罪

第一百三十三条之一【危险驾驶罪】在道路上驾驶机动车，有下列情形之一的，处拘役，并处罚金：

（一）追逐竞驶，情节恶劣的；

（二）醉酒驾驶机动车的；

（三）从事校车业务或者旅客运输，严重超过额定乘员载客，或者严重超过规定时速行驶的；

（四）违反危险化学品安全管理规定运输危险化学品，危及公共安全的。

机动车所有人、管理人对前款第三项、第四项行为负有直接责任的，依照前款的规定处罚。

有前两款行为，同时构成其他犯罪的，依照处罚较重的规定定罪处罚。

最高人民法院、最高人民检察院、公安部、司法部《关于办理醉酒危险驾驶刑事案件的意见》

第十二条【醉驾不作为犯罪处理的情形】醉驾具有下列情形之一，且不具有本意见第十条（从重处理）规定情形的，可以认定为情节显著轻微、危害不大，依照刑法第十三条、刑事诉讼法第十六条的规定处理：

（一）血液酒精含量不满 150 毫克 /100 毫升的；

（二）出于急救伤病人员等紧急情况驾驶机动车，且不构成紧急避险的；

（三）在居民小区、停车场等场所因挪车、停车入位等短距离驾驶机动车的；

（四）由他人驾驶至居民小区、停车场等场所短距离接替驾驶停放机动车的，或者为了交由他人驾驶，自居民小区、停车场等场所短距离驶出的；

（五）其他情节显著轻微的情形。

醉酒后出于急救伤病人员等紧急情况，不得已驾驶机动车，构成紧急避险的，依照刑法第二十一条的规定处理。

（一）保护法益

公共安全。因此，公共道路（公路）要求是有不特定人或多数人存在的道路。例．校园里、工厂内、小区里等。但是在无人无车的荒郊道路上醉酒驾车的，因不具有公共危险，不构成本罪。

（二）危害结果与主观要件

1. 本罪属于行为犯（抽象危险犯），只要有行为就既遂。

2. 本罪主观上是故意（放任），因此本罪可以成立共同犯罪。例．表哥明知张三喝醉酒，仍叫张三开车带自己出去兜风，张三构成危险驾驶罪，表哥是教唆犯。

（三）罪数问题

1. 本罪刑罚太轻（最高拘役），不能发生严重后果，如果发生了危险后果，属于想象竞合择一重，定交通肇事罪或者其他罪（如以危险方法危害公共安全罪）。

2. 交通肇事是过失犯罪，造成严重后果才成立，而且主观上是过失，刑罚居中（一般 3 年以下）。

3. 以危险方法危害公共安全罪是重罪，如果尚未造成严重后果的，处 3–10 年有期徒刑；如果造成严重后果的，处 10 年以上有期徒刑、无期徒刑、死刑；过失犯以危险方法危害共安全罪的 3–7 年有期徒刑。

【总结】本罪与交通肇事罪、以危险方法危害公共安全罪三罪区分：**主要看有没有发生严重后果或严重危及公共安全，再看后果有多严重**。以醉驾行为为例具体分析：

（1）醉驾情节显著轻微、危害不大——不成立犯罪；（2）醉驾没有发生损害结果但已危害公共安全——危险驾驶罪；（3）醉驾后过失发生损害结果（1 人重伤，负主要责任以上）——交通肇事罪；（4）醉驾行为严重危及公共安全（高速逆行、闹市横冲直撞等）或造成重大伤亡——以危险方法危害公共安全罪。

【注意】构成交通肇事罪或以危险方法危害公共安全罪，并不排斥同时构成危险驾驶罪。

四、妨害安全驾驶罪【妨害安全驾驶罪等其他公共安全罪 C】

（一）行为主体和行为方式

1. 乘车人：乘车人对行驶中的公共交通工具驾驶员使用暴力或者抢控驾驶操纵装置。

2. 驾驶员：行驶中的公共交通工具驾驶员擅离职守与他人互殴或殴打他人。

（二）公共交通工具

本条的公共交通工具，指如客车、大巴车、公交车、旅游观光车等大中型交通工具；家用小轿车、小型出租车、网约车不算。

【注意】本罪刑罚太轻，不能发生严重后果，如果发生了危险后果，属于想象竞合择一重，定交通肇事或者其他罪（如以危险方法危害公共安全罪）。

例．甲乘坐公交车时坐过站，要求司机停车未果后便抢夺方向盘，导致公交车掉入水中致 3 人死亡。甲一行为既触犯了妨害安全驾驶罪，也触犯了以危险方法危害公共安全罪，想象竞合择一重罪处罚。（2024 年仿真题）

判断分析

1. 关于危险驾驶罪，下列说法错误的是？（2022 年仿真题）

A. 甲明知乙喝醉了酒，仍然将自己的车辆借给乙，让其独自开车回家。乙驾车回家途中，不慎撞死了行人丙。甲成立危险驾驶罪，不构成交通肇事罪【正确，甲明知乙醉酒，仍“纵容”乙驾驶自己所有的车辆，甲、乙成立危险驾驶罪的共犯。注意，甲并没有指使、强令乙违章驾驶，不构成交通肇事罪】

B. 甲喝醉酒后，打电话给妻子乙，让其过来代驾送自己回家。等待期间，甲因天气寒冷，在停车场

将机动车发动后，坐在驾驶位取暖时，被交警大队执勤民警查获。甲成立危险驾驶罪【错误，没开车，不具有抽象的危险】

C. 某日深夜，乙突发疾病，救护车也无法及时赶到，在场唯一会开车的甲也喝醉了酒。为了救乙，甲只能驾车将乙送到医院。甲成立危险驾驶罪【错误，紧急避险】

D. 甲喝醉酒后骑超标电动车（最高时速达 60 公里）回家，途中不慎将行人乙撞致轻伤。如果认为超标电动车属于机动车，则甲成立危险驾驶罪【正确】

2. 甲女和乙男相约喝酒，聚会结束后，甲女请求乙男醉酒开甲的车送自己回家，乙男拒绝，甲女反复请求后，乙男遂送甲女回家。乙在驾驶途中，在路口闯红灯撞死行人丙。下列说法正确的是？（2019 年仿真题）

A. 甲构成交通肇事罪【正确，车主将自己的机动车交给醉酒者、无驾驶资格者驾驶，没有防止伤亡结果发生的，驾驶者与车主均成立交通肇事罪】

B. 乙构成交通肇事罪【正确】

C. 甲构成交通肇事罪的教唆犯【错误，成立共同犯罪，要求二人以上共同故意犯罪】

D. 甲、乙均构成交通肇事罪，但不以共同犯罪论处【正确】

第四节　恐怖活动类犯罪【恐怖活动类犯罪 C】

一、组织、领导、参加恐怖组织罪

1. 行为主体：组织者、领导者和所有参加者。

注意：成立本罪不要求实际实施恐怖活动，只要有组织、领导、参加恐怖组织的行为。

2. 罪数问题：犯本罪，并实施杀人、爆炸、绑架等犯罪的，依照数罪并罚的规定处罚。

3. 累犯问题：特别累犯不要求 5 年之内。

二、帮助恐怖活动罪

1. 性质：帮助行为正犯化，不需要再适用总则共同犯罪的规定，按照分则特殊罪名定罪。不需要遵从共犯从属性，因此：

（1）即便被帮助的人没有实施恐怖活动，提供帮助的人仍然构成本罪。

（2）教唆、帮助他人实施帮助恐怖活动罪的，他人果真实施，成立帮助恐怖活动罪的教唆犯、帮助犯。

例．甲教唆乙为丙成立的恐怖组织提供资金援助，乙照做，随即向丙的账户打了 100 万元。即便丙没有实施恐怖活动，乙仍然构成帮助恐怖活动罪。乙接受了甲的教唆并实施了资助行为，甲构成帮助恐怖活动罪的教唆犯。

2. 行为方式：资助仅限于物质性资助（不包括精神上的帮助）。

3. 犯罪形态问题：既遂标准为提供的资助被恐怖组织接收，资助的恐怖组织是否实施恐怖活动在所不问。

三、准备实施恐怖活动罪

性质：预备行为正犯化，不再适用总则犯罪预备的规定，按照分则特殊罪名定罪。不需要遵从共犯从属性，为准备实施恐怖活动罪而做准备的，成立准备实施恐怖活动罪的犯罪预备。原理与帮助恐怖活动罪相同。

判断分析

《刑法》第一百二十条之二（准备实施恐怖活动罪）规定，为实施恐怖活动准备凶器、危险物品或者其他工具构成准备实施恐怖活动罪，关于这一规定，下列理解正确的是？（2021 年仿真题节选）

B. 本罪属于预备犯，应比照既遂犯从轻、减轻或免除处罚【错误，不再适用总则规定，预备行为正犯化】

C. 为他人实施恐怖活动而准备凶器的，不能依本罪论处【错误，既包括为本人，也包括为他人】

D. 本罪为目的犯，如果不是为实施恐怖活动而准备凶器的，不成立本罪【正确】

第五节　其他危害公共安全罪名

一、重大责任事故罪与强令、组织他人冒险作业罪【重大责任事故罪 E；妨害安全驾驶罪等其他公共安全罪 C】

1. 行为方式

（1）在生产、作业中违反有关安全管理规定，因而发生严重后果或有发生的现实危险；

（2）强令他人违章冒险作业；或明知存在重大隐患而不排除，仍冒险组织作业，因而发生严重后果。

2. 主观要件：过失。

3. 本罪与工程重大安全事故罪的区分

（1）本罪是自然人犯罪，后者的主体是单位，即建设单位、设计单位、施工单位、工程监理单位。

（2）重大责任事故罪是违章作业，在所有生产、作业领域都可以构成，是事故类犯罪中的普通罪，后者是发生在建设施工领域，属于特殊罪名。例．甲是某搬运场司机，在搬运场驾车作业时违反操作规范，不慎将另一职工轧死，甲构成重大责任事故罪。

4. 本罪与危险作业罪的区分：主观上，危险作业罪是故意犯罪；犯罪结果上，危险作业罪是具体危险犯，不要求出现危害结果。

二、不报、谎报安全事故罪【妨害安全驾驶罪等其他公共安全罪 C】

1. 行为主体

“负有报告职责的人员”，指生产经营单位的负责人、实际控制人、负责生产经营管理的投资人以及其他负有报告职责的人员（领导者），但不包括直接从事生产作业的人员。

2. 成立犯罪标准：因为不报、谎报导致贻误事故抢救

如果发生了没有必要抢救的安全事故（结果不可能加重或者扩大），因为缺乏结果回避的可能性，

不成立本罪。

例．某施工工地升降机操作工刘某未注意下方有人即按启动按钮，造成维修工张某当场被挤压身亡。刘某报告事故时隐瞒了自己按下启动按钮的事实。因为虽然刘某报告事故时隐瞒了自己按下启动按钮的事实，但此时危害结果已经发生，并没有因为谎报而贻误事故抢救。因此刘某不构成不报、谎报安全事故罪，而构成重大责任事故罪。

3. 罪数问题

（1）在发生安全事故发生后，负有救助他人生命、身体职责的人员，故意不履行救助义务，导致他人死亡、伤害的，应认定为不作为的故意杀人罪、故意伤害罪。

（2）已经造成责任事故，后又不报、谎报安全事故耽误抢救的，应和重大责任事故罪数罪并罚。

三、涉枪涉爆类犯罪【涉枪涉爆类犯罪 C】

刑法上的枪支，需要该器具以“火药或者压缩气体”等为动力。

例．甲持有一张祖传的、杀伤力很大的弓弩，由于弓弩不是以“火药或者压缩气体”为动力，所以甲不成立非法持有枪支罪。（2023年仿真题）

（一）非法制造、买卖、运输、邮寄、储存枪支、弹药、爆炸物罪与违规制造、销售枪支罪

行为主体对比：前者主体是没有相关资质、未经有关部门许可、违反相关管理制度的人。后者是纯正的单位犯罪，只能是依法被指定、确定的枪支制造企业、销售企业（有资质）。

（二）盗窃、抢夺枪支、弹药、爆炸物、危险物质罪，抢劫枪支、弹药、爆炸物、危险物质罪

本罪主观上要求行为人必须“明知”盗窃、抢夺、抢劫的对象属于枪支、弹药、爆炸物、危险物质。

如果行为人以为对象是普通财物，则按认识错误处理：枪支、弹药等可以被评价为普通财物，根据包容评价思维，可以构成盗窃罪、抢夺罪或抢劫罪。

例．甲认为乙的书包中有值钱东西，便趁乙不注意夺走了乙的书包。甲回家后发现书包中有一把枪。甲没有认识到抢夺的对象是枪支，不构成抢夺枪支罪，但根据包容评价思维，枪支可以被评价为普通财物，甲构成抢夺罪。

（三）非法持有、私藏枪支、弹药罪

1. 行为主体和行为方式

（1）非法持有

不符合配备、配置枪支、弹药条件的人员，违反枪支管理法律、法规的规定，擅自持有枪支、弹药。

【注意】只要在行为人实际控制下且没有依法上缴，即使没有使用，也属于持有。例．甲父去世前告诉甲“咱家院墙内埋着5支枪”，甲说“知道了”，但此后甲什么也没做。甲的行为构成非法持有枪支罪。(2014年第2卷第57题D项）

（2）私藏

原依法配备、配置枪支、弹药的人员，在配备、配置枪支、弹药的条件消除后，违反枪支管理法

律、法规的规定，私自藏匿所配备、配置的枪支、弹药且拒不交出。例．退休刑警私藏子弹拒不交出。

2. 罪数问题

（1）只有盗窃、抢夺、抢劫普通财物的故意，但却得到枪支，属于抽象认识错误的客观超出，成立盗窃罪（不成立盗窃枪支罪，因为没有盗窃枪支的故意）、抢夺罪、抢劫罪，同时后面再持有枪支，应当和前面盗窃、抢夺、抢劫罪，数罪并罚。【盗窃、抢夺、抢劫罪不能吸收非法持有枪支罪】

（2）原有盗窃枪支的故意，实际也盗窃到枪支，后面持有枪支属于吸收犯，不需要评价，只构成盗窃、抢夺枪支罪或抢劫枪支罪。【盗窃、抢夺枪支罪或抢劫枪支罪可以吸收非法持有枪支罪】

例 1. 甲知道乙的书包中有一把枪，便趁乙不注意夺走了乙的书包。甲回家后将书包中的枪藏起来用作防身。甲构成抢夺枪支罪，后续持有枪支的行为被吸收，不另行构成非法持有枪支罪。

例 2. 甲认为乙的书包中有值钱东西，便趁乙不注意夺走了乙的书包。甲回家后发现书包中有一把枪。甲将枪藏起来用作防身。甲前行为构成抢夺罪，后行为构成非法持有枪支罪，数罪并罚。

（四）非法出租、出借枪支罪

1. 行为主体

依法配备公务用枪的人员和单位、依法配置枪支的人员和单位。配备一般指公务用枪，如军人、警察的配枪。配置指公务之外的用枪，如国家给射击运动员、猎人等配置的枪支。

2. 行为方式

出借、出租。根据司法解释的规定，依法配备公务用枪的人员，将公务用枪用作借债质押物，使枪支处于非依法持枪人的控制、使用之下，严重危害公共安全的，构成非法出借枪支罪。接受枪支质押的人员，可能构成非法持有枪支罪。

3. 共犯问题

行为人明知他人使用枪支实施其他犯罪，而出租出借枪支的，以共同犯罪论处。

（五）丢失枪支不报罪

1. 行为主体：特殊主体，依法配备公务用枪的人员。

【注意】不包括配置枪支的人员和单位。

2. 行为方式 + 危害后果：本罪是不作为犯罪，惩罚的是不报告的行为，及时报告就无罪。如果及时报告，但还是造成严重后果的也不成立本罪【成立本罪 = 不报告 + 造成严重后果】。

3. 主观：明知丢枪故意不报，对造成危害后果有预见可能性。

判断分析

警察甲为讨好妻弟乙，将公务用枪私自送乙把玩，丙乘乙在人前炫耀枪支时，偷取枪支送交派出所，揭发乙持枪的犯罪事实。关于本案，下列哪些选项是正确的？（2012 年第 2 卷第 58 题）

A. 甲私自出借枪支，构成非法出借枪支罪【正确】

B. 乙非法持有枪支，构成非法持有枪支罪【正确】

C. 丙构成盗窃枪支罪【错误，窃枪支罪仍然是一种盗窃行为，其本质要求还需要以非法占有为目的。而丙并不是以非法占有枪支为目的而窃取枪支，而是为了揭发乙的犯罪行为，而且在获取之后及时

上交派出所，不属于盗窃枪支罪和非法持有枪支罪】

D. 丙揭发乙持枪的犯罪事实，构成刑法上的立功【错误，立功的对象是犯罪嫌疑人、被告人或者罪犯。丙并不属于这类人员】

主观题延伸拓展

案例 1： 甲驾车载丁行驶至十字路口处，因速度过快导致刹车不及时，将正在过马路的乙和丙撞倒。甲下车查看，发现乙已经死亡，而丙还有呼吸，逐将丙抱起放到汽车后座送往附近医院。中途，甲发现丙呼吸逐渐微弱，于是停车查看丙的状况，发现此时丙已经没有了呼吸。甲惊慌失措，疯狂叫喊拍打丙几分钟后，丙仍无反应，甲以为丙已经死亡（此时丙陷入重度昏迷状态并未死亡），于是与同车的丁将丙丢弃山中深处，并用树叶将其掩盖后逃跑。第二天早晨，丙被上山游玩的旅客发现，但已经死亡。

问题： 甲、丁构成何罪？

案例 2： 甲凌晨吸毒后驾驶机动车在道路上兜风，明知是红灯仍违反交规继续行驶，将过路的丙撞成重伤。丙疼痛难耐，请求甲送其就医。甲为了避免更大的麻烦，于是将丙抬上车准备送往医院。中途丙的身体状况越来越差，甲害怕丙死了自己要坐牢和赔偿，干脆调换路线，开车将丙载到一深山老林里，并用绳子捆住丙的四肢，用布堵住丙的嘴巴，然后离开。丙因伤势过重且未得到救助死亡。

问题： 甲的行为应以何罪论处？

案例 1—问题： 甲、丁构成何罪？

答案： 甲**构成交通肇事罪、过失致人死亡罪，数罪并罚**；丁**构成过失致人死亡罪**。

（1）甲**违反交通运输管理法规**，**超速行驶至乙被撞身亡**，构成交通肇事罪。

（2）在对被害人丙抢救的过程中，甲、丁**误以为丙死亡**而带离现场藏匿，由于主观上没有认识到对象是活人，故**无杀人故意**，**不构成故意杀人罪**。

（3）甲、丁误以为被害人丙已经死亡，将被害人丙隐藏起来，并导致其死亡。客观上**丙的死亡与二人的遗弃行为有因果关系**，主观上二人**存在过失**，无共同故意，因此二人分别构成过失致人死亡罪。

案例 2—问题： 甲的行为应如何评价？

答案： 甲构成**交通肇事罪、故意杀人罪，数罪并罚**。

（1）甲**毒驾后违反交通运输管理法规**闯红灯将丙**撞成重伤**，成立交通肇事罪。

（2）甲在送丙去医院的路程中改变心意，将丙转移到深山老林遗弃，此时甲主观已经**具有杀人故意**，最终导致**丙因无法得到救助而死亡**，故甲构成故意杀人罪，与交通肇事罪数罪并罚。

KEEP AWAKE

第二十二章 侵犯经济秩序犯罪【客+主】

第一节　生产、销售伪劣商品类罪

【食用油运输案】八筒经营食用油生产、销售等业务，运输食用油过程中使用了装过汽油、柴油、机油等工业用油且未经清洗的罐装车，导致其生产、销售的食用油中掺杂了上述物质。

思考：八筒可能触犯哪些罪名？

——触犯生产、销售有毒、有害食品罪，如果给不特定人群的生命健康带来威胁，还同时触犯投放危险物质罪。

一、生产、销售伪劣产品罪【生产、销售伪劣产品罪 C】

（一）危害结果

成立犯罪标准（金额）：销售金额 5 万元以上，构成犯罪既遂。未达此标准，但如果查获的伪劣产品价值 15 万元以上的，以犯罪未遂论处。① 不满足上述任意一个条件的，不构成犯罪。

（二）罪数问题

本罪是一般法，按照销售金额量刑，与本节其他九种具体伪劣商品犯罪是普通法和特别法的法条竞合关系。同时触犯本罪与本节的其他特殊罪名，应按照重法优先的原则，择一重罪定罪处罚。例．杨某生产假冒避孕药品，其成份为面粉和白糖的混合物，货值金额达 15 万多元，尚未销售即被查获。杨某的行为触犯生产假药罪与生产、销售伪劣产品罪（未遂），依照处罚较重的规定定罪处罚。

【相关原理】生产、销售伪劣商品类犯罪，一般法按照金额确定刑罚的轻重，特别法按照情节确定刑罚的轻重，但因为标准不一，所以可能有冲突。因此按照重法优先的原则。

二、生产、销售、提供假药罪【生产、销售、提供假药罪 C】

（一）行为方式

1. 生产：一切“产出”某种物品充当合格或特定药品的行为，都是生产假药。

2. 销售：明知是假药，并有偿提供假药的行为，都是销售假药。

3. 提供：药品使用单位的人员 + 明知是假药 + 提供给他人。【注意】不需要有牟利或其他目的，只

① 参见最高人民法院、最高人民检察院《关于办理生产、销售伪劣商品刑事案件具体应用法律若干问题的解释》第二条。

要明知＋提供即可。

（二）危害结果

本罪成立的标准：行为犯（抽象危险犯）。只要实施了生产、销售行为就应定罪。

三、生产、销售、提供劣药罪【生产、销售、提供劣药罪 C】

（一）危害结果

本罪是实害犯，要对人体健康造成严重危害。

（二）假药与劣药的区别（《中华人民共和国药品管理法》对此有修改①）

假药的标准	1. 药品所含成份与国家药品标准规定的成份不符 2. 以非药品冒充药品或者以他种药品冒充此种药品 3. 变质的药品 4. 药品所标明的适应症或者功能主治超出规定范围 【总结】没有治疗这个病的成份（没有药效） 例．电影《我不是药神》中，能治疗白血病的特效药“印度格列宁”，虽未经批准但具有药效，不是“假药”。 但生产、销售此类药品，可能要承担其他责任（如行政责任，或构成其他犯罪，如非法经营罪、妨害药品管理秩序罪等）
劣药的标准	1. 药品成份的含量不符合国家药品标准 2. 被污染的药品 3. 未标明或者更改有效期的药品 4. 未注明或者更改产品批号的药品 5. 超过有效期的药品 6. 擅自添加防腐剂、辅料的药品 7. 其他不符合药品标准的药品 【总结】有治疗这个病的成份，但有别的问题

四、妨害药品管理罪【妨害药品管理罪 C】

（一）危害结果

本罪是具体危险犯，需要“足以严重危害人体健康”才既遂，如果对人体健康没有危害，没有法益侵害性，一般不作为犯罪处理，如进口没批文的药品，但该药品不会对人体健康造成危害，该行为无罪。

例．甲未取得药品批准许可，从境外进口治疗丙型肝炎的药物，转卖给国内患者（该药物在境外是合法药品），获利三十余万元。患者服用药品后，病情均有一定程度好转。本案中，患者服用甲销售的药品后病情均有一定程度好转，并未对其身体健康造成严重危害。所以，甲的行为不成立妨害药品管理罪。（2023年仿真题）

① 《中华人民共和国药品管理法》于2019年修订，自2019年12月1日起施行。本部分内容主要依托于2019年药品管理法（新法）与2015年药品管理法（旧法）的对比。

（二）罪数问题

如果既触犯本罪，涉案药品又被认定为假药或劣药，则本罪和生产、销售假药罪或生产销售劣药罪**想象竞合，应择一重罪定罪处罚**。

五、生产、销售不符合安全标准的食品罪【生产、销售不符合安全标准的食品罪 C】

本罪是**具体危险犯**，要求**足以**造成严重食物**中毒事故**或其他**严重食源性疾病**。

常见的不符合安全标准的食品：

1. 超过保质期的食品；

2. 在食品加工、销售、运输、贮存等过程中，违反食品安全标准，超限量或者超范围滥用食品添加剂，足以造成严重食物中毒事故或者其他严重食源性疾病的食品。

六、生产、销售有毒、有害食品罪【生产、销售有毒有害食品罪 C】

1. 与生产、销售不符合安全标准的食品罪的区别

核心是看：是否掺入有毒、有害的非食品原料。非食品原料包括：苏丹红、工业用甲醛、罂粟壳、蛋白精、工业酒精、瘦肉精等。

2. 与投放危险物质罪的区别

生产、销售有毒、有害食品罪通常发生在生产经营过程中，行为人的**目的是营利**，对造成严重后果通常是**过失或者间接故意**，不要求危害公共安全。本罪与投放危险物质罪二者会发生竞合关系。

七、本节总结

危害结果（危险犯与实害犯）

1. 只要实施了行为即构成犯罪——**抽象危险犯（行为犯）**【2 个】：生产、销售有毒、有害食品罪；生产、销售、提供假药罪（从应对考试的角度看，只要知道行为犯有这两个最危及生命健康的犯罪就可以，其他的均不是行为犯）。

2. 以造成危险状态为定罪标准的——**具体危险犯**【3 个】：生产、销售不符合安全标准的食品罪；生产、销售不符合标准的医用器材罪；妨害药品管理罪。

3. 以造成人身或财产危害结果为定罪标准的——**实害犯**【4 个】：生产、销售、提供劣药罪；生产、销售不符合安全标准的产品罪；生产、销售伪劣农药、兽药、化肥、种子罪；生产、销售不符合卫生标准的化妆品罪。

判断分析

1. 市面上销售一款奶粉，甲购买后倒出一部分，掺入植脂末（又称奶精，是一种食品添加剂，但大量添加对人体有害），然后仍以该产品商标进行销售。后查明该奶粉不符合食物安全标准，足以造成严重食物中毒事故。被查出时，奶粉的货值金额达到 20 万元，但还没有出售获利。甲构成假冒注册商标罪与生产不符合安全标准的食品罪既遂。【正确】（2023 年仿真题）

2. 下列成立生产、销售有毒、有害食品罪的是？（2022 年仿真题）

A. 有证据证明甲在生产的食品中加入了有害的非食品原料，但鉴定机构未检查出有害物质【不成立，未能检测出有害物质】

B. 王某捡到若干毒蘑菇，明知蘑菇有毒还向他人销售【成立】

C. 甲往酒里兑工业酒精进行出售，导致多人中毒【成立】

D. 甲明知对方是食用油经销者，仍然将“地沟油”加工而成的劣质油脂销售给对方，导致“地沟油”流入食用油市场供人食用【成立】

3. 关于药品犯罪的认定，下列说法正确的是？(2021 年仿真题)

A. 生产、销售、提供假药罪是抽象危险犯，生产、销售、提供劣药罪是具体危险犯【错误，生产、销售、提供假药罪是抽象危险犯。生产、销售、提供劣药罪是实害犯】

B. 生产、销售国务院药品监督管理部门禁止使用的药品的，构成生产、销售假药罪【错误，生产、销售国务院药品监督管理部门禁止使用的药品，足以严重危害人体健康的，构成妨害药品管理罪】

C. 药品使用单位或者单位的人员销售、提供假药给他人的，成立销售、提供假药罪【正确】

D. 擅自进口药品在国内销售的，不能成立销售假药罪，但可能成立妨害药品管理罪【错误，本案中的未经批准进口的药品，如果质量不合格，是可能被认定为假药的，因此有可能在符合妨害药品管理罪的同时，还构成销售假药罪】

第二节 走私类犯罪【走私类犯罪 C】

一、走私犯罪概述

基本原理：走私类犯罪保护的法益是国家对外贸易经济管理秩序。【注意】走私毒品没有在本章节中，在妨害社会管理秩序章节，这里的走私罪危害的是经济秩序。

走私罪与逃税罪存在法条竞合关系。因为走私实质上是偷逃特殊税种关税的行为，按照特别条款优先适用的原则，走私行为构成犯罪的，直接定为相应的走私罪，一般不另定逃税罪。

（一）行为主体

成立走私犯罪的主体包括走私者、直接收购的一手贩子等。与走私犯通谋【包括事先和事中】及放纵走私的，以走私犯罪的共犯追究刑事责任。

（二）行为方式

行为人违反了我国法律规定，逃避海关监管，运输、携带、邮寄货物、物品进出国（边）境的行为，并且达到了情节严重的程度。

1. 单向走私

走私犯罪的行为方式原则上是双向禁止，无论是出口还是进口，都应该经过批准，否则即属于走私。但刑法中有两个例外：

（1）走私文物罪、走私贵重金属罪。刑法禁止的是“出口”文物、贵重金属，而没有规定禁止“进口”，因此违反规定进口文物、贵重金属的，成立走私普通货物、物品罪。

（2）走私废物罪。刑法禁止的是“进口”废物的行为，而没有规定禁止“出口”，因此违反规定出口废物的，成立走私普通货物、物品罪。

2. 间接走私——向走私的人买东西

第一手购买走私物品：直接向走私人非法收购国家禁止进口物品的，或者直接向走私人非法收购走私进口的其他货物、物品，数额较大的。——即向二道贩子、三道贩子购买的，不定罪。

3. 推定走私——在危险区域买东西又没有合法证明

在边界水域违法运输、买卖：在内海、领海、界河、界湖运输、收购、贩卖国家禁止进出口物品的，或者运输、收购、贩卖国家限制进出口货物、物品，数额较大，没有合法证明的。

（三）加重情节及罪数问题

1. **武装掩护走私**的，依照《刑法》第一百五十一条第一款规定从重处罚。

【注意】武装掩护走私不是单独的罪名，对其应当根据武装掩护走私行为所触犯的罪名定罪。【只能是武装掩护，如果有妨害公务或其他“动手”行为，要数罪并罚】

2. 以暴力、威胁方法抗拒缉私的，以走私罪和妨害公务罪实行数罪并罚。

【注意】不要和走私毒品罪混淆，走私毒品罪可以包容妨害公务罪，本节走私罪不能包容妨害公务罪。

（四）既遂标准

1. 在海关监管现场被查获；

2. 以虚假申报方式走私，申报行为实施完毕；

3. 以保税货物或者特定减税、免税进口的货物、物品为对象走私，在境内销售，或者申请核销行为实施完毕。

例．刘某非法运输成品油，且已运输至我国境内，在海关监管现场被查获。刘某构成走私普通货物、物品罪既遂。（2023 年仿真题）

二、走私普通货物、物品罪

（一）本质（代购行为的定性）

走私普通货物、物品罪的本质在于偷逃关税。实践中，对于一些海外代购行为，如果逃避海关监管进而达到不交税款的，成立走私普通货物、物品罪。例．【原海航离职空姐李晓航海外代购案】2010 年至 2011 年 8 月间，李晓航与褚某预谋，由褚某提供韩国免税店账号，并负责在韩国结算货款，由李晓航伙同男友石某多次在韩国免税店购买化妆品等货物，后以客带货方式从无申报通道携带进境，并通过李晓航、石某在网店销售牟利，共计偷逃海关进口环节税 100 余万元。一审判处走私普通货物、物品罪，有期徒刑 11 年，发回重审后改判有期徒刑 3 年。

（二）本罪与其他走私犯罪之间的关系

本罪属于兜底条款。即凡是走私的对象不属于其他特别规定的，均构成本罪。

三、其他走私罪

（一）走私武器、弹药罪

1. **与相关罪名的区分**：本罪指走私能够使用的弹头、弹壳，走私报废或者无法组装并使用的各种弹药的弹头、弹壳，构成犯罪的，以走私普通货物、物品罪定罪处罚。经国家有关技术部门鉴定为废物的，以走私废物罪定罪处罚。

2. **罪数问题**：行为人走私武器、弹药入境后，又非法出售的，应**另成立非法买卖枪支、弹药罪，数罪并罚**。

（二）走私淫秽物品罪

主观要件：本罪需要**以牟利或传播为目的**，只想**自己看不构成本罪**。

四、走私罪认识错误问题

1. 如果行为人对于走私的对象及内容是不明确的，主观上存在**概括的故意**，即无论走私什么都在行为人的故意范围之内，则**以实际走私对象**追究行为人的刑事责任。如果有**多个对象**，要**数罪并罚**。

例．甲租赁了一艘船走私，船上有贵重金属、弹药、珠宝、手机等多种物品，甲构成走私贵重金属罪、走私弹药罪和走私普通货物、物品罪，数罪并罚。

2. 但行为人主观上已经有了明确的走私具体对象的故意，实际走私对象与行为人的主观故意不一致的，应按**抽象认识错误**处理。

例．甲以为某套花瓶是文物，想运到国外卖掉，但实际上该套花瓶只是比较精美足以乱真的仿制品。甲主观上有走私文物的故意，实际上走私的是普通货物，属于抽象的认识错误，由于花瓶根本不是文物，没有走私文物的危险性，故不成立走私文物罪，在主客观一致的范围内构成走私普通货物罪。

判断分析

1. 甲想走私国家禁止出口的货物，骗乙说走私的是普通货物。乙于是帮甲进行运输。（2023 年仿真题）

（1）按照法定符合说，乙构成走私普通货物、物品罪的既遂。【正确】

（2）按照具体符合说，乙构成走私普通货物、物品罪的既遂。【错误，具体符合说，要求行为人所认识的事实与所发生的事实“完全”一致，才能成立犯罪既遂。乙想走私普通货物，只要事实上走私的不是“普通货物”，无论是“国家禁止进出口的货物”还是其他，乙均成立走私普通货物罪的未遂】

2. 下列关于走私的认定，下列选项正确的是？ (2020 年仿真题）

A. 关某不清楚法律是否允许公民携带黄金出境，出国时悄悄把随身佩戴的黄金佛像（500 克）放入行李箱，关某不构成走私贵重金属罪【错误，法律认识错误，不影响定罪】

B. 赵某携带假币，驾船至公海寻找买家未果，只好驾船返回原地，赵某构成走私假币罪【正确】

C. 吴某从境外购买枪支，但收到对方从境外快递来的军用子弹，吴某构成走私枪支罪【错误，吴某主观上具有走私枪支的故意（走私武器的故意），客观上走私的是军用子弹，属于走私武器、弹药罪同一构成要件内的错误，故可以认定吴某构成走私弹药罪】

D. 钱某以传播为目的，在国内浏览境外网站，下载大量淫秽视频，还给朋友看。钱某构成走私淫秽物品罪【错误，走私淫秽物品中的“以传播为目的”，是指为了在社会传播、扩散。钱某并没有在社会上进行传播、扩散】

第三节　妨害对公司、企业的管理秩序罪

一、非国家工作人员受贿罪【非国家工作人员受贿罪 C】

（一）行为主体

公司、企业或者其他单位的工作人员（不具有国家工作人员身份）。

例．村委会主任丙在村集体企业招投标过程中，利用职务收受他人财物 10 万元，为其谋利。丙成立非国家工作人员受贿罪。

（二）行为方式

索取/非法收受他人财物+为他人谋取利益（不要求实际上为他人谋取到了利益，包括承诺、正在实施、已经实现）。

【对比受贿罪】受贿罪中（国家工作人员），索取他人财物类型的受贿罪，不要求为他人谋取利益，只要有“索取”他人财物的行为，就成立受贿罪。

（三）“利用职务上的便利”的理解

要有钱权交易。单纯送礼慰问不构成。例．医生仅仅是治病救人后收受了病人的感谢红包，大学教师仅是在教师节收受了学生送的礼物。

二、对非国家工作人员行贿罪【对非国家工作人员行贿罪 E】

（一）行为对象： 不具有国家工作人员身份的职员。

（二）主观要件： 必须主观上具有“为谋取不正当利益”。

（三）减免处罚： 行贿人在被追诉前主动交代行贿行为的，可以减轻处罚或者免除处罚。

【对比行贿罪】行贿人在被追诉前主动交待行贿行为的，可以从轻或者减轻处罚。其中，犯罪较轻的，对调查突破、侦破重大案件起关键作用的，或者有重大立功表现的，可以减轻或者免除处罚。

三、非法经营同类营业罪【其他企业管理秩序罪（出资犯罪等）E】

（一）行为主体： 公司、企业的董事、监事、高级管理人员。

【注意】《刑法修正案（十二）》将本罪的主体修改为国有和非国有公司、企业的董事、监事、高级管理人员，体现了国家对非国有公司、企业资产的平等保护。

（二）行为方式： 利用职务上的便利，自己经营或者为他人经营与其所任职公司、企业同类的营业，获取非法利益的行为。

例．A 粮油公司（非国有）总经理八筒为谋取私利，成立 B 农业公司，经营与 A 公司同类的食用油业务。八筒利用职务之便，将原 A 粮油公司的客户、供应商等转介绍给 B 农业公司，获得巨额利益。八筒成立非法经营同类营业罪。

四、为亲友非法牟利罪【为亲友非法牟利罪 E】

（一）行为主体：既包括国有公司、企业、事业单位的工作人员，也包括其他公司、企业的工作人员。

（二）行为方式

1. 将本单位的盈利业务交由自己的亲友进行经营的；

2. 以明显高于市场的价格从自己的亲友经营管理的单位采购商品、接受服务或者以明显低于市场的价格向自己的亲友经营管理的单位销售商品、提供服务的；

3. 从自己的亲友经营管理的单位采购、接受不合格商品、服务的。

（三）罪数

1. 与贪污罪 / 职务侵占罪的区分：主观上是否具有将国有财产 / 本公司财产据为己有的故意，客观上是否侵占了国有 / 公司的财产。

2. 触犯受贿罪、非国家工作人员受贿罪的，应与为亲友非法牟利罪并罚。

例 . 某私营企业经理八筒管理公司闲置资产，四金给八筒 10 万元，请八筒帮忙低价出租公司闲置房屋给自己。八筒收钱后利用职务便利，将公司多间房屋，以明显低于市场价格出租给其姐夫四金，四金随即将该房屋以市场价转租，获得非法利益共计 50 余万元。八筒成立为亲友非法牟利罪与非国家工作人员受贿罪，数罪并罚。

第四节　货币类犯罪

一、伪造货币罪【伪造货币罪 C】

（一）行为对象

人民币或可在国内、外市场流通或者兑换的境外货币。

1. 以使用为目的，伪造停止流通的货币并使用，不构成本罪（不会影响到金融秩序），但可能成立诈骗罪；

2. 伪造中国人民银行的普通纪念币和贵金属纪念币的，成立伪造货币罪。

（二）行为方式

没有货币发行权的人，非法制造外观上足以使一般人误认为是货币的假货币（存在与伪造货币相当的真货币），妨害货币的公共信用的行为。例 . 将金属货币熔化后，制作成较薄的、更多的金属货币的，属于伪造货币。

1. 行为人制造出来的物品完全不可能被人们误认为是货币的，不可能成立伪造货币罪。例 . 伪造印了蒋四金头像的觉晓币，不属于伪造货币。

2. 行为人自行设计制作足以使一般人误认为是货币的假货币（不存在与伪造货币相当的真货币），应如何处理，存在观点展示：

（1）构成伪造货币罪：足以使一般人误解，侵犯了货币的公共信用；

（2）构成诈骗罪：主观臆想出来的货币不会实际侵犯货币的公共信用，属于虚构事实骗取钱财，构成诈骗罪。司法解释持此观点。

二、变造货币罪【变造货币罪 C】

（一）伪造和变造的区分

变造是对真币加工的行为，包括改变真货币的面额、形态、含量，变造的货币与变造前的货币具有同一性（改变了货币发行年份、面额等部分特征），如果加工程度大到使货币发生了根本性的变化（改变货币的核心、基础的特征，如人民币涂改为美元等），则属于伪造货币。

（二）与相关罪名的区分

刑法中关于货币犯罪的规定，如**持有、使用假币罪、运输假币罪等**，其针对的**对象均是伪造的货币**，如果行为人**使用变造的货币的，成立诈骗罪**。

三、持有、使用假币罪【持有、使用假币罪 C】

（一）行为方式

1. 持有：是指将假币随身携带或者存放在家中、亲友等处**保管（间接持有）**。

2. 使用：指以假币当真币使用，履行货币职能。

核心：**投入流通才属于使用**。使用方式不限，只要投入流通，还赌债、交罚款都可以。

（1）将假币出于炫耀、展示经济实力等目的给他人看，不是使用（没有投入流通，没有破坏金融秩序）。

（2）伪造货币的共犯人之间分配伪造的货币，不成立使用假币罪（没有流通）。

（3）向知情人交付、出售假币的，不成立使用假币罪，成立出售、购买假币罪。例．甲用总面额 10 万元的假币换取高某的 1 万元真币，“10 万换 1 万”即假币换真币，双方明知，甲构成出售假币罪，高某成立购买假币罪。

（二）罪数问题

1. 行为人通过自动取款机将假币存入银行，然后从自动取款机中取出真币的，应当以**使用假币罪与盗窃罪实行并罚**。

例．甲发现某银行的 ATM 机能够存入编号以“HD”开头的假币，于是窃取了三张借记卡，先后两次采取存入假币取出真币的方法，共从 ATM 机内获取 6000 元人民币。甲的行为构成使用假币罪和盗窃罪。

2. 想象竞合犯：使用假币行为同时触犯诈骗罪的，属于想象竞合犯，从一重罪处罚。

3. 吸收犯：持有型犯罪，包括持有假币罪在内，是一个**兜底性罪名**，只有无法以其他类型的假币类犯罪定罪处罚，才定持有假币罪。如果有其他假币类犯罪，持有假币就被吸收。

四、出售、购买、运输假币罪【出售、购买、运输假币罪 C】

1. 罪数问题

本罪是选择性罪名。行为人既有出售，又有购买、运输假币行为的，只定出售、购买、运输假币罪一罪。

2. 与相关罪名的区分

持有假币罪与运输假币罪区别在于前罪无运输假币故意，而后罪有运输假币的目的，不以运输为目的而携带假币，应定持有假币罪。

五、假币问题的罪数问题

1. 伪造货币之后又出售或者运输伪造的货币，直接以伪造货币罪从重处罚[①]；伪造货币并持有的，持有行为被伪造行为吸收——以出售为目的伪造，之后通常都会出售、运输。

2. 购买假币后又使用的，以购买假币罪定罪，并从重处罚——以使用为目的购买假币，通常都会持有、使用。

3. 出售、运输假币，同时又使用假币的，以出售、运输假币罪与使用假币罪数罪并罚（此种情况下根本不存在牵连关系）——出售、运输假币的人通常并不亲自使用假币，而主要是卖。

4. 行为人误收数额较大假币，不向公安司法部门报告或交由金融机构等单位处理，故意持有或使用，应以持有、使用假币罪论。

判断分析

关于货币犯罪的认定，下列哪些选项是正确的？（2011 年第 2 卷第 59 题）

A. 以使用为目的，大量印制停止流通的第三版人民币的，不成立伪造货币罪【正确，因为没有危害到金融货币的秩序】

B. 伪造正在流通但在我国尚无法兑换的境外货币的，成立伪造货币罪【正确，危害到金融货币的秩序】

C. 将白纸冒充假币卖给他人的，构成诈骗罪，不成立出售假币罪【正确，没有危害到金融货币的秩序】

D. 将一半真币与一半假币拼接，制造大量半真半假面额 100 元纸币的，成立变造货币罪【错误，因为变造货币是对真币的加工，变造前后的货币具有同一性。加工的程度使真币丧失了同一性的，应成立伪造货币罪】

第五节　破坏金融管理秩序罪【客+主】

一、非法吸收公众存款罪【非法吸收公众存款罪 C】

1. **行为主体**：既可以是自然人，也可以是单位。

2. **行为对象**：是“公众”，即社会上不特定的人，不包括自己的亲朋好友。

3. **行为方式**：满足以下四项条件，属于非法吸收公众存款：

（1）非法性：未经有关部门依法批准或者借用合法经营的形式吸收资金；

（2）公开性：通过媒体、推介会、传单、手机短信等途径向社会公开宣传；

（3）利诱性：承诺在一定期限内以货币、实物、股权等方式还本付息或者给付回报；

（4）社会性 / 公众性：向社会公众即社会不特定对象吸收资金。

二、洗钱罪【洗钱罪 D】

（一）上游七种犯罪

明知是毒品犯罪、黑社会性质的组织犯罪、恐怖活动犯罪、走私犯罪、贪污贿赂犯罪、破坏金融管理秩序犯罪、金融诈骗犯罪的所得及其产生的收益，掩饰、隐瞒其来源和性质的行为。注意以下几点：

① 《刑法》第一百七十一条第三款：伪造货币并出售或者运输伪造的货币的，依照本法第一百七十条的规定定罪从重处罚。

1. 上游犯罪尚未裁判，但查证属实的，不影响对洗钱罪的审判。

2. 上游犯罪事实可以确认，因行为人死亡等原因依法不予追究刑事责任的，不影响洗钱罪的认定。

3. 被告人将 7 种上游犯罪事实的某一种误认为是范围内的其他种类的，不影响明知的认定。**但如果主观以为上游犯罪不属于上述 7 种犯罪的，没有洗钱的故意，仅成立掩饰、隐瞒犯罪所得罪。**

4. 上游犯罪是指犯罪类型（犯罪行为）还是具体罪名，刑法理论上存在争议。

例．乙盗窃了一张信用卡后使用，获得赃款 10 万元。乙找到甲帮助处理赃款，甲明知赃款的具体来源，仍然为乙跨境转移资产。

罪行说认为，洗钱罪的上游犯罪是指犯罪行为，盗窃信用卡并使用虽然要以盗窃罪处罚，但该行为仍然是冒用他人信用卡的信用卡诈骗行为，属于洗钱罪的上游犯罪。因此，甲构成洗钱罪。

罪名说认为，洗钱罪的上游犯罪是指具体罪名，盗窃信用卡并使用最终要以盗窃罪处罚，盗窃罪不属于洗钱罪的上游犯罪。因此，甲不构成洗钱罪，构成掩饰、隐瞒犯罪所得罪。

5. 黑社会性质组织所实施的侵犯财产等各类犯罪的犯罪所得及其产生的收益，也是洗钱罪的对象。

（二）行为对象

洗钱罪的对象不仅仅限于“他人的犯罪所得”，而且包括“自己的犯罪所得”。意即，“自洗钱”的也构成洗钱罪。

（三）行为方式

洗钱，即由黑变白。

（四）与相关罪名的区分

与掩饰、隐瞒犯罪所得罪的区别：后者既包括洗钱、也包括单纯隐瞒、藏匿。二者是法条竞合的关系。

三、高利转贷罪、骗取贷款罪【高利转贷罪 E；骗取贷款罪 C】

（一）高利转贷罪

1. **主观故意产生时间：**行为人一开始套取银行贷款的时候（注意时间），就具有转贷他人获取利益的目的。

例 1. 甲为赚取利息差，先向银行贷款 50 万，后以高息转贷给急需资金运转的乙，获利巨大。甲构成高利转贷罪。

例 2. 甲为创业向银行贷款了 50 万，后乙因为资金运转需要，找到甲借钱，并承诺到期后给予甲高额利息，甲遂答应。甲不构成高利转贷罪（贷款时没有转贷获利的目的）。

2. **主观故意的内容：**行为人对贷款不具有非法占有目的，否则成立贷款诈骗罪。

（二）骗取贷款罪

1. **行为主体：**单位可以构成本罪。

2. **行为方式：**以欺骗手段取得银行或者其他金融机构贷款，给银行或者其他金融机构造成重大损失或者有其他严重情节的行为。

3. **主观要件：**骗取贷款罪不以非法占有为目的；贷款诈骗罪以非法占有为目的。

四、伪造、变造金融票证罪【其他金融秩序罪（妨害信用卡管理罪等）E】

（一）行为对象：伪造、变造之物：1. 汇票、本票、支票；2. 委托收款凭证、汇款凭证、银行存单等其他银行结算凭证；3. 信用证或者附随的单据、文件；4. 信用卡。

（二）罪数问题：伪造、变造金融票证后，又利用伪造的票证实施相应的金融诈骗罪的，**构成牵连犯，择一重罪论处。**

五、妨害信用卡管理罪【其他金融秩序罪（妨害信用卡管理罪等）E】

（一）行为对象

“信用卡”应作**广义的理解**，是指由商业银行或者其他金融机构发行的具有**消费支付、信用贷款、转账结算、存取现金**等全部功能或者部分功能的电子支付卡。

（二）行为方式

1. 明知是**伪造的**信用卡而持有、运输的，或者明知是**伪造的**空白信用卡而持有、运输，数量较大的；
2. **非法持有他人信用卡**，数量较大的；
3. **使用虚假的身份证明骗领**信用卡的；
4. **出售、购买、为他人提供**伪造的信用卡或者以虚假的身份证明骗领的信用卡的。

“使用虚假的身份证明骗领信用卡”，不仅仅是指身份证明本身是虚假的，还包括违背他人意愿，使用其身份证明冒领信用卡，或者使用伪造、变造的身份证明申领信用卡。

（三）相关罪名

1. 妨害信用卡管理罪与信用卡诈骗罪之间的关系：**本罪不能涉及到卡后面的钱，只涉及到卡的管理秩序**。例．甲公司为逃税，使用虚假身份证申领了几十个信用卡，伪造成给员工发工资的假象，实际发的钱都囊入了老板口袋，成立妨害信用卡管理罪（虽然没有财产损失，但办理假卡的行为已经侵犯了金融管理秩序）。

2. 窃取、收买、非法提供信用卡信息罪：针对**信用卡信息**，指故意窃取、收买或者非法提供他人信用卡信息资料的行为。实施本罪行为，足以伪造可进行交易的信用卡，或者足以使他人以信用卡持卡人名义进行交易，涉及信用卡 1 张以上的，应当追诉。

（四）罪数问题

本罪可能是信用卡诈骗的手段行为，和信用卡诈骗罪存在牵连犯的关系。例．甲以非法占有目的，用虚假身份证明骗领信用卡后又使用该卡的，仅认定为信用卡诈骗罪一罪，属于牵连犯。

判断分析

1. 下列关于洗钱罪的说法，正确的是？（2022 年仿真题）

A. 原《刑法》所规定的洗钱罪是“明知是毒品、黑社会性质组织犯罪……的所得及其产生的收益”，经《刑法修正案（十一）》后删除了“明知”。因此，过失可以构成洗钱罪【错误，**故意犯罪**】

B. 诈骗罪、盗窃罪、抢夺罪等财产犯罪的行为人，实施自洗钱的行为，不可能构成洗钱罪【错误，

自洗钱也构成洗钱罪】

C. 在上游犯罪判决前，不能对洗钱罪进行审判【错误，不受上游犯罪是否审判限制】

D. 上游犯罪超过追诉时效，洗钱罪没有超过追诉时效的，可以追究洗钱罪的刑事责任【正确，上游犯罪与洗钱罪是 2 个独立的犯罪，追诉时效各自独立计算】

2. 关于洗钱罪，下列说法正确的是？（2021 年仿真题）

A. 甲协助徐毛毛将贩毒所得转移到国外，甲构成洗钱罪与转移毒赃罪的想象竞合【正确】

B. 国家工作人员乙将受贿所得转移到国外，应以洗钱罪与受贿罪数罪并罚【正确】

C. 丙贩毒后将毒赃转移到国外，构成洗钱罪，不构成转移毒赃罪【正确，转移毒赃是事后的赃物犯罪，不具有期待可能性，故犯罪分子为自己转移毒赃不构成转移毒赃罪】

D. 丁向国家工作人员蒋某某行贿，蒋某某让丁直接将款项打入其在国外的账户，丁照办。丁构成洗钱罪与行贿罪的想象竞合【正确】

第六节　金融诈骗罪【客 + 主】

一、概述

1. **行为主体：**信用卡诈骗罪、贷款诈骗罪、有价证券诈骗罪的主体只能是自然人，其他均可以是自然人或单位。

2. **主观要件：**所有金融诈骗罪均以非法占有为目的。

二、贷款诈骗罪【贷款诈骗罪 C】

1. **行为主体：**只能是自然人。

2. **与相关罪名的区分**

与骗取贷款罪：骗取贷款罪不以非法占有为目的；贷款诈骗罪自始以非法占有为目的。

三、保险诈骗罪【保险诈骗罪 C】

（一）行为主体

1. 本罪的主体只能是投保人、被保险人、受益人。

2. 保险事故的鉴定人、证明人、财产评估人故意提供虚假的证明文件，为他人诈骗提供条件的，以保险诈骗罪的共犯论处。

（二）着手认定

开始实施索赔行为或者开始向保险公司提出支付保险金请求的行为，才是保险诈骗罪的着手，而不应以开始实施虚构保险标的、开始制造保险事故等为着手。

（三）罪数问题

投保人、被保险人故意造成财产损失的保险事故，骗取保险金；或者投保人、受益人故意造成被保险人死亡、伤残或者疾病，骗取保险金，并同时构成其他犯罪的，实行并罚。

例．甲烧毁买了保险的小轿车，发生火灾导致停车场被烧，后去保险公司申请理赔的，构成放火罪和保险诈骗罪，数罪并罚。

（四）与相关罪名的区分

职务侵占罪、贪污罪。《刑法》第一百八十三条：保险公司的工作人员利用职务上的便利，故意编造未曾发生的保险事故进行虚假理赔，骗取保险金归自己所有的，依照**职务侵占罪**定罪处罚；国有保险公司工作人员和国有保险公司委派到非国有保险公司从事公务的人员有前款行为的，依照本法**贪污罪**的规定定罪处罚。

四、集资诈骗罪【集资诈骗罪 E】

1. **行为对象**：社会公众。

2. **行为方式**：使用诈骗方法非法集资。

3. **主观要件**：集资时就具有**非法占有的目的**。而其他类型的非法集资犯罪，如欺诈发行股票、债券罪、擅自发行股票、债券罪、非法吸收公众存款罪等，主观上并没有非法占有的目的。

【区别】非法吸收公众存款罪不以非法占有为目的；集资诈骗罪以非法占有为目的。

例．甲以银行定期存款 4 倍的高息放贷，很快赚了钱。随后，四处散发宣传单，声称为加盟店筹资，承诺 3 个月后还款并支付银行定期存款 2 倍的利息。甲从社会上筹得资金 1000 万，高利贷出，赚取息差。甲非法吸纳资金，构成非法吸收公众存款罪，但不构成集资诈骗罪（因为没有非法占有为目的）。

（1）后甲资金链断裂无法归还借款，遂逃往国外。甲不构成集资诈骗罪（因为集资时没有非法占有目的，没有诈骗行为）。

（2）后甲资金链断裂无法归还借款，但仍继续扩大宣传，又吸纳社会资金 2000 万，以后期借款归还前期借款。后因亏空巨大，甲将余款 500 万元交给其子，跳楼自杀。甲以非法占有为目的，非法吸纳资金，构成集资诈骗罪，数额为 2000 万元。

五、信用卡诈骗罪【信用卡诈骗罪 B】

法条群

《刑法》第二编 分则 第三章 破坏社会主义市场经济秩序罪 第五节 金融诈骗罪

第一百九十六条【信用卡诈骗罪】有下列情形之一，进行信用卡诈骗活动，数额较大的，处五年以下有期徒刑或者拘役，并处二万元以上二十万元以下罚金；数额巨大或者有其他严重情节的，处五年以上十年以下有期徒刑，并处五万元以上五十万元以下罚金；数额特别巨大或者有其他特别严重情节的，处十年以上有期徒刑或者无期徒刑，并处五万元以上五十万元以下罚金或者没收财产：

（一）使用**伪造的**信用卡，或者使用以虚假的身份证明骗领的信用卡的；

（二）使用**作废的**信用卡的；

（三）**冒用**他人信用卡的；

（四）**恶意透支**的。

前款所称**恶意透支**，是指**持卡人以非法占有为目的**，**超过规定限额或者规定期限透支**，并且**经发卡银行催收后仍不归还**的行为。

【盗窃罪】**盗窃信用卡并使用的，依照本法第二百六十四条的规定定罪处罚**。

（一）行为对象

“信用卡”应作广义的理解，是指由商业银行或者其他金融机构发行的具有消费支付、信用贷款、转账结算、存取现金等全部功能或者部分功能的电子支付卡，包括借记卡。

（二）恶意透支

恶意透支：指持卡人以非法占有为目的，超过规定限额或者规定期限透支，并且经发卡银行两次催收后超过3个月仍不归还的行为。注意：非法占有为目的是核心。

（三）对机器使用信用卡的观点展示

1. 理论观点——诈骗罪要求处分，机器没有处分能力

如果是针对机器使用信用卡，由于机器没有处分能力，所以不成立信用卡诈骗罪，一般成立盗窃罪；如果是针对人使用非本人的信用卡，成立信用卡诈骗罪。

2. 司法解释和立法——信用卡诈骗罪并没有区分对机器、对人使用[①]。关键看卡的来源：

（1）**盗窃的卡——盗窃罪**：《刑法》第一百九十六条第三款规定，盗窃信用卡并使用的，成立盗窃罪。《最高人民法院关于审理盗窃案件具体应用法律若干问题的解释》第十条规定：“盗窃信用卡并使用的，以盗窃罪定罪处罚，其盗窃数额应当根据行为人盗窃信用卡后使用的数额认定。”

（2）**抢劫的卡——抢劫罪**：《最高人民法院关于审理抢劫、抢夺刑事案件适用法律若干问题的意见》第六条：“抢劫信用卡后使用、消费的，其实际使用、消费的数额为抢劫数额。”

【注意】抢劫信用卡即使不使用的，也成立抢劫罪。

（3）**拾捡、侵占、诈骗、抢夺、敲诈勒索的卡——信用卡诈骗罪**：《最高人民检察院关于拾得他人信用卡并在自动柜员机（ATM机）上使用的行为如何定性问题的批复》，内容为：拾得他人信用卡并在自动柜员机（ATM机）上使用的行为，属于刑法第一百九十六条第一款第（三）项规定的“冒用他人信用卡”的情形，构成犯罪的，以信用卡诈骗罪追究刑事责任。

《最高人民法院、最高人民检察院关于办理妨害信用卡管理刑事案件具体应用法律若干问题的解释》第五条：刑法第一百九十六条第一款第（三）项所称“冒用他人信用卡”，包括以下情形：

①拾得他人信用卡并使用的；

②骗取他人信用卡并使用的；

③窃取、收买、骗取或者以其他非法方式获取他人信用卡信息资料，并通过互联网、通讯终端等使用的；

④其他冒用他人信用卡的情形。

（四）第三方支付工具（支付宝、微信等）与信用卡犯罪

1. 未经允许，仅使用他人的第三方支付工具（支付宝、微信等）内的余额，没有使用银行卡的，属于未经他人同意获取他人财产，成立盗窃罪。

---

① 最高人民检察院就此专门指出：如果将拾得他人信用卡在银行或特约商户取款消费的以信用卡诈骗罪（最低立案标准为5000元）定性，而拾得他人信用卡在ATM机上使用的以盗窃罪（最低立案标准为1000元）定性，两种行为从客观行为到主观罪过都相差无几，而处理上后者却要重于前者，这也不符合罪刑相适应原则。此外，如果行为人拾得他人信用卡后，既在银行或特约商户取款消费，又在ATM机上使用，前者按信用卡诈骗罪定罪，后者按盗窃罪定罪，则还需要实行数罪并罚，必然加大司法机关的工作难度，也不利于贯彻罪刑相适应原则。

理由：因为行为人取走被害人财物并没有和被害人沟通过，因此属于秘密窃取。相当于捡了他人家门钥匙后再开门取财。

2. 未经允许，使用他人的第三方支付工具（支付宝、微信等）捆绑的信用卡，理论上存在观点分歧：

多数观点认为成立盗窃罪。理由：

第三方支付工具与绑定的银行卡之间具有独立性，行为人没有直接使用银行卡，主要是使用微信的功能，属于通过微信窃取他人财物，应成立盗窃罪。

少数观点认为，转走支付宝/微信等第三方支付工具绑定的银行卡内的钱的行为成立信用卡诈骗罪。理由：

第三方支付工具不具有独立性，在使用第三方支付工具绑定的银行卡时，第三方支付工具仅仅是银行卡使用过程中的一种识别方式，行为人的行为的本质就是在冒用他人信用卡。

（五）信用卡问题总结

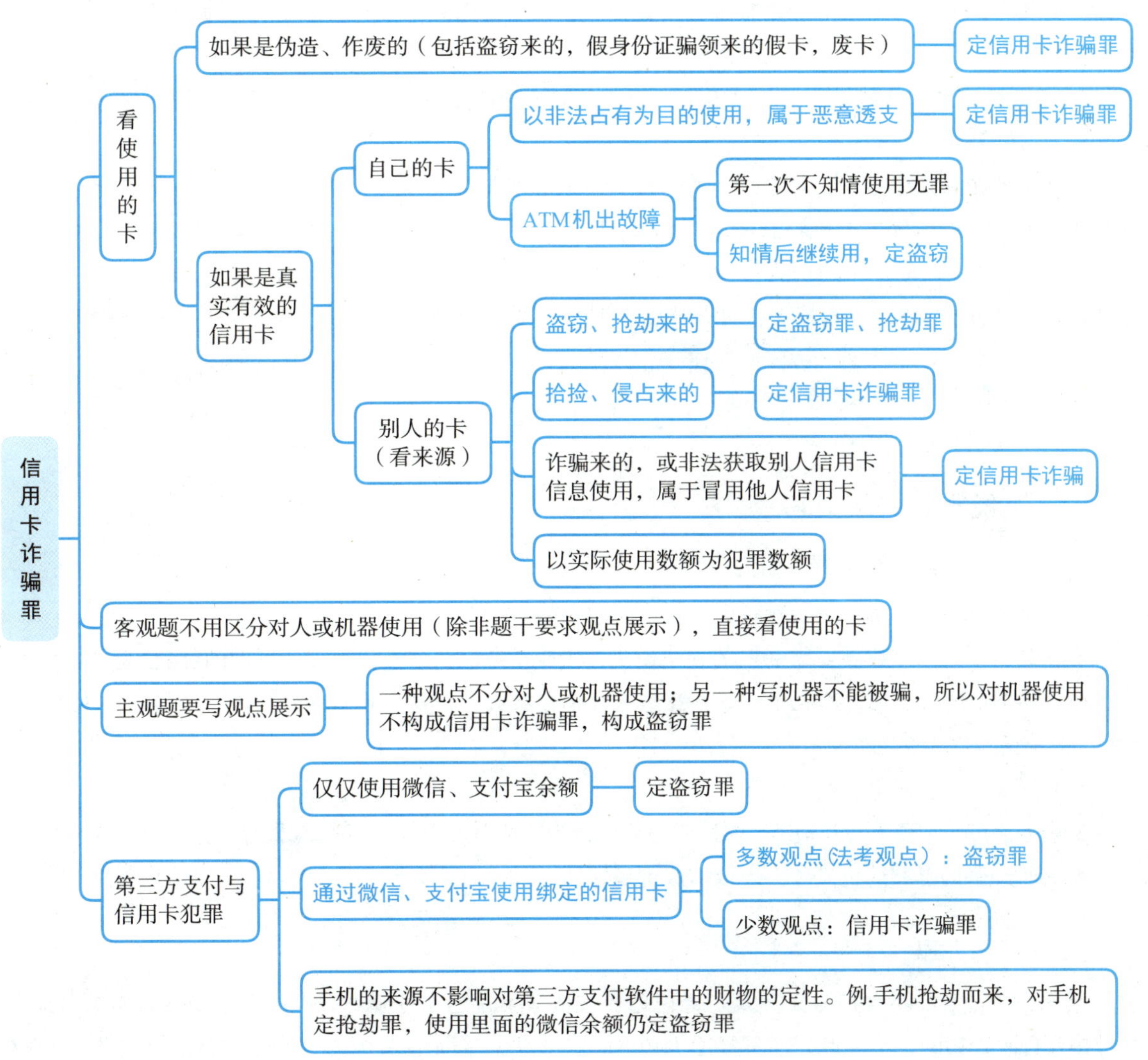

判断分析

1. 郑某想杀害妻子骗取保险金，把妻子带到悬崖边后，临时后悔，便没有杀害妻子。郑某构成故意杀人罪的中止和保险诈骗罪的中止。【错误，保险诈骗罪的着手是向保险公司提出理赔，郑某若杀害妻子（制造保险事故）则属于保险诈骗罪的预备，但郑某还没有实施杀妻行为，属于保险诈骗罪"预备的预备"，故不可能成立保险诈骗罪的中止】(2023 年仿真题)

2. 关于妨害信用卡管理罪和信用卡诈骗罪（不考虑数量），下列说法错误的是？（2022 年仿真题）

A. 甲将丙的身份证交给乙，乙拿去办理了数十张信用卡。甲成立妨害信用卡管理罪【正确，使用虚假的身份证明骗领信用卡】

B. 环卫工人甲分次捡拾到共 20 张信用卡，放在家里不用，后来失主也陆续挂失。甲成立妨害信用卡管理罪【正确，非法持有他人信用卡，数量较大（20 张）】

C. 甲用虚假的身份证明骗领了一张信用卡，准备去附近的商场刷卡消费。途中，因形迹可疑，甲被巡逻的警察盘问，遂案发。甲仅成立信用卡诈骗罪的犯罪预备，不成立妨害信用卡管理罪【错误，甲的行为虽然在理论上来讲是信用卡诈骗罪的预备行为，但刑法已将此种行为规定为独立的罪名，即妨害信用卡管理罪】

D. 甲得知同名同姓的乙丢失了信用卡，于是便到银行挂失并补办了一张信用卡。甲成立妨害信用卡管理罪【正确】

3. 甲盗窃了一张信用卡，对乙谎称是"捡了一张信用卡"，交由乙使用，乙用该信用卡买了 3.8 万元的财物。甲、乙构成信用卡诈骗罪的共同犯罪。【正确，甲参与了犯罪的全程（盗窃信用卡、使用信用卡），乙参与了犯罪的部分（冒用他人信用卡），二者在冒用他人信用卡，即信用卡诈骗罪的范围内成立共同犯罪，甲构成盗窃罪，乙构成信用卡诈骗罪】(2019 年仿真题)

第七节 危害税收征管罪

一、逃税罪【逃税罪 C】

（一）行为主体【真正身份犯】

1. 纳税人：逃避缴纳税款数额较大并且占应纳税额 10% 以上的。

立法之所以采取"数额 + 比例"的立法模式，主要是考虑到逃税人为社会所做的贡献。

例．甲今年纳税 1 亿，逃税 100 万。虽然逃税金额较大，但所占比例较小，不宜以逃税罪论处。毕竟他为国家贡献了 1 亿的税收。

2. 扣缴义务人：数额较大。

3. 税务人员与纳税人相互勾结，共同实施偷税行为，情节严重的，以逃税罪的共犯论处，从重处罚。

4. 无照经营的也有纳税义务，可以构成逃税罪。

（二）罪与非罪

纳税人（注意：不含扣缴义务人）经税务机关依法下达追缴通知后，补缴应纳税款，缴纳滞纳金，并且接受行政处罚的，不予追究刑事责任（必须而非可以）。但是，五年内曾因逃避缴纳税款受过刑事处罚或者被税务机关给予二次以上行政处罚的除外（第三次逃税达到立案标准则应定罪处罚）。

二、抗税罪【抗税罪 E】

（一）行为主体

只能是自然人，单位领导指挥员工暴力抗税的，以个人犯罪（抗税罪）追究直接责任人员的刑事责任。（区别拒不履行判决裁定罪）

（二）罪数问题

抗税行为的手段包含暴力，轻伤以下仍然定本罪，但如果使用暴力致人重伤、死亡的，和故意伤害罪、故意杀人罪想象竞合，择一重。

三、骗取出口退税罪【骗取出口退税罪 E】

【想象竞合犯的例外】纳税人缴纳税款后，采取以假报出口或者其他欺骗手段，骗取所缴纳的税款的，构成逃税罪；骗取税款超过所缴纳的税款部分，定骗取出口退税罪，本来只有一个行为，但因为分则特殊规定，要数罪并罚。

例．某外贸公司在缴纳了100万元的税款后，采取虚报出口的手段，骗得税务机关退税180万元，后被查获。原则上应当想象竞合，择一重。但此处有例外规定，其中的100万元按逃税罪处理，余下的80万元按骗取出口退税罪处理，数罪并罚。

四、虚开增值税专用发票、用于骗取出口退税、抵扣税款发票罪【发票类犯罪 C】

（一）行为方式：虚开专用发票

专用发票：增值税专用发票，用于骗取出口退税、抵扣税款的其他发票。

虚开：包括为他人虚开、为自己虚开、让他人为自己虚开、介绍他人虚开四种情况。

（二）犯罪的成立：具有骗取国家税款、使国家税款遭受损失的可能性

主观上没有偷逃、骗取税款的目的，客观上也不会造成国家税款损失的行为，不构成本罪。

例1. 甲向农民购买一批羊毛，但农民没办法开发票给甲，甲便找到乙公司代开发票，发票金额和该笔羊毛交易数额一致。甲确实有真实的交易，虚开的目的也不是为了偷逃、骗取税款，实际上也没有造成国家税款损失，不构成虚开增值税专用发票罪。（2024年仿真题）

例2. 甲为让自己的公司成功上市，虚开增值税专用发票以虚构公司业务量，但并不抵扣税款。甲虚开的目的在于虚构公司业务量，并没有抵扣税款，没有对国家税款流失造成影响，不构成虚开增值税专用发票罪。（2020年仿真题）

（三）罪数问题

1. 本罪涉及的发票都是专用发票（值税专用发票或者可以用于骗取出口退税、抵扣税款的其他发票），《刑法》第二百零五条之一还规定了虚开发票罪，该罪涉及的发票是专用发票之外的其他普通发票。专用发票可以包容评价为普通发票。

2. 盗窃增值税专用发票或者可以用于骗取出口退税、抵扣税款的其他发票的，定盗窃罪。

3. 使用欺骗手段骗取增值税专用发票或者可以用于骗取出口退税、抵扣税款的其他发票的，定诈骗罪。

第八节 知识产权类犯罪

一、假冒注册商标罪【假冒注册商标罪 E】

1. 行为对象：注册商标（未注册商标不属于本罪犯罪对象）。

2. 行为方式

未经注册商标所有人许可，在同一种商品、服务上使用与其注册商标相同的商标，情节严重。

“相同”：指与被假冒的注册商标完全相同，或者与被假冒的注册商标视觉上基本无差别、足以对公众产生误导的商标。例．“康师傅”与“康帅博”。

3. 罪数问题

（1）以假冒注册商标方式生产、销售伪劣产品的，属于想象竞合犯，从一重罪处罚。

（2）实施假冒注册商标犯罪并销售该假冒注册商标的商品的，只定假冒注册商标罪。

（3）实施假冒注册商标犯罪，又销售明知是他人的假冒注册商标的商品的，数罪并罚——针对的是不同对象。

二、侵犯著作权罪【侵犯著作权罪 E】

1. 主观要件：以营利为目的。

2. 罪数问题

如果侵犯著作权的行为同时构成诈骗罪、非法经营罪，因这属于著作权领域的诈骗、非法经营，应以特别法侵犯著作权罪论处。[①]【注意著作权期限，古书、古画没有著作权】

三、侵犯商业秘密罪【侵犯商业秘密罪 C】

1. 行为对象

商业秘密：指不为公众所知悉，能为权利人带来经济利益，具有实用性并经权利人采取保密措施的技术信息和经营信息。

2. 行为方式

通过不正当手段获取商业秘密的；明知是通过不正当的方式获取的商业秘密而使用（包括非法披露、使用或允许他人使用）的；违反保密义务或者违反保密要求披露、使用或允许他人使用的。

3. 罪数问题：本罪与其他侵财型犯罪可能会有竞合，本罪为特殊法，优先适用。

判断分析

甲公司想要乙公司（私营公司）的商业秘密，于是甲公司派人把乙公司中掌握秘密技术的丙给绑架了，并且拿电锯威胁丙称，不提供商业秘密就把丙的两条腿锯掉，丙因害怕便说出了其所掌握的秘密技术。事后甲公司给了丙 30 万元，丙没有报案。下列说法正确的是？（2022 年仿真题）

① 另有学界观点认为，如果用赝品诈骗他人巨额钱财，仅定侵犯著作权罪难以实现罪刑均衡的，以诈骗罪论处更为妥当——这主要是为了实现罪刑相适应。因为侵犯著作权罪法定最高刑是 10 年有期徒刑，而诈骗罪的法定最高刑为无期徒刑。

A. 甲公司的行为属于以贿赂手段侵犯商业秘密【错误，属于以“胁迫”手段侵犯商业秘密】

B. 丙收取30万元的行为成立受贿罪【错误，丙是公司工作人员，系非国家工作人员】

C. 丙是侵犯商业秘密罪的胁从犯【错误，胁从犯具有一定的意志自由，丙没有意志自由】

D. 甲公司是侵犯商业秘密罪的直接正犯，没有必要认定为间接正犯【正确】

第九节 扰乱市场秩序罪

一、合同诈骗罪【合同诈骗罪 C】

1. 保护法益

本罪在扰乱市场秩序罪一节，侵犯经济秩序法益。

2. 非法占有目的

非法占有目的可以是开始签订合同时产生的，也可以是履行合同过程中产生的。

3. 与相关罪名的区分

与诈骗罪的区分：不能简单地以有无合同为标准。合同诈骗罪中的“合同”不限于书面合同，也包括口头合同，但就合同内容而言，限于经济合同，即合同的文字内容是通过市场行为获得利润。基于同样的理由，至少对方当事人应是从事经营活动的市场主体，否则也难以认定为合同诈骗罪。

与金融诈骗罪的区分：保险诈骗罪、贷款诈骗罪等常通过签订合同的方式实施，会存在金融诈骗罪和合同诈骗罪的竞合。但金融诈骗罪同时侵犯了经济秩序、市场交易秩序及金融管理秩序，是特殊法条，优先适用金融诈骗罪的规定。

二、虚假广告罪【虚假广告罪 E】

1. 行为主体

广告主、广告经营者、广告发布者（代言人不成立本罪）。

2. 行为方式

违反国家规定，利用广告对商品或者服务作虚假宣传，情节严重的行为。

【注意】夸张的手法≠虚假广告。广告通常具有夸大的性质，具有夸大性质的广告不都属于虚假的广告，只有对商品或服务的夸大宣传，足以使一般人陷入认识错误时，才能认为是虚假的广告。

三、非法经营罪【非法经营罪 C】

行为方式主要包括如下：

1. 未经许可经营法律、行政法规规定的专营、专卖物品或者其他限制买卖的物品的。
2. 买卖进出口许可证、进出口原产地证明以及其他法律、行政法规规定的经营许可证或者批准文件的。
3. 未经国家有关主管部门批准非法经营证券、期货、保险业务的，或者非法从事资金支付结算业务的。
4. 在国家规定的交易场所外非法买卖外汇、扰乱市场秩序情节严重。
5. 非法从事出版物的出版、印刷、复制、发行，严重扰乱社会秩序。

6. 违反国家在预防、控制突发传染病疫情等灾害期间有关市场经营、价格管理等规定，哄抬物价、牟取暴利，严重扰乱市场秩序，违法所得数额较大或者有其他严重情节。

7. 违反国家规定，擅自设立互联网上网服务营业场所，或者擅自从事互联网上网服务经营活动，情节严重，构成犯罪。

8. 未经国家批准擅自发行、销售彩票，构成犯罪。

9. 违反国家规定，使用销售点终端机具（POS 机）等方法，以虚构交易、虚开价格、现金退货等方式向信用卡持卡人直接支付现金，情节严重。

10. 未经烟草专卖行政主管部门许可，无生产许可证、批发许可证、零售许可证，而生产、批发、零售烟草制品，情节严重。

11. 以营利为目的，经常性地向社会不特定对象发放贷款，扰乱金融市场秩序，情节严重的，以非法经营罪定罪处罚。

【注意】关于非法经营罪的考题，应明确如下原则：（1）非法经营罪是口袋罪，**能定其他罪名的，尽量不定非法经营罪**；（2）凡是国家限制、禁止经营的，需要**经过（行政）许可**才可以经营的，不经过允许而实施的，都是非法经营罪；（3）非法经营食盐、陈化粮、成品油、黄金等不构成非法经营罪。

四、强迫交易罪【强迫交易罪 E】

1. **行为方式：**以暴力、威胁手段。

2. **强迫交易的内容：**买卖商品、服务，参与或退出投标、拍卖，转让或收购公司、企业股份、债券或其他资产，参与或退出特定的经营活动。（强迫实施与市场交易无关的行为不构成本罪）

3. **与相关罪名的区分**

与抢劫罪的区别：

（1）从事正常商品买卖、交易或者劳动服务的人，以暴力、胁迫手段迫使他人交出与合理价钱、费用相差不大的钱物，情节严重的，以强迫交易罪定罪处罚。

（2）以非法占有为目的，以买卖、交易、服务为幌子，采用暴力、胁迫手段迫使他人交出与合理价钱、**费用相差悬殊的钱物**的，以**抢劫罪**定罪处罚。

五、组织、领导传销活动罪【组织、领导传销活动罪 E】

1. **行为主体**

只处罚组织者、领导者，没有参加者。

2. **罪数问题**

实施故意伤害、非法拘禁、敲诈勒索、妨害公务、聚众扰乱社会秩序、聚众冲击国家机关、聚众扰乱公共场所秩序、交通秩序等行为，构成犯罪的，依照**数罪并罚**的规定处罚。**理由：多个行为。**

六、提供虚假证明文件罪【提供虚假证明文件罪 E】

1. **行为主体**

承担资产评估、验资、验证、会计、审计、法律服务、保荐、安全评价、环境影响评价、环境监测等职责的中介组织的人员。

2. 罪数问题

索取他人财物或者非法收受他人财物，又提供虚假证明文件的，同时构成其他犯罪的（如受贿罪、非国家工作人员受贿罪），**依照处罚较重的规定定罪处罚【不数罪并罚】**。例．律师赵某接受律师事务所指派，为某公司股票上市提供法律意见。赵某在接受该公司的 10 万元财物之后，提供了虚假的法律意见书，导致不具备上市条件的该公司取得上市资格，严重损害股东利益——赵某的行为构成提供虚假证明文件罪和非国家工作人员受贿罪，依照处罚较重的规定定罪处罚。

判断分析

1. 甲冒充房主王某与乙签订商品房买卖合同，约定将王某的住房以 220 万元卖给乙，乙首付 100 万元给甲，待过户后再支付剩余的 120 万元。办理过户手续时，房管局工作人员识破甲的骗局并报警。甲构成合同诈骗罪。【正确】（2017 年第 2 卷第 5 题）

2. 张某到加盟店欲批发 1 万元调味品，见甲态度不好表示不买了。甲对张某拳打脚踢，并说“涨价 2000 元，不付款休想走”。张某无奈付款 1.2 万元买下调味品。甲应以强迫交易罪论处。【正确】（2012 年第 2 卷第 89 题）

主观题延伸拓展

案例 1：甲明知其哥哥乙是黑社会的大哥，从事众多违法犯罪活动，仍利用其专业所学，常年帮乙将黑社会犯罪所得资产跨境转移。甲被相关机关调查时，乙的黑社会性质组织犯罪尚未被依法裁判，但犯罪事实查证属实。

问题：甲的行为如何认定？

案例 2：甲是火车站清洁人员，凌晨下班路过候车区，正好遇到旅客乙用行李箱和皮包占座后急匆匆去洗手间。甲趁四周人少且没人注意，悄悄走近拿走了乙的皮包，包内装有现金 5000 块和一张信用卡。甲回家后将卡交给妻子丙，称该卡是自己在下班路上捡到的，让丙用这张卡去消费，丙信以为真，隔天去商场用该卡消费了 1 万元。（事实一）

问题：如何评价甲的行为？如何评价丙的行为？

案例 3：乙乘坐长途大巴车，看到乘客路人甲下车时将手机落在座位上，乙趁人不备拿起手机，发现手机没有锁。乙尝试几次后猜对支付密码，将甲微信余额中的 3000 元转给自己。乙又打开甲的支付宝，用同样的支付密码从甲支付宝绑定的银行卡中转出 5000 元。乙下车后将手机刷机后留作自用。

问题：如何评价乙的行为？

案例 1—问题：甲的行为如何认定？

答案：甲的行为**成立洗钱罪**。

洗钱罪的对象是上游犯罪所得及其产生的收益，**黑社会性质的组织犯罪是上游犯罪之一**。甲**明知**自己跨境转移的资产是乙黑社会性质的组织犯罪所得，仍实施跨境转移资产的行为。虽然甲被调查时乙的黑社会性质的组织犯罪还未被裁判，但**只要上游犯罪事实查证属实，即使尚未依法裁判**，也**不影响对洗钱罪的认定和审判**。因此甲的行为成立洗钱罪。

案例 2—问题：如何评价甲的行为？如何评价丙的行为？

答案：甲的行为**构成盗窃罪**，丙的行为构成**信用卡诈骗罪**。

（1）甲明知是他人的财物，趁他人短暂离开时偷偷拿走，属于盗窃他人占有的财物，成立盗窃罪。

后又唆使妻子丙使用该盗窃所得的信用卡，根据刑法规定，盗窃信用卡并使用的，依照盗窃罪处罚，因此甲的行为构成盗窃罪。

（2）由于丙不知道该信用卡是甲盗窃来的，主观上没有盗窃的故意，所以丙不成立盗窃罪的共犯。虽然丙发生了错误认识，将盗窃来的信用卡误以为是捡拾来的，但对于冒用他人信用卡丙是有明确认识的，因此丙的行为构成信用卡诈骗罪。

案例3—问题：如何评价乙的行为？

答案：（1）乙拿走甲的手机成立侵占罪。乙将甲遗忘的手机刷机后据为己有，构成侵占罪。

（2）乙转走甲的微信余额成立盗窃罪。乙以非法占有为目的，私自转走他人微信中的余额，属于秘密窃取财物，成立盗窃罪。注意：捡拾手机和窃取手机微信中的余额是两个独立的行为。

（3）对于乙转走甲支付宝绑定的银行卡中的钱，理论上存在两种定性观点：

多数观点认为，转走支付宝/微信等第三方支付工具绑定的银行卡内的钱的行为成立盗窃罪。理由：

第三方支付工具与绑定的银行卡之间具有独立性，乙没有直接使用银行卡，主要是使用支付宝的功能，属于通过支付宝窃取他人财物，应成立盗窃罪。

少数观点认为，转走支付宝/微信等第三方支付工具绑定的银行卡内的钱的行为成立信用卡诈骗罪。理由：

第三方支付工具不具有独立性，在使用第三方支付工具绑定的银行卡时，第三方支付工具仅仅是银行卡使用过程中的一种识别方式，乙行为的本质就是在冒用他人信用卡，应成立信用卡诈骗罪。

KEEP AWAKE

第二十三章 妨害社会管理秩序犯罪

第一节 扰乱公共秩序罪

【袭击警犬案】八筒在机场将正在执行嗅查任务的警犬一脚踢飞。

思考：听说警犬都是有编制的，那么八筒是否构成袭警罪？

——八筒不构成袭警罪。《刑法》第277条第5款（袭警罪）规定："暴力袭击正在依法执行职务的人民警察的，处三年以下有期徒刑、拘役或者管制……"根据该条规定，暴力袭击的对象是"人民警察"，即对象是"人"，警犬不是人，故不构成袭警罪。

一、妨害公务罪与袭警罪【妨害公务罪与袭警罪C】

（一）妨害公务罪

1. 行为对象和行为方式

（1）以暴力、威胁方法：阻碍国家机关工作人员依法执行职务的；阻碍全国人民代表大会和地方各级人民代表大会代表依法执行代表职务的；在自然灾害和突发事件中，阻碍红十字会工作人员依法履行职责的。

（2）非暴力、威胁方法：故意阻碍国家安全机关、公安机关依法执行国家安全工作任务，造成严重后果的。

2. 主观要件

有妨害公务的故意，即明知国家机关工作人员正在执行职务，而故意阻碍。

3. 罪数问题

（1）本罪的法定刑较低，为3年以下有期、拘役、管制或者罚金。以暴力手段妨害公务致人轻伤的，是想象竞合犯，两罪法定刑幅度相同，通常以妨害公务罪定罪。因此，妨害公务罪包容故意伤害（轻伤）。

但是，如果以暴力手段妨害公务致人重伤的，乃至于故意杀人的，最终则应以故意伤害（致人重伤）罪或者故意杀人罪论处。

例．黄某、王某二人从境外走私入境假币150余万元。运载假币的渔船刚一到岸，即被海关缉私人员发现。黄某、王某手持铁棍、匕首将缉私人员打成重伤后携带假币逃走。因为妨害公务罪的暴力行为同时也符合故意伤害致人重伤，想象竞合，择一重，定故意伤害（致人重伤）罪。

（2）实施其他犯罪行为的过程中，又抗拒检查的，原则上要与妨害公务罪数罪并罚，因为行为人实施了两个行为。

但在如下两种情形下，妨害公务的行为，只作为前罪的一个加重处罚情节，不需要数罪并罚：

①走私、贩卖、运输、制造毒品过程中以暴力抗拒检查的——《刑法》第三百四十七条的走私、贩卖、运输、制造毒品罪。

【注意】普通走私罪没有包容妨害公务，同时触犯两罪要并罚。

②组织、运送他人偷越国（边）境过程中以暴力、威胁方法抗拒检查的——《刑法》第三百一十八条、第三百二十一条组织、运送他人偷越国（边）境罪。

（二）袭警罪

暴力袭击正在依法执行职务的人民警察的，构成袭警罪。

1. 行为方式：是暴力袭击，不包括暴力相威胁、胁迫。

2. 行为对象：正在执行公务的警察本人，不包括警察使用的执法器具。袭击正在执行公务的警察所使用的执法器具来阻碍公务执行的，虽不能构成袭警罪，但可以构成妨害公务罪。

例 1. 八筒在路边停车去买烟，2 分钟后八筒出来发现一交巡警正在开罚单，八筒踢翻交巡警的摩托想阻止其开罚单。八筒没有对警察本人实施暴力，不构成袭警罪，但八筒属于使用暴力故意阻碍国家机关工作人员依法执行公务，构成妨害公务罪，同时也可能触犯了故意毁坏财物罪。

例 2. 本节开头的袭击警犬案中，虽然不能将“警犬”解释为“警察”，但可以将“警犬”解释为“执法器具”，所以八筒通过对警察的执法器具“警犬”实施暴力的方式故意阻碍公务执行，构成妨害公务罪。

判断分析

下列哪一行为应以妨害公务罪论处？（2016 年第 2 卷第 19 题）

A. 甲与傅某相互斗殴，警察处理完毕后让各自回家。傅某当即离开，甲认为警察的处理不公平，朝警察小腿踢一脚后逃走【错误，因为已经处理完毕甲与傅某的斗殴事件，甲此时踢警察的行为，并未阻碍警察执行职务，故不构成本罪】

B. 乙夜间入户盗窃时，发现户主戴某是警察，窃得财物后正要离开时被戴某发现。为摆脱抓捕，乙对戴某使用暴力致其轻微伤【错误，此时戴某的身份并非国家机关工作人员，其也并非执行职务，而是对正在进行的不法侵害的正当防卫。乙构成转化的抢劫罪】

C. 丙为使其弟逃跑，将前来实施行政拘留的警察打倒在地，其弟顺利逃走【正确】

D. 丁在组织他人偷越国（边）境的过程中，以暴力方法抗拒警察检查【错误，成立组织他人偷越国边境罪，妨害公务的行为，只作为一个加重处罚情节】

二、招摇撞骗罪【招摇撞骗罪 C】

1. 行为结构：冒充国家机关工作人员 + 招摇撞骗。

2. 保护法益

本罪是扰乱公共秩序的犯罪，因此，骗取的内容是爱情、职位、荣誉、资格、财物等。骗取大量财物的，则与诈骗罪竞合，择一重罪处罚。

3. **冒充对象**

国家机关工作人员。可以是非国家机关工作人员冒充国家机关工作人员、下级冒充上级、此国家机关工作人员冒充其他国家机关的工作人员。

如果行为人冒充非国家机关工作人员如高干亲属、烈士子弟等进行招摇撞骗活动的，不能构成本罪，可能构成诈骗罪或者其他犯罪。

冒充人民警察招摇撞骗的，从重处罚。

冒充军人招摇撞骗，定冒充军人招摇撞骗罪。

判断分析

甲男以嫖娼为名网约乙女，甲男携带电棍，以印有警察字样的钱包冒充警察工作证，以乙女从事卖淫违法行为为由，责令乙女缴纳2000元罚款。甲男构成招摇撞骗罪。【正确】(2020年仿真题)

三、针对公文、证件、印章类犯罪【证件印章类、考试作弊类犯罪E】

（一）国家机关公文、证件、印章相关类犯罪

1. **罪名**——伪造、变造、买卖国家机关公文、证件、印章罪

2. **侵害法益**：国家机关公文、证件、印章的公共信用。

3. **行为方式**

（1）伪造。伪造公文、证件，包括伪造“原件”，也包括伪造真实原件的复印件。

伪造印章，是指私刻公章，或者伪造足以使一般人误认为是真实印章的印影（如用红笔描绘公章印影）。

【注意】伪造的对象可以是虚构的。例.我国根本没有内务部，但伪造“中华人民共和国内务部”印章，也构成本罪。

（2）变造。这是指对真实的国家机关公文、证件、印章进行加工，改变其非本质内容的行为，如果改变了公文、证件、印章的本质部分，则应认定为伪造。

（3）买卖。买卖的对象，包括真实的公文、证件、印章，也包括伪造、变造的公文、证件、印章。卖，包括先买后卖，也包括单纯的卖出。买，包括为卖出而买进，也包括为自己使用而买进。

4. **罪数问题**

第一，本罪是选择性罪名，可分拆使用。同时实施上述行为的，也只认定为一罪，不实行数罪并罚。

第二，实施本罪后，又利用该公文、证件、印章实施其他犯罪，具有牵连关系的，一般择一重罪论处。例.甲伪造交通部门印章制作假的罚款单，骗乙交付罚款的行为，成立伪造国家机关公文、印章罪和诈骗罪，从一重罪处罚。

5. **与相关罪名的区分**

（1）伪造公司、企业、事业单位、人民团体印章的，成立伪造公司、企业、事业单位、人民团体印章罪。

（2）对于伪造高等院校印章制作学历、学位证明的行为，以伪造事业单位印章罪定罪处罚。

（二）身份证件类犯罪

1. 伪造、变造、买卖身份证件罪

（1）行为对象

第一，这些证件都是国家机关制作的证件。换言之，本罪是伪造、变造、买卖国家机关证件罪的一个特殊罪名，二者是法条竞合关系。

第二，对这些身份证件做广义理解，不仅包括居民身份证，还包括护照、社会保障卡、驾驶证等依法可以用于证明身份的证件。

【注意】国家机关制作的，仅供内部使用，用以证明身份的证件，例如工作证、出入证，不是这里的身份证件。

（2）行为方式

包括伪造、变造、买卖。

【注意】买卖：第一，买卖的对象，包括真实的身份证件，也包括伪造、变造的身份证件。第二，买卖的方式。卖，包括先买进后卖出，也包括单纯的卖出。买，包括为卖出而买进，也包括为自己使用而买进。

（3）罪数问题：实施本罪后，又利用该身份证件实施其他犯罪，具有牵连关系的，属于牵连犯，从一重罪处罚。例．伪造身份证件后又冒名顶替的，成立伪造身份证件罪和冒名顶替罪的牵连犯，从一重罪处罚。

2. 使用虚假身份证件罪、盗用身份证件罪

（1）使用的领域：依照国家规定应当提供身份证明的活动中。例．办理户口登记、婚姻登记、出入境手续、银行汇款等。

（2）行为对象

使用的对象是虚假的身份证件。盗用的对象是他人真实的身份证件。

（3）罪数问题

本罪刑罚轻，而且会和其他罪构成牵连犯关系，如果使用虚假身份证只是手段，目的是其他更严重犯罪，一般只需要定其他重罪即可，如使用假身份证诈骗，只定诈骗罪。

（三）冒名顶替罪

1. 行为方式：盗用、冒用他人身份 + 顶替他人取得高等学历教育入学资格、公务员录用资格、就业安置待遇。

2. 加重情节：组织、指使他人进行的，从重处罚。

3. 罪数问题

（1）国家工作人员犯本罪，还涉及其他犯罪的，数罪并罚。

（2）冒名顶替他人的就业安置待遇（为了骗钱）时，与诈骗罪构成想象竞合。

判断分析

甲承租乙的房屋后，伪造身份证与房产证交与中介公司，中介公司不知有假，为其售房给不知情的丙，甲获款300万元。(2010年第2卷第19题）

A. 甲的行为触犯了伪造居民身份证罪与伪造国家机关证件罪，同时是诈骗罪的教唆犯【错误，中介

公司并没有和甲串通，没有诈骗故意，故不是共犯，甲也不是教唆犯】

B. 甲是诈骗罪、伪造居民身份证罪与伪造国家机关证件罪的正犯【正确，甲是伪造居民身份证罪与伪造国家机关证件罪的直接正犯。甲利用不知情的中介公司实施了诈骗行为，成立诈骗罪的间接正犯】

C. 伪造居民身份证罪、伪造国家机关证件罪与诈骗罪之间具有牵连关系【正确，伪造证件的行为是手段行为，诈骗行为是目的行为】

D. 由于存在牵连关系，对甲的行为应以诈骗罪处罚【正确】

四、非法获取国家秘密罪【其他妨害社会秩序罪（文物、国边境犯罪等）E】

（一）保护法益

本罪的法益是社会秩序，因此，本罪的国家秘密，可以和国家安全相关，如我国的核导弹部署，也可以和国家安全没有关系，如高考试卷、法考试卷。

（二）主观、行为

主观：本罪的责任形式为故意，行为人必须认识自己非法获取的是或者可能是国家秘密。

行为：以窃取、刺探、收买方法非法获取国家秘密的行为。

五、考试作弊类相关犯罪【证件印章类、考试作弊类犯罪 E】

（一）保护法益

法律规定的国家考试秩序。因此，这里的考试是指全国人民代表大会及其常务委员会制定的法律所规定的考试。地方或者行业按照法律规定组织的考试，也属于我国法律规定的国家考试。例．依据公务员法、法官法、教育法、执业医师法、注册会计师法、道路交通安全法等组织的考试（但不包括国外的考试，如托福、雅思等）。

（二）行为主体和行为方式

1. **组织者**——在法律规定的国家考试中组织作弊，以及为组织作弊提供作弊器材或者其他帮助行为的，成立组织考试作弊罪。注意，本罪处罚的是组织者。自己作弊无罪。

2. **代替者**——代替他人参加法律规定的国家考试的，成立代替考试罪。

3. **自己**——让他人代替自己参加法律规定的国家考试的，成立代替考试罪。

4. **中介者**——在不特定应考者和替考者之间从事中介服务的，成立组织考试作弊罪。

5. **非法出售、提供试题、答案者**——非法出售或者提供法律规定的国家考试的试题、答案的，成立非法出售、提供试题、答案罪。

（三）罪数问题

1. 为了组织考试作弊、代替考试而伪造、变造身份证件的，属于组织考试作弊罪、代替考试罪与伪造、变造身份证件罪的牵连犯，从一重罪论处。

2. 以窃取、刺探、收买方法非法获取法律规定的国家考试的试题、答案，又非法出售或者提供该试题、答案的，应以非法获取国家秘密罪和非法出售、提供试题、答案罪数罪并罚。

六、聚众斗殴罪【聚众斗殴、寻衅滋事、聚众扰乱社会秩序罪 C】

（一）处罚对象与行为方式

本罪处罚的对象：首要分子和其他积极参加者。

本罪行为方式：聚集多人（至少一方人数为 3 人及以上）攻击对方身体或相互攻击对方身体的行为。

（二）共犯问题

聚众者和参加者之间形成共犯关系，但参加者之间不一定形成共犯关系。

（三）转化犯问题

致人重伤、死亡的，转化为故意伤害罪或故意杀人罪（法律拟制）。

1. 行为人在斗殴过程中并无杀人故意，客观上致人重伤、死亡的，主观上具有预见可能性的，就成立故意伤害罪、故意杀人罪。其中“人”包括对方成员与本方成员。

2. 该规定仅适用于直接造成死亡的斗殴者和首要分子，对其他参与者不适用；倘若不能查明死亡原因，也不宜将所有的斗殴者均认定为故意杀人罪，仅对首要分子适用该规定。

判断分析

1. 2016 年 4 月，甲利用乙提供的作弊器材，安排大学生丙在地方公务员考试中代替自己参加考试。但丙考试成绩不佳，甲未能进入复试。关于本案，下列哪些选项是正确的？（2016 年第 2 卷第 60 题）

A. 甲组织他人考试作弊，应以组织考试作弊罪论处【错误，甲安排他人替自己作弊参加考试的，不是“组织考试作弊”的行为，因此甲不构成组织考试作弊罪】

B. 乙为他人考试作弊提供作弊器材，应按组织考试作弊罪论处【错误，因为该案没有组织考试作弊的行为】

C. 丙考试成绩虽不佳，仍构成代替考试罪【正确】

D. 甲让丙代替自己参加考试，构成代替考试罪【正确，代替考试罪是对向犯，应考人与替考人双方均成立犯罪，且罪名一样】

2. 首要分子甲通过手机指令所有参与者“和对方打斗时，下手重一点”。在聚众斗殴过程中，被害人被谁的行为重伤致死这一关键事实已无法查明。关于本案的分析，下列哪一选项是正确的？(2014 年第 2 卷第 20 题）

A. 对甲应以故意杀人罪定罪量刑【正确】

B. 甲是教唆犯，未参与打斗，应认定为从犯【错误，甲是该案的首要分子】

C. 所有在现场斗殴者都构成故意杀人罪【错误】

D. 对积极参加者按故意杀人罪定罪，对其他参加者按聚众斗殴罪定罪【错误，在不能查明死亡原因的情况下，不宜将所有的斗殴者均认定为故意杀人罪，仅应对首要分子以故意杀人罪定罪处罚】

七、寻衅滋事罪【聚众斗殴、寻衅滋事、聚众扰乱社会秩序罪 C】

（一）行为方式

1. 随意殴打他人，情节恶劣的；

2. 追逐、拦截、辱骂、恐吓他人，情节恶劣的；
3. 强拿硬要或者任意损毁、占用公私财物，情节严重的；
4. 在公共场所起哄闹事，造成公共场所秩序严重混乱的（包括网络编造、散布虚假信息）。

（二）与相关罪名的区分

如寻衅滋事同时触犯故意杀人罪、故意伤害罪、故意毁坏财物罪、敲诈勒索罪、抢夺罪、抢劫罪等，属于想象竞合，择一重罪定罪处罚。

八、催收非法债务罪【黑社会、赌博类犯罪 C】

1. 行为方式

用非法的方式催收非法债务。非法债务限于因高利贷或赌博等产生的非法债务，催收合法债务以及催收高利贷中的本金和合法利息的，不成立本罪。

2. 罪数问题

如果在催收过程中，有故意伤害、非法拘禁等行为属于想象竞合。

九、组织、领导、参加黑社会性质组织罪【黑社会、赌博类犯罪 C】

（一）黑社会性质组织的界定

1. 组织性：形成较稳定的犯罪组织，人数较多，有明确的组织架构及人员。
2. 经济性：有组织地通过违法犯罪活动或者其他手段获取经济利益，具有一定的经济实力，以支持该组织的活动。
3. 暴力性 / 破坏性：以暴力、威胁或者其他手段，有组织地多次进行违法犯罪活动。
4. 控制性：通过实施违法犯罪活动，或者利用国家工作人员的包庇或者纵容，称霸一方，在一定区域或者行业内，形成非法控制或者重大影响，严重破坏经济、社会生活秩序。

（二）罪数问题

实施本罪，又实施了具体的故意杀人、故意伤害等犯罪行为的，数罪并罚。

（三）处罚

1. 组织者、领导者，应当按照其所组织、领导的黑社会性质的组织所犯的全部罪行处罚。
2. 国家机关工作人员组织、领导、参加黑社会性质的组织的，从重处罚。

十、投放虚假危险物质罪，编造、故意传播虚假恐怖信息罪，编造、故意传播虚假信息罪【其他妨害社会秩序罪（文物、国边境犯罪等）E】

1. 行为对象

虚假危险物质 / 虚假恐怖信息 / 虚假信息。其中“恐怖信息”必须具有一定的危害性、恐怖性，即会严重扰乱社会秩序，花边新闻等不算。

2. 行为方式

“编造”是编造虚假的恐怖信息，向特定人或者少数人传达的情形；**“故意传播”**是指故意向不特定的人或者多数人传达虚假恐怖信息的情形。编造与传播都是本罪的**实行行为**。

3. **主观要件**：明知是虚假信息。

4. **犯罪形态**：只要严重扰乱社会秩序则既遂。

例．甲利用技术手段给在机场的人群发短信，谎称“3架飞机上有炸弹”，机场立即紧急疏散乘客，对飞机进行地毯式安检，其后，甲悔悟又给机场打电话说了实情，机场停止了人员疏散。甲属于编造、故意传播虚假恐怖信息罪既遂。

十一、高空抛物罪【高空抛物罪C】

【抛台球案】八筒吃饭时将一个臭鸡蛋从五楼扔下（行为1）。饭后握着两个台球在马路上遛弯，看到有移动公司工人在四五米深的井下布置电缆，便将台球丢进井中（行为2）。八筒又向前走，一熊孩子拿呲水枪呲了八筒一裤子水并嘲讽八筒尿裤子，八筒便在熊孩子头顶向上抛台球（行为3），将熊孩子砸成轻伤。

思考：八筒的三个行为都构成高空抛物罪吗？提示:《刑法》第二百九十一条之二规定，从建筑物或者其他高空抛掷物品，情节严重的，构成高空抛物罪。

——行为1、行为2都属于从高处向下抛掷物品，构成高空抛物罪。行为3是向上抛物，不满足高空抛物的条件，不构成高空抛物罪，构成故意伤害罪。

1. **保护法益**

本罪扰乱的是**社会秩序**，因此不需要造成人身损害的严重后果就可以成立。

2. **行为方式**

对高空要做扩大解释，指从**高处向下**抛掷物品，**强调抛出点与降落点之间存在落差**（2层楼或3米左右的落差）。但**不包括向上抛掷物品**，这超出了法条用语的可能含义。

例．从楼上、树上、直升机上向下抛物；从井口、下水道口、垂直洞口等向下抛物。

3. **罪数问题**

本罪刑罚较轻（最高1年有期），同时构成其他犯罪，如过失致人死亡罪、危害公共安全罪、故意杀人罪、故意伤害罪等的，**择一重罪**定罪处罚。

判断分析

《刑法》第二百九十一条之二规定“从建筑物或者其他高空抛掷物品，情节严重的，处一年以下有期徒刑、拘役或者管制，并处或单处罚金”。根据上述法条，下列说法正确的是？（2021年仿真题）

A. 高空抛物罪仅从高空抛下，才可定罪【错误，高空应扩大解释为高处，站在地面向井下抛掷物品亦属于本罪的规制范围】

B. 行为人站在地面向上抛物品时，物品从高空掉落也构成高空抛物罪【错误，向上抛超出了法条用词的可能含义】

C. 在建筑物抛掷物品不需要满足高空的要求【错误，高空是核心，如果建筑物很低（1层），就不

会构成本罪】

D. 抛掷的物品不需要满足足以致人重伤的重量和大小【正确，本罪法益是社会秩序】

十二、赌博罪，开设赌场罪，组织参与国（境）外赌博罪【黑社会、赌博类犯罪 C】

【微信“游戏”案】八筒建了个微信群，广邀几个村的汉子进群玩“游戏”，设定“游戏”规则：一个人发拼手气红包时设定一个数字，抢红包的诸多人中，抢得红包数额的尾数与发红包的人设定的数字相同时，就要按抢得红包数额的2倍返还给发红包的人，八筒每次抽成20元。若有人玩不起耍赖八筒会出面找其“聊聊”。由于“游戏”方式新颖刺激，大家不亦乐乎地玩了大半年。

思考：八筒是否构成犯罪？

——八筒构成开设赌场罪。这种抢红包就是一种新型赌博方式，八筒建微信群并管理、抽成，就是建立了一种新型的“线上赌场”。

（一）赌博罪

赌博：用财物（含财产性利益）赌偶然性的输赢。

1. 行为方式

（1）聚众赌博。即纠集多人从事赌博，但没有开设赌场（开设赌场的行为被独立规定为开设赌场罪）。

（2）以赌博为业。即将赌博作为职业或者兼业。

2. 主观要件：必须以营利为目的。

3. 与相关罪名的区分

（1）赌博是输赢具有偶然性的行为，如果输赢在赌博之前已经确定，设局坑人构成诈骗罪。

（2）通过赌博或者为国家工作人员赌博提供资金的形式实施行贿、受贿行为，构成犯罪的，依照刑法关于贿赂犯罪的规定定罪处罚。

4. 共犯问题：明知他人实施赌博犯罪活动，而为其提供资金、计算机网络、通讯、费用结算等直接帮助的，以赌博罪的共犯论处。

（二）开设赌场罪

1. 行为方式：设立并控制、支配供他人赌博的场所的行为。

【注意】除了传统的线下赌场，“线上赌场”的形式也层出不穷，如设立赌博网站、App等。

2. 此罪与彼罪：

（1）未经国家批准擅自发行、销售彩票，构成犯罪的，以非法经营罪定罪处罚。

（2）以营利为目的，在计算机网络上建立赌博网站，或者为赌博网站担任代理，接受投注的，属于《刑法》第三百零三条规定的“开设赌场”。

（三）组织参与国（境）外赌博罪

行为方式：组织中华人民共和国公民参与国（境）外赌博，数额巨大或有其他严重情节。

其中的“组织”并不要求形成集团犯罪与其他形式的共同犯罪，只要行为人通过引诱、招揽等方式使中华人民共和国公民参与国（境）外赌博的，就属于“组织”。所谓参与国（境）外赌博，既包括被组织者前往国（境）外的赌场参与赌博，也包括被组织者在境内通过网络电信等方式参与国（境）外赌场的赌博。

十三、传授犯罪方法罪【其他妨害社会秩序罪（文物、国边境犯罪等）E】

与相关罪名的区分：

不同点	教唆犯罪	传授犯罪方法罪
1. 客观行为	使无犯罪意思的人产生犯罪的决意	将犯罪的方法、技巧传给他人，至于他人是否去实施犯罪，在所不问
2. 故意内容	对所教唆的犯罪具有故意，希望他人实施被教唆的犯罪	对传授犯罪方法具有故意，对他人是否实施犯罪在所不问
3. 成立共同犯罪的情况	如果被教唆的人犯被教唆的罪，则二者成立共犯	即使被传授的人按照所传授的方法实施了犯罪，二者也不一定成立共犯
4. 罪数	教唆多个罪，数罪并罚	传授多个犯罪的方法，也只定一个传授犯罪方法罪
5. 两罪关系	同时针对一个犯罪，传授犯罪方法＋教唆他人犯该罪，属于传授犯罪方法罪与该罪教唆犯竞合，择一重罪定罪处罚	

十四、计算机、信息系统类犯罪【计算机、信息网络类犯罪 A】

（一）非法侵入计算机信息系统罪、非法获取计算机信息系统数据、非法控制计算机信息系统罪

1. 非法侵入计算机信息系统罪

（1）对象：国家事务、国防建设、尖端科学技术领域的计算机信息系统；

（2）情节：不要求情节严重，实施侵入行为即构成本罪。

2. 非法获取计算机信息系统数据、非法控制计算机信息系统罪

（1）对象：一切计算机系统；

（2）情节：要求“情节严重”。

（二）破坏计算机信息系统罪

1. **行为方式：**采用删除、修改、干扰、植入病毒等方式，造成计算机信息系统不能正常运行。本罪对象是计算机信息系统，只能进行技术性破坏，如果是物理性破坏，定故意毁坏财物罪。例．购物平台卖家意图删除关于所卖商品的差评，冒用购物买家身份进入网站内部评价系统删改购物评价。

2. 智能手机终端属于刑法保护的计算机信息系统。

（三）帮助信息网络犯罪活动罪

1. 主观要件、行为方式

要求明知他人利用信息网络实施犯罪，仍为其犯罪提供互联网接入、服务器托管、网络存储、通讯

传输等技术支持，或者提供广告推广、支付结算等帮助。

2. **性质：**《刑法修正案（九）》**对帮助行为规定了独立的罪名及法定刑**，但仍然要坚持**共犯从属性理论**。即**被帮助者必须实施了特定的犯罪行为**，帮助行为才能被认定为帮助信息网络犯罪活动罪（**相对正犯化**）。但被帮助对象的犯罪尚未到案、尚未依法裁判或因未达到刑事责任年龄等原因未依法追究刑事责任的，**不影响**帮助信息网络犯罪活动罪的认定。

例．甲知道乙想实施电信诈骗，仍然将自己的多张银行卡借给乙"走账"。但最终乙害怕了，未实施电信诈骗行为。按照共犯从属性，由于乙没有实行诈骗，故甲不构成帮助信息网络犯罪活动罪。

3. **罪数问题**

明知他人利用信息网络实施犯罪，仍然提供帮助的，构成本罪与相关犯罪的共犯，依照处罚较重的规定定罪处罚。

例．甲知道乙想实施电信诈骗，仍然将自己的多张银行卡借给乙"走账"。后乙果真实施了电信诈骗。甲构成诈骗罪的共犯、帮助信息网络犯罪活动罪，想象竞合择一重罪处罚。

（四）非法利用信息网络罪

1. **行为方式**

为实行犯罪而非法**在信息网络上发布信息做准备**且**情节严重**的行为。本罪实质上是将部分犯罪的预备行为提升为实行行为。

本罪要求情节严重才成立犯罪，故利用信息网络发布一般违法信息的，不以犯罪论处，否则会导致处罚范围过大，不符合罪刑法定主义的精神。

2. **行为类型**

（1）设立用于实施**诈骗**、**传授犯罪方法**、制作或者销售**违禁物品、管制物品**等违法犯罪活动的网站、通讯群组，情节严重的；

（2）发布有关制作或者销售**毒品、枪支、淫秽**物品等违禁物品、管制物品或者其他违法犯罪信息，情节严重的；

（3）为实施**诈骗**等违法犯罪活动发布信息，情节严重的。

判断分析

关于帮助信息网络犯罪活动罪及相关犯罪的认定，下列选项说法正确的是？（2023 年仿真题）

A. 甲明知肖某使用银行卡用于电信诈骗而提供银行卡，肖某也用于电信诈骗的，甲的行为仅成立帮助信息网络犯罪活动罪【错误，甲的行为除了成立帮助信息网络犯罪活动罪外，还与诈骗罪存在竞合，应当择一重罪处罚，认定为诈骗罪的帮助犯】

B. 乙以为徐某使用银行卡用于开设网络赌场而提供银行卡，但是无法查清徐某是否用于犯罪，乙的行为成立帮助信息网络犯罪活动罪【错误，认定帮助信息网络犯罪活动罪，至少要查明对方利用电信网络实施了犯罪】

C. 丙以为蒋某使用银行卡用于开设网络赌场而提供银行卡，但是蒋某用于电信诈骗的，丙的行为成立诈骗罪的帮助犯【错误，丙不知道蒋某要实施电信诈骗，不构成诈骗罪的帮助犯，只成立帮助信息网络犯罪活动罪】

D. 丁以为陈某使用银行卡要用于电信诈骗而提供银行卡，但是陈某并未实施犯罪的，丁的行为不成立犯罪【正确】

第二节　妨害司法罪

一、伪证类犯罪【伪证罪 C；妨害作证罪 C；帮助毁灭、伪造证据罪 C】

（一）基本原理

犯罪分子本人，因为不具有期待可能性，原则上不构成伪证类犯罪（但可以构成妨害作证罪）[①]。

在犯罪结束前，有人加入帮助毁灭证据、伪造证据等，成立共同犯罪；犯罪结束后，在司法程序阶段，包括立案、侦查、起诉及审判过程中，如果有人加入妨害了司法程序，则成立相关的妨害司法类犯罪。

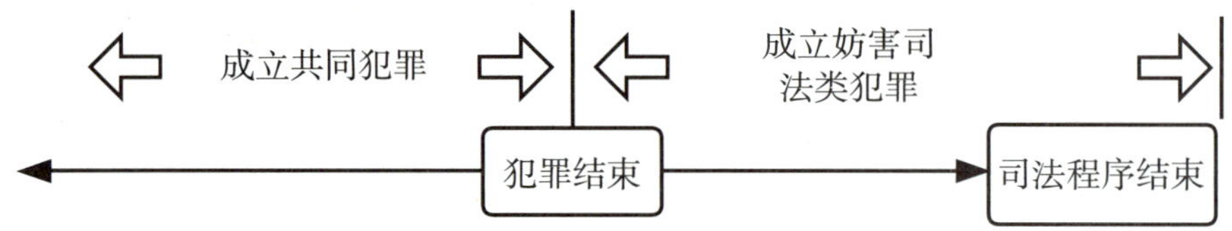

【判断思路图】

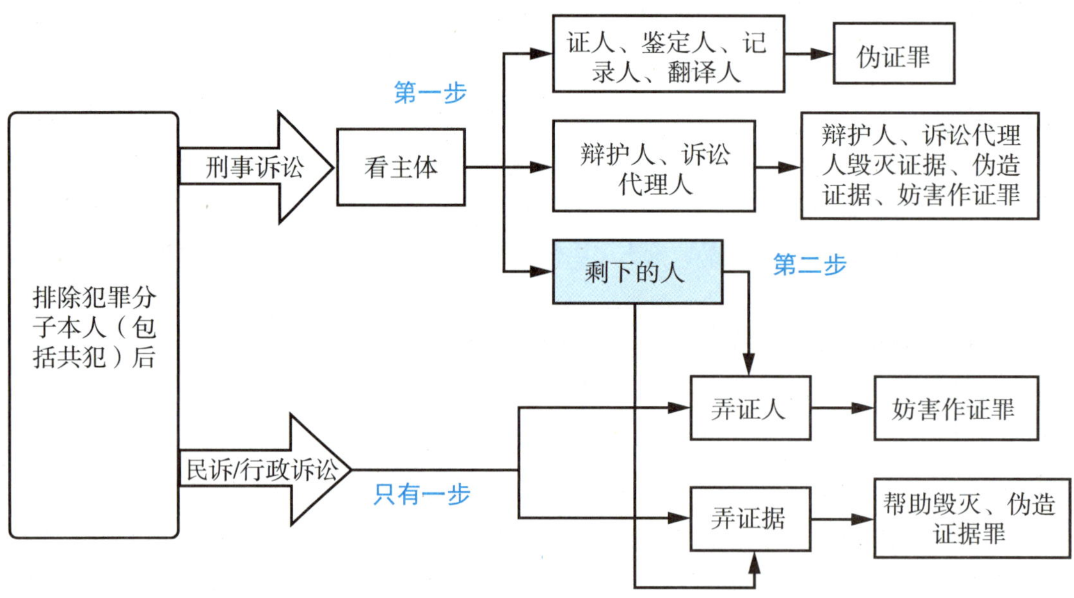

例．甲犯罪后因担心被抓坐牢，先后找到甲母、辩护人，要求他们帮自己脱罪。于是甲母找到证人，以 50 万封口费让证人答应做假证，辩护人在甲的指使下偷偷将尚未被公安机关发现的作案工具销毁。甲母以贿买方式针对人证，成立妨害作证罪；辩护人成立辩护人毁灭证据罪；证人成立伪证罪。

① 犯罪嫌疑人、被告人采取一般的嘱托、请求、劝诱等方法阻止他人作证或者指使他人作伪证的，因缺乏期待可能性，而不以妨害作证罪论处。但是，如果犯罪嫌疑人、被告人采取暴力、威胁、贿买等方法阻止他人作证或者指使他人作伪证的，并不缺乏期待可能性，宜认定为妨害作证罪（但量刑时可考虑从轻）。

（二）与相关罪名的区分

罪名	发生阶段	主体	行为方式
伪证罪	刑事诉讼	证人、鉴定人、记录人、翻译人	对与案件有重要关系的情节，故意作虚假证明、鉴定、记录、翻译
辩护人、诉讼代理人毁灭证据、伪造证据、妨害作证罪	刑事诉讼	辩护人、诉讼代理人	1. 毁灭、伪造证据 2. 帮助犯罪嫌疑人、被告人毁灭、伪造证据 3. 威胁、引诱证人违背事实改变证言或者作伪证
妨害作证罪	各类诉讼	**一般主体**	以暴力、威胁、贿买等方法阻止证人作证或指使他人作伪证 【**注意** 1】行为人在刑事诉讼中指使证人作伪证的，不定伪证罪共犯，直接定本罪即可 【**注意** 2】犯罪嫌疑人、被告人采取**一般的嘱托、请求、劝诱等方法**阻止他人作证或者指使他人作伪证的，因缺乏期待可能性，而不以妨害作证罪论处。但是，如果犯罪嫌疑人、被告人采取**暴力、威胁、贿买等方法**阻止他人作证或者指使他人作伪证的，并不缺乏期待可能性，宜认定为妨害作证罪（但量刑时可考虑从轻）
帮助毁灭、伪造证据罪	各类诉讼	**一般主体**	1. 行为人单独为当事人毁灭、伪造证据 2. 行为人与当事人共同毁灭、伪造证据或行为人为当事人毁灭、伪造证据提供便利条件 3. 行为人唆使当事人毁灭、伪造证据（此时不是教唆犯，而是实行犯）

二、虚假诉讼罪【其他妨害司法罪（虚假诉讼罪等）C】

（一）行为方式

捏造事实提起虚假的民事诉讼（无中生有）。例．捏造夫妻共同债务、捏造债权债务关系、捏造公司企业债务或担保义务、捏造知识产权侵权关系或不正当竞争关系等，提起民事诉讼。

【**注意**】“民事诉讼”包括刑事附带民事诉讼、执行程序，不包括仲裁。“捏造的事实”必须是足以影响公正裁决的事实，捏造对公正裁决、诉讼结果没有影响的事实，不构成本罪。

（二）与相关罪名的区分

与诬告陷害罪的区别：虚假诉讼罪是虚假的**民事诉讼**；诬告陷害罪是虚假的**刑事诉讼**。

（三）罪数问题

1. 实施本罪，非法占有他人财产或者逃避合法债务，同时又构成诈骗罪，职务侵占罪，拒不执行判决、裁定罪，贪污罪等犯罪的，属于想象竞合，**依照处罚较重的规定定罪，从重处罚**。例．行为人通过伪造证据等方法提起民事诉讼欺骗法官，导致法官做出错误判决，使他人交付财物或者处分财产，行为人非法占有他人财产或者逃避合法债务的，这是典型的三角诈骗。在这种场合下，法官是受骗者，遭受财产损失的是受害者。

2. 司法工作人员利用职权，与他人共同实施本罪的，依照本罪从重处罚；同时构成滥用职权罪，民事枉法裁判罪，执行判决、裁定滥用职权罪等犯罪的，依照处罚较重的规定从重处罚。

例．甲和老同学法官乙勾结，由甲捏造事实提起虚假诉讼，乙做枉法裁判，共同非法占有丙的财产。二人平分了100万元。甲、乙构成虚假诉讼罪、民事枉法裁判罪、盗窃罪的共同犯罪。

三、窝藏、包庇罪【窝藏、包庇罪 A】

（一）行为主体

1. 犯罪分子以外的人

（1）事前通谋的，以前罪的共犯论处。

（2）共同犯罪人之间的相互窝藏、包庇行为不以犯罪论处。

2. 旅馆业、饮食服务业、文化娱乐业、出租汽车业等单位的人员，在公安机关查处卖淫、嫖娼活动时，为违法犯罪分子通风报信，情节严重的，以包庇罪论处。【法律拟制，卖淫嫖娼本身无罪】

（二）行为对象

"犯罪的人"。应做扩大解释，只要是客观上实施了犯罪行为的人即可。如窝藏、包庇精神病、未到刑事责任年龄的人也可以成立本罪（因为窝藏、包庇这些人也会妨害侦查和诉讼，影响司法秩序）。

（三）行为方式

1. 窝藏

主要是发生在行为人与犯罪的人之间。即为犯罪人提供隐藏处所、财物，帮助犯罪人逃匿。（包括为犯罪的人化妆、换衣服，提供逃走的资金、伪造的身份证，向犯罪的人通报侦查或者追捕的动向等）。窝藏行为的特点是妨害公安、司法机关发现犯罪的人。

保证人在犯罪的人取保候审期间，协助其逃匿，或者明知犯罪的人的藏匿地点、联系方式，但拒绝向司法机关提供的，构成窝藏罪。①

2. 包庇

包庇罪是作为犯罪，主要是发生在行为人与司法机关之间。指作假证明，向司法机关提供虚假的证明材料，为犯罪分子掩盖罪行或者开脱、减轻罪责（主要是针对犯罪事实）。单纯知情不举不成立包庇罪。

在司法机关追捕的过程中，行为人出于某种特殊原因为了使犯罪人逃匿，而自己冒充犯罪的人向司法机关投案或者实施其他使司法机关误认为自己为犯罪人的行为的，成立包庇罪，即"顶包"。

负有查禁违法犯罪行为职责的人员，明知他人是犯罪人或有犯罪行为发生而不依法履行查禁职责的，可能构成玩忽职守罪或帮助犯罪分子逃避处罚罪。

【总结】包庇是向司法机关积极做假证明，除此之外都是窝藏。窝藏针对的是犯罪的人；包庇针对

① 参见：2021年最高人民法院、最高人民检察院发布《关于办理窝藏、包庇刑事案件适用法律若干问题的解释》第一条。

的是犯罪的事实情况。窝藏行为存在于窝藏者与犯罪行为人之间，包庇行为主要存在于包庇者与司法机关之间。

（四）主观要件

故意，即明知是犯罪的人而予以窝藏、包庇的主观心理状态。如果确实不知是犯罪的人，或不是出于帮助其逃避处罚的目的，则不构成本罪。

（五）罪数问题

1. 包庇、纵容黑社会性质组织罪，包庇毒品犯罪分子罪，窝藏、转移、隐瞒毒品、毒赃罪和本罪是法条竞合关系，遵循特殊法优先原则。

2. 为同一个犯罪的人实施窝藏、包庇行为，又实施洗钱、掩饰、隐瞒犯罪所得及收益、帮助毁灭证据、作伪证的，不数罪并罚，依照处罚较重的犯罪定罪，并从重处罚。

四、掩饰、隐瞒犯罪所得、犯罪所得收益罪【掩饰、隐瞒犯罪所得罪 C】

（一）行为主体和行为对象

1. 单位可以构成本罪。

2. 犯罪分子以外的人（与犯罪人事前通谋的，以有关犯罪的共犯论处），如果掩饰、隐瞒本人所得的赃物，属于事后不可罚的行为。

3. 本罪的行为对象：犯罪所得的赃物及其产生的收益（不包括犯罪工具）。

（1）本罪的行为对象是“犯罪”所得和收益，因此，若上游行为不构成犯罪，掩饰、隐瞒上游行为的所得和收益的，不可能构成本罪。

例．甲盗窃了一个价值 888 元的镯子，杂货店老板乙代为销售，以三寸不烂之舌将镯子以 8888 元卖出。甲未达盗窃数额标准，不构成盗窃罪，即便乙以高价卖出，仍然不构成掩饰、隐瞒犯罪所得罪，可能构成诈骗罪。

（2）只要明知是犯罪所得，并实施了掩饰、隐瞒犯罪所得、犯罪所得收益行为，即便销赃所得和收益很少（甚至没收益），也构成本罪。

例．女流氓甲抢劫了一部最新款手机，丈夫乙知道是赃物，仍去卖手机换钱，结果乙被买家识破威胁，狠狠宰了一笔，手机只卖了 88 元。乙仍然构成本罪。

（3）若上游行为人因为未达刑事责任年龄（或具有其他阻却事由）而不构成犯罪的，掩饰、隐瞒上游行为的所得和收益的，仍然构成本罪。因为这些所得和收益，在客观上仍是犯罪所得和收益。

例．13 周岁的甲盗窃了一辆摩托车，乙代为销售该摩托车。甲在客观上符合盗窃罪的构成要件，只是因未达刑事责任年龄不对盗窃罪负责，摩托车在客观上仍属于犯罪所得，乙的行为构成掩饰、隐瞒犯罪所得罪。

（二）行为方式

窝藏、转移、收购、代为销售或其他方法。“其他方法”的范围是非常宽泛的，单纯的转移、保管都构成。

【注意】采用任何方法，使司法机关难以发现赃物或者难以分辨赃物性质的，或者说，能使司法机关在追寻赃物的路上更加困难的，均有可能成立本罪。

（三）主观要件：明知是犯罪所得的赃物及其产生的收益，即知道或者应当知道。

（四）罪数问题

当一个行为同时触犯本罪与洗钱罪或窝藏、转移、隐瞒毒品、毒赃罪时，属于法条竞合，特殊法优先。

五、拒不执行判决、裁定罪【其他妨害司法罪（虚假诉讼罪等）C】

（一）行为主体

被执行人、协助执行义务人、担保人等负有执行义务的人和单位。并且有执行能力。单位可以构成本罪。

（二）行为对象

“人民法院的判决、裁定”包括刑事、民事、行政方面的判决和裁定，还包括：人民法院为依法执行支付令、生效的调解书、仲裁裁决、公证债权文书等所作的裁定。

（三）此罪与彼罪：暴力抗拒执行，杀害、重伤执行人员的，与故意杀人罪、故意伤害罪竞合，择一重罪论处。

六、脱逃罪【其他妨害司法罪（虚假诉讼罪等）C】

1. **行为主体：**依法被关押的罪犯、被告人、犯罪嫌疑人（管制、有期徒刑的缓刑、假释等不属于被关押）。

2. **犯罪形态：**摆脱了监管机关与监管人员的实力支配（控制）就既遂。

判断分析

1. 甲、乙两个人要去开歌舞厅，乙提议在歌舞厅中进行淫秽表演。甲的父亲认可并表示可以提供帮助，但要求乙如果以后事发，不能把甲给供出来。乙的父亲知道后表示赞同，但未提供任何帮助。后事发，乙因此被公安机关抓获后未供出甲，乙的父亲也未供出甲。下列说法错误的是？（2023年仿真题）

A. 甲的父亲构成包庇罪【错误，甲的父亲已经知道此事，并且表示可以提供帮助，属于事前通谋，成立共同犯罪，共犯人不构成包庇罪】

B. 甲的父亲构成妨害作证罪【错误，甲父属于共犯，采取一般的嘱托、请求方式妨害作证的，因缺乏期待可能性，不构成妨害作证罪】

C. 乙的父亲构成包庇罪【错误，单纯的知情不举，原则上不构成犯罪，乙父未作虚假证明，不构成包庇罪】

D. 乙的父亲构成伪证罪【错误，乙父未作虚假陈述】

2. 下列选项正确的是？（2019年仿真题节选）

A. 甲诈骗被害人钱款到自己账户，乙事后知道后帮甲取现。乙的行为构成掩饰、隐瞒犯罪所得罪

【正确】

C. 甲非法集资3亿，乙明知该款系甲非法集资所得，还帮甲换汇并汇往境外，乙的行为构成掩饰、隐瞒犯罪所得罪【错误，上游犯罪为金融诈骗罪，构成洗钱罪】

D. 被执行人甲，以虚假诉讼的方式将财产转移给乙，以逃避执行，甲构成虚假诉讼罪和拒不执行判决罪想象竞合【正确】

第三节　妨害国（边）境管理罪【其他妨害社会秩序罪（文物、国边境犯罪等）E】

一、组织他人偷越国（边）境罪、运送他人偷越国（边）境罪

（一）包容：过失造成被组织人重伤、死亡的行为；剥夺或者限制被组织人人身自由的行为；以暴力、威胁方法抗拒检查的行为。组织他人偷越国（边）境同时有以上情形的，以组织他人偷越国（边）境罪定罪，加重处罚。

【注意】运送他人偷越国（边）境罪只包容过失造成被运送人重伤、死亡的行为及以暴力、威胁方法抗拒检查的行为。

（二）数罪并罚：犯本罪，同时对被组织、运送人有杀害、伤害、强奸、拐卖等犯罪行为或者对检查人员有杀害、伤害等犯罪行为，应当与本罪数罪并罚。例．组织他人偷越国（边）境同时暴力抗拒检查，杀害、伤害检查人员的，则应以故意杀人罪、故意伤害罪与组织他人偷越国（边）境罪数罪并罚。

判断分析

某旅游公司老板李某（法人代表）安排员工带领没有合法签证的旅客偷越国境。李某让员工甲运前一段距离，到指定地点（国内），后半段再分两拨运送，李某自己带一拨7人顺利出境，另一拨是员工乙带队的5人，未出国境线即被抓获。下列说法正确的是？（2022年仿真题）

A. 李某构成组织他人偷越国境罪既遂【正确，李某主观上以组织他人偷越国境为目的，客观上实施了领导、策划、指挥他人偷越国境的行为，且李某已带领7人顺利出境】

B. 甲构成组织他人偷越国境罪既遂【正确，甲与李某属于共同犯罪】

C. 乙构成组织他人偷越国境罪既遂【错误，乙尚未越过国境即被抓获，成立犯罪未遂】

D. 本案成立单位犯罪，单位的犯罪形态和李某的完全一致【错误，本罪为**纯正的自然人犯罪，单位不能成为本罪主体**】

第四节　妨害文物管理罪【其他妨害社会秩序罪（文物、国边境犯罪等）E】

【自刨祖坟案】八筒最近手头有点紧，把自己家宋代的祖坟挖了找了点金银珠宝、瓷器和他人换钱。

思考：八筒是否构成文物类犯罪？

——即便是自己家的古代祖坟，也属于文物，受到国家保护，不能随便挖。八筒构成盗掘古墓葬罪、倒卖文物罪，数罪并罚。

一、文物类犯罪概述

1. **保护法益**：文物具有三个法益，分别是财物、禁止流通物（交易构成犯罪）、不可再生（毁坏构成犯罪）。

2. **行为对象**；国家禁止经营的文物，国家保护的具有科学价值的古脊椎动物化石、古人类化石等。

3. **行为方式**：盗掘古文化遗址、古墓葬、古人类化石、古脊椎动物化石，倒卖文物，故意损毁文物，故意损毁名胜古迹，过失毁坏文物，非法向外国人出售、赠送珍贵文物等。

二、倒卖文物罪

1 危害结果

情节严重：倒卖文物数量较大或次数较多的；造成文物流失无法追回等严重后果的；倒卖珍贵文物的；非法获利数额巨大的等。

2. **主观要件**：倒卖文物要求主观故意，且**具有牟利目的**。

3. **主体要件**：本罪主体可以是单位，区分非法出售、私赠文物藏品罪（主体是国有博物馆、图书馆等单位）

4. **罪数问题**：基于文物的三个法益，盗窃文物后又实施倒卖文物、故意毁坏文物等行为的，因为侵犯了多个法益，所以要**数罪并罚**。

判断分析

1. 甲盗窃了博物馆的一件国家珍贵文物，以20万元的价格转卖给乙。甲的行为构成盗窃罪和倒卖文物罪。【正确】（2006年第2卷第59题C项）

2. 甲晚上潜入一古寺，将寺内古墓室中有珍贵文物编号的金佛的头用钢锯锯下，销赃后获赃款10万元。对甲应以倒卖文物罪和盗窃罪追究责任。【正确，锯佛头一个行为同时触犯盗窃罪与故意损毁文物罪，择一重罪以盗窃罪处罚，另实施倒卖文物行为，故最终应以倒卖文物罪和盗窃罪追究责任】（2004年第2卷第19题）

第五节　危害公共卫生罪【医疗卫生类犯罪E】

一、医疗事故罪

1. 行为主体

医务人员。包括医生、护士、药剂人员、护理人员等。

2. 危害结果

本罪是**过失犯罪**，须**造成就诊人死亡或者严重损害就诊人身体健康的结果**才能定罪。

二、非法行医罪

1. 保护法益

此罪侵犯的是**医师资格的管理秩序**，不是侵害病人权益。所以即使没有造成就诊人死亡或身体健康受到损害也成立本罪。同时，本罪被害人的承诺无效，因为本罪是危害公共卫生的犯罪。

2. 行为主体

必须是未取得医生执业资格的人（包括已退休医生、见习医生等）。

3. 行为方式

本罪属于职业犯，要求持续性实施非法行医的行为。此罪与彼罪的区分：偶然为特定病人医治疾病，不成立非法行医罪，可能构成过失致人死亡罪等；如果假借行医之名取得他人财物的，不构成非法行医罪，可能构成诈骗罪。

4. 危害结果

要求达到情节严重的程度才能定罪。【**注意**】加重情节：非法行医，严重损害就诊人身体健康的。特别加重情节：非法行医，造成就诊者死亡的。

5. 与相关罪名的区分

	医疗事故罪	非法行医罪
发生过程	合法行医	非法行医
犯罪主体	具有医务人员执业资格的人	不具有医生执业资格的人
主观要件	过失	故意
客观方面	是结果犯，只有造成就诊人死亡、严重损害被就诊人身体健康才构成犯罪	要求情节严重，但不要求造成就诊人死亡、伤残

本节中的犯罪主要分为“非法”类犯罪与“事故”类犯罪，“非法”类犯罪是没有相应的执业资格的人实施，“事故”类犯罪是有资格的人实施的。

判断分析

医生甲退休后，擅自为人看病 2 年多。某日，甲为乙治疗，需注射青霉素。乙自述以前曾注射过青霉素，甲便未做皮试就给乙注射青霉素，乙因青霉素过敏而死亡。对甲应以非法行医罪的结果加重犯论处。【正确，甲退休后就不再具有医生的执业资格，因此其非法行医造成乙死亡的行为构成非法行医罪的结果加重犯】(2013 年第 2 卷第 18 题）

第六节　破坏环境资源保护罪【环境类犯罪 C】

一、盗伐林木罪和滥伐林木罪

（一）保护法益

本节犯罪保护的法益是国家的森林资源。因此，个人院落外的零星树木、已经枯死的林木等不属于本节犯罪的犯罪对象。

（二）行为对象

1. 盗伐的对象：国家集体或者是他人所有、经营的林木（不是自己所有、或者有权砍伐的林木）。例．老六未经相关部门批准，擅自砍伐国家森林中的一片林木，而后出卖。

2. 滥伐的对象：自己所有 / 有权砍伐的林木，但没有按照规定来采伐。例．老六有林木采伐许可证，但是违反许可证规定的数量，超量砍伐本人所有的林木。

【注意】林木权属存在争议，一方未取得采伐许可证擅自采伐的，以滥伐林木论处。①

（三）主观要件

盗伐林木罪，是否需要“非法占有目的”，刑法理论的通说观点以及司法解释持肯定说。但张明楷教授认为，本罪的保护法益是森林资源，即使行为人出于毁坏目的砍伐国家、集体或者他人的林木的，也认定为盗伐林木罪。

（四）与相关罪名的区分【有没有侵犯到森林环境资源的法益】

1. 盗伐林木罪与盗窃罪的关系

（1）一种观点认为，盗伐林木罪是盗窃罪的特别法条，即二者是法条竞合关系，那么根据特别法优于一般法的原则，盗伐林木的行为只定盗伐林木罪，不定盗窃罪。

（2）另一种观点认为，当盗伐林木所造成的财产侵害程度需要判处无期徒刑时，为了做到罪刑相适应，盗伐林木罪与盗窃罪之间便是想象竞合关系。

2. 下列情形没有侵犯到森林环境资源的法益，按照盗窃罪论处：

（1）盗窃他人已经砍倒的树木。

（2）砍伐他人村前屋后零星树木，数额较大的。

（3）盗伐已经枯死、病死的林木。

判断分析

1. 甲身穿林业局工作服盗伐林木，其间被多名群众围观，但都认为其是林业部门的工作人员，便没有制止。关于甲的行为，下列说法正确的是？（2023 年仿真题）

A. 如果认为盗伐林木罪是盗窃罪的特别法条，甲不构成盗伐林木罪，但构成盗窃罪【错误，如果认为盗伐林木罪是盗窃罪的特别法条，即二者是法条竞合关系，那么根据特别法优于一般法的原则，甲的行为只能成立盗伐林木罪，不构成盗窃罪】

B. 如果认为盗伐可以以公开方式进行，则甲的行为构成盗伐林木罪。【正确，属于平和手段说的观点】

C. 虽然甲在客观上公开砍伐，但其隐瞒身份，仍然属于“秘密”，故甲的行为成立盗伐林木罪【正确，属于秘密说的观点】

2. 关于盗伐林木罪，下列哪一选项是正确的？（2017 年第 2 卷第 20 题）

A. 甲盗伐本村村民张某院落外面的零星树木，如果盗伐数量较大，构成盗伐林木罪【错误，行为人没有破坏森林环境资源，只砍伐零星林木，仅成立盗窃罪】

B. 乙在林区盗伐珍贵林木，数量较大，如同时触犯其他法条构成其他犯罪，数罪并罚【错误，乙在林区盗伐珍贵林木，同时触犯其他法条构成其他犯罪，属于一行为触犯数罪名，是想象竞合关系，应择一重罪处罚】

C. 丙将邻县国有林区的珍贵树木移植到自己承包的林地精心养护使之成活的，不属于盗伐林木【错误，丙从 A 地大量移植一些林木至 B 地，便是破坏了森林生态平衡，成立盗伐林木罪】

① 2023 年最高人民法院《关于审理破坏森林资源刑事案件适用法律若干问题的解释》第五条第二款。

D. 丁在林区偷扒数量不多的具有药用价值的树皮，致使数量较大的林木枯死的，构成盗伐林木罪【正确】

第七节　走私、贩卖、运输、制造毒品罪

一、走私、贩卖、运输、制造毒品罪【走私、贩卖、运输、制造毒品罪 B】

（一）行为主体

1. 贩卖毒品：年满 14 周岁。

2. 其他毒品犯罪：年满 16 周岁。

（二）行为方式

1. **走私**：是指非法运输、携带、邮寄毒品进出国（边）境的行为。对在内海、领海运输、收购、贩卖国家禁止进出口的毒品以及直接向走私毒品的犯罪人购买毒品的行为，都认定为走私毒品。

2. **贩卖**：（1）指有偿转让毒品（不需要以营利为目的，包括亏本）或者以贩卖为目的而非法收购毒品（即“卖”、“为卖而买”）。包括出售毒品、为出售而购买毒品（“进货”）、为贩毒者居间介绍买卖毒品。但纯粹送给他人毒品、单纯的购买毒品的行为不算。

（2）“代购”毒品：为吸毒者“代购”如果没有赚取差价的，不构成贩卖毒品罪；如果代购者以贩卖、牟利的目的，变相加价贩卖毒品的，属于“有偿转让”，对代购者应以贩卖毒品罪论处。为贩毒者“代购”，成立贩卖毒品罪的共犯。

（3）犯罪既遂的标准：以毒品实际上转移给买方为既遂，不需要取得对应的款项（毒品这类违禁品，流转就侵犯法益，就既遂）。

例．甲和乙约定好先给钱，再交货。甲收到货款后，还未来得及将毒品转移出去，就被警方抓获。由于毒品尚未流转，因此甲属犯罪未遂。

3. **运输**：只要实施了运输的行为。为了自己吸食运输少量毒品的，不具有使毒品流通、扩散至社会的可能，不构成运输毒品罪。例．行为人先将毒品从 A 地运到 B 地，后来又将其从 B 地运回 A 地的，虽然从结局上看毒品还在 A 地，但仍然属于运输毒品。但若行为人仅仅是购买毒品自己吸食，从甲地带到乙地的，不属于运输。

4. **制造**：制造是有技术含量的工作，包括使用毒品原植物直接提炼和用化学方法加工、配置毒品以及提纯毒品的行为。注意，对毒品掺杂掺假，添加或者去除其他非毒品物质的行为，不属于制造毒品。

（三）定罪数量和纯度计算

1. 无论毒品数量多少，都应追究刑事责任，予以刑事处罚（定罪没有数量要求）。当然，数量的多少会影响量刑。

2. 本罪是选择性罪名，一人实施两种以上毒品犯罪行为，不实行并罚，只定走私、贩卖、运输、制造毒品罪即可。

3. 同宗毒品实施两种以上犯罪行为，数量不重复计算。不同宗毒品实施两种以上犯罪行为，数量累计计算。

4. 原则上不考虑纯度。

【注意】走私、贩卖、运输、制造毒品罪之外的毒品犯罪，定罪要达到一定的数量。

（四）处罚

向未成年人出售毒品、教唆未成年人实施毒品犯罪的，从重处罚。

（五）与相关罪名的区分

与诈骗罪：核心看有无侵犯毒品类犯罪法益的可能性。

例 1. 毒贩甲将毒品装在小袋中，放在厨房角落的箱子中，甲的儿子调皮，将同样包装的几袋面粉丢进箱子中。甲一次贩卖毒品时错将面粉卖给他人。甲有贩卖真毒品的可能，只是这一次恰好拿错了，构成贩卖毒品罪未遂，甲不具有诈骗故意，不构成诈骗罪。

例 2. 甲根本接触不到毒品，骗乙去贩毒，实际卖的是面粉。乙信以为真照办。甲主观想诈骗，客观利用乙实施了诈骗行为，且客观没有毒品犯罪的法益侵害可能，因此，甲成立诈骗罪间接正犯。乙主观想贩毒，客观实施了诈骗，但又没有毒品犯罪的法益侵害可能，因此，乙无罪。

（六）特别再犯

前罪为走私、贩卖、运输、制造、非法持有毒品罪五种之一，后罪包括毒品犯罪这一节所有罪名。

二、非法持有毒品罪【非法持有毒品罪 C】

1. **定罪：**本罪有数量的要求，要求数量较大。

2. **行为方式：**保存在自己可控制的地方，或委托他人保管，都属于持有。

3. **罪数问题：**因实施其他毒品犯罪而持有毒品的，按所实施的毒品犯罪定罪处罚，不另定本罪。其他毒品犯罪构成吸收犯，此罪被吸收。

4. **罪与非罪：**吸毒本身无罪，但不能持有数量较大的毒品，否则成立非法持有毒品罪。

5. **与窝藏毒品罪的区别：**如果行为人非法持有毒品的目的是为他人转移、藏匿毒品的，应认定为构成转移、窝藏毒品罪。

三、引诱、教唆、欺骗他人吸毒罪和强迫他人吸毒罪【其他毒品犯罪（毒赃罪等）C】

引诱、教唆、欺骗或者强迫未成年人吸食、注射毒品的，从重处罚。

四、包庇毒品犯罪分子罪，窝藏、转移、隐瞒毒品、毒赃罪【其他毒品犯罪（毒赃罪等）C】

与窝藏、包庇罪，掩饰、隐瞒犯罪所得罪属于法条竞合关系，按照特殊法优先原则。

五、妨害兴奋剂管理罪【其他毒品犯罪（毒赃罪等）C】

1. 行为主体

不处罚运动员本人；只有引诱、教唆、欺骗运动员使用兴奋剂的人，提供兴奋剂的人，组织、强迫运动员使用兴奋剂的人，才成立本罪。

2. 行为方式

要求在**国内、国际重大体育竞赛**中引诱、教唆、欺骗运动员使用兴奋剂或者明知运动员参加上述竞赛而向其提供兴奋剂，**情节严重**。

判断分析

1. 关于运输毒品罪，下列选项说法正确的是？（2022 年仿真题）

A. 甲运送毒品去贩卖，但还未来得及交易，就被警察抓获。即使没有交易成功，甲仍构成运输毒品罪【正确】

B. 乙出差时发现毒品便宜，为了自己吸食，买了少量带回家，乙成立运输毒品犯罪【错误，**为了自己吸食**，而携带少量毒品从此地带往彼地的，不应认定为运输毒品】

C. 丙发现电子烟的“大麻素”可以成瘾，但不知道“大麻素”的具体成分，出售了大量该种类型的电子烟。丙成立贩卖毒品罪【正确】

D. 甲在网上向卖家乙购买少量毒品供自己吸食，乙将毒品寄出，甲成功收货。甲、乙构成运输毒品的共犯【错误，甲是**为了自己吸食**】

2. 有关毒品犯罪的下列哪一选项是正确的？（不考虑数额）（2020 年仿真题）

A. 甲想戒毒，不想吸毒了，便把自己所有的毒品给了乙，刚刚交到乙手上就被警察发现，甲构成非法持有毒品的共犯【正确】

B. 甲从卖家乙处网购少量毒品用于吸食，待甲付款后，乙将毒品运往甲的住处。甲构成运输毒品罪的共犯【错误，甲是**为了自己吸食**】

C. 甲贩卖毒品给乙，交付完毕后当场被警察抓。甲构成贩卖毒品罪，乙构成非法持有毒品罪【正确】

D. 甲毒瘾发作，找毒贩乙购买毒品，毒贩乙嫌麻烦不愿起床遂拒绝出卖毒品。后甲苦苦哀求至毒贩乙同意，乙遂将毒品卖给甲。甲构成贩卖毒品罪的教唆犯【错误，乙本来就是毒贩，甲**没有引起其犯意**】

第八节　组织、强迫、引诱、容留、介绍卖淫罪【卖淫类、淫秽物品类犯罪 E】

【牵线搭桥案】八筒长得仪表堂堂、玉树临风，认识很多单身漂亮小姐姐，手握一份方圆百里的漂亮小姐姐名单，这些小姐姐也想过高质量生活，八筒便从中牵线搭桥，长期给富豪们介绍小姐姐当情妇，收取一点好处。

思考：八筒是否构成组织卖淫罪？

——不构成。八筒只是有信息，**没有管理或控制这些妇女**，而且卖淫是单纯的钱色交易，情人关系虽然有些钱色交易在其中，但除此之外还有很多其他情感关系，**和卖淫有本质不同**。

一、组织卖淫罪、强迫卖淫罪、协助组织卖淫罪

1. 行为主体：卖淫、嫖娼本人无罪，但与之相关的其他主体均可能成立犯罪。

2. 对“卖淫”的理解

指金钱与性的交易（性交或肛交、口交等类似性交的行为），卖淫者包括男性、女性。因为《刑法》第三百五十八条“组织、强迫他人卖淫的 ...”未限定组织卖淫罪中的被组织者只能是妇女。区别强奸（《刑法》第二百三十六条“以暴力、胁迫或者其他手段强奸妇女的……”）。

3. 对行为的理解

（1）“组织”指管理或控制他人卖淫（三人以上）。

（2）协助组织卖淫罪原是组织卖淫罪的帮助犯，但刑法将其规定为独立的罪名，属于帮助犯的正犯化。“协助组织”指为组织卖淫的人提供招募、运送、充当保镖、打手、管账人等实质性帮助的行为。不要过度扩大范围，在具有营业执照的会所、洗浴中心等经营场所担任保洁员、收银员、保安员等，从事一般服务性、劳务性工作，仅领取正常薪酬的，不认定为协助组织卖淫罪。

4. 罪数问题：组织卖淫罪能够包容强迫、引诱、容留、介绍卖淫行为。

【注意】本罪不包容强奸、强制猥亵等行为，行为人强奸妇女后，又组织、强迫妇女卖淫的，数罪并罚。

【总结】

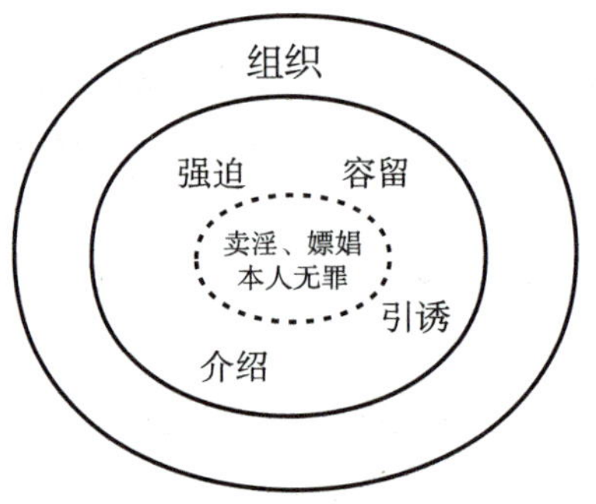

二、引诱、容留、介绍卖淫罪；引诱幼女卖淫罪

1. 对于妇女：选择罪名，多个行为直接定一罪。如果既有引诱卖淫，又有容留、介绍妇女卖淫的行为，只认定为本罪一罪。

2. 对于幼女（不满 14 周岁）：容留、介绍卖淫罪属于选择性罪名，同时容留、介绍幼女卖淫的，定容留、介绍卖淫罪一罪。引诱幼女卖淫的单独定引诱幼女卖淫罪。同时容留 / 介绍、引诱幼女卖淫的应数罪并罚。例 . 引诱幼女卖淫后，又容留该幼女卖淫的，应成立引诱幼女卖淫罪和容留卖淫罪，数罪并罚。

三、传播性病罪

1. 行为方式：卖淫、嫖娼。

2. 主观要件：要明知自己患有严重性病。

3. 罪数问题：如果行为人为了伤害他人，以卖淫、嫖娼为手段，意在使他人染上性病，且客观上造成了伤害结果的，则是本罪与故意伤害罪的想象竞合，应从一重罪处罚。如果严重性病患者多次卖淫、嫖娼，其中一次给他人造成伤害结果，并具有伤害故意，则应当实行数罪并罚。

四、特殊规定

旅馆业、饮食服务业、文化娱乐业、出租汽车业等单位的人员，在公安机关查处卖淫、嫖娼活动时，为违法犯罪分子通风报信，情节严重的，依照包庇罪的规定定罪处罚。

第九节　制作、贩卖、传播淫秽物品罪【卖淫类、淫秽物品类犯罪 E】

一、制作、复制、出版、贩卖、传播淫秽物品牟利罪

与相关罪名的区分

1. 与传播淫秽物品罪区分：本罪要求传播＋牟利的目的。

2. 与为他人提供书号出版淫秽书刊罪区分：后罪属于过失犯罪。如果行为人明知他人用于出版淫秽书刊而提供书号的，以出版淫秽物品牟利罪定罪。

二、传播淫秽物品罪、组织播放淫秽音像制品罪

1. 主观要件

两罪均不要求以牟利为目的。

2. 量刑情节

向不满十八周岁的未成年人传播淫秽物品的，从重处罚。

判断分析

甲以牟利为目的复制淫秽物品后，又将其销毁。关于甲的行为，下列哪一说法是正确的？（2018 年仿真题）

A. 甲的行为成立复制淫秽物品牟利罪的既遂【正确】

B. 甲的行为成立复制淫秽物品牟利罪的犯罪中止【错误，复制行为本身一旦实施完毕，本罪就构成既遂】

C. 甲的行为不构成犯罪，因为甲没有牟利【错误，不需要行为人已经实际取得利益，未实际获利或者获利较少的，均不影响本罪的成立】

D. 甲的行为不构成犯罪，因为甲没有将该物品传播出去【错误，虽然不构成传播淫秽物品牟利罪，但是其复制淫秽物品的行为已成立复制淫秽物品牟利罪】

KEEP AWAKE

第二十四章 贪污贿赂类犯罪【客+主】

第一节 国家工作人员的认定【客+主】

法条群

《刑法》第一编 总则 第五章 其他规定

第九十三条【国家工作人员的范围】本法所称国家工作人员，是指国家机关中从事公务的人员。

国有公司、企业、事业单位、人民团体中从事公务的人员和国家机关、国有公司、企业、事业单位委派到非国有公司、企业、事业单位、社会团体从事公务的人员，以及其他依照法律从事公务的人员，以国家工作人员论。

《全国人民代表大会常务委员会关于<中华人民共和国刑法>第九十三条第二款的解释》

全国人民代表大会常务委员会讨论了村民委员会等村基层组织人员在从事哪些工作时属于刑法第九十三条第二款规定的"其他依照法律从事公务的人员"，解释如下：

【其他依照法律从事公务人员的认定】村民委员会等村基层组织人员协助人民政府从事下列行政管理工作，属于刑法第九十三条第二款规定的"其他依照法律从事公务的人员"：

（一）救灾、抢险、防汛、优抚、扶贫、移民、救济款物的管理；

（二）社会捐助公益事业款物的管理；

（三）国有土地的经营和管理；

（四）土地征收、征用补偿费用的管理；

（五）代征、代缴税款；

（六）有关计划生育、户籍、征兵工作；

（七）协助人民政府从事的其他行政管理工作。

村民委员会等村基层组织人员从事前款规定的公务，利用职务上的便利，非法占有公共财物、挪用公款、索取他人财物或者非法收受他人财物，构成犯罪的，适用刑法第三百八十二条和第三百八十三条贪污罪、第三百八十四条挪用公款罪、第三百八十五条和第三百八十六条受贿罪的规定。

一、国家工作人员的具体情形

1. 国家机关中从事公务的人员；

2. 国有公司、企业、事业单位、人民团体中从事公务的人员（国有100%，国有控股不算）；

3. 国家机关、国有公司、企业、事业单位委派到非国有公司、企业、事业单位、社会团体从事公务的人员；

4. 其它依照法律从事公务的人员，如协助人民政府从事特定行政管理工作的村委会等村基层组织人员、依法履行职责的各级人大代表、人民政协委员等属于此列人员。

受委托管理、经营国有财产的人员，《刑法》第三百八十二条第二款将其拟制为贪污罪的主体，即该类人员在贪污罪中可以视为国家工作人员。【仅限于贪污罪】

二、国家工作人员的认定标准

1. 静态角度

（1）核心：看是否从事公务（代表公权力行使管理公共事务、管理国家财产的职权）。如果有从事公务，无论在哪个单位、有没有编制都可以视为国家工作人员。

例．村长、村委会主任是基层群众自治组织的领导，没有编制，但在协助政府发放补偿款时，是在代表政府管理国家财产，就是在从事公务，此时属于国家工作人员。

（2）如果题目未涉及是否从事公务，或者公务和职务无法区分，则看单位是否是国有。但要注意，纯国有公司是，国有控股公司不是。

2. 动态角度：具有多重身份的人，要看其实施行为时是在从事公务（是国家工作人员），还是在实施纯技术、劳务行为（不是国家工作人员）。

例 1. 国有医院的院长甲收了某公司医药代表的 10 万元，在坐诊给病人开药时，优先开该医药公司的药。甲坐诊开药时不是在行使管理公共事务的公权力，使用的是医生的纯技术行为，此时甲不具有国家工作人员身份，故不构成受贿罪。

例 2. 国有医院的院长甲收了某公司医药代表的 10 万元，然后选中该公司采购了一批药品。甲决定从那个公司采购药品时是在行使管理公共事务的公权力，是在从事公务，此时甲具有国家工作人员身份，故构成受贿罪。

【注意】无论行为人以何种手段，哪怕是非法手段获得了国家工作人员这一资格，他也是国家工作人员，可以成立相应的贪污罪、受贿罪。

第二节　贪污罪【客＋主】【贪污罪 B】

法条群

《刑法》第二编 分则 第八章 贪污贿赂罪

第三百八十二条【贪污罪】国家工作人员利用职务上的便利，侵吞、窃取、骗取或者以其他手段非法占有公共财物的，是贪污罪。

受国家机关、国有公司、企业、事业单位、人民团体委托管理、经营国有财产的人员，利用职务上的便利，侵吞、窃取、骗取或者以其他手段非法占有国有财物的，以贪污论。

与前两款所列人员勾结，伙同贪污的，以共犯论处。

一、构成公式

国家工作人员＋利用职务上的便利＋非法占有目的＋侵吞、窃取、骗取或者以其他手段非法占有公共财产。

二、行为主体

国家工作人员。

【注意】受委托管理、经营国有财产的人员，《刑法》第三百八十二条第二款将其拟制为贪污罪的主体，即该类人员在贪污罪中可以视为国家工作人员。【仅限于贪污罪】

三、行为对象

公共财产。主要包括：国有和集体所有财产、用于社会公益事业的财产。私人财产在特殊情况下也可以成为贪污罪的对象：

1. 在国家机关、国有公司、企业、集体企业和人民团体管理、使用或者运输中的私人财产，以公共财产论。如果国家工作人员利用职务便利据为己有的，定贪污罪（因为国家要承担赔偿责任）。例．公民甲的机动车被海关工作人员乙扣押后，乙将甲的机动车据为己有，定贪污罪。

2. 国家机关、国有公司、企业、事业单位委派到非国有公司、企业、事业单位、社会团体从事公务的人员，利用职务上的便利，非法占有所在的非国有性质单位的财产的，构成贪污罪。

【考试技巧】主要看最终谁的利益遭受了损失，如果是公共财产遭受了损失，则成立贪污罪。如果是私企利益遭受损失，定职务侵占罪。

四、行为方式

（一）利用职务上的便利

1. 指利用本人职务范围内的权力和地位所形成的主管、经手、管理公共财物的便利条件，而不是指利用因工作关系熟悉作案环境、凭工作人员身份便于进出某些单位，较易接近作案目标或对象等与职权无关的方便条件（后者成立盗窃）。

2. 既包括利用本人职务上主管、管理公共财物的职务便利，也包括利用职务上有隶属关系的其他国家工作人员的职务便利。

【核心】跟手上的职务、权力有关。

例 1. 某国有公司出纳甲意图非法占有本人保管的公共财物，但不使用自己手中的钥匙和所知道的密码，而是使用铁棍将自己保管的保险柜打开并取走现金 3 万元。之后，甲伪造作案现场，声称失窃。甲作为国家工作人员，利用保管保险柜的职务便利，窃取公共财物，构成贪污罪。

例 2. 某国有公司出纳员乙意图非法占有由总经理丙保管的公司保险柜财物，趁丙外出之际，使用铁棍将该保险柜打开并取走现金 3 万元。保险柜并非由乙保管，乙没有利用职务上的便利，而是秘密窃取财物，构成盗窃罪。

（二）侵吞、窃取、骗取以及其他手段非法占有公共财物

五、主观要件

须有非法占有的目的，否则成立挪用公款罪。

六、犯罪形态问题

既遂标准：行为人是否实际控制财物。控制财物后，是否使用不影响既遂的认定。例．老六利用职务便利侵吞单位资金 50 万，但因为胆小一直将钱藏在家中床底，未花一分，老六仍成立贪污罪既遂。

行为人若实施了虚假平账等贪污行为，但公共财物尚未实际转移，或者尚未被行为人控制就被查获的，应认定为未遂。

判断分析

1. 甲国有独资企业有一项正在进行的工程，派遣员工吴某负责工程项目安全、质量、付款、验收等现场管理工作，项目施工方乙建筑公司指定王某为该项目执行经理，项目监理公司指定刘某为总监代表。在施工过程中，吴某、王某和刘某三人共谋，由王某以虚构水泥价格的方式报给刘某审核，吴某签字确认，使得甲公司多付款 200 万给乙公司，然后王某从乙公司取出 60 万和吴某、刘某平分，三人各分得 20 万元。剩下 140 万用于乙公司的正常生产经营。王某不是国家工作人员，不构成贪污罪。【错误，王某虽然不是国家工作人员，但是其与国家工作人员吴某共谋变相侵吞了公共财产，成立贪污罪的共犯】（2022 年仿真题）

2. 甲和乙是国有企业的财务室保管人，甲、乙分别保管保险柜的钥匙和密码，关于下列选项正确的是？（2019 年仿真题）

A. 甲利用自己掌握的钥匙，并猜中密码取得保险柜中的现金，属于利用职务之便【正确，只要部分利用了职务上的便利，就可以认为利用了职务上的便利】

B. 乙利用自己掌握的密码和私自配制的钥匙取得保险柜中的现金，属于利用职务之便【正确】

C. 乙趁甲不注意拿走钥匙，结合自己掌握的密码，取走财物的属于利用职务之便【正确】

D. 甲、乙共谋使用钥匙和密码，或共同破坏保险柜而取走财物的，属于利用职务之便【正确】

3. 村民甲为了多获土地补偿款，找到负责核定土地面积的国家机关工作人员乙，让其核定面积时多写面积，并且送了十万元感谢费给乙。乙答应照办，甲因此多获了四十万的土地补偿款。甲和乙构成贪污罪。【正确，二人构成贪污罪的共犯】（2018 年仿真题）

第三节　挪用公款罪【挪用公款罪 B】

一、构成公式

国家工作人员＋公款＋无非法占有目的＋挪作私用＋利用职务上的便利。

二、行为主体：国家工作人员。

三、行为对象

对公款应做扩大解释，包括公款、国库券、失业保险金、下岗职工基本生活保障资金等。

【注意】原则上是公款。但是，挪用用于救灾、抢险、防汛、优抚、扶贫、移民、救济款物等时，并不限于公款，包括款、物。

四、行为方式

利用职务上的便利，挪用公款归个人使用。

（一）有下列情形的，属于挪用公款归个人使用：

1. 将公款归本人、亲友或者其他自然人使用的。例．国有公司财务主管甲，从单位挪用 15 万借给自己的表哥急用。

2. 以个人名义将公款供其他单位使用的。例．国有公司财物主管甲，未经单位领导集体研究，擅自把 10 万公款提供给合作单位使用。

3. 个人决定以单位名义将公款供其他单位使用，谋取个人利益的。例．国有公司财物主管甲，未经单位领导集体研究，擅自决定用单位名义将 10 万公款提供给其他单位使用，并从中收取好处费 5 万。

【总结】满足其中任何一个即属于归个人使用：个人名义、归个人使用、谋取个人利益（挪用公款要求是个人行为，如果单位行为不成立本罪）。

（二）挪用公款归个人使用具体分为三种类型：

1. 挪用公款进行非法活动；

2. 挪用公款数额较大、进行营利活动；

3. 挪用公款数额较大、超过三个月未还的（未超过 3 个月直接无罪，不是未遂，本罪不需要讨论犯罪形态，挪用未遂情节轻微，实践中一般不认为是犯罪）。

五、与贪污罪的区分

是否具有非法占有目的。

1. 挪用公款是“借”钱，没有非法占有目的；贪污罪是“偷”钱，主观不想还，具有非法占有目的。

2. 如果事先没有非法占有目的，事后“不能”归还的，仍定挪用公款罪。但如果事后产生了非法占有目的，如挪用公款后携款潜逃的，应转化为贪污罪。①

六、共同犯罪问题

挪用公款的实际使用人，原则上不成立挪用公款罪（因为犯罪已经结束）。但是，使用人与挪用人共谋，指使或者参与策划挪用公款的，以挪用公款罪的共犯定罪处罚。

七、量刑情节

挪用用于救灾、抢险、防汛、优抚、扶贫、移民、救济款物归个人使用，定挪用公款罪，从重处罚。但是，如果不是归个人使用，而是归其他公用，定挪用特定款物罪。

① 最高人民法院《关于审理挪用公款案件具体应用法律若干问题的解释》第六条规定：“携带挪用的公款潜逃的，依照刑法第三百八十二条（贪污罪）、第三百八十三条（贪污罪的处罚规定）的规定定罪处罚。”

判断分析

1. 甲是某国有公司董事长，未经董事局同意，挪用公款给其他单位，谋取个人利益。甲不是挪用公款归个人使用，不成立挪用公款罪。【错误，属于个人决定以单位名义将公款供其他单位使用，谋取个人利益的情形】（2022年仿真题）

2. 乙为某国企出纳，甲对乙说："你挪用300万元给我炒股，2个月后还你，挣的100万元我们平分。"乙遂将挪用的300万元公款打到甲指定银行账户上，甲收到款后，将100万元用于炒股，200万元用于自购房屋。2个月后，甲将300万元还给乙。甲、乙二人挪用金额分别是：甲100万元，乙300万元。【错误，200万元用于自购房屋，2个月后就归还了，不能认定为挪用公款罪。挪用公款从事营利活动（炒股）的数额是100万元，即便归还也构成挪用公款罪，甲的行为构成挪用公款罪100万元，乙的挪用公款数额也是100万元】（2021年仿真题）

第四节　贿赂犯罪【客＋主】

【特别"上道"案】八筒想要违规获批一块地，花2000元买了一幅齐白石的粗糙假画，然后以100万的价格卖给市长甲，并合同约定"如是假货，十倍赔偿"。结果该画经鉴定为假，八筒按照合同赔偿甲1000万。甲觉得八筒特别上道，便做主把地批给八筒。

思考：民法讲究意思自治，八筒和甲的交易双方自愿，会构成犯罪吗？

——八筒构成行贿罪，甲构成受贿罪。不要被双方交易的表现所迷惑，二人的交易就是在为权钱交易打掩护（故意设置必然赔款的条款，间接送钱、收钱）。八筒为了谋取不正当利益给予国家工作人员财物，构成行贿罪。国家工作人员甲利用职务上的便利为他人谋取利益，收受他人财物，构成受贿罪。

一、受贿罪【受贿罪B】

法条群

《刑法》第二编 分则 第八章　贪污贿赂罪

第三百八十五条【受贿罪】国家工作人员利用职务上的便利，索取他人财物的，或者非法收受他人财物，为他人谋取利益的，是受贿罪。

国家工作人员在经济往来中，违反国家规定，收受各种名义的回扣、手续费，归个人所有的，以受贿论处。

第三百八十八条【（斡旋受贿型）受贿罪】国家工作人员利用本人职权或者地位形成的便利条件，通过其他国家工作人员职务上的行为，为请托人谋取不正当利益，索取请托人财物或者收受请托人财物的，以受贿论处。

（一）保护法益

国家公职人员职务行为的廉洁性（不可收买性）。因此，贿赂类犯罪的本质实际是权钱交易（用钱能买到权）。如果单纯送钱，不构成受贿罪。例．领导的女儿结婚，同事之间随份子。同样，如果单纯滥用权力，并未收钱，也不构成受贿罪，可能构成渎职类犯罪。

（二）行为对象

财物。包括具有价值的、可以管理的有体物、无体物以及财产性利益。

例．为国家工作人员提供免费的旅游服务、餐饮服务、装修服务、设定债权、免除债务、送各种名义的回扣、手续费等。

不仅包括合法财物，非法的财物也可以成立受贿罪。例．送毒品、枪支等违禁品给国家工作人员。

【注意】不包括非财产性的利益。

例 1. 甲女有求于国家工作人员乙的职务行为，亲自为乙提供周到的性服务，乙欣然接受。乙不构成受贿罪，因为性贿赂不是财产性利益。

例 2. 甲女有求于国家工作人员乙的职务行为，甲请乙去当地最大的夜总会，乙接受了 3 名夜总会女性的性服务，甲全额支付费用。乙构成受贿罪，有对价的性服务属于财产性利益。

（三）行为方式

利用职务上的便利＋索取他人财物／利用职务上的便利＋非法收受他人财物＋为他人谋取利益。

1. 利用职务上的便利

既包括利用本人职务上主管、负责、承办某项公共事务的职权，也包括利用职务上有隶属、制约关系的其他国家工作人员的职权。

2. 索贿：主动向他人索要贿赂（包括勒索贿赂）【无须谋利的目的】

3. 收受贿赂：收受他人主动给予的贿赂【为他人谋取利益：承诺谋取利益（包括默认承诺和虚假承诺）、实际谋取利益】

【注意】虚假承诺至少要求国家工作人员具备实现承诺的可能性，即客观上有办事的条件和办事的职权。若根本没有能力实现，为获得贿款故意欺骗请托人，构成诈骗罪。

例 1. 住建局局长甲明知开发商乙有求于己，仍收受 50 万元，构成受贿罪。【默认承诺】

例 2. 住建局局长甲并不想帮乙办事，就想收黑钱，口头应允了乙并收受了 50 万元，构成受贿罪。【虚假承诺－受贿】

例 3. 法警甲收受了病急乱投医的被告人乙的 5 万元，承诺作出有利于乙的判决。甲根本没有能力影响判决，不构成受贿罪，构成诈骗罪。【没有能力实现－诈骗】

4. 其他常见的受贿方式

（1）交易型受贿：主要包括：①以明显低于市场的价格向请托人购买房屋、汽车等物品的；②以明显高于市场的价格向请托人出售房屋、汽车等物品的；③以其他交易形式非法收受请托人财物的。

（2）干股分红型受贿：国家工作人员利用职务上的便利为请托人谋取利益，收受请托人提供的干股的，以受贿论处。

（3）赌博型受贿：国家工作人员利用职务上的便利为请托人谋取利益，通过赌博方式收受请托人财物的，构成受贿。

（4）干薪型受贿：国家工作人员利用职务上的便利为请托人谋取利益，要求或者接受请托人以给特定关系人（近亲属、情人以及其他共同利益关系的人）安排工作为名，使特定关系人不实际工作却获取所谓薪酬的，以受贿论处。

（5）特定关系人收受型受贿：国家工作人员利用职务上的便利为请托人谋取利益，授意请托人将有关财物给予特定关系人的，以受贿论；特定关系人与国家工作人员通谋，共同实施受贿行为的，对特定关系人以受贿罪的共犯论处。

（四）斡旋受贿

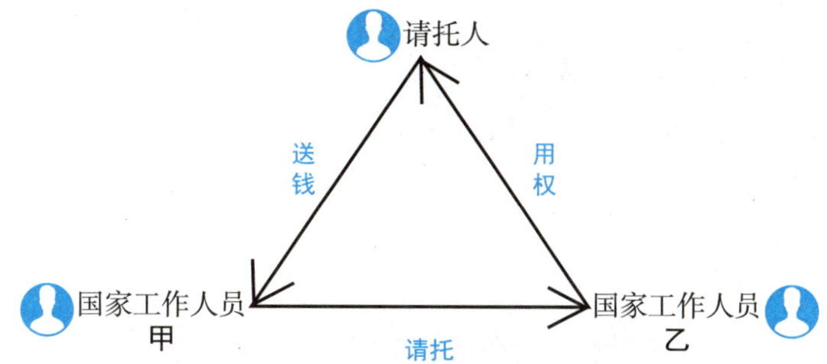

1. **构成要件**：斡旋受贿是指国家工作人员利用本人职权或者地位形成的便利条件，通过其他国家工作人员职务上的行为，为请托人谋取不正当利益，索取请托人财物或者收受请托人财物的行为。【一个国家工作人员收受财物，找另一个国家工作人员帮忙，为请托人谋取不正当利益】

2. **便利条件**："利用本人职权或者地位形成的便利条件"是指行为人与被其利用的国家工作人员之间在职务上虽然没有隶属、制约关系，但是行为人利用了本人职权或者地位产生的影响和一定的工作联系，如单位内不同部门的国家工作人员之间，上下级单位没有职务上隶属、制约关系的国家工作人员之间，有工作联系的不同单位的国家工作人员之间等。

3. **行为主体**：必须是国家工作人员（收钱的人），否则成立利用影响力受贿罪。

4. **共同犯罪问题**：用权的国家工作人员不能知道他人收钱，否则优先认定为受贿的共同犯罪。

（五）犯罪形态与犯罪数额认定问题

1. 既遂标准

收受（控制）财物就既遂。

（1）对于收受请托人房屋、汽车等物品，未变更权属登记或者借用他人名义办理权属变更登记的，只要实际占有物品，就成立受贿罪既遂。（因为在现实中，受贿人为了规避法律的追究，通常都会选择实际占有房产而不办理过户手续，而行贿者也有将房产实际交付受贿者的意思）。

（2）对于收受请托人需要按揭支付贷款的房产、汽车等物品，没有办理权属变更登记的，只要双方达成了承担债务（贷款按揭）的共识，且受贿人实际占有物品，受贿人就构成受贿罪既遂，受贿的金额应该以收受物品当时的价值计算。

（3）收受告知密码的银行卡，只要实际占有该卡，就成立受贿罪既遂。即便事后行贿者私下改密码、挂失补办导致取不出钱的，也不影响受贿罪的既遂。

2. 受贿数额

应以收受财物当时的金额为受贿数额，收受的财物事后升值或贬值不影响数额的认定。

例 1. 甲利用职务上的便利为乙谋取不正当利益，乙送甲一套价值 1600 万元的别墅，甲在别墅居住，但房屋登记在乙名下并抵押给银行，乙首付房款及贷款共 700 万元，二人约定剩余贷款由乙承担。案发时，还剩 900 万元贷款未还，别墅价值也贬至 800 万元。别墅虽然是按揭贷款购买，但双方已达成还

贷共识，且甲已经实际占有房屋，故甲构成受贿罪既遂，受贿数额应为收受别墅时的价值：1600 万元。（2024 年仿真题）

例 2. 甲有求于国家工作人员乙的职务行为，甲设立一家注册资本为 1 千万元的公司，送给乙 10% 股权，乙同意并为甲办了事。案发时，该公司市值已经 2 千万元。乙的受贿金额应以 1 千万元的 10% 进行计算。

（六）家庭成员是否构成受贿罪共犯问题

1. 家庭成员有下列行为的，构成受贿罪共犯：

（1）与国家工作人员共同商议受贿；

（2）传递信息，沟通关系并受贿；

（3）帮助国家工作人员向行贿人索贿；

（4）诱导、劝说、催促甚至威逼国家工作人员受贿，致使国家工作人员产生受贿故意，并实施受贿；

（5）家庭成员代请托人向国家工作人员转达请托事项，国家工作人员明知其收受了请托人的财物，仍按照家庭成员的要求利用职权为他人谋取利益的，构成受贿罪，家庭成员构成受贿罪共犯。

2. 不构成受贿罪共犯：

（1）只是知情不举，但没有参与受贿过程的；

（2）只是知晓国家工作人员受贿，与其共享贿赂的；

（3）国家工作人员知道家属收受了请托人财物后，要求家属及时退还或者上交，家属隐瞒真相没有退还或者上交的（家属可能成立侵占罪）。

二、利用影响力受贿罪【利用影响力受贿罪 B】

法条群

《刑法》第二编 分则 第八章 贪污贿赂罪

第三百八十八条之一【利用影响力受贿罪】国家工作人员的近亲属或者其他与该国家工作人员关系密切的人，通过该国家工作人员职务上的行为，或者利用该国家工作人员职权或者地位形成的便利条件，通过其他国家工作人员职务上的行为，为请托人谋取不正当利益，索取请托人财物或者收受请托人财物，数额较大或者有其他较重情节的，处三年以下有期徒刑或者拘役，并处罚金；数额巨大或者有其他严重情节的，处三年以上七年以下有期徒刑，并处罚金；数额特别巨大或者有其他特别严重情节的，处七年以上有期徒刑，并处罚金或者没收财产。

离职的国家工作人员或者其近亲属以及其他与其关系密切的人，利用该离职的国家工作人员原职权或者地位形成的便利条件实施前款行为的，依照前款的规定定罪处罚。

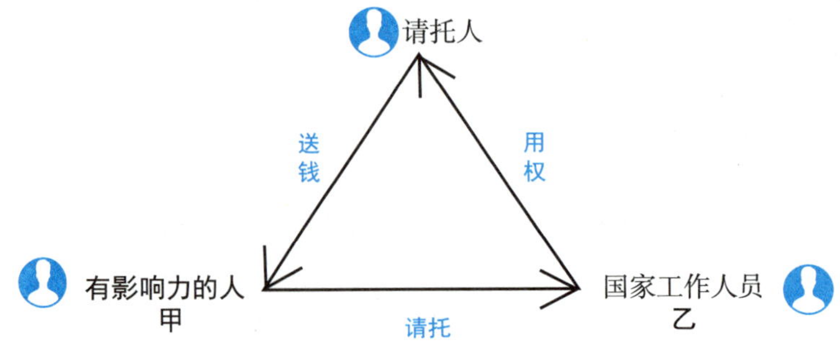

（一）前提

有影响力的人与有权力的国家工作人员不构成受贿的共同犯罪，否则应认定为受贿的共同犯罪。

（二）行为主体

有影响力的人，客观上能够通过国家工作人员职务上的行为为请托人谋取不正当利益的人，基本上都是与国家工作人员有密切关系的人。例．老同学，远房亲戚等。

（三）行为方式

有影响力的人索取或收受财物，通过自己的影响力，找到国家工作人员（有权力），为请托人谋取不正当利益。

（四）犯罪的成立

成立利用影响力受贿罪，至少要求国家工作人员允诺为请托人谋取不正当利益。因为利用影响力受贿罪的实质仍是“权钱交易”，即通过“影响力”实现国家工作人员的职务行为与金钱的“间接交易”。如果国家工作人员连允诺都没有，就只有“钱”，没有“权”。

例．甲为谋取不正当利益，给国家工作人员乙的妻子丙50万元，让其给乙吹枕边风。乙知道后让丙将钱退还给甲，丙假装同意但并未退还留作自用。本案中，乙连允诺都没有，说明没有达成权钱交易，故丙不成立利用影响力受贿罪，若拒不退还可能构成侵占罪。如果丙一开始就知道自己根本发挥不了影响力而非法收受他人财物，则可能构成诈骗罪。

（五）离职型受贿问题

1. 离职的国家工作人员（已不具有国家工作人员身份，没有权力）或者其近亲属以及其他与其关系密切的人利用该离职的国家工作人员原职权或者地位形成的便利条件，索取/收受财物，为请托人谋取不正当利益，可以成立利用影响力受贿罪。

2. 离职的国家工作人员在职时为请托人谋取不正当利益，约定在其离职后收受请托人财物，并在离职后收受的，以受贿论处。如果在职时没有约定，说明当时为他人谋取利益时没有权钱交易，不成立受贿罪。

【总结】看权钱交易是在何时形成的以及是否形成权钱交易。如果权钱交易在离职前形成，此时行为人属于国家工作人员，成立受贿罪。如果权钱交易是在离职之后形成，此时行为人已不再是国家工作人员，没有权，可能成立的是利用影响力受贿罪。如果用权时没谈钱，后面离职后再因为感谢送钱，则没有形成钱权交易，不成立贿赂犯罪，可能成立渎职类犯罪。

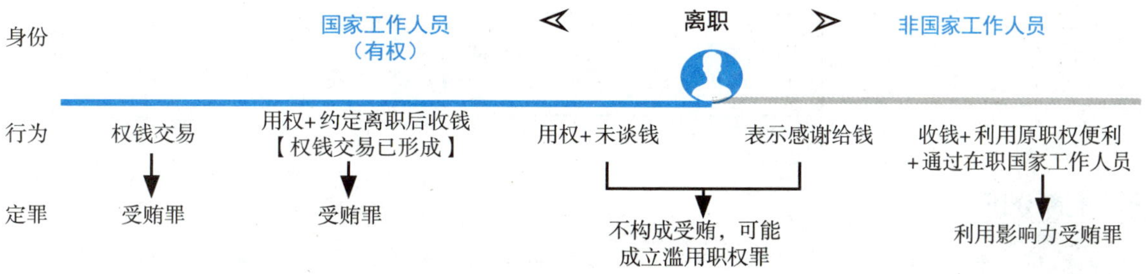

例 1. 张三在职时利用职权帮李四谋取不正当利益，离职多年后，李四飞黄腾达，为表当年的感谢送给张三 50 万，张三不构成受贿罪。因为在用权的当时并没有权钱交易，张三可能成立滥用职权罪。

例 2. 法院院长甲在任时帮助乙处理了案件，约定好退休后，乙送 100 万元感谢费，甲成立受贿罪。因为用权时约定退休后收钱，实际已形成权钱交易。

例 3. 法院院长甲退休后，乙找到甲帮忙处理案件，送甲 100 万元感谢费，甲找到之前提拔起来的丙处理了这个案件。离职后已经没有权力，甲属于利用影响力收钱找人办事，成立利用影响力受贿罪。

三、受贿类犯罪的总结

1. 罪数问题

（1）原则上受贿后又滥用权力构成渎职类犯罪，**应当数罪并罚**，因为有两个行为。

【注意】司法工作人员收受贿赂后又构成徇私枉法罪，民事、行政枉法裁判罪，执行判决、裁定失职罪，执行判决、裁定滥用职权罪（滥用司法权相关犯罪），**只从一重罪处罚**。

（2）有影响力的人收受贿赂后又指使国家工作人员徇私枉法的，应以利用影响力受贿罪与徇私枉法罪**数罪并罚**。

【对比】非国家工作人员受贿后提供虚假证明文件的，构成**提供虚假证明文件罪**和非国家工作人员受贿罪，依照处罚较重的规定定罪处罚。

（3）有影响力的人受贿后，又与国家工作人员成立受贿罪的共同犯罪的，以**受贿罪**定罪处罚。

2. 受贿罪共同犯罪、斡旋受贿、利用影响力受贿罪之间的区分思路

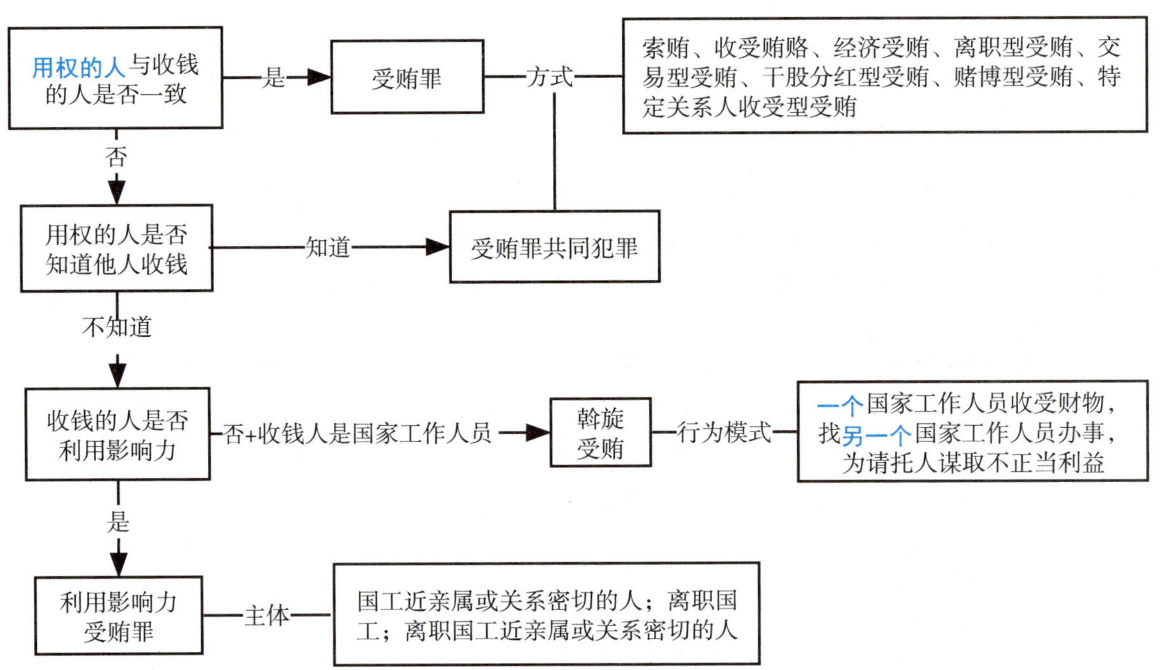

判断分析

1. 公司股东甲为申请贷款，其知道股东乙的儿子丙是市领导秘书，便向乙请求让丙帮忙找关系帮忙批贷款，承诺事成后给乙 10% 回扣。乙便告知丙回扣事宜，请其帮忙。丙找国有银行的领导丁帮忙，丁

不知其真实目的，但想到和丙有工作上的联系，便违规向甲的公司发放贷款，丁也并未收取好处。事后甲给乙300万，乙给丙150万。甲的行为成立对有影响力的人行贿罪，丙的行为成立受贿罪（斡旋受贿）。【正确，丙是国家工作人员，利用本人职权或者地位形成的便利条件，通过其他国家工作人员（丁）职务上的行为，为请托人甲谋取不正当利益，收受请托人财物（知道回扣事宜）】（2023年仿真题）

2. 假定下列行为符合受贿罪的构成要件，关于受贿罪的犯罪形态，说法正确的是？（2022年仿真题）

A. 国家工作人员甲收到徐某送来的没有密码的银行卡，成立受贿罪既遂【正确，实际占有卡内余额】

B. 国家工作人员乙收到蒋某送来的银行卡且知道银行卡密码，能够随取随用，构成受贿罪既遂【正确】

C. 国家工作人员丙收到肖某送来的银行卡，但是卡内为三年期定期存款，构成受贿罪未遂【错误，定期也可以随时取出使用】

D. 国家工作人员丁收到夏某送来的余额为0的银行卡，构成受贿罪既遂【错误，若丁知道余额为0仍然收受的，不成立犯罪。若丁以为卡内有钱收受，实际余额为0，丁因为意志以外的原因未能成功收受贿赂，成立受贿罪的未遂。因此，无论何种情形均不构成受贿罪既遂】

四、行贿罪【行贿罪 B】

【打碎花瓶案】八筒帮市长甲搬家，不小心把甲家的古董花瓶打碎，赔偿了1000万元。

思考：双方是否涉嫌贪贿犯罪？

——（1）如果八筒有不正当利益请求甲的职务行为，且花瓶市场价远低于1000万，双方对此都心知肚明，那八筒构成行贿罪，甲构成受贿罪（隐秘的权钱交易）。

（2）如果市场价确实1000万，那八筒就是在为自己的过错侵权买单，不构成犯罪。但甲却有麻烦了，虽然不构成受贿罪，但可能要向监委解释清楚这么贵重的花瓶是哪来的，解释不清楚的，构成巨额财产来源不明罪。

法条群

《刑法》第二编 分则 第八章　贪污贿赂罪

第三百八十九条　【行贿罪】**为谋取不正当利益**，给予**国家工作人员**以财物的，是行贿罪。

在经济往来中，违反国家规定，给予国家工作人员以财物，数额较大的，或者违反国家规定，给予国家工作人员以各种名义的**回扣、手续费**的，以行贿论处。

因**被勒索**给予国家工作人员以财物，**没有获得不正当利益**的，**不是行贿**。

第三百九十条【行贿罪的处罚规定】对犯行贿罪的，处三年以下有期徒刑或者拘役，并处罚金；因行贿谋取不正当利益，情节严重的，或者使国家利益遭受重大损失的，处三年以上十年以下有期徒刑，并处罚金；情节特别严重的，或者使国家利益遭受特别重大损失的，处十年以上有期徒刑或者无期徒刑，并处罚金或者没收财产。

有下列情形之一的，从重处罚：

（一）多次行贿或者向多人行贿的；

（二）国家工作人员行贿的；

（三）在国家重点工程、重大项目中行贿的；

（四）为谋取职务、职级晋升、调整行贿的；

（五）对监察、行政执法、司法工作人员行贿的；

（六）在生态环境、财政金融、安全生产、食品药品、防灾救灾、社会保障、教育、医疗等领域行贿，实施违法犯罪活动的；

（七）将违法所得用于行贿的。

【追诉前交代从宽】行贿人在被追诉前主动交待行贿行为的，可以从轻或者减轻处罚。其中，犯罪较轻的，对调查突破、侦破重大案件起关键作用的，或者有重大立功表现的，可以减轻或者免除处罚。

（一）主观要件

以谋取不正当利益为目的（对比普通受贿罪：谋取利益即可，不要求不正当），包括非法财产利益与非法程序利益（比别人优先）。

不正当利益的判断：只要不是100%属于你的利益，就是不正当利益。

例1. 乙向某高校招生人员刘某送2万元，希望刘某在招生时对其已经进入该高校投档线的女儿优先录取，乙构成行贿罪。

例2. 甲所在的A公司承接了某政府的工程，完工后政府一直不按约支付工程款，甲向该政府财务部门工作人员乙送5万元，希望乙把工程款按约打给A公司。该工程款属于正当利益，甲不成立行贿罪。

（二）犯罪形态、数额问题

1. 国家工作人员客观上接收（占有）了财物时，如财物已经放在国家工作人员家里或者办公室或财物已经转移至国家工作人员或者其亲属控制之下，行贿罪便既遂。即便国家工作人员事后退回财物或者及时上交，也不影响行贿罪既遂。换言之，即使国家工作人员不成立受贿罪或者受贿未遂，也不影响行贿罪既遂的认定。因为行贿罪的既遂标准是根据行贿罪的构成要件确定的，而不是根据受贿罪的构成要件确定的。

2. 与受贿罪相同，行贿罪也应以行贿行为时的财物金额为行贿数额，财物事后升值或贬值不影响数额的认定。

（三）罪与非罪

因被勒索给予国家工作人员以财物，没有获得不正当利益的，不是行贿。

（四）行贿罪与受贿罪关系

1. 行贿罪与受贿罪是对向犯，刑法对双方都规定了独立的罪名，不再适用总则中共同犯罪的规定。不能认为行贿人既构成行贿罪又构成受贿罪的共犯，反之亦然。

2. 一般双方同时构成行贿罪与受贿罪，但也存在例外，有可能一方构成行贿罪，对方不构成受贿罪，反之亦然。

例1. 因被勒索给予国家工作人员以财物，没有获得不正当利益的，不构成行贿罪，但国家工作人员的行为仍然是索贿，构成受贿罪。

例 2. 为谋取正当利益给予国家工作人员以财物的，不构成行贿罪，但国家工作人员接受该财物的行为依然成立受贿罪。

例 3. 为了谋取不正当利益而给予国家工作人员以财物的，构成行贿罪，但国家工作人员拒绝的，不构成受贿罪。

（五）量刑情节

1. 行贿人在被追诉前主动交代行贿行为的，可以从轻或者减轻处罚。其中，犯罪较轻的，对调查突破、侦破重大案件起关键作用的，或者有重大立功表现的，可以减轻或者免除处罚。

2. 行贿人交代受贿人，属于出卖同案犯，成立自首（不成立立功）。理由：要证实自己的行贿行为，必须要交代受贿人。

3. 行贿人协助抓获受贿人的，属于立功。

4.《刑法修正案（十二）》新增从重处罚情节：多次行贿或者向多人行贿的；国家工作人员行贿的；在国家重点工程、重大项目中行贿的；为谋取职务、职级晋升、调整行贿的；对监察、行政执法、司法工作人员行贿的；在生态环境、财政金融、安全生产、食品药品、防灾救灾、社会保障、教育、医疗等领域行贿，实施违法犯罪活动的；将违法所得用于行贿的。

【注意】将违法所得用于行贿的从重处罚情节，专门指将在 A 事件中的违法所得用于向与 A 事件密切相关的国家工作人员行贿。将多年前通过 B 事件获得的违法所得用于 A 事件行贿的，不属于本条规定的从重处罚情形。

例．国家工作人员甲用权使请托人乙通过 A 事件获得违法所得，乙又将这个违法所得用于向甲行贿，这就属于将违法所得用于行贿的从重处罚情节——不重罚会导致甲、乙之间在 A 事件上形成恶性的权钱交易循环，可能导致 A 事件越做越差。

五、对有影响力的人行贿罪【对有影响力的人行贿罪 C】

1. **行为对象：**国家工作人员的近亲属或者其他与该国家工作人员关系密切的人，或者离职的国家工作人员或者其近亲属以及其他与其关系密切的人。

2. **主观要件：**以谋取不正当利益为目的。

判断分析

1. 甲向国家工作人员乙行贿 100 万元，将随取随用的银行卡（户名为甲）交给乙，乙收下。次日，为了帮助银行朋友完成业绩，甲通过网上银行，将银行卡内的 100 万资金转为定期，需要甲领身份证才能使用。案发时，定期存款未到期。下列分析正确的是？（2023 年仿真题）

A. 乙构成受贿罪未遂【错误，甲将银行卡交给乙时，银行卡处于随取随用的状态，因此乙对银行卡具有实际上的控制权。因此，乙成立受贿罪既遂】

B. 甲构成行贿罪既遂【正确，乙已经收下银行卡，事实上占有了财物，因此，甲构成行贿罪的既遂】

C. 甲将给予乙的 100 万资金转为定期存款，构成诈骗罪【甲虽然通过将卡内资金改为定期，使乙无法取出从而欺骗了乙，但乙并未因甲的欺骗行为而处分自己的财产。因此，甲的行为不成立诈骗罪】

D. 甲把乙控制的钱存成定期，构成盗窃罪【错误，甲只是改变了财物的占有方式，没想着这笔钱不给乙了，并没有非法占有目的，不能成立盗窃罪】

2. 国家工作人员甲，让私营企业的员工乙“报销”旅游费用6万。乙因有求于甲的职务关系以谋取不正当利益，以自己的工作开支为由从私营企业将这笔费用予以报销，后将报销所得金额全部交予甲。甲与乙是行贿罪的共同犯罪，不再对甲定受贿罪。【错误，国家工作人员甲利用职务上的便利索取财物，是索贿，构成受贿罪。对于行贿与受贿这种对向犯，刑法对双方都规定了独立的罪名，甲成立受贿罪，就不再与乙成立行贿罪的共同犯罪】（2023年仿真题）

六、其他贿赂类犯罪【其他贿赂罪E】

介绍贿赂罪	【注意】由于介绍贿赂罪的法定刑太低，且考试中成立共同犯罪的标准比较低，因此，在行贿人与受贿人之间起介绍作用的，司法考试真题都将介绍者认定为行贿罪或者受贿罪的共同犯罪。从历年真题反馈的信息来看，基本不会成立介绍贿赂罪
对单位行贿罪	为谋取不正当利益，给予国家机关、国有公司、企业、事业单位、人民团体（公单位）以财物，或者在经济往来中，违反国家规定，给予各种名义的回扣、手续费
单位受贿罪	国家机关、国有公司、企业、事业单位、人民团体（公单位）索取、非法收受他人财物，为他人谋取利益，情节严重的行为
单位行贿罪	单位（包含公私各种单位）为谋取不正当利益给予国家工作人员财物，情节严重的行为 因行贿取得的违法所得归个人所有的定个人行贿

贿赂犯罪的体系对应：注意各个罪的犯罪主体、针对的对象以及对应关系，不要混淆

贿赂犯罪的体系对应	行贿罪 个人给**国家工作人员**财物	对向	受贿罪 **国家工作人员**索取、收受他人财物
	单位行贿罪 单位给**国家工作人员**财物		
	对有影响力的人行贿罪 个人或者单位给**有影响力的人**财物	对向	利用影响力受贿罪 **有影响力的人**索取、收受他人财物
	对单位行贿罪 个人或者单位为谋取不正当利益，给予**国家机关、国有公司、企业、事业单位、人民团体**以财物	对向	单位受贿罪 **国家机关、国有公司、企业、事业单位、人民团体**，索取、收受他人财物

七、巨额财产来源不明罪【巨额财产来源不明罪E】

本罪属于贪贿犯罪的兜底罪名。对于某笔贪贿财物，能查清楚来源定其他贪贿犯罪的，一般不定本罪。拒不说明巨额财产来源、且查不清的，才定本罪。

本罪的实行行为是拒不说明。

1. **在判决之前**：本人能证明巨额财产的合法来源，无罪；如果查清是其它犯罪所得，以其它罪名论处。

2. **判决生效后**：如果查明是其他犯罪所得，原定的巨额财产来源不明罪也不改判，和新的罪数罪并罚。

八、私分国有资产罪【私分国有资产罪 E】

与贪污罪的区分：

	贪污罪（账面看不出来）	私分国有资产罪（账面看得出来）
主体	自然人犯罪	单位犯罪
获取财物的人员范围	通常情形下只在少数人之间对公共财物进行瓜分	通常是在单位内部全体职工或者绝大多数职工中进行集体私分
获取财物的方式、手段、程序（本质区分）	采取隐蔽手段将公共财物非法地予以占有，将账做平，在账目上没有反映贪污的财物	采取公开的手段、经集体研究决定将国有资产以各种名义私分给个人，公开入账

【总结】私分范围大（单位大部分成员利益均沾）的成立此罪，私分范围小（少数领导）的成立贪污罪。

主观题延伸拓展

案例 1：甲是村委会主任，利用协助政府管理土地征用补偿费用的职务便利，私自侵吞了其中 6 万元据为已有。

问题：如何评价甲的行为？

案例 2：某公办大学后勤处处长甲（国家工作人员）接受其同学乙（女）的请托，通过该大学招生处处长丙（国家工作人员），将不符合录取条件的丁（乙的儿子）录取。事后，甲收受乙 8 万元现金。

问题：如何评价甲的行为？

案例 3：甲是城建局局长，在位期间违反正当程序为乙谋取了不正当利益，并约定等甲退休后由乙给付 10 万元给甲。

问题：无论两人事前有无约定，甲是否均构成受贿罪？

案例 4：辅警甲告诉被告家属丙："法院院长是我大伯，给我点好处，我可以让他对你们的案件从轻判决。"事实上法院院长都没见过甲几面，更别提两人有亲戚关系，但丙信以为真，为了获得从轻处罚，给了甲 10 万元。

问题：甲是否构成利用影响力受贿罪？

案例 5：甲是建委主任，与妻子乙协商后，决定让乙出面与请托人丙交涉，并收受丙给予的 50 万现金，随后甲为请托人办理了建筑审批手续。

问题：甲、乙的行为如何认定？

案例 1—问题：如何评价甲的行为？

答案：甲成立贪污罪（既遂）。

甲虽然不具有国家工作人员身份，但在协助人民政府从事管理土地征用补偿费用等行政管理工作时，属于"依照法律从事公务的人员"，视为国家工作人员。

甲从事公务时，利用职务上的便利，非法占有公共财物 6 万元，构成贪污罪。并且甲已经取得对公共财物的实际控制，因此成立贪污罪既遂。

案例 2—问题：如何评价甲的行为？

答案： 甲属于斡旋受贿的情形，以受贿罪论处。

丙与甲都属于国家工作人员，二者在职务上没有隶属、制约关系，甲利用其职权与地位的便利条件，通过丙来为乙谋取不正当利益，并接受乙的财物，属于斡旋受贿，成立受贿罪。

案例3—问题： 无论两人事前有无约定，甲是否均构成受贿罪？

答案： 如果两人事前有约定，甲构成受贿罪；如果两人事前无约定，甲不构成受贿罪。

（1）成立离职型受贿，要求国家工作人员在职时与行贿人有约定，形成权钱交易，该国家工作人员为行贿人谋取不正当利益，在离职后收受请托人财物。

（2）如果在职时无约定，未形成权钱交易，离职后收受财物的，不成立受贿罪，但之前滥用权力的行为构成渎职类犯罪。

案例4—问题： 甲是否构成利用影响力受贿罪？

答案： 甲不构成利用影响力受贿罪，构成诈骗罪。

（1）虚假许诺要构成受贿类犯罪，要求行为人有办成事的可能性。本案中，甲并不是与法院院长有密切关系的人，不可能利用影响力让法院院长为丙的家人做出从轻发落，即甲没有实现许诺的可能性，不构成利用影响力受贿罪。

（2）甲以非法占有为目的，欺骗请托人，使请托人陷入认识错误并处分财物，成立诈骗罪。

案例5—问题： 甲、乙的行为如何认定？

答案： 甲、乙成立受贿罪的共同犯罪。

（1）甲是国家工作人员，利用自己职务上的便利，为请托人谋取利益，授意请托人将有关财物给予特定关系人的，成立受贿罪。

（2）乙作为甲的妻子，与甲共同商议受贿，并从中传递信息，接受贿赂的，成立受贿罪的共犯。

KEEP AWAKE

第二十五章 渎职类犯罪

第一节 渎职类犯罪共性问题

本章节主体一般是国家机关工作人员。例外：故意泄露国家秘密罪、过失泄露国家秘密罪，其主体还包括非国家机关工作人员。

司法工作人员指的是有侦查、检察、审判、监管职责的工作人员，滥用的是司法权。

第二节 滥用职权罪、玩忽职守罪

一、滥用职权罪【滥用职权罪 C】

构成要件：故意 + 违反法律规定的权限 / 程序行使职权 + 致使公共财产、国家和人民利益遭受到重大损失（不需要对重大损失有故意，只需要有认识可能性）。

滥用职权的主要表现形式有以下几种：（1）超越职权，擅自决定或处理没有具体决定、处理权限的事项；（2）玩弄职权，随心所欲地对事项做出决定或处理；（3）故意不履行应当履行的职责，或者说任意放弃职责；（4）以权谋私、假公济私，不正确地履行职责。

例．甲负责建房审批工作，某天听到待拆迁户乙的吹捧后心情大好，就为乙违规修建的房屋补办了建设许可证，乙凭此获得补偿款 90 万元。甲违反法律规定行使职权，造成国家财产损失 90 万元，构成滥用职权罪。

二、玩忽职守罪【玩忽职守罪 C】

过失 + 不履行 / 不认真履行职责。

与滥用职权罪区分的关键在于：行为人对于渎职的行为持故意还是过失。如果对行为的发生持故意心态，则是滥用职权罪，如果对行为是过失的，则是玩忽职守罪。

例．甲使用虚假证明材料申请医疗器械的注册，国家机关工作人员乙在核查时，没有分辨出该材料的真实性，导致该医疗器械获得注册、投入使用，造成严重医疗事故，导致公共财产遭受重大损失。乙如果是由于工作过失导致成功注册的，构成玩忽职守罪；如果乙应该对该材料的真实性进行核验却故意没有核验，或发现该材料是虚假的仍故意通过注册的，属于故意不履行职责 / 违规履行职责，构成滥用职权罪。

【注意】滥用职权罪、玩忽职守罪是一个兜底的罪名、一般法，其他罪名是特别法，特别法优先。

因滥用职权或玩忽职守，导致其他严重后果的，属于滥用职权罪或玩忽职守罪与其他犯罪的竞合。

判断分析

1. 甲、乙是没有正式编制的辅警，夜间巡逻期间看到一个身体虚弱口角流血的肖某，把他送到了救助站门口，但甲、乙未进救助站办理交接手续，而是打开车门让肖某自行下车。肖某行走数步摔倒在地，甲、乙未及时救助即驾车离开。第二天早晨，肖某被救助站人员发现并送往医院，最后因失血过多而死。事后查明，如果当时甲、乙及时送医而不是直接驾车离开，肖某能够被救活。关于甲、乙的行为，下列说法正确的是？（2022 年仿真题）

A. 因为甲、乙已经把肖某送到救助站，所以不能认定为玩忽职守罪【错误，未与救助站人员办理交接手续即驾车离开，是严重不负责任或不正确履行职责】

B. 因为对甲、乙的行为不能认定为玩忽职守罪，所以只能认定为过失致人死亡罪【错误】

C. 因为甲、乙没有正式编制所以不是国家工作人员，不满足玩忽职守罪的主体要件【错误，虽然非在编，但是在履行公务】

2. 甲是民政局局长，明知毛毛骗取民政补贴不予管理。甲构成滥用职权罪。【正确】（2021 年仿真题）

3. 税收人员甲过失少收税款造成国家重大损失的，构成玩忽职守罪。【正确】（2020 年仿真题）

4. 狱警甲明知罪犯乙计划脱逃置之不理，甲构成私放在押人员罪。【正确】（2020 年仿真题）

第三节 司法渎职犯罪【徇私枉法罪 C；其他司法渎职（民事、行政枉法裁判罪等）E】

一、刑事诉讼中——徇私枉法罪

（一）行为主体：司法工作人员。（指有侦查、检察、审判、监管职责的工作人员）

（二）行为方式：在刑事诉讼（含刑事附带民事诉讼）中的侦查、起诉、审判阶段（不含执行期间的审判，如减刑、假释，执行阶段可成立徇私舞弊减刑、假释、暂予监外执行罪），违背事实和法律作枉法裁判。包括：

1. **枉法追诉**——对明知是无罪的人而使他受追诉（无罪变有罪）

2. **枉法包庇**——对明知是有罪的人而故意包庇不使他受追诉（有罪变无罪）

3. **枉法裁判**——在刑事审判活动中故意违背事实和法律作枉法裁判（轻罪重判、重罪轻判）

（三）罪数问题

司法工作人员收受贿赂，有徇私枉法行为的，依照处罚较重的规定定罪处罚。①【本处属于法律拟制，两个行为本应并罚。**其他国家机关工作人员受贿后滥用职权没有法律拟制，要并罚**】

例．某中级法院的主审法官甲收受故意杀人案被告人乙的家属现金 6 万元后，伪造乙防卫过当、自首的证据，欺骗该院审判委员会，导致原本可能被判死刑的乙最终仅被判处 3 年有期徒刑。甲通过伪造

① 《刑法》第 399 条第 4 款：司法工作人员收受贿赂，有徇私枉法罪；民事、行政枉法裁判罪；执行判决、裁定失职罪；执行判决、裁定滥用职权罪的行为，同时又构成本法第三百八十五条规定之罪（受贿罪）的，依照处罚较重的规定定罪处罚。

证据的方式徇私枉法，同时构成帮助伪造证据罪与徇私枉法罪，想象竞合择一重罪以徇私枉法罪处罚。徇私枉法罪与受贿罪不需要数罪并罚，应以处罚较重的规定定罪处罚。

（四）与相关罪名的区分

1. 徇私舞弊不移交刑事案件罪的主体是行政执法人员，徇私枉法罪主体是司法工作人员。

2. 包庇罪的主体是一般主体，徇私枉法罪的主体是司法工作人员，同时要求发生在刑事案件的侦查、起诉、审判过程中，并且利用了职务便利。如果司法工作人员利用职务便利，枉法裁判包庇他人，则构成包庇罪与徇私枉法罪的想象竞合。

二、其他诉讼中——民事、行政枉法裁判罪，执行判决、裁定失职罪，执行判决、裁定滥用职权罪

（一）行为方式

民事、行政枉法裁判罪仅存在在民事、行政的裁判过程中。因为在民事、行政案件中，司法机关介入较晚，仅仅在裁判过程中才开始介入。

（二）主观要件

执行判决、裁定失职罪，主观是过失；执行判决、裁定滥用职权罪，主观是故意。

三、私放在押人员罪、失职致使在押人员脱逃罪

（一）对比总结

	私放在押人员罪	失职致使在押人员脱逃罪
主体	司法工作人员	
对象	在押人员。是指在押的犯罪嫌疑人、被告人或者罪犯。不包括被行政拘留、司法拘留和劳动教养的人	
主观	故意	过失
定罪标准	实施了私放行为即可	必须造成严重后果

（二）与相关罪名的区分

私放在押人员罪与脱逃罪之间的关系：看行为人是否利用职务上的便利帮助犯罪嫌疑人、被告人或者罪犯脱逃。

1. 非司法工作人员帮助在押人员脱逃的，应以脱逃罪的共犯论处；

2. 司法工作人员虽帮助在押人员脱逃，但没有利用职务之便的，也应以脱逃罪的共犯论处。

判断分析

1. 刑警曾某办理冯某抢劫案，明知冯某被取保候审后未定期到派出所报到，曾某也未依法传唤冯某或将案件移送起诉或变更强制措施。期间，冯某再次犯罪。曾某构成徇私枉法罪【错误，徇私枉法罪是司法人员对相关人员的“定罪、量刑、追诉”实施了违反法律规定的做法。曾某的行为只是程序违法，

但并没有实际上导致犯罪嫌疑人免受立案、侦查、起诉、审判，实际上冯某依然处于侦查期间】（2017年第2卷第63题B项）

2. 县卫计局执法监督大队队长武某，未能发现何某在足疗店内非法开诊所行医，该诊所开张三天即造成一患者死亡，武某触犯玩忽职守罪【错误，虽然县卫计局执法监督大队队长武某未能及时发现非法诊所，致使患者死亡，但并未说明武某存在玩忽职守的行为，并且该严重后果与武某的玩忽职守没有直接因果关系】（2016年第2卷63题B项）

第四节　其他渎职类犯罪【其他渎职罪（徇私舞弊不移交刑事案件罪等）E；私放在押人员罪 E；徇私舞弊不征、少征税款罪 E】

一、徇私舞弊不移交刑事案件罪

行政执法人员徇私舞弊，对依法应当移交司法机关追究刑事责任的案件不移交，情节严重的行为。

1. 主体：行政执法人员，常见的包括城市管理、生态环境、市场监督管理、税务等部门的行政执法人员。

【注意】具有行政执法和刑事侦查双重职责的主体构成何罪，要结合案情中，其履行何种职责具体分析。

例．警察既有维护治安的行政执法权（行政执法人员），又有刑事案件的侦查权（司法工作人员）。警察在作为行政执法人员时徇私舞弊不移交刑事案件的构成本罪，作为司法工作人员时徇私舞弊不移交刑事案件的构成徇私枉法罪。

2. 行为方式：不作为，对依法应当移交司法机关追究刑事责任的案件不移交。

3. 主观：故意，且出于徇私动机。

二、食品监管渎职罪

法条群

《刑法》第二编 分则 第九章 渎职罪

第四百零八条之一【食品、药品监管渎职罪】负有食品药品安全监督管理职责的国家机关工作人员，滥用职权或者玩忽职守，有下列情形之一，造成严重后果或者有其他严重情节的，处五年以下有期徒刑或者拘役；造成特别严重后果或者有其他特别严重情节的，处五年以上十年以下有期徒刑：

（一）瞒报、谎报食品安全事故、药品安全事件的；

（二）对发现的严重食品药品安全违法行为未按规定查处的；

（三）在药品和特殊食品审批审评过程中，对不符合条件的申请准予许可的；

（四）依法应当移交司法机关追究刑事责任不移交的；

（五）有其他滥用职权或者玩忽职守行为的。

徇私舞弊犯前款罪的，从重处罚。

三、帮助犯罪分子逃避处罚罪

1. 行为主体：有查禁犯罪活动职责的国家机关工作人员。

2. 行为方式：向犯罪分子通风报信、提供便利，帮助犯罪分子逃避处罚的行为。

KEEP AWAKE

第二十六章 危害国家安全犯罪

一、间谍罪【间谍罪 E】

1. 行为方式

一般主体 + 参加间谍组织 / 接受任务进行间谍活动 / 为敌人指示轰击目标（不要求明知敌人是间谍组织，只要明知对象是敌人）。行为须对国家安全有危险性。

2. 罪数问题

行为人既参加间谍组织，又为境外刺探国家秘密的，只定间谍罪；国家机关工作人员叛逃后又参加间谍组织或者接受间谍任务的，数罪并罚。

二、为境外窃取、刺探、收买、非法提供国家秘密、情报罪【为境外窃取、刺探、收买、非法提供国家秘密、情报罪 C】

1. 主观要件

需要明知对方是境外（境外即可，无需具体），如果故意将国家秘密泄露给境内人员，则构成故意泄露国家秘密罪。

2. 既遂标准

前三种行为（窃取、刺探、收买）以实际获得国家秘密或者情报为既遂标准；后一种行为（提供）以将国家秘密或者情报提供给境外机构、组织、人员为既遂标准。

3. 国家秘密相关罪名对比总结表

	为境外窃取、刺探、收买、非法提供国家秘密、情报罪	间谍罪（和国家秘密相关的情形）	非法获取国家秘密罪	故意 / 过失泄露国家秘密罪
性质	危害国家安全罪	危害国家安全罪	扰乱公共秩序罪	渎职罪（主体包括非国家机关工作人员，只要掌握国家秘密即可）
行为	为境外的组织、机构或个人窃取、刺探、收买、非法提供国家秘密或者情报的行为	为间谍组织窃取、刺探、收买、非法提供国家秘密、情报的行为	以窃取、刺探、收买等方法，非法获取国家秘密的行为	泄露，使国家秘密被不应当知悉者知悉的行为。泄露对象无限制，境内境外均可

	为境外窃取、刺探、收买、非法提供国家秘密、情报罪	间谍罪（和国家秘密相关的情形）	非法获取国家秘密罪	故意/过失泄露国家秘密罪
主观	故意，要求行为人明知对方为境外机构、组织、个人	故意	故意	故意/过失
国家秘密	仅限于国家安全和利益相关的秘密、情报		不限于国家安全相关的国家秘密	
罪数与区分	1. 已经参加间谍组织并为其窃取、刺探、收买、非法提供国家秘密、情报的，或没参加间谍组织，但明知对方为间谍性质的组织，仍为其窃取、刺探、收买、非法提供国家秘密、情报的，属于接受间谍组织任务，均只定间谍罪（间谍本就是做这个的）。如果不明知是间谍组织，只知道是境外，则构成为境外窃取、刺探、收买、非法提供国家秘密、情报罪 2. 主观上没有为境外的目的，只是单纯非法获取国家秘密，定非法获取国家秘密罪。但单纯非法获取国家秘密之后，又非法提供给境外机构、组织或人员的，虽然有 2 个行为，但因为侵害的法益具有同一性，只定为境外窃取、刺探、收买、非法提供国家秘密罪一罪即可，不需要和非法获取国家秘密罪并罚 3. 非法获取国家秘密的人又故意泄露该国家秘密的，虽然有 2 个行为，但侵害的法益具有同一性，宜从一重罪处罚，不数罪并罚 4. 为境外非法提供国家秘密的行为，必然触犯了故意泄露国家秘密罪，二者是法条竞合关系 5. 行为人明知是国家秘密但误以为对方是境内机构、组织、人员而非法提供的，只能认定为故意泄露国家秘密罪 6. 过失将国家秘密提供给境外机构、组织、人员的，成立过失泄露国家秘密罪			

三、叛逃罪【叛逃罪 E】

1. 行为主体

国家机关工作人员以及掌握国家秘密的国家工作人员。

2. 行为方式

（1）国家机关工作人员构成本罪的，要求①在履行公务期间，②擅离岗位，③叛逃境外或者在境外叛逃。

（2）掌握国家秘密的国家工作人员构成本罪的，只需要有叛逃境外或者在境外叛逃的行为

【注意】《刑法修正案（八）》删除了本罪“危害中华人民共和国国家安全”这一构成要件要素规定，这意味着单纯逃往境外也有可能构成本罪。

四、资助危害国家安全犯罪活动罪【资助危害国家安全犯罪活动罪 E】

1. 行为主体：一切组织和个人。（包括境外的）

2. 行为方式：资助时间可是犯罪前、犯罪时或者犯罪后。

3. 共同犯罪问题：资助原本是帮助犯，但被正犯化，认定该罪即可，不认定危害国家安全犯罪的共同犯罪。【如果不仅仅是资助，还参与了犯罪，要以参与犯罪的共犯论处】